DAS GROSSE WOK KOCHBUCH

BELLAVISTA

2. Auflage 2004
www.karl-mueller-verlag.de

Übersetzung aus dem Englischen:
Mina Langheinrich, Hildegard Mergelsberg, Ute Perchtold und Birgit Wüller für red.sign, Stuttgart

Redaktion der deutschen Ausgabe:
Guido Huß (red.sign, Stuttgart)

Satz:
red.sign, Stuttgart

Druck und Bindung:
Neografia
Printed in Slovakia

ISBN 3-89893-070-X

SCHWIERIGKEITSGRAD DER REZEPTE: Beim Probekochen wurden die Rezepte dieses Buches nach Schwierigskeitsgrad bewertet und entsprechend gekennzeichnet.
☆ Ein Stern bedeutet, dass ein Gericht einfach und in der Regel schnell zuzubereiten ist – für Anfänger geeignet.
☆☆ Zwei Sterne weisen darauf hin, dass etwas mehr Mühe bzw. eventuell mehr Zeit erforderlich ist.
☆☆☆ Drei Sterne kennzeichnen besondere Gerichte, die mehr Zeit, Sorgfalt und Geduld erfordern – doch die Ergebnisse entschädigen für die zusätzliche Mühe. Auch Anfänger können sie problemlos kochen, wenn sie die Anweisungen genau befolgen.

HINWEIS

Das vorliegende Buch ist sorgfältig erarbeitet worden. Dennoch erfolgen alle Angaben ohne Gewähr. Autoren und Verlag bzw. dessen Beauftragte können für eventuelle Personen-, Sach-, oder Vermögensschäden keine Haftung übernehmen.

DER WOK

Thema dieses Buches ist der Wok, ein Allroundtalent, das je nach Bedarf als Kochtopf, Pfanne, Dämpf- oder Frittiertopf dienen kann. Wer das vielseitige Kochgeschirr noch nicht kennt, mag diese Vorstellung verwirrend finden, doch in diesem Buch wird die Arbeitsweise genau erklärt. Jedes Kapitel ist einer Garmethode gewidmet – Kochen (Suppen), Schmoren (Currys und Eintöpfe), Pfannenrühren, Frittieren und Dämpfen – und beginnt mit einer Einführung in die jeweilige Technik. Sie haben die freie Wahl, ob Sie sich systematisch Garmethode für Garmethode erschließen oder sich lieber ins Kochvergnügen stürzen und jedesmal ein Gericht aus einem anderen Kapitel probieren. Ungeachtet der Vorgehensweise wird jeder bald die köstlichsten Gerichte aus ganz Asien entdecken, die eines gemeinsam haben – sie kommen alle aus dem Wok.

INHALT

SONDERTHEMEN

GAREN IM WOK

Vor Jahrhunderten erfunden, bleibt der Wok auch heute noch das asiatische Kochgeschirr schlechthin. Dank der wachsenden Beliebtheit asiatischer Speisen ist der Wok über die Grenzen seiner Heimat in die Küchen der ganzen Welt eingezogen.

WOK VORBEREITEN

Neue Eisenblechwoks sind mit einer öligen Schutzschicht gegen Korrosion versehen.

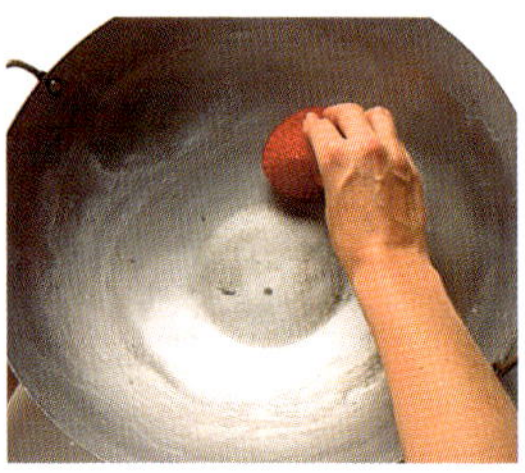

Wasser mit Natron im Wok aufkochen lassen und die Schutzschicht mit einem Topfreiniger entfernen.

Dann den Wok stark erhitzen, Küchenkrepp in Öl tauchen und den Wok innen damit einreiben.

Der Wok färbt sich dabei schwarz und wird mit jeder Benutzung dunkler. Mit der Zeit bildet sich eine Art Antihaftbeschichtung.

Der Wok, der in Zeiten der Brennstoffknappheit entwickelt wurde, arbeitet nach dem Prinzip, das Gargut möglichst nahe an die Hitzequelle zu bringen. Die Form, seit Jahrhunderten im Wesentlichen unverändert geblieben, sowie das Material begünstigen die rasche Aufnahme der Hitze, die gespeichert und über die ganze Fläche des Wok gleichmäßig verteilt wird.

Die Garmethode ist schnell und gesund. Die Vorbereitung ist zwar oft aufwändig, wird aber durch die meist kurzen Garzeiten aufgewogen. Die Speisen sind bekömmlich, weil aufgrund der großen Fläche des Wok wenig Öl benötigt wird. Auch durch die kurzen Garzeiten von pfannengerührten und insbesondere bei gedämpften Gerichten bleibt der Nährwert besser erhalten als bei vielen anderen Garmethoden.

DIE VERSCHIEDENEN WOKARTEN

Zwar basieren alle Woks auf derselben Grundform, doch gibt es einige Variationen, nicht zuletzt was die Größe betrifft. Für den normalen Haushalt ist ein Wok mit einem Durchmesser von 30–35 cm am vielseitigsten verwendbar, da es einfacher ist, kleine Mengen in einem großen Wok zuzubereiten als umgekehrt.

Manche Woks haben zwei kleine Griffe, andere nur einen langen Stiel. Diejenigen mit zwei Griffen sind standfester, was beim Dämpfen oder Frittieren wichtig ist, während man beim Pfannenrühren den Stiel mit der einen Hand und die Wokschaufel (Cham) mit der anderen halten kann, um die Zutaten wie vorgesehen ständig bewegen zu können.

Woks sind mit einem gewölbten oder einem flachen Boden erhältlich. Die gewölbten eignen sich vor allem für Gasherde, da die Flamme so eingestellt werden kann, dass sie an den Seiten möglichst weit hinaufreicht. Ein Standring sorgt dafür, dass der Wok standfest bleibt. Für Elektroherde ist ein Wok mit flachem Boden erforderlich, damit der Boden ständig mit der Hitzequelle in Berührung bleibt.

DIE WAHL DES MATERIALS

Ursprünglich wurden Woks aus Gusseisen hergestellt; von manchen Köchen werden sie noch bevorzugt, da sie die Hitze gut speichern. Gusseiserne Woks haben aber den Nachteil, dass sie sehr schwer sind.

Heute hat man die Wahl zwischen verschiedenen anderen Materialien. In asiatischen Ländern ist Eisenblech am häufigsten zu finden. Vor allem auf dem Gasherd leitet es die Hitze gut, fördert das schnelle Anbraten und die Aromabildung. Beliebt ist in westlichen Ländern die pflegeleichte Edelstahlpfanne, die im Sandwichverfahren hergestellt ein ausgezeichneter Wärmeleiter ist. Aufgrund des wachsenden Gesundheitsbewusstseins sind Woks mit Antihaftbeschichtung gefragt; sie benötigen wenig Öl und sind zudem leicht zu reingen. Manche Hersteller empfehlen allerdings, diese Produkte nicht stark zu erhitzen, was ein Nachteil etwa beim Pfannenrühren ist, für das hohe Temperaturen benötigt werden. Neuere Modelle können unter Umständen widerstandsfähiger sein; man erkundigt sich am besten vor dem Kauf. Der Elektrowok ist bequem in der Anwendung, aber einige Modelle erreichen nicht die erforderlichen Temperaturen; man wählt am besten die höchste erhältliche Wattzahl.

DEN WOK IN BETRIEB NEHMEN

Ein neuer Wok aus Eisenblech muss vor dem ersten Gebrauch gesäubert werden, um die Schutzschicht gegen Korrosion zu entfernen. Dies erübrigt sich bei Edelstahl, Gusseisen und Antihaftbeschichtungen.

Man füllt den Wok mit kalten Wasser und fügt 2 EL Haushaltsnatron hinzu. Das Wasser wird erhitzt, man lässt es 15 Minuten stark kochen und schüttet es dann weg. Die Beschichtung entfernt man mit einem Topfreiniger und wiederholt den Vorgang, falls noch Reste haften bleiben. Anschließend wird der Wok gespült und gründlich abgetrocknet.

Man stellt ein Schälchen mit Öl, am besten Erdnussöl, und Küchenkrepp bereit, erhitzt den Wok über großer Flamme, taucht reichlich Küchenkrepp ins Öl und reibt den Wok damit aus; es empfiehlt sich, dabei eine Küchenzange zu Hilfe zu nehmen. Der Vorgang wird wiederholt, bis das Küchenpapier sauber bleibt, dann lässt man den Wok 15 Minuten auf kleiner Flamme stehen, damit das Öl aufgenommen werden kann. Vor dem ersten Gebrauch wird der Wok erneut mit Öl ausgerieben.

Mit der Zeit bildet sich eine Schicht, die immer stärker wird und eine Antihaftwirkung besitzt. Die bräunlich-schwarze Färbung, die dabei entsteht, ist normal und auch erwünscht, denn die Rückstände, die sich aufgrund der Hitzeeinwirkung am Wok festsetzen, verleihen den Speisen das unverwechselbare, etwas rauchige Aroma, das zu echten pfannengerührten Gerichten gehört.

PFLEGE DES WOK

Gusseisen, Edelstahl und Antihaftbschichtungen behandelt man wie anderes Kochgeschirr aus diesen Materialien. Um einen Wok aus Eisenblech zu reinigen, lässt man ihn abkühlen, spült ihn mit warmem Wasser und einer weichen Bürste oder einem Lappen und trocknet ihn gründlich ab. Viele asiatische Köche erwärmen ihn ein paar Minuten bei schwacher Hitze, um sicherzustellen, dass er vollständig trocken ist. Zum Schluss wird er leicht geölt.

Aggressive Reinigungsmittel wie etwa Stahlwolle sind grundsätzlich zu vermeiden, da sie die Schicht, die sich langsam aufgebaut hat, zerstören. Ab und zu muss der Wok jedoch außen geschrubbt werden. Falls etwas anbrennt und schärfere Mittel erforderlich sind, um die Spuren zu entfernen, muss der Wok wie bei der Inbetriebnahme wieder erhitzt und mit Öl eingerieben werden.

WOKZUBEHÖR

Die Geräte in der nebenstehenden Abbildung sind nützlich, aber nicht alle sind unbedingt erforderlich.

- Unentbehrlich für das Pfannenrühren ist die Wokschaufel (Cham), mit der man die Zutaten ständig bewegen kann.
- Einen Wokdeckel benötigt man für einige Suppen, Currys und Schmorgerichte, damit die Flüssigkeit nicht verdampft., sowie beim Dämpfen, falls kein Bambusdämpfkorb verwendet wird. Da nicht alle Woks mit Deckel angeboten werden, erkundigt man sich beim Kauf, ob ein passender erhältlich ist.
- Nützlich für das Frittieren ist ein Schaumlöffel aus Drahtgeflecht, um das Frittiergut herauszuheben und abtropfen zu lassen. Sie sind in verschiedenen Größen erhältlich. Mit ein paar langen hölzernen Kochstäbchen lässt sich das Frittiergut leicht wenden, damit es rundum bräunt.
- Dämpfkörbe aus Bambus sind für viele verschiedene Speisen von Klößchen bis zum ganzen Fisch geeignet. Sie können auch als Serviergeschirr dienen. Man legt sie mit Bananenblättern oder Backpapier aus, damit nichts durchfällt.
- Küchenbeile empfehlen sich für das Zerkleinern der meist großen Zutatenmengen bei pfannengerührten Gerichten.
- In Asien verwendet man dünne Teigrollen, vor allem für Klößchen, die bei uns übliche Größe ist aber ebenso geeignet.

ASIENS SPEISEKAMMER

BAMBUSSPROSSEN

Die essbaren Sprossen bestimmter Bambusarten, die geerntet werden, bald nachdem sie über dem Boden erscheinen. Frische sind selten erhältlich; vor der Verwendung müssen sie geschält und etwa 5 Minuten vorgegart werden, um die Bitterstoffe zu entfernen. In Dosen und Gläsern sind sie in gutsortierten Supermärkten und Asienläden erhältlich.

SAUCEN UND PASTEN

Diese Würzmittel aus fermentierten und gesalzenen gelben oder schwarzen Sojabohnen werden seit tausenden von Jahren in der chinesischen Küche verwendet. Es gibt eine fast unüberschaubare Vielfalt, und die Etiketten geben nicht immer ausreichend Aufschluss. Die Unterschiede zwischen den unten genannten Sorten sind relativ klein, sodass sie sich gegenseitig ersetzen lassen, ohne dass das Rezept geschmacklich beeinträchtigt wird.

Schwarze Bohnensauce (Black bean sauce) wird aus pürierten, fermentierten schwarzen Sojabohnen mit Sojasauce, Zucker, Salz und Gewürzen hergestellt. Einige Sorten enthalten auch Chilischoten, Ingwer oder Knoblauch.

Braune Bohnensauce (Ground bean sauce; auf dem Foto rechts) wird manchmal als gelbe Bohnensauce bezeichnet, ist aber dunkler, dickflüssiger und reichhaltiger als die südostasiatische Variante. Sie wird aus gemahlenen oder zerkleinerten gelben Sojabohnen hergestellt, die zuvor gesalzen und fermentiert wurden. Sie schmeckt süß-salzig und ist lange haltbar. Meist hat sie eine glatte Konsistenz, manchmal enthält sie aber auch ganze Bohnen.

Gelbe Bohnensauce wird gelegentlich auch als fermentierte gelbe Sojabohnenpaste bezeichnet. Sie stammt aus Südostasien, wird wie die chinesische (vgl. oben) aus fermentierten gelben Sojabohnen hergestellt, ist aber dünnflüssiger und heller. In Malaysia heißt sie Taucheo, in Thailand Tao jiew – sie sind austauschbar. Wird in den Rezepten dieses Buches gelbe Bohnensauce verlangt, ist eine dieser Saucen und nicht die chinesische gemeint.

Rote Bohnenpaste (Toban jiang) oder Sojabohnenpaste (auf dem Foto links) ist auch unter der Bezeichnung rote Bohnenpaste mit Chillies, scharfe Bohnenpaste (Hot bean paste) oder Chilibohnensauce zu finden. Ursprünglich stammt sie aus der chinesischen Provinz Sichuan und ist der braunen Bohnensauce ähnlich, schmeckt aber durch die Zugabe von Chillies schärfer. Sie wird häufig aus gemahlenen Dicken Bohnen hergestellt.

BESAN

Hellgelbes Mehl aus gemahlenen Kichererbsen, häufig in der indischen Küche verwendet. Es verleiht eine besondere Konsistenz, ein unverwechselbares Aroma und wird oft zum Binden von Saucen verwendet.

GESALZENE SCHWARZE BOHNEN

Diese fermentierten, stark gesalzenen Sojabohnen müssen vor dem Gebrauch gut abgespült werden. Sie sind in Dosen (im Bild links) oder in Folie abgepackt (im Bild rechts) erhältlich. Letztere muss man vor der Verwendung in etwas heißem Wasser quellen lassen und ebenfalls abspülen. Überschüssige bewahrt man im luftdicht verschlossenen Behälter im Kühlschrank auf.

MU-ERR-PILZE

Nur selten frisch erhältlich. Getrocknete müssen vor der Verwendung in warmem Wasser eingeweicht werden. Holzige Stielreste entfernen.

KEMIRINÜSSE

Auch Kerzennüsse (Candlenuts) genannt; sie ähneln von der Form her Macadamianüssen, durch die sie notfalls ersetzt werden können. Roh enthalten sie ein giftiges Öl, das durch Erhitzen neutralisiert wird. Sie werden häufig geröstet, dann gemahlen und verleihen Currys und Saucen eine sämige Konsistenz.

KARDAMOM
Als bis zu 1,5 cm lange Kapseln (oben links), braune oder schwarze Samen (oben rechts) oder gemahlen erhältlich. Das in der indischen Küche häufig verwendete Gewürz schmeckt süßlich-pikant. Die Kapseln müssen vor der Verwendung leicht zerstoßen werden.

CHILIFLOCKEN
Meist mit Samen getrocknete, zerstoßene rote Chilischoten.

CHILIPASTE
In Asienläden sind verschiedene Sorten erhältlich. Meist werden sie aus Tomaten, Zwiebeln, Chillies, Öl, Tamarinde, Knoblauch, Zucker, Salz, Gewürzen und Essig hergestellt. Einige enthalten aber auch Garnelenpaste. Für die Rezepte dieses Kochbuchs sind die Pasten austauschbar.

CHILIPULVER
Gemahlene, getrocknete rote Chilischoten, die von mild bis sehr scharf reichen. Es lässt sich durch Chiliflocken ersetzen, nicht aber durch mexikanisches Chilipulver, das mit Kreuzkümmel versetzt ist und ganz anders schmeckt.

CHINESISCHES GEGRILLTES SCHWEINEFILET
Ein Schweinefilet wird in Sojasauce, Fünf-Gewürze-Pulver und Zucker mariniert und über dem Holzkohlenfeuer gegrillt. Diese Char sui genannte Spezialität ist bei uns nur in wenigen chinesischen Läden erhältlich, man kann sie aber problemlos selbst herstellen (siehe dazu S. 47).

CHINESISCHER REISWEIN
Der volle, süßliche Geschmack des bernsteinfarbenen Reisweins erinnert an einen trockenen Sherry. Aus fermentiertem Klebreis hergestellt, stammt er aus Shaoxing in Südchina.

KOKOSCREME UND KOKOSMILCH
Beide werden aus dem Fruchtfleisch frischer Kokosnüsse gewonnen. Die Creme (oben und hinten) wird zuerst gepresst und ist dickflüssiger als die anschließend gepresste Milch (oben und vorn), die auch weniger Fett enthält. Kokoscreme ist in Dosen, in konzentrierter Form als Block oder als Pulver erhältlich und kommt in Currys u. Ä.; gesüßt wird sie nur für Süßspeisen verwendet. Die Milch gibt es in Dosen oder im Tetrapak.

FRITTIERTE SCHALOTTEN
Kleine rote Schalotten werden längs in dünne Scheiben geschnitten und hellbraun frittiert. Sie sind in Südostasien eine häufige Garnierung. Im Asienladen sind sie abgepackt erhältlich. Reste friert man ein, sonst wird das Öl ranzig.

KREUZKÜMMEL (CUMIN)
Die kleinen hellbraunen aromatischen Samen (oben links) haben einen leicht kampferartigen, bitterscharfen Geschmack. Gemahlen sind sie ein wesentlicher Bestandteil von Gewürzmischungen. Schwarzer Kreuzkümmel (oben rechts) ist kleiner und dunkler und schmeckt süßlicher.

DASHI

Aus getrockneten Algen (Kombu) und getrocknetem Fisch (Bonito) hergestellt und als Granulat oder Flocken erhältlich. Wird für Dashibrühe in Wasser aufgelöst.

GETROCKNETE GARNELEN

Die kleinen, sonnengetrockneten Shrimps sind ganz oder zerkleinert erhältlich, werden aber vor dem Gebrauch meist gemahlen. Sehr salzige Sorten vorher wässern.

FISCHSAUCE

Die salzige Sauce riecht intensiv nach Fisch. Kleine gesalzene Fische lässt man einige Monate fermentieren und schöpft die dabei entstehende Flüssigkeit als Sauce ab.

FÜNF-GEWÜRZE-PULVER

Die Gewürzmischung, nur in der chinesischen Küche zu finden, enthält Nelken, Sternanis, Sichuan-Pfeffer, Fenchel und Zimt. Sie sollte sparsam verwendet werden, sonst kann sie andere, leichtere Aromen überdecken.

GARAM MASALA

Eine Mischung aus gemahlenen Gewürzen, die in der Regel Zimt, schwarzen Pfeffer, Koriander, Kreuzkümmel, Kardamom, Nelken und Macis oder Muskat enthält; sie kann aber auch mit ausschließlich scharfen oder aber aus aromatischen Gewürzen hergestellt werden. Fertigmischungen sind erhältlich, es empfiehlt sich jedoch, sie selbst frisch herzustellen (Seite 75). Sie wird häufig erst gegen Ende der Garzeit zugefügt.

HOISIN-SAUCE

Die dickflüssige, süß-würzige chinesische Sauce wird aus Sojabohnen, Knoblauch, Zucker und Gewürzen hergestellt. Sie wird sowohl zum Kochen wie auch als Dip verwendet. Angebrochene Gläser im Kühlschrank aufbewahren.

KETJAP MANIS

Die dickflüssige, dunkle, süße Sojasauce wird in der indonesischen und malaiischen Küche verwendet und ersetzt die Fischsauce, die in den meisten Teilen Südostasiens zu finden ist. Falls sie nicht erhältlich sein sollte, rührt man einfach etwas Rohrzucker in gewöhnliche Sojasauce, bis er sich auflöst.

MIRIN

Ein süßer Reiswein, den man in Japan nur zum Kochen in Saucen und Marinaden, aber auch in Salaten und Pfannengerührtem verwendet.

MISO

Eine Paste aus fermentierten Sojabohnen; Grundzutat japanischer Suppen, Saucen und Marinaden. Je heller die Paste, desto milder meist der Geschmack. Die Farbe reicht von Weiß über Gelb, Hellbraun bis Braun und Rot.

SENFKÖRNER

Schwarze, braune, gelbe und weiße Senfkörner sind eine

Zutat vieler Currys. Sie werden vor dem Mahlen geröstet, um die darin enthaltenen Öle freizusetzen und das Aroma zu verstärken. Schwarze und braune Körner sind die kleinsten und schärfsten; gelbe und weiße sind dagegen etwas größer und milder.

NORI
Aus diesen Algen, die an den Küsten Japans, Chinas und Koreas gefunden werden, stellt man dünne Blätter her, die gepresst und getrocknet werden. Die Farbe reicht von Grün bis Purpurrot. In Japan werden Noriblätter für Sushi verwendet.

AUSTERNSAUCE
Häufig in der cantonesischen Küche verwendet, aber auch in thailändischen Gerichten, die chinesisch beeinflusst sind. Die dickflüssige, salzige Sauce wird aus getrockneten Austern hergestellt und verleiht den Speisen sowohl Aroma als auch Farbe. Ist in gut sortierten Supermärkten erhältlich. Angebrochene Flaschen sollten im Kühlschrank aufbewahrt werden. Eine vegetarische Variante wird aus Pilzen hergestellt.

PALMZUCKER
Ein dunkler, unraffinierter Zucker, auch Jaggery genannt, aus dem Saft der Zuckerpalme. Der Saft wird zu einem dicken Sirup eingekocht, dann in Formen gegossen, in denen er zu schweren Blöcken erstarrt. Er ist in Südostasien verbreitet, wo er für Süßspeisen verwendet wird und auch dazu dient, den Geschmack pikanter Gerichte abzurunden. Er wird nach Bedarf vom Block mit einem scharfen Messer abgeschabt. In Asienläden ist er als Block oder im Glas erhältlich.

EINGELEGTER INGWER
Diese Spezialität der japanischen Küche hat einen sehr scharfen Geschmack. Es gibt verschiedene Sorten; einige sind in Salzlake, andere in süßem Essig eingelegt. Sie werden häufig zu Sushi gereicht und dienen dazu, den Gaumen zu reinigen.

REISMEHL
Für verschiedene Zwecke gibt es fein, mittelfein oder grob gemahlene Sorten – als Bindemittel, für Nudeln, Süßspeisen und Gebäck und als Panade für Gebratenes und Frittiertes. Mehl aus Klebreis wird hauptsächlich für Süßigkeiten verwendet.

SAKE
Der japanische Reiswein wird aus gegartem, gemahlenem und fermentiertem Reis hergestellt. Er hat einen trockenen, sherryähnlichen Geschmack und wird zum Kochen verwendet. Feinere Sorten werden auch getrunken. Er ist sowohl farblos als auch bernsteinfarben erhältlich.

SAMBAL OELEK
Eine scharfe Paste, aus gehackten, frischen roten Chilischoten mit Zucker, Salz und Essig oder Tamarinde hergestellt. Sie wird als Relish verwendet, kann aber auch bei den meisten Rezepten frische Chilischoten ersetzen. Zugedeckt hält sie mehrere Monate im Kühlschrank. Rezept Seite 87.

SESAMÖL
Das aromatische Öl aus Asien wird aus gerösteten Sesamsamen hergestellt. Man kauft am besten nur kleine Mengen, da das Aroma schnell nachlässt. Manchmal wird es mit anderen Ölen zusammen zum Pfannenrühren verwendet, aber in der Regel wird es am Ende des Garvorgangs über die Speisen geträufelt oder ihnen zugefügt. Es sollte nur sparsam verwendet werden, da der Geschmack sehr kräftig ist.

SESAMPASTE

Aus leicht gerösteten, gemahlenen Sesamsamen hergestellt. Im Asienladen oder im Reformhaus erhältlich.

SHIITAKE (GETROCKNET)

Diese kräftig schmeckenden Pilze werden vor dem Gebrauch mit kochendem Wasser übergossen und 20 Minuten eingeweicht. Auch frisch erhältlich.

GARNELENPASTE

Die rosa Paste (auch Shrimpspaste oder -sauce genannt) aus fermentierten Garnelen schmeckt sehr intensiv. Sie ist in Gläsern oder getrocknet als Block erhältlich. Die Paste in Klarsichtfolie im luftdichten Behälter im Kühlschrank aufbewahren.

SICHUAN-PFEFFER

Ein scharfes chinesisches Gewürz aus den getrockneten roten Beeren eines Baums mit dornigen Zweigen. Meist ganz, gelegentlich auch gemahlen erhältlich. Um das Aroma zu verstärken, wird er oft geröstet.

SOJASAUCE

Aus fermentierten gesalzenen Sojabohnen gewonnen. In der chinesischen Küche unterscheidet man bei der Verwendung zwischen hellen und dunklen Sorten, die verschieden schmecken. Wenn im Rezept nicht anders angegeben, wird in der Regel eine helle Sorte verwendet, da sie als die Grundsauce gilt. Man sollte möglichst eine japanische Sojasauce für japanische Gerichte und eine chinesische für chinesische Gerichte verwenden.

Schwarze Sojasauce (in der Abbildung hinten) reift länger als die helle und ist auch dickflüssiger. Sie wird hauptsächlich für Schmorgerichte und Eintöpfe verwendet und verleiht den Speisen die erwünschte kräftig rotbraune Farbe. Sie ist aber auch als Dip geeignet, da sie weniger salzig als die helle schmeckt.

Helle Sojasauce (in der Abbildung vorn), aus der ersten Pressung der Sojabohnen hergestellt, wird fast ausschließlich zum Kochen verwendet, vor allem für Gerichte mit hellen Zutaten wie Fisch oder Geflügel, bei denen eine zarte Farbe erwünscht ist.

Mushroom soy sauce ist eine dunkle Sojasauce, die mit Strohpilzen verfeinert wurde.

Japanische Sojasauce (shoyu) ist viel heller und süßer als die chinesische Variante.

STERNANIS

Die achtzackigen Früchte werden sonnengetrocknet, bis sie hart und braun sind. Sie duften stark nach Anis und haben einen ausgeprägten süßlichen Anisgeschmack. Ganze Früchte lässt man in Brühen, Suppen und Saucen ziehen; sie werden vor dem Servieren entfernt. S ternanis ist ein Bestandteil des Fünf-Gewürze-Pulvers.

STROHPILZE

Die kleinen runden Pilze, auch Reisstrohpilze genannt, enthalten viel Eiweiß. In Südasien sind sie frisch erhältlich, sonst meist in Dosen. Vor der Verwendung werden sie abgegossen und gründlich gespült. Strohpilze sind eine beliebte Zutat der chinesischen Küche.

TAMARI

Eine dickflüssige, dunkle japanische Sojasauce, die durch natürliche Fermentierung entsteht und kräftiger als die gewöhnliche japanische (shoyu) schmeckt. Die echte enthält keinen Weizen, aber es gibt minderwertige Sorten, die den Namen zu Unrecht führen. Beim Kauf sollte man die Inhaltsstoffe anhand des Etiketts prüfen. Tamari ist gelegentlich auch im Reformhaus zu finden.

TAMARINDE

Die große braune, bohnenartige Schote mit fruchtigem, süßsäuerlichem Geschmack ist getrocknet oder als Block aus gepresstem Mark, eventuell mit Kernen, als Püree oder als Konzentrat erhältlich. Das Gewürz wird den Speisen häufig in Form von Tamarindenwasser zugfügt.

TOFU

Tofuprodukte werden aus gelben Sojabohnen hergestellt, die vorher eingeweicht, gemahlen, mit Wasser vermischt und kurz gekocht werden, bis eine feste Masse entsteht.

Schnittfester Tofu (oben, hinten) behält die Form beim Kochen und ist zum Pfannenrühren, Marinieren und Backen geeignet.

Schnittfester Seidentofu (oben links) ist etwas fester als Seidentofu und behält eher die Form. Er eignet sich vor allem für Suppen.

Frittierte Tofuwürfel (oben rechts) haben eine luftige Konsistenz. Sie werden für Pfannengerührtes, Currys und Suppen verwendet.

Seidentofu hat eine glatte Konsistenz; wenn man ihn gut verrührt, ähnelt er Sahne. Er ist fürs Pfannenrühren zu weich, wird aber häufig Suppen als Würfel beigefügt.

Tempeh unterscheidet sich dadurch von Tofu, dass er fermentiert ist. Dazu fügt man den gekochten Sojabohnen eine entsprechende Kultur zu und presst dann die Mischung zu festen Blöcken. Häufig in einer Gewürzmischung mariniert erhältlich.

ESSIG

Dunkler chinesischer Essig (oben, hinten) wird in der Regel aus Klebreis, gelegentlich aber auch aus Weizen, Hirse oder Sorghum hergestellt und hat einen sehr kräftigen Geschmack. Er wird hauptsächlich in der Küche Nordchinas für Saucen, Nudeln und Schmorgerichte verwendet, dient aber auch als Dip. Eine der besten Sorten stammt aus Zhejiang und trägt die Bezeichnung „Chinkiang vinegar". Der chinesische Essig ist in Asienläden, aber auch in gut sortierten Supermärkten erhältlich.

Reisessig (oben, vorn), aus Essig und natürlichem Reisextrakt hergestellt, wird für Dressings und Marinaden benötigt. In den Rezepten dieses Buches wird er am häufigsten verwendet und ist überall erhältlich.

Japanischer Reisessig ist süßer und riecht weniger intensiv als die üblichen Sorten.

Gewürzter Reisessig enthält Zucker und Salz. Er wird nur für Sushireis verwendet.

WAKAME

Die krausblättrige Algenart, die in Küstengewässern gefunden wird, hat eine weiche Konsistenz und einen milden Geschmack. Die Blätter werden blanchiert und in Japan frisch verkauft, für den Export getrocknet. Wakame wird etwa 10 Minuten gekocht und in Suppen, Salaten oder als Gemüse verwendet.

WASABIPASTE

Die Paste aus der grünen Wurzel der Wasabipflanze wird oft als japanischer Meerrettich bezeichnet; die beiden Gewächse sind aber nicht miteinander verwandt. Wasabipaste, in Asienläden erhältlich, wird zu Sushi, Sashimi und Nudeln gereicht. Sie ist sehr scharf und sollte sparsam verwendet werden.

WASSERKASTANIEN

Kleine, runde Knollen, die meist in Dosen verkauft werden; frische müssen geschält werden. Sie sind eine knackige Zutat vieler asiatischer Gerichte. Überschüssige halten 4 Tage im Kühlschrank, wenn man sie in Wasser legt und es täglich wechselt.

BLÄTTER UND HÜLLEN

Gow-gee-Hüllen (oben, vorn) sind runde Teigstücke aus Weizenmehl und Wasser, die in der Regel für gedämpfte Gerichte verwendet werden.

Won-tan-Hüllen (oben, Mitte) sind dünne Teigquadrate aus Weizenmehl und Ei.

Reisblätter (oben als Unterlage) sind papierdünne, harte Kreise aus Reismehl, Salz und Wasser. Vakuumverpackt sind sie unbegrenzt haltbar. Vor dem Gebrauch kurz in warmes Wasser legen.

NUDELN UND REIS

GLASNUDELN

Sie werden aus Mungbohnen- und Tapiokastärke hergestellt. Man frittiert sie direkt aus der Packung oder übergießt sie mit kochendem Wasser, weicht sie 3–4 Minuten ein und gießt sie ab.

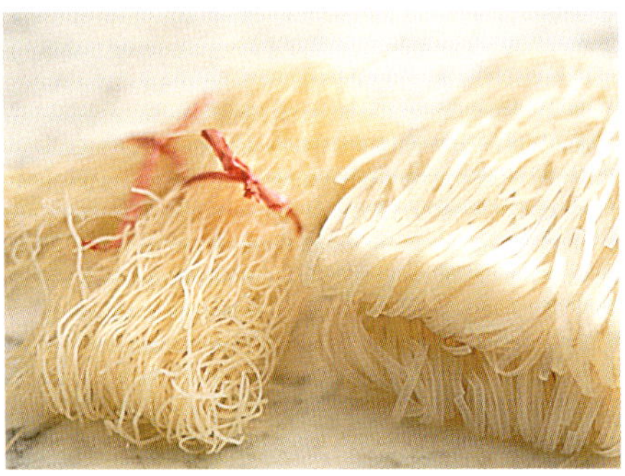

GETROCKNETE REISNUDELN

Feine Reisnudeln (oben links) werden frittiert in pfannengerührten Gerichten und Suppen verwendet. Direkt aus der Packung knusprig frittieren oder mit kochendem Wasser übergießen und 6–7 Minuten einweichen.

Reisnudeln (oben rechts) sind breiter und stärker. 15–20 Minuten in warmem Wasser einweichen und abgießen.

KOREANISCHE GLASNUDELN

Aus Süßkartoffelstärke hergestellt, haben sie eine etwas gummiartige Konsistenz. Häufig werden sie auch unter der Bezeichnung Koreanische Vermicelli oder Dang myun angeboten; man sollte anhand der Inhaltsangaben auf dem Etikett prüfen, ob es sich um die richtige Sorte handelt. Vor der Verwendung 10 Minuten in kochendem Wasser einweichen oder 3 Minuten kochen.

EIERNUDELN

Aus Weizenmehl und Eiern hergestellt und frisch oder getrocknet in verschiedenen Breiten erhältlich. Die dünnen werden für Suppen, Pfannengerührtes und zum Frittieren verwendet, die breiteren hauptsächlich für Suppen. Frische halten etwa 1 Woche im Kühlschrank; 1 Minute kochen, abgießen und abschrecken. Getrocknete sind unbegrenzt haltbar; 3 Minuten kochen, bis sie weich sind, abgießen und abschrecken. Für Suppen direkt in den Wok geben.

FRISCHE REISNUDELN

Aus dünnem Reismehlteig hergestellt und in verschiedenen Breiten oder als Platten erhältlich. Diese innerhalb von wenigen Tagen verwenden; nicht im Kühlschrank aufbewahren, da sie sonst hart werden und sich schlecht trennen lassen. Vor dem Gebrauch mit kochendem Wasser übergießen, vorsichtig trennen, abgießen und abschrecken.

HOKKIEN-NUDELN

Frische chinesische Eiernudeln aus Weizenmehl, halb gegart, leicht geölt und meist vakuumverpackt. Für Pfannengerührtes, Suppen und Salate verwendet. In kochendem Wasser 1 Minute einweichen, trennen und abschrecken.

PANCIT CANTON

Vorgekochte, frittierte chinesische Eiernudeln, häufig als „Long life noodles“ bezeichnet; je länger die Nudeln, desto länger das Leben des Essers. Sie dürfen also nicht geschnitten werden. Achtung, sie brechen sehr leicht. 2–3 Minuten kochen, dann abgießen.

RAMEN-NUDELN

Diese japanischen Weizennudeln sind mit Ei gebunden. Frisch, getrocknet und als Instantnudeln erhältlich. Vor dem Gebrauch kochen: 2 Minuten für frische,

4 Minuten für getrocknete; Instantnudeln mit kochender Brühe übergießen.

SHANGHAI-NUDELN
Diese dicken runden Nudeln sind den Hokkien-Nudeln ähnlich, werden aber nicht vorgegart oder geölt. Sie werden mit Mehl bestäubt und in Beuteln verpackt. In Wasser 4–5 Minuten kochen, abgießen und abschrecken.

SOBA-NUDELN
Aus Buchweizen- oder Buchweizen- und Weizenmehl hergestellt und frisch oder getrocknet erhältlich. In reichlich Wasser kochen und durch Umrühren trennen. Wieder zum Kochen bringen, dann 250 ml kaltes Wasser zufügen. Den Vorgang dreimal wiederholen. Abgießen und spülen, bis sie kalt sind.

Chasoba sind Soba-Nudeln, denen grünes Teepulver zugefügt wurde.

SOMEN-NUDELN
Feine weiße japanische Nudeln aus Weizenmehl, die in der Regel kalt oder mit ewas Brühe gegessen werden. Vor der Verwendung kocht man sie 2 Minuten in Wasser, schreckt sie kalt ab und lässt sie abtropfen.

UDON-NUDELN
Weiße japanische Nudeln aus Weizenmehl, in verschiedenen Breiten und frisch oder getrocknet erhältlich. Vor dem Gebrauch 1–2 Minuten kochen. Sie werden am häufigsten in Suppen, aber auch in Schmorgerichten verwendet.

WEIZENNUDELN
Diese sehr vielseitig verwendbaren Nudeln werden ohne Ei in verschiedenen Breiten hergestellt. Vor der Verwendung müssen frische 2 Minuten, getrocknete 4 Minuten in Wasser gekocht, dann kalt gespült werden. Frische halten bis zu 1 Woche im Kühlschrank.

BASMATIREIS
Ein weißer Langkorn-Duftreis. Die Körner bleiben nach dem Kochen fest und locker. Basmatireis wird gewöhnlich als Beilage zu indischen Gerichten wie etwa Curry gereicht.

JASMINREIS
Weißer Langkorn-Duftreis, in ganz Südostasien als Beilage verwendet. Meist wird er gedämpft, oder man kocht ihn auf und lässt ihn quellen, bis das Wasser aufgenommen ist (siehe Seite 163).

LANGKORNREIS
Dieser polierte weiße Reis ist zwar für alle Zwecke geeignet, wird aber in der Regel für pikante Gerichte und nur selten für süße Speisen verwendet.

RUNDKORNREIS
Die rundlichen, kurzen Körner werden wie Langkornreis poliert. In Asien ist der Rundkornreis als Klebreis geschätzt. Mittelkornreis ist im Wesentlichen gleich, die Körner sind jedoch etwas länger.

FRISCHE PRODUKTE

PAK-CHOI

Das Gemüse, auch Paksoi oder chinesischer Senfkohl genannt, gehört zur Kohlfamilie. Es hat einen senfartigen Geschmack, fleischige weiße Stiele und dunkelgrüne Blätter. Vor der Verwendung die Blätter trennen und gründlich waschen. Stiele und Blätter werden in Suppen und pfannengerührten Gerichten verwendet, gedämpft und mit Austernsauce serviert oder in Öl gebraten.

CHILISCHOTEN

Bird's eye chillies (Vogelaugenchillies) sind sehr scharf, 1–3 cm lang und frisch, getrocknet oder in Salzlake eingelegt erhältlich.

Kleine rote Chillies sind etwa 5 cm lang und auch sehr scharf.

Mittelgroße Chillies sind 10–15 cm lang and mäßig scharf.

Große Chillies sind 15 bis 20 cm lang und dicker, süßer und milder als die mittelgroßen.

CHOISUM

Eine Blattkohlsorte aus Ostasien, schlanker als Pak-Choi, mit glatten grünen Blättern, hellgrünen Stielen und kleinen gelben Blüten an den inneren Triebspitzen. Blätter und Blüten, die einen milden, süßlichen, senfartigen Geschmack haben, benötigen eine nur kurze Garzeit. Die Stiele sind knackig und saftig.

KORIANDERGRÜN

(Cilantro) Das aromatische grüne Küchenkraut dient sowohl zum Würzen als auch zur Garnierung. Frisch wird die ganze Pflanze verwendet – Wurzel, Stiele und Blätter. Die Samen werden geröstet und häufig zu einem Pulver gemahlen.

CURRYBLÄTTER

Kleine, spitze Blätter mit einem würzigen Currygeschmack. In Südindien und Malaysia verbreitet.

DAIKON-RETTICH

Er wird in Japan eingelegt, gerieben oder fein geschnitten als Garnierung verwendet und in Suppen, Eintöpfen und als Beilage gegessen.

GAI-LARN

Der chinesische Brokkoli hat dicke grüne Stiele, etwas ledrige Blätter und weiße Blüten. Er wird im Ganzen gedämpft, oder Blätter und Stiele werden klein geschnitten und Suppen und Pfannengerührtem zugefügt. Junge, dünnere Stiele sind knackig mit mildem Geschmack.

GALGANT

Eine rotbraune Knolle, innen cremefarben, mit Ingwer verwandt, aber mit unverwechselbarem Geschmack und Duft. Frisch, in Salzlake eingelegt, in Scheiben getrocknet und als Pulver erhältlich.

SCHNITTKNOBLAUCH

Der dicke, nach Knoblauch duftende Schnittlauch, auch als Chinese chives (chinesischer Schnittlauch) oder (japanisch) Nira bekannt, schmeckt kräftiger als die in der westlichen Küche verwendete Art. Die Blütenknospe ist essbar.

INGWER
Feste, glatte Wurzeln kaufen; im Plastikbeutel im Kühlschrank aufbewahren. Meist vor Gebrauch zu schälen.

KAFFIRLIMETTEN UND -BLÄTTER
Eine Frucht mit runzliger Schale und glänzenden, stark duftenden Blättern in der Form einer Acht. Frisch oder getrocknet erhältlich. In den Rezepten entspricht 1 Blatt einer halben Acht.

ZITRONENGRAS
Aromatische Stängel, am besten frisch zu verwenden. Unteres Ende abschneiden, harte äußere Blätter entfernen und das weiße Innere fein hacken. Der ganze Stängel wird auch in Currys mitgekocht; vor dem Servieren entfernen.

SPEISEPILZE
Austernpilze (auf dem Foto hinten) sind wie ein Fächer oder eine Austernschale geformt, hell graubraun oder braun und haben einen etwas pfeffrigen Geschmack, der nach dem Garen milder wird.

Shiitake (auf dem Foto Mitte) wachsen auf faulendem Holz. Sie sind frisch oder getrocknet erhältlich; letztere werden vor der Verwendung eingeweicht und die holzigen Stiele entfernt.

Enoki (auf dem Foto vorn), auch Goldpilze genannt, sind winzige weiße japanische Pilze mit kurzer Garzeit.

ROTE ASIATISCHE SCHALOTTEN
Sie wachsen in Büscheln, sehen aus wie große Knoblauchzehen und haben einen sehr intensiven Geschmack.

ASIATISCHE AUBERGINEN
Lange, zigarrenförmige Eierfrucht mit dunkellila Schale.

SPARGELBOHNEN
Auch Strumpfband- oder Langbohnen genannt. Die fadenlosen grünen Bohnen sollten möglichst bald nach dem Kauf verzehrt werden.

THAI-BASILIKUM
Es gehört zur Basilikumfamilie, hat aber kleinere, dunklere Blätter als das hier übliche und schmeckt kräftiger nach Anis und Nelken. Die Stiele und jüngeren Blätter sind purpurfarben.

VIETNAMESISCHER KORIANDER
Auch unter der Bezeichnung Rau ram zu finden. Die schmalen, spitzen Blätter schmecken ähnlich wie Koriander, aber etwas schärfer.

WASSERSPINAT
Asiatisches Gemüse mit langen, spitzen grünen Blättern und helleren, hohlen Stielen. Muss nur kurz gegart werden.

CHINAKOHL
Diese Kohlsorte ist sehr kompakt, hat einen feinen Geschmack und ist leicht verdaulich. Roh oder gegart zu verwenden.

SUPPEN

Sie werden zu Recht „comfort food" genannt, denn Suppen tun Seele und Körper gut. In Asien weiß man seit Jahrhunderten, dass Suppen von früh bis spät genossen und nicht einfach als Auftakt zu einer Mahlzeit betrachtet werden sollten. Es mutet vielleicht fremd an, eine Nudelsuppe zum Frühstück zu essen, aber genau das tun die Vietnamesen. In Thailand machen die Garküchen den Tag über ein gutes Geschäft damit, an die Werktätigen der Nachbarschaft Laksas oder nach Wunsch zubereitete Suppen zu verkaufen. Die Kantonesen schätzen Suppen als Entschlackungs- und Heilmittel, und die Rezepte variieren entsprechend dem zu behandelnden Leiden. Zu jeder Tageszeit und für jeden Anlass gibt es eben die richtige Suppe.

SUPPEN KOCHEN

Asiatische Suppen können herzhafte Eintopfgerichte, Teil einer Mahlzeit oder einfach ein wohltuender Snack sein. Alle lassen sich im Wok problemlos zubereiten.

Viele asiatische Suppen sind so nahrhaft, dass sie, wie etwa Laksas (Seite 24–25) oder die klassische vietnamesische Rindfleischsuppe (Seite 40), eine komplette Mahlzeit darstellen. Andere sind so kräftig gewürzt, dass sie eher als Teil einer Mahlzeit mit verschiedenen Gängen serviert werden sollten. Leichtere Suppen auf der Basis von Brühen sind ebenfalls beliebt, und in vielen asiatischen Ländern werden sie während oder nach einer Hauptmahlzeit gereicht, um den Reis zu aromatisieren und zu lockern, oder dienen auch als Getränk.

In bestimmten Regionen gelten Suppen als Heilmittel. Die chinesische Küche hat beispielsweise eine ganze Kochlehre, die auf den taoistischen Konzepten Yin und Yang, dem Gleichgewicht zwischen gegensätzlichen Eigenschaften, basiert. Nahrungsmittel gelten als entweder wärmend, kühlend oder neutral und werden entsprechend zur Stärkung verschrieben.

SCHNELLE SUPPEN

Häufig wird eine Gewürzpaste als Grundzutat verwendet. Die Gewürze werden in etwas Öl erhitzt, dann rührt man Wasser oder Brühe und andere Zutaten hinein. Woks sind bestens für diese Art Suppe geeignet, denn durch die unmittelbare Hitzeeinwirkung auf die Gewürze können sich die Aromen rasch entwickeln. Kräftig schmeckende Zutaten wie Fischsauce, Garnelenpaste, Limette, Tamarindenwasser und Chili werden häufig zugefügt, da sie ihren Geschmack sofort an die Suppe abgeben. Ein Beispiel dieser Art ist die scharf-saure Garnelensuppe (Seite 32).

SUPPEN AUS BRÜHE

Woks sind ebenfalls gut geeignet für Suppen, bei denen eine Brühe mit schnell garenden Zutaten angereichert wird. Zu ihnen gehören etwa Nudelsuppen wie Ramen-Nudelsuppe mit gegrilltem Schweinefleisch und Gemüse (Seite 47), solche mit gefüllten Teigtaschen wie die chinesische Hühnersuppe mit Garnelen (Seite 30), und solche mit fein geschnittenen Zutaten, die nur kurz durchgegart werden müssen, beispielsweise die Acht-Schätze-Suppe (Seite 31).

SUPPEN MIT LANGER KOCHZEIT

Nicht alle asiatischen Suppen werden schnell zubereitet. Es gibt auch traditionelle Rezepte für Suppen, die lange garen müssen, unter anderem die Sichuan-Rindfleischsuppe mit Nudeln (Seite 43) and die chinesische scharf-saure Nudelsuppe (Seite 46). Sie werden häufig mit Gewürzen wie Sternanis und Zimt oder Trockenzutaten wie Zitrusschale, Shiitake- oder Mu-err-Pilzen abgeschmeckt. Werden diese Suppen im Wok zubereitet, muss man darauf achten, dass die Flüssigkeit nicht zu schnell verdampft und sie bei Bedarf auffüllen. Wichtig ist auch, den Deckel aufzusetzen, wenn dies im Rezept vorgesehen ist, sonst werden durch die Verdunstung, die aufgrund der großen Fläche des Wok stattfindet, die Aromen zu stark konzentriert.

Da Woks die Hitze gut leiten, müssen Suppen mit langer Garzeit bei niedrigstmöglicher Temperatur und, falls im Rezept angegeben, mit geschlossenem Deckel gekocht werden. Bei Bedarf wird mit Wasser oder Brühe aufgefüllt.

DER RICHTIGE WOK

Beim Kauf eines Wok für Suppen, empfiehlt es sich, ein Modell mit Antihaftbeschichtung oder aus Edelstahl für Rezepte zu wählen, die viel Tamarinde oder Limettensaft verwenden, da der Säuregehalt dieser Zutaten die Schicht zerstören kann, die sich mit der Zeit im Eisenblechwok aufbaut. Dies gilt auch für klare Brühen und Suppen, die eine lange Garzeit benötigen. Wenn sich die Schicht löst, verfärbt sie die Suppe. Für Suppen mit kurzer Garzeit oder solche, die aus Fertigzutaten bzw. einer Würzpaste bereitet werden, kann allerdings ein Eisenblechwok verwendet werden.

SUPPEN MIT NUDELN

Die Nudeln werden zuerst eingeweicht oder gekocht, bevor man sie der Suppe zufügt, sonst wird sie durch die von den Nudeln abgesonderte Stärke trüb. Nach einer anderen Methode verteilt man die Nudeln auf die Suppenschüsseln und schöpft dann die Brühe darüber.

WICHTIG: EINE GUTE BRÜHE

Bei fast allen Suppen ist die Grundzutat eine gute Brühe. Reicht die Zeit nicht, eine eigene herzustellen, greift man zu einem der qualitativ hochwertigen Fertigprodukte, die heute in den Supermärkten in Gläsern oder in Würfelform erhältlich sind. Auch viele Asienläden führen gute Fertigbrühen, sie sind aber meist sehr salzig und müssen eventuell verdünnt werden.

Die verschiedenen regionalen Küchen des asiatischen Raums verwenden unterschiedliche Grundbrühen; am vielseitigsten ist jedoch eine Hühnerbrühe. Durch den Zusatz entsprechender Würzmittel erhält die Suppe die erwünschte regionale Note. In diesem Kapitel werden die dazugehörigen Gewürze im jeweiligen Rezept angegeben. Für einige ist eine Brühe aus eigener Herstellung erforderlich, bei anderen genügt ein gutes Fertigprodukt vollkommen.

REGIONALE VARIANTEN

Hühnerbrühe ist zwar in der chinesischen Küche die häufigste Variante, Schweinefleisch- oder Gemüsebrühe wird aber auch verwendet. Fischfond jedoch ist in der chinesischen Küche selten zu finden. Zu den typischen Suppengewürzen gehören Sojasauce, Reiswein, Ingwer und Frühlingszwiebeln.

In Südostasien wird Hühnerbrühe ebenfalls am häufigsten verwendet; für Suppen mit Meeresfrüchten benötigt man Fischfond und eine aus Garnelen hergestellte Brühe. Zu den Würzmitteln gehören Galgant, Kaffir-Limettenblätter, Koriander und Fischsauce.

In Japan ist Dashi, aus einer Algenart (Kombu) und Trockenfisch (Bonito) hergestellt, die häufigste Brühe. Sie lässt sich in jeder Stärke am einfachsten aus fertig gekauften Dashiflocken oder -granulat bereiten. Für die typische Miso-Suppe fügt man der Dashi-Brühe eine der verschiedenen Miso-Pasten zu.

GEHEIMNISSE EINER GUTEN SUPPE

Suppen, die mit einer selbstgemachten Brühe bereitet werden, haben einen volleren Geschmack. Die Brühe sollte möglichst am Vortag gekocht und im Kühlschrank aufbewahrt werden. So kann sie durchziehen, und das Fett, das sich oben absetzt, lässt sich leicht entfernen.

Viele Suppen basieren auf einer Gewürzpaste, die in Öl erhitzt wird, um das Aroma freizusetzen.

Sobald die Suppe köchelt, muss man darauf achten, dass nicht zu viel Flüssigkeit verdampft. Bei Bedarf wird mit Brühe oder Wasser aufgefüllt.

HÜHNERBRÜHE

1,5 kg Hühnerknochen
3 Knoblauchzehen, in Scheiben geschnitten
2 Stücke Ingwerwurzel, je 1 cm groß
4 Frühlingszwiebeln, ohne Grün, zerdrückt
Salz

Hühnerknochen waschen und in 3,5 l Wasser zum Köcheln bringen; das Wasser darf nicht kochen. 30 Minuten köcheln lassen, dabei Schaum abschöpfen. Knoblauch, Ingwer, Zwiebeln und etwas Salz zufügen und halb zugedeckt 3 Stunden köcheln lassen. Durch ein feines Sieb gießen und abkühlen lassen. Zugedeckt über Nacht in den Kühlschrank stellen. Die Fettschicht entfernen. Ergibt 2 l Brühe.

LAKSA
Es gibt mehrere Varianten dieser beliebten Nudelsuppe. Am bekanntesten ist die Laksa lemak – rechts das Rezept –, eine Brühe mit Reisnudeln und Garnelen oder Hühnerfleisch, die mit Kokosmilch angereichert wird. Eine weitere Variante ist die dünne, säuerlich-aromatische Penang laksa, eine Fischsuppe auf der Basis einer mit Tamarinde statt Kokosmilch abgeschmeckten Brühe (Rezept Seite 25). Weniger bekannt ist die Johore laksa, die pürierten Fisch, Nudeln und Kokosmilch enthält. Jede Version hat ihre begeisterten Anhänger.

GARNELEN-LAKSA

(Laksa lemak)

Vorbereitungszeit: 30 Minuten
Kochzeit: 35 Minuten
Für 4–6 Personen

☆☆

1 1/2 EL Koriandersamen
1 EL Kreuzkümmelsamen
1 TL gemahlene Kurkuma
1 Zwiebel, grob gehackt
2 TL frische Ingwerwurzel, grob gehackt
3 Knoblauchzehen
3 Stängel Zitronengras, nur weiße Teile, kleingeschnitten
6 Kemiri- oder Macadamianüsse, grob gehackt
4–6 kleine frische rote Chillies, grob gehackt
2–3 TL Garnelenpaste
1 l Hühnerbrühe
60 ml Pflanzenöl
750 ml Kokosmilch
4 frische Kaffir-Limettenblätter
2 1/2 EL Limettensaft
2 EL Fischsauce
2 EL Palmzucker, gerieben
750 g mittelgroße rohe Garnelen, küchenfertig
250 g feine Reisnudeln (Rice vermicelli)
90 g Bohnensprossen, geputzt
4 frittierte Tofuwürfel, in feine Streifen geschnitten
3 EL frischer vietnamesischer Koriander, grob gehackt
20 g frische Korianderblätter
Limettenschnitze zum Servieren

1 Koriandersamen in einer kleinen Pfanne bei mittlerer Hitze 1–2 Minuten unter ständigem Wenden rösten, bis sie duften. Fein mahlen. Kreuzkümmelsamen ebenso vorbereiten.
2 Koriander, Kreuzkümmel, Kurkuma, Zwiebel, Ingwer, Knoblauch, Zitronengras, Nüsse, Chillies und Garnelenpaste mit etwa 125 ml Brühe im Mixer fein pürieren.
3 Wok schwach erhitzen und Öl darin schwenken. Paste 3–5 Minuten unter ständigem Rühren erhitzen. Restliche Brühe zufügen und zum Kochen bringen, Hitze reduzieren und 15 Minuten köcheln lassen, bis sie etwas einkocht.
4 Kokosmilch, Limettenblätter, Fischsauce und Zucker zufügen und 5 Minuten köcheln lassen. Garnelen zufügen und 2 Minuten garen. Nicht kochen lassen oder zudecken.
5 Inzwischen Reisnudeln mit kochendem Wasser übergießen und 6–7 Minuten einweichen. Abgießen und mit den meisten Sprossen auf Schalen verteilen. Suppe darauf geben und mit Tofu, Koriander und den restlichen Sprossen garnieren. Mit Limettenschnitzen servieren.

RECHTS: Garnelen-Laksa

PENANG-FISCHLAKSA
(Assam laksa)

Vorbereitungszeit: 20 Minuten
+ 20 Minuten Einweichzeit
Kochzeit: 40 Minuten
Für 4 Personen

☆☆

1 ganzer Fisch (Snapper, Brasse o. ä.), 750 g schwer, geschuppt und ausgenommen
750 ml Hühnerbrühe
6 frische Zweige vietnamesischer Koriander
4 getrocknete rote Chillies
2 x 3 cm großes Stück frischer Galgant, fein gehackt
4 rote asiatische Schalotten, fein gehackt
2 Stängel Zitronengras (nur weiße Teile), fein gehackt
1 TL gemahlene Kurkuma
1 TL Garnelenpaste
4 EL Tamarindenmark
1 EL Zucker
500 g frische runde Reisnudeln
1 kleine Gurke, Samen entfernt, in feine Streifen geschnitten
10 g frischer vietnamesischer Koriander
1 große grüne Chilischote, in Streifen geschnitten

1 Fischflossen und -schwanz abschneiden. An der stärksten Stelle das Fleisch einige Male auf beiden Seiten tief einschneiden.
2 Brühe und 750 ml Wasser mit Korianderzweigen in einem beschichteten Wok bei starker Hitze zum Kochen bringen. Fisch hineingeben und 10 Minuten gar köcheln lassen. Er sollte dabei ständig mit Flüssigkeit bedeckt sein; bei Bedarf Wasser zufügen. Herausnehmen und abkühlen lassen.
3 Chillies mit 250 ml kochendem Wasser übergießen und 20 Minuten einweichen. Abgießen und hacken. Für die Laksa-Paste Chillies, Galgant, Schalotten, Zitronengras, Kurkuma und Garnelenpaste im Mixer glatt pürieren; bei Bedarf etwas Wasser zufügen.
4 Fischfleisch in Flocken zerteilen und alle Gräten entfernen; beides beiseite stellen. Gräten und Tamarinde der Brühe im Wok zufügen und aufkochen. 10 Minuten köcheln lassen, dann durch ein Sieb gießen und die Flüssigkeit – sie darf keine Gräten enthalten – in einen zweiten Wok geben. Die Laksa-Paste hineinrühren und bei mittlerer Hitze 10 Minuten köcheln lassen. Zucker hineinrühren, Fischfleisch zufügen und 1–2 Minuten köcheln lassen.
5 Nudeln in einer hitzebeständigen Schüssel mit kochendem Wasser übergießen und vorsichtig trennen. Sofort abgießen und mit kaltem Wasser abschrecken. Auf Schalen verteilen, Fisch und Brühe dazugeben und mit Gurkenstreifen, Koriander und Chili garnieren.

GARNELENPASTE
Es gibt zwei Arten Garnelen- oder Shrimpspaste. In Malaysia und Indonesien wird sie aus halbfermentierten getrockneten und gemahlenen Garnelen hergestellt und zu einem Block gepresst. Die chinesische Variante ist weicher und ähnelt eher einer Sauce; sie wird in der Regel in Gläsern verkauft. Beide Arten sollten nur sehr sparsam verwendet werden, da der kräftige Geschmack sonst andere Aromen überdeckt.

OBEN: Penang-Fischlaksa

ZITRONENGRAS
Wird Zitronengras als Suppengewürz verwendet, werden die Stängel nicht geschält, sondern nur gewaschen, leicht zerdrückt, um das Aroma freizusetzen, und in der Suppe mitgekocht; vor dem Servieren nimmt man sie heraus. Für Currys und andere Gerichte entfernt man die harten äußeren Blätter und hackt das weiße Innere. Die grünlichen Teile der Stängel bleiben beim Kochen hart und faserig und fühlen sich im Mund unangenehm an. Um dies zu vermeiden, schält man die Stängel, bis die erste purpurfarbene Schicht erscheint; sie und alles, was darunter liegt, sind zart genug zum Essen.

OBEN: Würzige vietnamesische Rindfleischsuppe

WÜRZIGE VIETNAMESISCHE RINDFLEISCHSUPPE
(Bun bo Hué)

Vorbereitungszeit: 20 Minuten
+ 30 Minuten Gefrierzeit
Kochzeit: 40 Minuten
Für 4 Personen

☆☆

300 g Rinderfilet
60 ml Pflanzenöl
300 g Schweinefleisch aus der Oberschale, in 3 cm große Würfel geschnitten
1 große Zwiebel, längs fein geschnitten
2 l Rinderbrühe
2 Stängel Zitronengras
2 EL Fischsauce
1 TL gemahlene getrocknete Garnelen
1 TL Zucker
2 große rote frische Chilischoten, in Streifen geschnitten
400 g frische runde Reisnudeln
180 g Bohnensprossen, geputzt
10 g frische Minze
15 g frisches Koriandergrün
feine Chilistreifen zum Garnieren, nach Belieben
Zitronenschnitze zum Servieren

1 Rinderfilet 20–30 Minuten ins Gefrierfach legen, dann quer zur Faser in papierdünne Scheiben schneiden.
2 Wok erhitzen und mit 1 EL Öl ausschwenken. Schweinefleisch portionsweise je 2–3 Minuten unter Rühren braun braten und beiseite stellen. Zwiebel in 1 EL Öl 2–3 Minuten unter Rühren weich braten. Brühe und 500 ml Wasser zufügen. Einen Halm Zitronengras zerdrücken und zur Flüssigkeit geben. Schweinefleisch zufügen, alles zum Kochen bringen, dann die Hitze reduzieren und 15 Minuten köcheln lassen, bis das Fleisch weich ist; dabei Schaum von der Brühe abschöpfen. Inzwischen das weiße Innere des zweiten Zitronengrashalms fein hacken.
3 Zitronengrashalm aus der Brühe entfernen, Fischsauce und gemahlene Garnelen und Zucker hineinrühren; dabei die Suppe weiter köcheln lassen.
4 Das restliche Öl in einer kleinen Pfanne bei mittlerer Temperatur erhitzen und gehacktes Zitronengras und Chilistreifen 2–3 Minuten braten, bis sie duften. Brühe hineinrühren. Unmittelbar vor dem Servieren bei mäßiger Hitze aufkochen lassen.
5 Reisnudeln in eine große, hitzebeständige Schüssel legen, mit kochendem Wasser übergießen und vorsichtig trennen. Sofort abgießen und abschrecken. Auf vorgewärmte Schalen verteilen, Bohnensprossen zufügen und die heiße Brühe darüber schöpfen. Fleisch zufügen, Minze, Koriander und Chili darüber streuen. Mit Zitronenschnitzen servieren.

HÜHNERSUPPE MIT NUDELN

Vorbereitungszeit: 10 Minuten
Kochzeit: 10 Minuten
Für 4 Personen

☆

85 g frische Eiernudeln
1,5 l Hühnerbrühe
2 EL Sojasauce
1 EL Mirin
3 x 3 cm großes Stück Ingwerwurzel, in feine Streifen geschnitten
2 Hühnerbrustfilets, in feine Scheiben geschnitten
1 kg junger Pak-Choi, Stielenden abgeschnitten, Blätter getrennt
Koriandergrün zum Garnieren
süße Chilisauce, nach Belieben

1 Nudeln in kochendes Wasser geben, 1 Minute kochen, dann abgießen und abschrecken.
2 Brühe im Wok zum Köcheln bringen, dann Sojasauce, Mirin, Ingwer, Huhn und Nudeln zufügen. 5 Minuten kochen, bis das Huhn weich ist und die Nudeln durchgewärmt sind. Dabei Schaum von der Oberfläche abschöpfen
3 Pak-Choi zufügen und weitere 2 Minuten kochen, bis er zusammenfällt. In tiefen Schalen mit Koriander garniert servieren. Nach Belieben süße Chilisauce dazu reichen.

THAILÄNDISCHE HÜHNERSUPPE MIT GALGANT

(Tom kha kai)

Vorbereitungszeit: 20 Minuten
Kochzeit: 20 Minuten
Für 4 Personen

☆

2 x 5 cm großes Stück frischer Galgant, in dünne Scheiben geschnitten
500 ml Kokosmilch
250 ml Hühnerbrühe
4 frische Kaffir-Limettenblätter, zerteilt
1 EL fein gehackte frische Korianderwurzel, gut abgespült
500 g Hühnerbrustfilet, in feine Streifen geschnitten
1–2 TL fein gehackte frische rote Chilischoten
2 EL Fischsauce
1 1/2 EL Limettensaft
3 TL geriebener Palmzucker
4 EL Koriandergrün
Koriandergrün zum Garnieren, nach Belieben

1 Galgant, Kokosmilch, Brühe, Limettenblätter und Korianderwurzel im Wok zum Kochen bringen. Hitze reduzieren und 10 Minuten unter gelegentlichem Rühren köcheln lassen.
2 Hühnerfleisch und Chillies zufügen und alles 8 Minuten köcheln lassen, bis das Fleisch durchgegart ist.
3 Fischsauce, Limettensaft und Palmzucker hineinrühren und 1 Minute kochen lassen. Koriandergrün hineinrühren und sofort servieren. Die Suppe nach Belieben mit etwas Koriandergrün garnieren.

UNTEN: Thailändische Hühnersuppe mit Galgant

JAPANISCHE GEMÜSESUPPE MIT RAMEN-NUDELN

Vorbereitungszeit: 15 Minuten
Kochzeit: 15 Minuten
Für 6 Personen

☆

Salz
250 g frische Ramen-Nudeln
1 EL Pflanzenöl
1 EL fein gehackte frische Ingwerwurzel
2 Knoblauchzehen, durchgepresst
150 g Austernpilze, halbiert
1 kleiner Zucchini, in dünne Scheiben geschnitten
1 Lauchstange, längs halbiert, in dünne Ringe geschnitten
100 g Zuckererbsen, schräg halbiert
100 g frittierte Tofuwürfel, in feine Streifen geschnitten
80 g weiße Miso-Paste
80 ml helle Sojasauce
60 ml Mirin
90 g Bohnensprossen, geputzt
1/2 TL Sesamöl
4 Frühlingszwiebeln, in dünne RInge geschnitten
100 g Enoki-Pilze

1 Reichlich Salzwasser zum Kochen bringen, Nudeln zufügen und unter Rühren 2 Minuten bissfest kochen. Abgießen, abschrecken und abtropfen lassen.
2 Wok bei mittlerer Temperatur erhitzen und Öl darin schwenken. Ingwer und Knoblauch unter Rühren 30 Sekunden braten, Austernpilze, Zucchini, Lauch, Zuckererbsen und Tofu zugeben und unter Rühren 4 Minuten braten. 1,5 l Wasser zugießen, zum Kochen bringen, die Hitze reduzieren und köcheln lassen. Miso, Sojasauce und Mirin hineinrühren und durchwärmen, aber nicht kochen lassen. Vor dem Servieren Sprossen und Sesamöl einrühren.
3 Nudeln auf Schalen verteilen, mit Brühe auffüllen und mit Zwiebeln und Enoki-Pilzen bestreuen.

NUDELN SCHLÜRFEN
Kindern in westlichen Ländern wird von klein auf beigebracht, das Essen nicht geräuschvoll zu schlürfen. In Japan werden sie dagegen dazu ermuntert, denn es gilt durchaus als gutes Benehmen, beim Nudelessen laute Schlürfgeräusche von sich zu geben. Dies erfüllt einen doppelten Zweck: Es zeigt, dass man ein gutes Essen zu würdigen weiß, man kann aber auch die dampfend heiß servierten Nudeln verzehren, indem man gleichzeitig kühlende Luft durch den Mund einatmet. Ein weiterer Unterschied zwischen westlichen und japanischen Tischsitten besteht darin, dass Japaner die festen Bestandteile einer Suppe mit Eßstäbchen greifen und zum Schluß die Schale an den Mund führen und die Flüssigkeit trinken.

RECHTS: Japanische Gemüsesuppe mit Ramen-Nudeln

KOKOS-GARNELEN-SUPPE

Vorbereitungszeit: 20 Minuten
+ 20 Minuten Einweichzeit
Kochzeit: 45 Minuten
Für 4 Personen

☆☆

CURRYPASTE
6 lange getrocknete rote Chillies
2 TL Korianderkörner
1 TL Kreuzkümmelsamen
1 TL gemahlene Kurkuma
1/2 TL Paprika
1/2 TL schwarze Pfefferkörner
4 rote asiatische Schalotten, gehackt
4 Knoblauchzehen, grob gehackt
1 EL frische Ingwerwurzel, in Scheiben geschnitten
4 frische Korianderwurzeln, gründlich gewaschen
2 EL frische Korianderstiele, gehackt
1 TL geriebene Limettenschale
2 Stängel Zitronengras, nur weiße Teile, in dünne Scheiben geschnitten (grüne Teile für Brühe aufheben)
2 frische Kaffir-Limettenblätter, fein zerkleinert
1 TL Garnelenpaste
2 EL Pflanzenöl
1 TL Salz

BRÜHE
700 g mittelgroße rohe Garnelen
4 rote asiatische Schalotten, gehackt
1 Knoblauchzehe
grüne Teile vom Zitronengras
6 schwarze Pfefferkörner

2 EL Pflanzenöl
800 ml Kokosmilch
60 ml Fischsauce
frisches Koriandergrün, zum Garnieren
Limettenschalen, in feine Streifen geschnitten, zum Garnieren

OBEN: Kokos-Garnelen-Suppe

1 Für die Currypaste Chillies mit kochendem Wasser übergießen, 20 Minuten einweichen und abgießen. Gewürze und Pfefferkörner in einer tiefen Bratpfanne bei mittlerer Temperatur unter Rühren erhitzen, bis sie duften. Fein mahlen, dann im Mixer mit den restlichen Zutaten für die Paste fein pürieren; bei Bedarf etwas Wasser zugeben.
2 Garnelen vollständig schälen und vom Darm befreien. Mit Klarsichtfolie bedeckt kalt stellen. Köpfe und Schalen beiseite stellen.
3 Für die Brühe Garnelenköpfe und -schalen im Wok bei hoher Temperatur 5 Minuten rösten, bis sie sich orange färben. Restliche Zutaten für die Brühe mit 1,5 l Wasser zugeben und zum Kochen bringen. Hitze reduzieren, 15–20 Minuten köcheln lassen, dann durch ein Sieb in eine Schüssel gießen.
4 Wok säubern und trocknen. Bei mittlerer Temperatur erhitzen und das Öl darin schwenken. 3 EL Currypaste hineingeben und unter ständigem Rühren 1–2 Minuten erhitzen, bis sie duftet. Brühe und Kokosmilch hineinrühren, zum Kochen bringen, dann die Hitze reduzieren und 10 Minuten köcheln lassen. Garnelenfleisch zufügen und etwa 2 Minuten garen. Fischsauce hineinrühren und mit Koriander und Limettenschale garnieren.
Hinweis: Übrige Currypaste luftdicht verpackt einfrieren.

OBEN: *Japanische Udon-Miso-Suppe mit Huhn*

JAPANISCHE UDON-MISO-SUPPE MIT HUHN

Vorbereitungszeit: 15 Minuten
+ 20 Minuten Einweichzeit
Kochzeit: 15 Minuten
Für 4–6 Personen

☆

8 getrocknete Shiitake-Pilze
400 g frische Udon-Nudeln
1 l Hühnerbrühe
600 g Hühnerbrustfilets, in 1,5 cm starke Streifen geschnitten
300 g junger Pak-Choi, längs halbiert
60 g weiße Miso-Paste
2 TL Dashi-Flocken
1 EL Wakame- oder sonstige Algenflocken
150 g schnittfeste Seidentofu, in 1 cm große Würfel geschnitten
3 Frühlingszwiebeln, schräg in Scheiben geschnitten

1 Pilze in 250 ml kochendem Wasser einweichen, ausdrücken und die Flüssigkeit beiseite stellen. Pilze von holzigen Stielen befreien und in dünne Scheiben schneiden.
2 2 l Wasser zum Kochen bringen und Nudeln 1–2 Minuten weich kochen. Sofort abgießen, abschrecken und beiseite stellen.
3 Brühe und 1 l Wasser im Wok zum Kochen bringen, Hitze reduzieren, Hühnerfleisch hineingeben und 2–3 Minuten köcheln lassen.
4 Pilze zugeben und 1 Minute kochen. Pak-Choi hineinlegen und 1 Minute köcheln lassen, bis er zusammenfällt. Miso, Dashi, Wakame und Pilzwasser zufügen und rühren, bis sich Dashi und Miso auflösen. Nicht kochen lassen.
5 Tofu behutsam einrühren. Nudeln auf Schalen verteilen, mit heißer Suppe auffüllen und mit Frühlingszwiebeln bestreuen.

CHINESISCHE HÜHNERSUPPE MIT GARNELEN

Vorbereitungszeit: 20 Minuten
+ 2 Stunden Kühlzeit
Kochzeit: 2 Stunden 20 Minuten
Für 4–6 Personen

☆☆

BRÜHE
1 Huhn, 1,5 kg schwer
60 ml chinesischer Reiswein
1/2 Sternanisfrucht
8 Frühlingszwiebeln, gehackt
Blätter von 2 Selleriestauden
1/2 TL weiße Pfefferkörner
4 Knoblauchzehen, durchgepresst
2 x 10 cm großes Stück frische Ingwerwurzel, in dünne Scheiben geschnitten

24 Won-tans (gefüllte Teigtaschen)
12 mittelgroße rohe Garnelen, küchenfertig
200 g chinesisches gegrilltes Schweinefleisch, in dünne Scheiben geschnitten (Seite 47)
60 g chinesische Strohpilze
70 g Bambussprossen, in Scheiben geschnitten
500 g junger Pak-Choi, dünn geschnitten
2 Frühlingszwiebeln, in 3 cm lange Stücke geschnitten
2 1/2 EL helle Sojasauce
1 EL Austernsauce
1/2 TL Sesamöl

1 Zutaten für die Brühe mit 4 l Wasser bei starker Hitze zum Kochen bringen und den Schaum abschöpfen. Die Hitze reduzieren und alles 2 Stunden köcheln lassen. Abkühlen lassen, Huhn herausnehmen und Brühe durch ein Sieb in eine Schüssel gießen. Brühe und Huhn getrennt und zugedeckt kalt stellen. Fettschicht von der Brühe entfernen.

2 2 l Brühe in einem großen Wok zum Kochen bringen. 1 Hühnerbrust abtrennen, Haut entfernen und Fleisch in dünne Scheiben schneiden.

3 Won-tans in die kochende Brühe geben und 2–3 Minuten kochen, bis sie nach oben steigen und gar sind. Mit dem Schaumlöffel herausnehmen und auf Schalen verteilen. Brühe bei kleiner Hitze köcheln lassen und Garnelen, Schweinefleisch, Pilze und Bambussprossen 30 Sekunden darin ziehen lassen, bis sich die Garnelen krümmen. Pak-Choi, Frühlingszwiebeln, Huhn sowie Sojasauce, Austernsauce und Sesamöl vermischt zufügen und 2 Minuten kochen. Suppe über die Won-tans verteilen.

ACHT-SCHÄTZE-SUPPE

Vorbereitungszeit: 15 Minuten
+ 20 Minuten Einweichzeit
Kochzeit: 1 Stunde
Für 4–6 Personen

☆☆

4 getrocknete Shiitake-Pilze
1 EL Pflanzenöl
1 TL Sesamöl
2 TL frische Ingwerwurzel, fein gehackt
1 EL Frühlingszwiebel, fein gehackt
60 g chinesischer Speck oder Schinken, in dünne Streifen geschnitten (siehe Hinweis)
1 l Hühnerbrühe
1 EL Sojasauce
1 EL Reiswein
1/2 TL Salz
250 g Hühnerbrustfilet
1 Möhre, in 1 cm dicke Scheiben geschnitten
12 kleine rohe Garnelen, küchenfertig
200 g schnittfester Tofu, in 2 cm große Würfel geschnitten
50 g Bambussprossen, in Scheiben geschnitten
100 g Sauerampfer, gehackt
2 Frühlingszwiebeln, schräg in Scheiben geschnitten, zum Servieren

1 Pilze mit 125 ml kochendem Wasser übergießen und 20 Minuten einweichen. Ausdrücken und Pilzwasser beiseite stellen. Pilze von holzigen Stielen befreien und vierteln.

2 Wok bei hoher Temperatur erhitzen und beide Öle darin schwenken. Ingwer, Frühlingszwiebeln und Speck etwa 10 Sekunden braten, dann Brühe, Sojasauce, Reiswein, Pilzwasser und Salz zufügen. Zum Kochen bringen, Hühnerfleisch hineingeben und bei kleinster Hitze zugedeckt 40 Minuten gar ziehen lassen. Hühnerfleisch herausnehmen, etwas abkühlen lassen und fein zerteilen.

3 Brühe wieder zum Kochen bringen, Möhre hineingeben und 5 Minuten kochen. Garnelen, Tofu, Bambussprossen, Sauerampfer und Hühnerfleisch zufügen und alles bei geringer Hitze weitere 5 Minuten garen. Suppe mit den Frühlingszwiebeln servieren.

Hinweis: Chinesischer Speck ist relativ trocken und ähnelt im Geschmack dem italienischen Prosciutto, durch den man ihn auch notfalls ersetzen kann.

UNTEN: Acht-Schätze-Suppe

THAILÄNDISCHE KÜCHE
Vier Geschmacksrichtungen kennzeichnen die thailändische Küche – scharf (würzig), sauer, süß und salzig –, die jeweils durch Chillies, Limettensaft, Palmzucker und Fischsauce beispielhaft vertreten sind. Aromatische Kräuter wie Koriandergrün, Limettenblätter und Zitronengras verbinden sich mit ihnen und bilden eine Küche der komplexen, aufeinander fein abgestimmten Geschmacksnuancen. Wer mit der thailändischen Küche noch nicht vertraut ist, empfindet sie in erster Linie als scharf, aber das trifft nicht für alle Speisen zu. Chillies zu vertragen muss allerdings gelernt werden, und wie es bei den thailändischen Kindern der Fall ist, sollten Neulinge sich Zeit lassen, sich an die Schärfe zu gewöhnen.

OBEN: Scharf-saure Garnelensuppe

SCHARF-SAURE GARNELENSUPPE
(Tom yam kung)

Vorbereitungszeit: 20 MInuten
Kochzeit: 40 Minuten
Für 4 Personen

☆☆

1 kg mittelgroße rohe Garnelen
1 EL Pflanzenöl
2 EL Tom-yum-Paste
2 Stängel Zitronengras, nur weiße Teile
4 Kaffir-Limettenblätter
3 kleine frische rote Chillies, in dünne Streifen geschnitten
80–100 ml Fischsauce
80–100 ml Limettensaft
2 TL Palmzucker, gerieben
4 Frühlingszwiebeln, schräg in dünne Ringe geschnitten
4 EL Koriandergrün

1 Garnelen in einem Stück schälen und den Darm entfernen. Köpfe und Schalen beiseite stellen. Garnelen zugedeckt kalt stellen.
2 Wok bei mittlerer Temperatur erhitzen, Öl darin schwenken und Garnelenschalen und -köpfe 8–10 Minuten orangefarben braten.
3 Tom-yum-Paste und 60 ml Wasser zugeben und 1 Minute kochen. 2,2 l Wasser zugießen, zum Kochen bringen, dann die Hitze reduzieren und 20 Minuten köcheln lassen. Brühe durch ein Sieb gießen und wieder in den Wok geben.
4 Garnelen, Zitronengras, Limettenblätter und Chillies zufügen und 45 Minuten köcheln lassen. Fischsauce, Limettensaft, Zucker, Frühlingszwiebeln und Koriander hineinrühren. Zitronengras entfernen. Die Suppe sofort servieren.

VIETNAMESISCHE FISCHSUPPE MIT NUDELN

Vorbereitungszeit: 30 Minuten
Kochzeit: 20 Minuten
Für 4 Personen

☆☆

1 TL Garnelenpaste
150 g Glasnudeln
2 EL Erdnussöl
6 Knoblauchzehen, fein gehackt
1 kleine Zwiebel, in dünne Ringe geschnitten
2 große frische rote Chillies, gehackt
2 Stängel Zitronengras, nur Weißes, geschnitten
1,25 l selbst gemachte Hühnerbrühe (Seite 23)
60 ml Fischsauce

1 EL Reisessig
4 vollreife Tomaten, geschält, von Kernen befreit und gehackt
500 g feste weiße Fischfilets, in 3 cm große Stücke geschnitten
10 g vietnamesischer Koriander, zerkleinert, sowie einige ganze Blätter zum Garnieren
15 g Koriandergrün, grob zerkleinert, sowie ganze Blätter zum Garnieren
90 g Bohnensprossen, geputzt
2 große frische rote Chillies, in Streifen geschnitten, zum Garnieren
Zitronenschnitze zum Servieren

1 Garnelenpaste in Alufolie wickeln und 1 Minute unter den heißen Grill legen.
2 Nudeln in kochendem Wasser 3–4 Minuten einweichen. Abschrecken, abtropfen lassen und in 15 cm lange Stücke schneiden.
3 Wok bei mittlerer Temperatur erhitzen und Öl darin schwenken. Knoblauch 1 Minute goldbraun braten, Zwiebel, Chillies, Zitronengras, und Garnelenpaste unter Rühren 1 Minute braten. Brühe, Fischsauce, Essig und Tomate zum Kochen bringen. Hitze reduzieren und 10 Minuten köcheln lassen. Fisch 3 Minuten gar ziehen lassen. Kräuter hineinrühren.
4 Nudeln und Bohnensprossen auf Schalen verteilen und Suppe darüber schöpfen. Mit Chillies und Koriander garnieren und mit Zitronenschnitzen servieren.

CURRYSUPPE MIT NUDELN

Vorbereitungszeit: 15 Minuten
Kochzeit: 50 Minuten
Für 4 Personen

☆

175 g getrocknete dünne Eiernudeln
60 ml Erdnussöl
2 x 250 g Hühnerbrustfilet
1 Zwiebel, in Ringe geschnitten
1 kleine frische rote Chilischote, von den Samen befreit und fein gehackt
1 EL frische Ingwerwurzel, fein gehackt
2 EL indisches Currypulver
750 ml Hühnerbrühe
800 ml Kokosmilch
300 g junger Pak-Choi, in Streifen geschnitten
4 frische Basilikumblätter, grob zerkleinert

1 Nudeln in reichlich Wasser 3 Minuten kochen. Abgießen und abschrecken.
2 Wok bei mittlerer Temperatur erhitzen und 1 EL Öl darin schwenken. Huhn zufügen und auf jeder Seite 5 Minuten braten, bis das Fleisch durchgegart ist. Herausnehmen und warm stellen. Den Wok säubern.
3 Wok wieder erhitzen und restliches Öl darin schwenken. Zwiebel bei kleiner Hitze 4–6 Minuten weich, aber nicht braun braten. Chilischote, Ingwer und Currypulver zufügen und weitere 1–2 Minuten braten. Brühe zugießen und zum Kochen bringen, Hitze reduzieren und 10 Minuten köcheln lassen. Hühnerfleisch schräg in dünne Scheiben schneiden.
4 Kokosmilch in den Wok geben und 8 Minuten köcheln lassen, dann Pak-Choi zufügen und 3 Minuten kochen. Unmittelbar vor dem Servieren Basilikum hineinrühren.
5 Nudeln, dann Hühnerfleisch auf Schalen verteilen und die Suppe darüber schöpfen.

UNTEN: Currysuppe mit Nudeln

WÜRZIGE INDONESISCHE HÜHNERSUPPE

(Soto ayam)

Vorbereitungszeit: 30 Minuten
+ 1 Nacht Kühlzeit
Kochzeit: 2 Stunden 15 Minuten
Für 6 Personen

☆☆

2 TL Korianderkörner
2 EL Pflanzenöl
1 Huhn, 1,4 kg schwer, in 8 Stücke geteilt
4 Knoblauchzehen
1 Zwiebel, gehackt
2 TL frische Ingwerwurzel, in feine Streifen geschnitten
1 getrocknete rote Chilischote, halbiert
2 Stängel Zitronengras, nur weiße Teile, grob gehackt
50 g Korianderwurzel und -stiele, gründlich gespült und grob gehackt
2 TL gemahlene Kurkuma
1 TL Galgantpulver
1 TL Zucker
1 l Hühnerbrühe
2 EL Zitronensaft
120 g Glasnudeln
1 1/2 EL Fischsauce
90 g Bohnensprossen, geputzt
3 EL Koriandergrün, gehackt
4 Frühlingszwiebeln, schräg in dünne Ringe geschnitten
20 g knusprig frittierte Zwiebel
1 EL Sambal oelek

1 Korianderkörner in einer kleinen Bratpfanne 1 Minute rösten, bis sie duften. Abkühlen lassen und fein mahlen.
2 Wok stark erhitzen und das Pflanzenöl darin schwenken. Hühnerteile portionsweise 3–4 Minuten rundum braun braten und aus dem Wok nehmen.
3 Restliches Öl im Wok erhitzen und Knoblauch, Zwiebel, Ingwer und Chili unter Rühren 5 Minuten weich braten. Zitronengras, Korianderwurzel und -stiele, Kurkuma, Galgant, Zucker und gemahlenen Koriander zufügen und 5 Minuten braten. Hühnerteile zugeben und al-

SOTO AYAM
In Indonesien kennt man unzählige Varianten dieser Suppe, im Wesentlichen ist sie jedoch eine aromatische Hühnerbrühe mit Glasnudeln. In der Regel wird Soto ayam als Snack oder Teil einer Mahlzeit mit Reis und anderen Beilagen gegessen. Diese reichen von einer einfachen Schale Reis und Sambal oelek bis hin zu aufwändigeren Garnierungen wie knusprig gebratenen Kartoffeln, fein geschnittenem Weißkohl und hart gekochten Eiern. Traditionell wird eine kleine Menge jeder Beilage in die Suppenschale gelegt und die Suppe darüber geschöpft. Der Reis wird dann auf einem Teller gereicht und die Brühe beim Essen darüber gelöffelt.

RECHTS: Würzige indonesische Hühnersuppe

les mit Brühe, Zitronensaft und 500 ml Wasser bedecken.
4 Deckel aufsetzen und die Brühe 20 Minuten köcheln lassen; dabei Schaum und Fett abschöpfen. Bruststücke herausnehmen, Deckel wieder aufsetzen und die Brühe weitere 20 Minuten köcheln lassen; dabei Schaum abschöpfen. Restliche Hühnerteile herausnehmen und zugedeckt kalt stellen. Deckel wieder aufsetzen und die Brühe 1 Stunde köcheln lassen.
5 Brühe durch ein feines Sieb gießen, bei Zimmertemperatur abkühlen lassen und mit Klarsichtfolie bedeckt über Nacht in den Kühlschrank stellen.
6 Glasnudeln mit kochendem Wasser übergießen und 3–4 Minuten einweichen. Abgießen und kalt spülen.
7 Fettschicht von der erkalteten Brühe entfernen. Hühnerfleisch von den Knochen lösen und mit einer Gabel fein zerteilen. Brühe und Hühnerfleisch im Wok bei mittlerer Hitze zum Kochen bringen, dann Fischsauce, Bohnensprossen, Koriandergrun und Nudeln zufügen. Abschmecken und auf große Schalen verteilen. Mit Frühlingszwiebeln und frittierten Zwiebeln bestreuen und mit Sambal oelek servieren.

JAKOBSMUSCHELN MIT SOBA-NUDELN UND DASHI-BRÜHE

Vorbereitungszeit: 10 Minuten
Kochzeit: 15 Minuten
Für 4 Personen

☆☆

250 g getrocknete Soba-Nudeln
60 ml Mirin
60 ml helle Sojasauce
2 TL Reisessig
1 TL Dashi-Flocken
2 Frühlingszwiebeln, schräg in Ringe geschnitten
1 TL frische Ingwerwurzel, fein gehackt
24 große Jakobsmuscheln (ohne Corail)
5 frische Mu-err-Pilze, gehackt (siehe Hinweis)
1 Nori-Blatt, zerkleinert

1 Nudeln in reichlich kochendes Wasser schütten und durch Umrühren trennen. Wieder zum Kochen bringen und 250 ml kaltes Wasser zugießen; diesen Vorgang dreimal wiederholen. Nudeln abgießen und kalt abschrecken.
2 Mirin, Sojasauce, Essig, Dashi und 875 ml Wasser in einem beschichteten Wok zum Kochen bringen, dann die Hitze reduzieren und 3–4 Minuten köcheln lassen. Frühlingszwiebeln und Ingwer zufügen und weiterhin schwach köcheln lassen
3 Grillpfanne oder Grillplatte stark erhitzen und die Muscheln portionsweise auf jeder Seite 30 Sekunden rösten.
4 Nudeln und Pilze auf Schalen verteilen, jeweils knapp 200 ml Brühe darüber schöpfen und je 6 Muscheln darauf legen. Mit Nori garnieren und sofort servieren.
Hinweis: Sind frische Mu-err-Pilze nicht erhältlich, ersetzt man sie durch getrocknete, die man 20 Minuten in warmem Wasser einweicht.

OBEN: Jakobsmuscheln mit Soba-Nudeln und Dashi-Brühe

OBEN: *Fischbällchensuppe mit Nudeln*

FISCHBÄLLCHENSUPPE MIT NUDELN

Vorbereitungszeit: 15 Minuten
Kochzeit: 15 Minuten
Für 4–6 Personen

☆

500 g weiche weiße Fischfilets (z. B. Leng, Barsch)
2 EL Reismehl
200 g getrocknete Somen-Nudeln
2 1/2 TL Dashi-Flocken
2 EL helle Sojasauce
1 EL Mirin
Salz
200 g Chinakohl, fein geschnitten
2 Frühlingszwiebeln, schräg in Ringe geschnitten
1/2 Gurke, geschält, entkernt und in feine, 5 cm lange Streifen geschnitten

1 Fisch im Mixer fein pürieren. Reismehl mit 80 ml Wasser in einer kleinen Schüssel glatt rühren, dann zum Fisch geben und 5 Sekunden mischen. Mit nassen Händen je 2 TL der Mischung zu Bällchen formen.
2 Nudeln in reichlich kochendes Wasser schütten und 2 Minuten weich kochen. Abgießen und beiseite stellen.
3 In einem beschichteten Wok 2 l Wasser zum Kochen bringen. Dann die Hitze reduzieren, die Dashi-Flocken hineingeben und unter Rühren im Wasser auflösen. Das Ganze wieder zum Kochen bringen, dann Sojasauce und Mirin zufügen und mit etwas Salz abschmecken. Die Fischbällchen hineingeben, die Hitze reduzieren und die Brühe 3 Minuten köcheln lassen, bis die Bällchen nach oben steigen und durchgegart sind. Den Chinakohl zugeben und alles bei starker Hitze zum Kochen bringen. Die Nudeln hineinrühren und 1 Minute kochen, bis sie durchgewärmt sind.
4 Nudeln und Fischbällchen auf Schalen verteilen und die Brühe darüber schöpfen.
Mit Frühlingszwiebeln und Gurke bestreuen.

CHINESISCHE LAMMSUPPE MIT SCHNITTKNOBLAUCH UND GLASNUDELN

Vorbereitungszeit: 10 Minuten
+ 3 Stunden Marinierzeit
Kochzeit: 20 Minuten
Für 4 Personen

☆

2 EL helle Sojasauce
1 EL Austernsauce
1 EL chinesischer Reiswein
1 TL Zucker
1 1/4 TL Sesamöl
3 Scheiben frischer Ingwer sowie 1 EL fein gehackt
250 g Lammfilet
100 g Glasnudeln
1 EL Pflanzenöl
3 Frühlingszwiebeln, 2 fein gehackt und 1 schräg in dünne Ringe geschnitten
125 g Schnittknoblauch, gehackt
1 l Hühnerbrühe

1 In einer Schüssel Sojasauce, Austernsauce, Reiswein, Zucker, 1/4 TL Sesamöl und Ingwerscheiben miteinander verrühren. Das Lammfilet

hineinlegen und 3 Stunden marinieren; dabei gelegentlich wenden. Fleisch und Ingwer mit der Küchenzange aus der Marinade herausnehmen.
2 Nudeln mit kochendem Wasser übergießen, 3–4 Minuten einweichen, dann abgießen, abschrecken und abtropfen lassen.
3 Den Wok kräftig erhitzen und das Pflanzenöl mit dem restlichen Sesamöl darin schwenken. Gehackten Ingwer, gehackte Frühlingszwiebeln und Schnittknoblauch 30 Sekunden unter ständigem Rühren braten. Die Brühe langsam zugießen, dann zum Kochen bringen. Das Lamm und die Ingwerscheiben zufügen, die Hitze reduzieren und das Fleisch 10 Minuten gar ziehen lassen.
4 Lamm herausnehmen und Brühe bei mittlerer Hitze zum Kochen bringen. Inzwischen Fleisch in dünne Scheiben schneiden und zusammen mit den Nudeln in die Brühe geben. Gut umrühren, bis sich alles vermischt. Heiß mit Frühlingszwiebelringen bestreut servieren.

CHINESISCHE HÜHNERSUPPE MIT MAIS

Vorbereitungszeit: 10 Minuten
Kochzeit: 15 Minuten
Für 4 Personen

☆

750 ml Hühnerbrühe
2 Hühnerbrustfilets zu je 200 g
3–4 Maiskolben
1 EL Pflanzenöl
4 Frühlingszwiebeln, in dünne Ringe geschnitten; das Grün gehackt zum Garnieren
1 Knoblauchzehe, durchgepresst
2 TL frischer Ingwer, gerieben
300 g Maiskörner aus der Dose, püriert
2 EL helle Sojasauce
1 EL chinesischer Reiswein
1 EL Maisstärke
2 TL Sesamöl
Salz und Pfeffer

1 Brühe in einem kleinen Topf zum Köcheln bringen. Huhn zufügen und Topf von der Hitze nehmen. Deckel aufsetzen und Fleisch in der Brühe abkühlen lassen. Mit dem Schaumlöffel herausnehmen und mit den Fingern fein zerteilen. Maiskörner von den Kolben schaben; sie ergeben etwa 400 g.
2 Den Wok bei mittlerer bis hoher Temperatur erhitzen und das Öl darin schwenken. Frühlingszwiebeln, Knoblauch und Ingwer etwa 30 Sekunden unter ständigem Rühren braten, dann Maiskörner, Maispüree, Sojasauce, Reiswein und 250 ml Wasser zufügen und unter Rühren zum Kochen bringen. Hitze reduzieren und 10 Minuten köcheln lassen, dann Hühnerfleisch hineingeben.
3 Maisstärke, Sesamöl und 1 EL Wasser in einer kleinen Schüssel glatt verrühren. Etwas heiße Brühe hineinrühren, dann die Mischung in die Suppe gießen. Erhitzen und unter ständigem Rühren 3–4 Minuten köcheln lassen, bis die Suppe leicht sämig wird. Mit Salz und Pfeffer abschmecken. Auf Schalen verteilen und mit dem Frühlingszwiebelgrün garnieren.
Hinweis: Dies ist kein original chinesisches Rezept, sondern wurde von chinesischen Einwanderern in Amerika erfunden, die unter Heimweh litten.

UNTEN: Chinesische Hühnersuppe mit Mais

RAMEN-NUDELSUPPE MIT MAIS UND SCHWEINEFLEISCH

Vorbereitungszeit: 15 Minuten
Kochzeit: 30 Minuten
Für 4 Personen

☆

200 g chinesisches gegrilltes Schweinefilet (Seite 47)
2 kleine frische Maiskolben
200 g getrocknete Ramen-Nudeln
2 Tl Erdnussöl
1 TL frischer Ingwer, gerieben
1,5 l Hühnerbrühe
2 EL Mirin
2 Frühlingszwiebeln, schräg in Ringe geschnitten
20 g Butter
1 Frühlingszwiebel, schräg in Ringe geschnitten, zum Garnieren

UNTEN: Ramen-Nudelsuppe mit Mais und Schweinefleisch

1 Schweinefilet in dünne Scheiben schneiden. Mit einem scharfen Messer die Körner von den Maiskolben abschaben.

2 Ramen-Nudeln in reichlich kochendem Wasser 4 Minuten weich garen. Abgießen, abschrecken und abtropfen lassen.

3 Wok kräftig erhitzen und Öl darin schwenken. Ingwer 1–2 Minuten unter Rühren braten, dann Brühe, Mirin und 500 ml Wasser zugießen. Zum Kochen bringen, dann die Hitze reduzieren und 6–8 Minuten köcheln lassen.

4 Schweinefleisch in die Brühe geben und 5 Minuten kochen, dann Maiskörner und Frühlingszwiebeln zufügen und weitere 4–5 Minuten kochen, bis die Körner weich sind.

5 Nudeln unter fließendem warmem Wasser trennen, dann auf tiefe Schalen verteilen. Brühe darüber schöpfen, Fleisch und Mais darauf geben und je 1 TL Butter darauf setzen. Mit Frühlingszwiebeln garnieren und sofort servieren.

THAILÄNDISCHE KÜRBISSUPPE MIT KOKOS

Vorbereitungszeit: 20 Minuten
Kochzeit: 30 Minuten
Für 4 Personen

☆☆

1/2 TL Garnelenpaste
2 lange frische rote Chilischoten, gehackt
1/4 TL weiße Pfefferkörner
2 EL Chilipaste
2 Knoblauchzehen
Prise Salz
3 TL Pflanzenöl
5 Frühlingszwiebeln, schräg in feine Ringe geschnitten
125 ml Kokoscreme
500 ml Hühnerbrühe
2 Stängel Zitronengras, nur weiße Teile, zerdrückt
875 ml Kokosmilch
750 g Kürbis, in 2 cm große Würfel geschnitten
250 g kleine geschälte rohe Garnelen, geputzt
1 EL Fischsauce
4 EL kleine Thai-Basilikumblätter

1 Garnelenpaste in Alufolie wickeln und 1 Minute unter den heißen Grill legen, dann mit Chilischoten, Pfefferkörnern, Chilipaste, Knoblauch und Salz im Mixer glatt pürieren.

2 Wok bei hoher Temperatur erhitzen und Öl darin schwenken. Frühlingszwiebeln 5 Minuten unter Rühren hell goldgelb braten, dann herausnehmen. Kokoscreme zufügen, bei starker Hitze zum Kochen bringen, dann 10 Minuten köcheln lassen, bis sich das Öl abzusondern beginnt.
3 Die pürierten Zutaten hineinrühren und 1–2 Minuten bei mittlerer Hitze köcheln lassen, bis die Mischung duftet. Brühe, Zitronengras, Kokosmilch, Kürbis und Frühlingszwiebeln zufügen, den Deckel aufsetzen und die Suppe 8–10 Minuten köcheln lassen, bis der Kürbis weich ist. Deckel abnehmen, Garnelen zufügen und 2–3 Minuten durchgaren. Fischsauce und Basilikum hineinrühren und sofort servieren.

THAILÄNDISCHE REISNUDELSUPPE MIT ENTE

Vorbereitungszeit: 40 Minuten
Kochzeit: 25 Minuten
Für 4–6 Personen

☆

1 chinesische gebratene Ente (siehe Hinweis)
4 frische Korianderwurzeln und -stiele, gründlich gespült
50 g frischer Galgant, in Scheiben geschnitten
4 Frühlingszwiebeln, schräg in 3 cm lange Stücke geschnitten
400 g Gai-larn (chinesischer Brokkoli), in 5 cm lange Stücke geschnitten
2 Knoblauchzehen, durchgepresst
60 ml Fischsauce
1 EL Hoisin-Sauce
2 TL geriebener Palmzucker
1/2 TL gemahlener weißer Pfeffer
500 g frische Reisnudeln
knusprig frittierter Knoblauch zum Garnieren, nach Belieben
Koriandergrün zum Garnieren, nach Belieben

1 Für die Brühe den Entenkopf mit einem scharfen Messer abtrennen und wegwerfen. Haut und Fett von der Ente entfernen, dabei Hals ganz lassen. Fleisch behutsam von den Knochen lösen und beiseite legen. Fett und Bürzel von der Karkasse abschneiden und wegwerfen. Karkasse in große Stücke brechen und in einen Topf mit 2 l Wasser geben.
2 Korianderwurzeln und -stiele mit der flachen Messerklinge zerdrücken, mit dem Galgant in den Suppentopf geben und alles zum Kochen bringen. Schaum von der Oberfläche abschöpfen und Brühe 10 Minuten bei mittlerer Hitze kochen. Durch ein feines Sieb in einen Wok gießen und die Karkasse wegwerfen.
3 Entenfleisch in schmale Streifen schneiden und mit Frühlingszwiebeln, Brokkoli, Knoblauch, Fischsauce, Hoisin-Sauce, Palmzucker und Pfeffer zur Brühe geben. Langsam zum Kochen bringen.
4 Nudeln in eine hitzebeständige Schüssel legen, mit kochendem Wasser übergießen und behutsam trennen. Abgießen und kalt abschrecken. Nudeln und Suppe auf Schalen verteilen. Nach Belieben mit Knoblauch und Koriandergrün garnieren und sofort servieren.
Hinweis: Chinesische gebratene Enten sind, in der Regel tiefgekühlt, in Asienläden erhältlich.

OBEN: Thailändische Reisnudelsuppe mit Ente

PHO

Nudelsuppen gehören zum vietnamesischen Alltag, wobei die Pho die beliebteste und bekannteste ist. Sie wird zu jeder Tageszeit verzehrt – in der Frühe, mittags und abends. Die Beigabe frischer aromatischer Kräuter verleiht der Pho einen Duft, der für die vietnamesische Küche charakteristisch ist, während die Würzmittel, die dazu gereicht werden, jedem Esser erlauben, seine eigene Variante zu kreieren. Ursprünglich stammte die Suppe aus dem Norden, heute ist sie jedoch im ganzen Land zum Klassiker geworden.

OBEN: Rindfleisch-Pho

RINDFLEISCH-PHO

(Pho bo)

Vorbereitungszeit: 15 Minuten
+ 15 Minuten Einweichzeit
Kochzeit: 35 Minuten
Für 4 Personen

☆☆

2 l Rindfleischbrühe
1 Sternanisfrucht
1 Stück frischer Ingwer, 4 cm groß, in Scheiben geschnitten
2 Schweinsfüße (vom Metzger spalten lassen)
1/2 Zwiebel, mit 2 Gewürznelken gespickt
2 Stängel Zitronengras, zerdrückt
2 Knoblauchzehen, durchgepresst
1/4 TL gemahlener weißer Pfeffer
1 EL Fischsauce sowie zusätzliche zum Servieren
200 g frische dünne, runde Reisnudeln
300 g Rinderfilet, in feine Streifen geschnitten
90 g Sojabohnensprossen, geputzt
2 Frühlingszwiebeln, schräg in Ringe geschnitten
25 g Koriandergrün, gehackt, sowie zusätzliches als Beilage
4 EL vietnamesischer Koriander, gehackt, sowie zusätzlicher als Beilage
1 frische rote Chilischote, fein geschnitten, sowie zusätzliche als Beilage
2 Limetten, geviertelt

1 Brühe, Sternanis, Ingwer, Schweinsfüße, Zwiebel, Zitronengras, Knoblauch und Pfeffer im Wok zum Kochen bringen. Hitze stark reduzieren und Suppe zugedeckt 30 Minuten köcheln lassen. Durch ein Sieb gießen, Flüssigkeit wieder in den Wok geben und Fischsauce einrühren.

2 Inzwischen Nudeln in eine hitzebeständige Schüssel legen, mit kochendem Wasser übergießen und behutsam trennen. Abgießen und kalt abschrecken.

3 Nudeln auf tiefe Schalen verteilen, dann Rindfleisch, Bohnensprossen, Frühlingszwiebeln, Koriandergrün, Koriander und Chilischote darauf geben. Die Brühe darüber schöpfen.

4 Beilagen und Limetten in Schälchen auf einer Platte anrichten und dazu reichen.

CHINESISCHE NUDELSUPPE MIT FLEISCHBÄLLCHEN

Vorbereitungszeit: 20 Minuten
+ 1 Stunde Kühlzeit
Kochzeit: 30 Minuten
Für 4–6 Personen

☆☆

- 1 EL Erdnussöl
- 2 TL Sesamöl
- 4 Knoblauchzehen, durchgepresst
- 5 TL frischer Ingwer, gerieben
- 150 g Chinakohl, fein geschnitten
- 300 g Gehacktes vom Schwein
- 1 Eiweiß
- 1 1/2 TL Maisstärke
- 1/4 TL gemahlener weißer Pfeffer
- 80 ml helle Sojasauce
- 2 EL chinesischer Reiswein
- 6 Frühlingszwiebeln, in dünne Ringe geschnitten
- 15 g Koriandergrün, fein gehackt
- 1,5 l Hühnerbrühe, selbst gemacht oder Fertigprodukt (siehe Hinweis)
- 200 g frische dünne Eiernudeln
- frische rote Chilischote, gehackt, zum Garnieren, nach Belieben
- Sojasauce zum Servieren, nach Belieben

1 Wok bei hoher Temperatur erhitzen und Erdnussöl mit 1 TL Sesamöl darin schwenken. Knoblauch, 2 TL Ingwer und Chinakohl unter Rühren 1 Minute braten, bis der Knoblauch zu bräunen beginnt. Wok sofort von der Hitze nehmen und abkühlen lassen.

2 Inhalt des Woks in eine große Schüssel geben und Hackfleisch, Eiweiß, Maisstärke, Pfeffer, 2 EL Sojasauce, 1 EL Reiswein, die Hälfte der Frühlingszwiebeln und 3 EL Koriander zufügen. Alles gut vermengen, mit Klarsichtfolie zudecken und 1 Stunde kalt stellen. Je 1 EL der Hackfleischmischung mit nassen Händen zu Bällchen formen.

3 Wok säubern und trocknen. Die Brühe hineingeben, bei hoher Temperatur zum Kochen bringen, die Hitze reduzieren und 1–2 Minuten köcheln lassen. Restliche Ingwerwurzel und Sojasauce sowie restlichen Reiswein zufügen und zugedeckt 5 Minuten kochen. Fleischbällchen hineingeben und ohne Deckel weitere 8–10 Minuten kochen, bis die Bällchen nach oben steigen und durchgegart sind.

4 Inzwischen Nudeln in reichlich kochendes Wasser geben und 1 Minute kochen, bis sie sich trennen. Abgießen und gut spülen. Nudeln auf Schalen verteilen und die Suppe darüber schöpfen. Mit den restlichen Frühlingszwiebeln und dem restlichen Koriandergrün bestreuen, dann ein paar Tropfen des restlichen Sesamöls hineinträufeln. Nach Belieben mit Chilischote garnieren und Sojasauce dazu servieren.

Hinweis: Da Instantbrühe aus dem Glas oder aus Würfeln sehr salzig sein kann, sollte man sie in schwächerer Konzentration verwenden und für die im Rezept erforderliche Menge Brühe weniger Pulver bzw. Würfel nehmen als auf dem Etikett angegeben. Dies gilt vor allem für Rezepte, die auch Sojasauce oder andere salzige Saucen verwenden. Selbst gemachte Brühen für die asiatische Küche sollten nicht stark gesalzen werden.

OBEN: Chinesische Nudelsuppe mit Fleischbällchen

ZITRONENGRASSUPPE MIT KOKOSMILCH UND WON-TANS MIT GARNELENFÜLLUNG

Won-tan (Teighülle) um die Füllung legen und die Ränder zusammendrücken, um eine Tasche zu bilden.

OBEN: Zitronengrassuppe mit Kokosmilch und Garnelen-Won-tans

ZITRONENGRASSUPPE MIT KOKOSMILCH UND GARNELEN-WON-TANS

Vorbereitungszeit: 30 Minuten
+ 1 Nacht Kühlzeit
Kochzeit: 1 Stunde 10 Minuten
Für 4 Personen

☆☆

BRÜHE

1,5 kg Hühnerknochen, gewaschen
1 Zwiebel, grob gehackt
125 g Stangensellerie, grob gehackt

WON-TANS

325 g kleine rohe Garnelen, küchenfertig und fein gehackt
2 EL Koriandergrün, fein gehackt
1 EL frisches Thai-Basilikum, zerkleinert
2 EL Stangensellerie, fein gehackt
2 Frühlingszwiebeln, fein gehackt
20 Won-tan-Hüllen
1 Ei, leicht verquirlt

SUPPE

2 EL Tom-yum-Paste
3 Stängel Zitronengras, nur weiße Teile, fein geschnitten
6 Kaffir-Limettenblätter
2 kleine frische rote Chilischoten, fein gehackt
200 ml Kokosmilch
1 EL Palmzucker, gerieben
1 EL Limettensaft
1 EL Fischsauce
Koriandergrün zum Garnieren

1 Für die Brühe Hühnerknochen, Zwiebel, Sellerie und 3 l Wasser bei mittlerer Hitze langsam zum Köcheln bringen; dabei Schaum von der Oberfläche abschöpfen. Hitze reduzieren und 1 Stunde köcheln lassen; gegebenenfalls weiterhin Schaum abschöpfen. Brühe durch ein feines Sieb gießen und abkühlen lassen. Mit Klarsichtfolie zudecken und über Nacht kaltstellen. Die Fettschicht entfernen.

2 Für die Won-tans Garnelenfleisch, Koriander, Basilikum, Sellerie und Frühlingszwiebeln vermengen. Won-tan-Hüllen flach ausbreiten, je 1 TL Füllung in die Mitte setzen und Teigränder mit etwas Ei bestreichen. Hüllen dicht um die

Füllung legen und die Ränder zusammendrücken, um eine Tasche zu bilden. Fertige Wontans zugedeckt kalt stellen.

3 Wok bei mittlerer Temperatur erhitzen und Tom-yum-Paste 10 Sekunden braten, bis sie duftet. Nach und nach 1 l Brühe mit dem Schneebesen hineinrühren, dann bei starker Hitze zum Kochen bringen. Auf mittlere Hitze zurückschalten, Zitronengras, Limettenblätter, Chili und Kokosmilch zufügen und 5 Minuten köcheln lassen. Zucker, Limettensaft und Fischsauce hineinrühren. Won-tans behutsam in die Brühe legen und 2 Minuten gar ziehen lassen. Mit dem Schaumlöffel herausnehmen und auf Schalen verteilen. Brühe darüber schöpfen und mit Koriandergrün garnieren.

Hinweis: Die überschüssige Brühe kann eingefroren werden.

SOMEN-NUDELSUPPE MIT FÜNF-GEWÜRZE-ENTE

Vorbereitungszeit: 10 Minuten
Kochzeit: 30 Minuten
Für 4 Personen

☆☆

4 Entenbrüste mit Haut
1 TL Fünf-Gewürze-Pulver
1 TL Erdnussöl
200 g getrocknete Somen-Nudeln

STERNANIS-BRÜHE
2 l Hühnerbrühe
3 Sternanisfrüchte
5 Frühlingszwiebeln, gehackt
3 EL Koriandergrün, gehackt

1 Backofen auf 200 °C (Gas 3) vorheizen. Entenbrüste von überschüssigem Fett befreien, dann auf beiden Seiten mit Fünf-Gewürze-Pulver bestreuen.

2 Wok bei hoher Temperatur erhitzen und Öl darin schwenken. Entenbrüste bei mittlerer Hitze mit der Hautseite nach unten 2–3 Minuten braten, bis die Haut braun und knusprig ist. Wenden und weitere 3 Minuten braten. Auf ein Backofenblech legen, Hautseite nach oben, und 8 Minuten braten. Das Fleisch ist dann innen rosa; wer es durchgebraten haben möchte, verlängert die Bratzeit entsprechend.

3 Inzwischen Hühnerbrühe und Sternanis in einem beschichteten Wok zum Kochen bringen, dann zugedeckt bei reduzierter Hitze 5 Minuten köcheln lassen. Frühlingszwiebeln und Koriander zufügen und weitere 5 Minuten köcheln lassen.

4 Nudeln 2 Minuten weich kochen, abgießen und auf große Schalen verteilen. Brühe darüber schöpfen und darauf jeweils eine in Scheiben geschnittene Entenbrust geben.

SCHNELLE MISO-SUPPE

5 g getrocknete Wakame 10 Minuten in Wasser einweichen und abgießen. 2½ TL Dashi-Pulver in 1,5 l kochendem Wasser auflösen. 125 ml Shiro-miso (japanische Sojabohnenpaste) in einen Wok geben und mit 80 ml Dashi-Brühe glatt rühren. Restliche Dashi-Brühe zufügen und gründlich verrühren. 300 g Seidentofu abtropfen lassen, in 1,5 cm große Würfel schneiden und mit der Wakame zur Brühe geben. Köcheln lassen, bis alle Zutaten heiß sind. Für 4 Personen.

UNTEN: Somen-Nudelsuppe mit Fünf-Gewürze-Ente

CHINESISCHE EIERNUDEL-SUPPE MIT WON-TANS

Vorbereitungszeit: 30 Minuten
Kochzeit: 15 Minuten
Für 6 Personen

☆☆

300 g Gehacktes vom Schwein
4 Frühlingszwiebeln, in Ringe geschnitten
3 Knoblauchzehen, grob gehackt
2 TL frischer Ingwer, gerieben
2 TL Maisstärke
110 ml helle Sojasauce
60 ml chinesischer Reiswein
30 Won-tan-Hüllen
3 l Hühnerbrühe, selbst gemacht (Seite 23) oder Fertigprodukt (siehe Hinweis Seite 41)
20 g frischer Ingwer, in dünne Scheiben geschnitten
200 g getrocknete breite Eiernudeln
2 Frühlingszwiebeln, schräg in Ringe geschnitten
1 TL Sesamöl

1 Hackfleisch, Frühlingszwiebeln, Knoblauch, Ingwer, Maisstärke, 1 1/2 EL Sojasauce und 1 EL Reiswein im Mixer gründlich vermengen.
2 In die Mitte der Won-tan-Hüllen je 2 TL der Mischung setzen und Teigränder mit wenig Wasser bepinseln. Hüllen eng um die Füllung legen und Ränder zusammendrücken, um eine Tasche zu bilden.
3 Hühnerbrühe mit Ingwer bei mittlerer Hitze in einem großen Wok zum Köcheln bringen. Restliche Sojasauce und restlichen Reiswein hineinrühren.
4 Inzwischen reichlich Wasser zum Kochen bringen, die Hitze reduzieren und Won-tans 1 Minute köcheln lassen, bis sie an die Oberfläche steigen und durchgegart sind. Mit dem Schaumlöffel herausnehmen und beiseite stellen. Wasser wieder zum Kochen bringen und Eiernudeln 3 Minuten bissfest garen. Abgießen und abschrecken.
5 Ingwer aus der Brühe nehmen, dann Won-tans hineingeben und 2 Minuten köcheln lassen, bis sie nach oben steigen und durchgewärmt sind. Nudeln zugeben und wieder erhitzen.
6 Suppe und Won-tans auf große Schalen verteilen, mit Frühlingszwiebeln bestreuen und mit Sesamöl beträufeln.

UNTEN: Chinesische Eiernudelsuppe mit Won-tans

SUKIYAKI-SUPPE

Vorbereitungszeit: 20 Minuten
+ 20 Minuten Einweichzeit
Kochzeit: 15 Minuten
Für 4–6 Personen

☆

10 g getrocknete Shiitake-Pilze
100 g getrocknete feine Reisnudeln
2 TL Pflanzenöl
1 Lauchstange, längs halbiert und quer klein geschnitten
1,5 l Hühnerbrühe
1 TL Dashi-Flocken, in 500 ml kochendem Wasser aufgelöst
125 ml Sojasauce
2 EL Mirin
1 1/2 EL Zucker
100 g Chinakohl, fein geschnitten
300 g schnittfester Seidentofu, in 2 cm große Würfel geschnitten
400 g Rumpsteak, in dünne Scheiben geschnitten
4 Frühlingszwiebeln, schräg in Ringe geschnitten

1 Pilze mit kochendem Wasser übergießen und 20 Minuten einweichen. Ausdrücken und Pilzwasser beiseite stellen. Pilze von den Stielen befreien und in Scheiben schneiden. Inzwischen Nudeln mit kochendem Wasser übergießen, 6–7 Minuten einweichen, dann abgießen.
2 Einen beschichteten Wok bei mittlerer Temperatur erhitzen und Öl darin schwenken. Lauch 1–2 Minuten weich braten. Hühnerbrühe, Dashi-Brühe, Sojasauce, Mirin, Zucker und Pilze mit Pilzwasser zugeben und zum Kochen bringen. Hitze reduzieren und 5 Minuten köcheln lassen.
3 Chinakohl zufügen und weitere 5 Minuten köcheln lassen, dann Tofu und Rumpsteak hineingeben und 2 Minuten köcheln lassen, bis das Fleisch gar ist; es darf nicht hart werden. Nudeln auf Schalen verteilen und Suppe darüber schöpfen. Mit Frühlingszwiebeln garnieren.

VIETNAMESISCHE SUPPE MIT MEERESFRÜCHTEN
(Canh chua)

Vorbereitungszeit: 30 Minuten
Kochzeit: 30 Minuten
Für 4 Personen

☆☆

1 EL Pflanzenöl
1 Stängel Zitronengras, nur weiße Teile, fein gehackt
1 frische rote Chilischote, fein gehackt
2 Knoblauchzehen, fein gehackt
2 l selbst gemachter Fischfond oder selbst gemachte Hühnerbrühe (Seite 23) oder Fertigprodukt (siehe Hinweis Seite 41)
1 EL Tamarindenpüree
1 EL Fischsauce
400 g Miesmuscheln, gründlich abgebürstet und entbartet
500 g mittelgroße rohe Garnelen, küchenfertig, Schwänze ungeschält
500 g feste weiße Fischfilets (z. B. Leng oder Snapper), in 2,5 cm große Stücke geschnitten
1 vollreife Tomate, in dünne Schnitze geteilt
3 EL Koriandergrün
1 EL vietnamesischer Koriander
90 g Bohnensprossen, geputzt

1 Einen beschichteten Wok bei hoher Temperatur erhitzen und das Öl darin schwenken. Zitronengras, Chili und Knoblauch 2 Minuten braten, bis sie weich sind und duften. Brühe, Tamarinde und Fischsauce zugeben, zum Kochen bringen, dann auf kleiner Hitze 15 Minuten köcheln lassen.
2 Beschädigte Muscheln wegwerfen sowie solche, die sich nicht schließen, wenn man darauf klopft. Auf mittlere Hitze schalten, Muscheln in die Brühe geben und zugedeckt 2–3 Minuten unter gelegentlichem Wenden kochen. Garnelen, Fisch und Tomaten zufügen und weitere 3 Minuten kochen, bis die Meeresfrüchte vollständig gar sind. Muscheln, die sich beim Kochen nicht geöffnet haben, wegwerfen. Koriandergrün und vietnamesischen Koriander hineinrühren.
3 Bohnensprossen auf Schalen verteilen, Suppe und Meeresfrüchte darüber schöpfen und sofort servieren.
Hinweis: Für dieses Rezept sollte unbedingt ein beschichteter Wok verwendet werden, da die Säure der Tamarinde die Schicht zerstört, die sich mit der Zeit am Eisenblechwok aufbaut.

UNTEN: Vietnamesische Suppe mit Meeresfrüchten

CURRYS UND ASIATISCHE EINTÖPFE

Bei Curry denkt man fast immer an Indien. Zwar stimmt es, dass er dort seinen Ursprung hat, doch wie viele andere Gerichte hat er sich bei der Übernahme durch andere Kulturen gewandelt. Die Vietnamesen haben eine eigene Version, die indische Gewürze, französische Finesse und heimische Zutaten verbindet. In Malaysia zeigt der Fischkopfcurry die subtile Vereinigung der indischen und der chinesischen Küche. Doch zu allen Currys, gleich welcher Herkunft, gehört als unerlässliche Beilage eine großzügig bemessene Schale gedämpfter Reis.

CURRYS UND EINTÖPFE BEREITEN

Gute Currys basieren auf Gewürzpasten, die beim Erhitzen ihr Aroma entwickeln.

WAS IST CURRY?

Der englische Name Curry stammt von *kari*, das auf Tamil Würzsauce bedeutet. In Indien entstanden, haben sich Currygerichte über Südostasien ausgebreitet. Heute basieren sie gewöhnlich auf einem Würzpulver oder einer Paste, die erhitzt wird, um das Aroma freizusetzen, bevor die anderen Zutaten zugefügt werden.

Es gibt zwei Hauptarten, die nach der Menge und der Konsistenz der Sauce unterschieden werden: nasse Currys mit viel Sauce und trockene, bei denen die Sauce dick und klebrig ist.

CURRY IM WOK BEREITEN

Zwar verbindet man den Wok hauptsächlich mit dem Pfannenrühren, doch er ist vielseitig genug, um auch für indische wie für südostasiatische Currys und Eintöpfe verwendet zu werden.

In Indien ist eine wokähnliche Pfanne namens Karahi oder Kadhai entstanden. Sie hat die gleiche Form und zwei Griffe und besteht traditionell aus Gußeisen, das die Hitze speichert und an dem der Inhalt beim langsamen Garen nicht haften bleibt. Baltistan im Norden Pakistans, die Heimat der Baltiküche, hat auch eine Variante, die wie die Küche Balti heißt und das wichtigste Kochgeschirr der Region darstellt. Baltis dienen als Koch- und als Serviergeschirr, denn das Essen kommt in der Regel vom Herd direkt auf den Tisch.

Woks eignen sich gut für das Erhitzen der Gewürze, den ersten Schritt bei der Bereitung eines Currys, und die große Fläche begünstigt die Verdunstung und folglich die Konzentration des Aromas, die bei trockenen Currys wichtig ist. Rindfleisch-Rendang (Seite 78) ist ein klassisches Beispiel eines trockenen Currys; durch Verdunstung entsteht eine schmackhafte, dicke Sauce, die genug Öl enthält, um das Fleisch zu braten und den Fleischsaft einzuschließen. Dabei muss jedoch darauf geachtet werden, dass der Inhalt des Wok nicht anbrennt oder haften bleibt.

SÜDOSTASIATISCHE CURRYS

Auch diese Gerichte werden häufig im Wok bereitet. Viele lassen sich schneller als andere Currys kochen; Thai-Curry mit Schweinefleisch und Babymais (Seite 74) ist beispielsweise in nur 35 Minuten fertig. Für diese Art wird das Fleisch häufig in feine Streifen statt in Würfel geschnitten, was die Kochzeit erheblich verkürzt, denn das Fleisch gart rasch durch, und nur die Sauce muss etwas ziehen, damit der Geschmack sich voll entwickelt.

EINTÖPFE IM WOK BEREITEN

Wird ein Wok für langsam garende Schmorgerichte und Gerichte mit viel Sauce verwendet, müssen Temperatur und Flüssigkeit sorgfältig überwacht werden, damit die Sauce nicht zu schnell verdunstet und eintrocknet, bevor das Fleisch zart ist. Dies ist bei einigen Eintöpfen in diesem Kapitel, beispielsweise Schmorhuhn mit Ingwer und Sternanis (Seite 78) und Nordvietnamesische

Schweinshaxe (Seite 66) der Fall. Im Rezept wird angegeben, ob der Deckel aufgesetzt und wann er dann entfernt werden muss, damit die Sauce zur gewünschten sämigen Konsistenz einkocht – dies ist sehr wichtig für das Gelingen.

KOKOSMILCH UND KOKOSCREME

In vielen Currys sind diese Zutaten für eine dicke, sahnige Sauce unerlässlich. In manchen Rezepten wird die Milch verwendet, in anderen die Creme und manchmal auch beide. Sie werden aus dem Fleisch der Kokosnuss hergestellt, wobei die Creme bei der ersten, die Milch bei weiteren Pressungen entsteht.

Die Konsistenz der im Handel erhältlichen Erzeugnisse variiert je nach der Wassermenge, die dem Kokosfleisch zugesetzt und wie oft es gepresst wurde. Auch unterscheiden manche Hersteller nicht zwischen Milch und Creme, doch bei allen Produkten in der Dose oder im Tetrapack setzt sich die dickere, cremige Substanz oben ab. Sie sollten nur geschüttelt werden, wenn dies ausdrücklich im Rezept angegeben wird, da bei manchen Gerichten der cremige Anteil zu einem anderen Zeitpunkt zugefügt wird als der dünnflüssigere.

Kokoscreme ist auch als Block oder als Pulver erhältlich

KOKOSMILCH IN CURRYS

Die Verwendung von Kokosmilch variiert sehr stark je nach Rezept und Region. In Indien beispielsweise unterscheidet man nicht zwischen Creme und Milch. In der thailändischen Küche dagegen ist der Unterschied von größerer Bedeutung, wo die dicke Cremeschicht oft aufgekocht und so lang erhitzt wird, bis sie sich „spaltet“ und das Öl abgesondert wird. In diesem Öl wird häufig Currypaste gebraten, damit sie ihr Aroma entfaltet, bevor die anderen Zutaten zugefügt werden.

In anderen Ländern, beispielsweise in Malaysia, werden die Gewürze zuerst in Öl erhitzt; die Zutaten lässt man in der dünneren Kokosmilch köcheln, dann wird die Creme zum Schluss hineingerührt, um eine cremige Konsistenz zu erhalten.

In der asiatischen Küche wird kein Gericht, das Kokoscreme enthält, beim Kochen zugedeckt, da die Creme sonst gerinnen und das Aussehen des Gerichts beeinträchtigen könnte. Auch kann sich eine übermäßig ölige Schicht auf der Oberfläche absetzen.

TIPPS UND TRICKS

- Wird Tamarinde für ein Gericht mit langer Garzeit verwendet, empfiehlt es sich, einen beschichteten Wok oder einen aus Edelstahl zu verwenden. Die in der Tamarinde enthaltene Säure reagiert mit dem Eisenblech, löst möglicherweise die erwünschte Schicht, die sich langsam im Wok aufgebaut hat, ab und verdirbt unter Umständen sogar das Gericht.
- Für aromatische Currygerichte sind die Gewürze von entscheidender Bedeutung. Da sie an Geschmack schnell verlieren, kauft man am besten nur kleine Mengen. Reste werden in luftdichten Behältern kühl und dunkel aufbewahrt, damit sie frisch bleiben und nicht ranzig werden.
- Traditionell werden die Gewürze für echte Currys extra geröstet und gemahlen. Durch das Rösten wird das Aroma verstärkt.
- Wie viele Schmorgerichte schmecken auch Currys und asiatische Eintöpfe kräftiger, wenn man sie zugedeckt im Kühlschrank durchziehen lässt, und zwar bis zu 3 Tagen. Tiefgekühlt halten sie bis zu einem Monat. Eine Ausnahme sind Gerichte, die Meeresfrüchte enthalten; sie sollten am selben Tag gegessen und auf keinen Fall eingefroren werden.
- Es gibt tausende von Currypasten; die meisten sind untereinander austauschbar oder durch fertig gekaufte zu ersetzen.

SO GELINGT EIN CURRY

Die Basis bildet in der Regel eine Gewürzpaste, die das Aroma liefert. In vielen Fällen kann man Fertigprodukte verwenden, es kostet jedoch nicht viel Mühe, die eigene herzustellen, und deren Geschmack ist konkurrenzlos.

Im Mörser werden die Gewürze traditionell gerieben, aber in einem kleinen Mixer gelingt die Paste ebenso gut.

Kokosmilch wird nach verschiedenen Methoden verwendet. Gelegentlich wird sie gekocht, bis sie sich „spaltet“ – das heißt, bis sich das Öl absondert –, bevor die Gewürzpaste zugefügt wird.

THAI-CURRYPASTEN

Es empfiehlt sich, Currypasten im Voraus zu machen. Sie sind relativ lange haltbar, erstaunlich leicht herzustellen, bilden die aromatische Basis für Suppen und Currys und verleihen auch anderen Gerichten eine angenehme Würze.

Luftdicht verpackt halten Currypasten 2 Wochen im Kühlschrank oder 2 Monate im Tiefkühlgerät. Um ein Glas zu sterilisieren, heizt man den Backofen auf 120 °C (Gas 1), wäscht Glas und Deckel gründlich (am besten im Geschirrspüler) und spült mit heißem Wasser nach. Dann stellt man sie 20 Minuten in den Backofen, bis sie vollkommen trocken sind; nicht mit dem Geschirrtuch nachreiben, sonst können Keime übertragen werden.

ROTE CURRYPASTE

Den Backofen auf 180 °C (Gas 2) vorheizen. 15 große getrocknete rote Chillies in eine hitzebeständige Schüssel legen, mit kochendem Wasser übergießen und 20 Minuten einweichen. Abgießen, entkernen und das Fleisch grob hacken.

Inzwischen 2 TL Garnelenpaste in Alufolie wickeln und zusammen mit 2 TL Korianderkörnern und je 1 TL weißen Pfefferkörnern und Kreuzkümmelsamen auf ein Backblech legen und 5–10 Minuten im Backofen rösten.

Garnelenpaste aus der Folie nehmen und mit den Chillies, 5 gehackten roten asiatischen Schalotten, 10 gehackten Knoblauchzehen, 2 kleingeschnittenen Zitronengrasstängeln (nur weiße Teile), 1 EL gehacktem frischem Galgant, 2 EL gehackter frischer Korianderwurzel und 1 TL fein geriebener Kaffir-Limettenschale im Mörser oder Mixer zu einer glatten Paste verarbeiten. Ergibt 250 ml.

GRÜNE CURRYPASTE

Backofen auf 180 °C (Gas 2) vorheizen. 2 EL Korianderkörner, 2 TL in Alufolie gewickelte Garnelenpaste und je 1 TL weiße Pfefferkörner und Kreuzkümmelsamen auf ein Backblech legen und 5–10 Minuten rösten. Garnelenpaste aus der Folie nehmen.

Alles in einen Mixer oder Mörser geben, 1 TL Meersalz, 4 fein gehackte Zi-

tronenengrasstängel (nur weiße Teile), je 2 TL gehackten frischen Galgant und fein zerteilte frische Kaffir-Limettenblätter, 1 EL gehackte frische Korianderwurzel, 5 gehackte rote asiatische Schalotten, 10 gehackte Knoblauchzehen und 16 entkernte und gehackte große grüne Chillies zufügen. Zu einer glatten Paste verarbeiten. Ergibt 250 ml.

CHU-CHEE-CURRYPASTE

Backofen auf 180 °C (Gas 2) vorheizen. 10 große getrocknete rote Chillies in eine hitzebeständige Schüssel legen, mit kochendem Wasser übergießen und 20 Minuten einweichen. Abgießen, entkernen und das Fleisch grob hacken.

Inzwischen 1 TL Korianderkörner, 1 EL in Alufolie gewickelte Garnelenpaste und 1 EL weiße Pfefferkörner auf ein Backblech legen und 5 Minuten rösten.

Garnelenpaste aus der Folie nehmen und mit den gerösteten Gewürzen und den Chillies in einen Mörser oder einen Mixer geben. 10 fein zerteilte frische Kaffir-Limettenblätter, 10 gehackte rote asiatische Schalotten, 2 TL fein geriebene Kaffir-Limettenschale, 1 EL gehackte frische Korianderstiele und -wurzel, 1 fein gehackten Zitronengrasstängel (nur weiße Teile), 3 EL gehackten frischen Galgant, 1 EL gehackte Krachai nach Belieben (siehe Hinweis) und 6 gehackte Knoblauchzehen zufügen und zu einer glatten Paste verarbeiten. Bei Bedarf mit Zitronensaft verdünnen. Ergibt 125 ml.

Hinweis Krachai oder Kleiner Galgant ist eine zur Ingwerfamilie gehörende Wurzel, die weniger intensiv schmeckt als Galgant (Großer Galgant); sie ist in Asienläden in Gläsern erhältlich. Man kann sie weglassen, ohne den Geschmack der Paste wesentlich zu beeinträchtigen.

GELBE CURRYPASTE

8 frische kleine grüne Chillies, 5 grob gehackte rote asiatische Schalotten, 1 gehackten Zitronenengrasstängel (nur das Weiße), 2 gehackte Knoblauchzehen, 2 EL fein gehackten frischen Galgant, je 1 EL Limettensaft und fein gehackte Korianderstiele und -wurzel, je 1 TL gemahlenen Koriander und Kreuzkümmel und je 1/2 TL gemahlene Kurkuma und schwarze Pfefferkörner im Mörser oder Mixer zu einer feinen Paste verarbeiten. Ergibt 125 ml.

VON LINKS: Rote Currypaste, grüne Currypaste, Chu-chee-Currypaste, gelbe Currypaste

VERSCHIEDENE CURRYPASTEN

BALTI-CURRYPASTE

4 EL Korianderkörner, 2 EL Kreuzkümmelsamen, 2 zerkleinerte Zimtstangen, je 2 TL Fenchelsamen, schwarze Senfsamen und Kardamomsamen, 1 TL Bockshornkleesamen und 6 Gewürznelken einzeln in einer kleinen Pfanne bei mittlerer Hitze 2–3 Minuten rösten, bis jedes Gewürz duftet.

Abkühlen lassen, dann alles zusammen im Mörser oder im Mixer fein mahlen. 20 frische Curryblätter, 4 frische Lorbeerblätter, 1 EL gemahlene Kurkuma, 2 durchgepresste Knoblauchzehen, 1 EL geriebener frischer Ingwer, 1½ TL Chilipulver und 185 ml Malzessig oder roten Essig zufügen und gründlich vermengen.

125 ml Pflanzenöl erhitzen und die Paste unter Rühren 5 Minuten braten. 60 ml Malzessig oder roten Essig zufügen und gründlich verrühren. Ergibt 250 ml.

MADRAS-CURRYPASTE

2½ EL Korianderkörner und 1 EL Kreuzkümmelsamen in der Pfanne 30 Sekunden bis 1 Minute getrennt rösten, bis sie duften; darauf achten, dass sie nicht zu dunkel werden. Abkühlen lassen, dann im Mixer oder Mörser fein mahlen.

Gewürze in eine kleine Schüssel geben und 2 durchgepresste Knoblauchzehen, 2 TL geriebenen frischen Ingwer, je 1 TL braune Senfsamen, Chilipulver, gemahlene Kurkuma und Salz und

½ TL zerdrückte schwarze Pfefferkörner zugeben. Gründlich vermengen, 3–4 EL weißen Essig (Tafelessig) zugeben und zu einer glatten Paste verrühren. Ergibt 125 ml.

VINDALOO-CURRYPASTE

2 EL geriebener frischer Ingwer, 4 gehackte Knoblauchzehen, 4 gehackte frische rote Chillies, je 1 EL gemahlenen Koriander und Kreuzkümmelsamen, je 2 TL gemahlene Kurkuma und gemahlenen Kardamom, 1 TL gemahlenen Zimt, 4 Gewürznelken, 6 Pfefferkörner und 125 ml Apfelessig im Mixer 20 Sekunden zu einer glatten Paste verarbeiten. Ergibt 125 ml.

MUSAMAN-CURRYPASTE

Backofen auf 180 °C (Gas 2) vorheizen. 10 getrocknete rote Chillies in einer hitzebeständigen Schüssel mit kochendem Wasser übergießen und 20 Minuten einweichen. Abgießen, entkernen und das Fleisch grob hacken.

Inzwischen 5 gehackte rote asiatische Schalotten, 1 fein gehackten Zitronengrasstängel (nur weiße Teile), 1 EL gehackten frischen Galgant, 10 gehackte Knoblauchzehen, 3 Kardamomkapseln, 1 EL Korianderkörner, 1 TL Kreuzkümmelsamen, 1 TL in Alufolie gewickelte Garnelenpaste und ¼ TL schwarze Pfefferkörner auf einem Backblech im Backofen 5 Minuten rösten, bis sie duften.

Garnelenpaste aus der Folie nehmen und mit den gerösteten Gewürzen, gehackten Chillies, ½ TL gemahlener Muskatnuss und je ¼ TL gemahlenem Zimt und gemahlenen Nelken im Mörser oder im Mixer zu einer glatten Paste verarbeiten. Ist die Mischung zu trocken, mit etwas weißem Essig (Tafelessig) verdünnen. Ergibt 125 ml.

DSCHUNGEL-CURRYPASTE

12 große getrocknete rote Chillies in kochendem Wasser 20 Minuten einweichen. Abgießen und hacken.

Inzwischen 1 EL Garnelenpaste in Alufolie wickeln und 1 Minute unter dem Grill erhitzen, bis sie duftet.

Garnelenpaste aus der Folie nehmen und mit den Chillies, 4 roten asiatischen Schalotten, 4 gehackten Knoblauchzehen, 1 klein geschnittenen Zitronengrasstängel (nur weiße Teile), 2 gehackten kleinen Korianderwurzeln, je 1 EL fein gehacktem frischem Galgant und fein gehacktem frischem Ingwer und je 1 TL gemahlenem weißem Pfeffer und Salz im Mixer pürieren. Bei Bedarf mit etwas Wasser verdünnen. Ergibt 125 ml.

VON LINKS: Balti-Currypaste, Madras-Currypaste, Vindaloo-Currypaste, Musaman-Currypaste, Dschungel-Currypaste

1 Tamarindenmark mit 125 ml kochendem Wasser in eine Schüssel geben und abkühlen lassen. Mit den Fingern die Tamarinde zerdrücken, bis sie sich auflöst, dann durch ein Sieb gießen. Die Flüssigkeit beiseite stellen, die Tamarindenreste wegwerfen.

2 Einen beschichteten Wok bei hoher Temperatur erhitzen und das Öl darin schwenken. Das Fleisch portionsweise bei großer Hitze 5 Minuten bräunen. Die Hitze reduzieren und das Fleisch mit Kokosmilch und Kardamom 1 Stunde köcheln lassen, bis das Fleisch weich ist. Mit dem Schaumlöffel herausnehmen und die Flüssigkeit durch ein Sieb gießen.

3 Kokoscreme im Wok erhitzen und Currypaste hineinrühren. 10 Minuten kochen, bis sich das Öl absondert.

4 Fischsauce, Zwiebeln, Kartoffeln, Fleisch, Palmzucker, Erdnüsse, Tamarindenwasser und die Kochflüssigkeit zufügen und 20-30 Minuten köcheln lassen, bis die Flüssigkeit sämig wird.

Hinweis: Die Zwiebeln und die Kartoffeln müssen klein und alle gleich groß sein (je 25–30 g), damit sie gleichmäßig garen. Für dieses Rezept muss ein beschichteter Wok oder einer aus Edelstahl verwendet werden, da die Tamarinde mit der Schicht, die sich im Eisenblechwok aufbaut, reagiert und dem Gericht einen unangenehmen Geschmack verleiht.

OBEN: Thai-Musamancurry mit Rindfleisch

THAI-MUSAMANCURRY MIT RINDFLEISCH
(Gaeng Musaman nuer)

Vorbereitungszeit: 30 Minuten + Kühlzeit
Kochzeit: 2 Stunden
Für 4 Personen

☆☆

- 1 EL Tamarindenmark
- 2 EL Pflanzenöl
- 750 g mageres Rindfleisch vom Kamm, gewürfelt
- 500 ml Kokosmilch
- 4 Kardamomkapseln, zerdrückt
- 500 ml Kokoscreme
- 2 EL Musaman-Currypaste (Seite 59)
- 2 EL Fischsauce
- 8 kleine Zwiebeln (siehe Hinweis)
- 8 kleine Kartoffeln (siehe Hinweis)
- 2 EL Palmzucker, gerieben
- 80 g Erdnüsse, geröstet und gemahlen

INDISCHE AUBERGINEN-PICKLES
(Brinjal achar)

1 kg dünne asiatische Auberginen längs halbieren, die Schnittfläche mit Salz bestreuen und 30 Minuten ziehen lassen. Inzwischen 6 Knoblauchzehen, 1 EL grob gehackter frischer Ingwer, 1 EL Garam masala, 1 TL gemahlene Kurkuma, 1 TL Chilipulver und 1 EL Pflanzenöl im Mixer zu einer Paste verarbeiten. Salz von den Auberginen spülen und mit Küchenkrepp trockentupfen. 80 ml Pflanzenöl in einer großen Bratpfanne erhitzen und die Auberginen 5 Minuten goldbraun braten. Gewürzpaste zufügen und unter Rühren 2 Minuten kochen. 410 ml Pflanzenöl hineinrühren und unter gelegentlichem Rühren 10–15 Minuten kochen. In sterile vorgewärmte Gläser füllen und luftdicht verschließen. Im Kühlschrank bis zu 5 Tage haltbar. Zu indischen Currygerichten servieren. Ergibt etwa 500 ml bzw. 24 Portionen.

SALZIGER MALAIISCHER HÜHNERCURRY

(Ayam kapitan)

Vorbereitungszeit: 35 Minuten
Kochzeit: 1 Stunde 20 Minuten
Für 4–6 Personen

☆☆

1 1/2 TL getrocknete Garnelen
6–8 frische rote Chillies, entkernt und fein gehackt
4 Knoblauchzehen, fein gehackt
3 Stängel Zitronengras, nur weiße Teile, fein gehackt
2 TL gemahlene Kurkuma
10 Kemirinüsse
80 ml Pflanzenöl
2 große Zwiebeln, gehackt
1/4 TL Salz
250 ml Kokosmilch
1 Huhn, 1,5 kg schwer, in 8 Teile zerlegt
125 ml Kokoscreme
2 EL Limettensaft

1 Garnelen bei geringer Hitze 3 Minuten rösten, bis sie sich orangen färben und duften; dabei die Pfanne in Abständen schütteln. In den Mixer geben und fein mahlen.
2 Chillies, Knoblauch, Zitronengras, Kurkuma, Kemirinüsse und 2 EL Öl in den Mixer geben und stoßweise fein hacken; zwischendurch die Mischung mit dem Spatel von der Wandung des Behälters schaben.
3 Wok bei hoher Temperatur erhitzen und restliches Öl darin schwenken. Zwiebeln und Salz hineingeben und bei niedriger Hitze unter Rühren 8 Minuten goldgelb braten. Falls etwas am Boden des Wok haften bleibt, 2 EL Kokosmilch zufügen.
4 Huhn in den Wok geben und unter Rühren 5 Minuten hellbraun braten. Restliche Kokosmilch und 375 ml Wasser hineinrühren und zum Kochen bringen. Hitze auf kleinste Stufe schalten und Huhn zugedeckt 45 Minuten köcheln lassen. Überschüssiges Öl abschöpfen, dann ohne Deckel 25 Minuten köcheln lassen, bis das Huhn gar und die Sauce leicht sämig ist. Überschüssiges Öl abschöpfen, Kokoscreme zufügen und alles unter ständigem Rühren wieder zum Kochen bringen. Limettensaft hineinrühren und mit Reis servieren.

NONYA-KÜCHE

Ayam kapitan, ein Gericht, das salzige getrocknete Garnelen mit scharfen Chillies und aromatischem Zitronengras kombiniert, ist ein klassisches Beispiel der traditionellen Nonya-Küche Malaysias. Vom 15. Jahrhundert an kamen viele chinesische Einwanderer, meist Händler, nach Malaysia. Die Chinesen und die heimische Bevölkerung heirateten untereinander, und so entwickelte sich eine eigenständige Küche, die nach der Bezeichnung für die malaiischen Frauen chinesischer Männer Nonya heißt (die Männer heißen Baba). Die Nonya-Küche kombiniert Chillies, Garnelenpaste, Kokosmilch sowie aromatische Kräuter und Gewürze mit chinesischen Grundzutaten wie Nudeln und Schweinefleisch.

LINKS: Salziger malaiischer Hühnercurry

VIETNAM

Geografisch und kulturell in drei Hauptregionen geteilt, wurde die kleine Nation in Südostasien von vielen Kulturen beeinflusst, vor allem von China, das Vietnam mehr als 1000 Jahre lang kolonisierte. Aufgrund der gemeinsamen Grenze ähnelt die Küche des nördlichen Vietnam der chinesischen stärker als die der anderen Regionen. Am schärfsten gewürzt sind die Gerichte der mittleren Region, wo die Portugiesen die Chilischote einführten. Diese Küche gilt auch als die feinste, denn sie wurde von der Kochkunst des Hofes in der alten königlichen Hauptstadt Hué beeinflusst, die für die Adligen entwickelt wurde. Mittelpunkt des südlichenVietnam ist Saigon (Ho-Chi-Minh-Stadt), wo die Küche starke französische und indische Einflüsse aufweist. Vietnam ist das einzige Land Südostasiens, das die chinesische Gewohnheit, mit Stäbchen zu essen, weitgehend beibehalten hat.

NORDVIETNAMESISCHE SCHWEINSHAXE

Vorbereitungszeit: 30 Minuten
+ 2 Stunden Marinierzeit
Kochzeit: 1 Stunde 45 Minuten
Für 4–6 Personen

☆☆

1 1/2 EL Pflanzenöl
1 kg Schweinshaxe am Stück, entbeint, mit Fett und Schwarte (1,3 kg mit Knochen)
1 TL Garnelenpaste
5 Knoblauchzehen, durchgepresst
3 große rote asiatische Schalotten, fein gehackt
3 TL gemahlener Galgant
1 TL gemahlene Kurkuma
2 TL Zucker
2 EL Fischsauce
700 ml selbst gemachte Hühnerbrühe (Seite 23) oder Fertigprodukt (siehe Hinweis Seite 41)
2 EL dunkler chinesischer Essig
1 TL Maisstärke
3 Frühlingszwiebeln, schräg in Ringe geschnitten
Salz und Pfeffer

1 Wok stark erhitzen und 2 TL Öl darin schwenken. Schweinshaxe mit der Schwarte nach unten 2 Minuten braun braten, wenden und weitere 2 Minuten braten. Herausnehmen, abkühlen lassen und in 3 cm große Würfel schneiden.

2 Grill bei hoher Temperatur vorheizen, Garnelenpaste in Alufolie wickeln und 5 Minuten grillen. Abkühlen lassen, aus der Folie nehmen und mit Knoblauch, Schalotten, Galgant, Kurkuma, Zucker und Fischsauce vermengen. Schweinefleisch mit der Marinade überziehen und zugedeckt 1–2 Stunden kalt stellen.

3 Wok erhitzen und restliches Öl darin schwenken. Schweinefleisch portionsweise unter Rühren 1–2 Minuten braun braten. Brühe und Essig zugießen und zugedeckt bei schwacher Hitze 1 1/2 Stunden köcheln lassen, bis das Fleisch sehr weich ist; dabei ständig Fett und Schaum von der Oberfläche schöpfen.

4 Maisstärke mit 1 TL Wasser verrühren. Fleisch mit dem Schaumlöffel aus dem Wok nehmen und beiseite stellen. Brühe zum Kochen bringen und gegebenenfalls Fett und Schaum abschöpfen. Maisstärke hineinrühren und Brühe 2 Minuten köcheln lassen, bis sie sämig ist. Fleisch hineingeben und Frühlingszwiebeln zufügen. Mit Salz und Pfeffer abschmecken und servieren.

RECHTS: Nordvietnamesische Scweibshaxe

MUSCHELN MIT SCHWARZEN BOHNEN

Muscheln mit einer harten Bürste gründlich reinigen

Byssusfäden (Bart) aus den Muscheln herausziehen

MUSCHELN MIT SCHWARZEN BOHNEN UND KORIANDER

Vorbereitungszeit: 20 MInuten
Kochzeit: 10 Minuten
Für 4 Personen

☆☆

1,5 kg Miesmuscheln
1 EL Erdnussöl
2 EL gesalzene schwarze Bohnen, gespült und zerdrückt
2 Knoblauchzehen, fein gehackt
1 TL frischer Ingwer, fein gehackt
2 lange frische rote Chillies, entkernt und fein gehackt
1 TL Koriandergrün, fein gehackt
1 EL frische Korianderwurzel, fein gehackt
60 ml chinesischer Reiswein
2 EL Limettensaft
2 TL Zucker
15 g Koriandergrün, grob gehackt

1 Muscheln unter fließendem Wasser kräftig abbürsten und entbarten. Beschädigte Muscheln wegwerfen sowie offene, die sich nicht schließen, wenn man darauf klopft. Die verbleibenden gründlich spülen.

2 Wok stark erhitzen und das Öl darin schwenken. Schwarze Bohnen, Knoblauch, Ingwer, Chilli, Koriandergrün und Korianderwurzel hineingeben und bei schwacher Hitze 2–3 Minuten braten, bis sie duften.

3 Reiswein zugießen und die Hitze auf die höchste Stufe schalten. Die Hälfte der Muscheln in einer einzigen Schicht hineinlegen und einen gut schließenden Deckel aufsetzen. 2–3 Minuten kochen, bis sich die Muscheln gerade öffnen. Aus dem Wok nehmen und noch geschlossene wegwerfen. Vorgang mit den restlichen Muscheln wiederholen.

4 Muscheln auf einer Platte anrichten. Dem Sud im Wok Limettensaft, Zucker und Koriandergrün zufügen und 30 Sekunden kochen. Sud über die Muscheln verteilen und mit Reis servieren.

OBEN: Muscheln mit schwarzen Bohnen und Koriander

GOSHT KORMA
Der Name Korma leitet sich vom türkischen Wort für „braten" ab, und das Gericht geht auf die Zeit der Moguln zurück, einer muslimischen Dynastie türkisch-mongolischer Abstammung, die vom 16. bis Mitte des 17. Jahrhunderts in Nordindien herrschte. Für Kormas wird die Hauptzutat in einer Flüssigkeit geschmort, der Zutaten wie Sahne, Joghurt oder Mandeln zugefügt werden, um den Geschmack abzurunden und ihr eine sämige Konsistenz zu verleihen.

INDISCHER LAMMEINTOPF

(Gosht korma)

Vorbereitungszeit: 30 Minuten
+ 1 Stunde Marinierzeit
Kochzeit: 2 Stunden
Für 4–6 Personen

☆

1 Zwiebel, gehackt
2 TL frischer Ingwer, gerieben
3 Knoblauchzehen
2 TL gemahlener Koriander
2 TL gemahlener Kreuzkümmel
3/4–1 TL gemahlener Kardamom
große Prise Cayennepfeffer und 1/2 TL Salz
2 kg Lammschlegel, entbeint, pariert und in 3 cm große Würfel geschnitten
2 EL Ghee (geklärte Butter) oder Pflanzenöl
1 Zwiebel, in Ringe geschnitten
1 TL Tomatenmark
125 g Naturjoghurt
1 Zimtstange
125 ml Crème double
50 g gemahlene Mandeln
Mandelsplitter, geröstet, zum Garnieren

1 Zwiebel, Ingwer, Knoblauch, Koriander, Kreuzkümmel, Kardamom, Cayennepfeffer und Salz im Mixer zu einer glatten Paste verarbeiten. Das Fleisch damit überziehen und 1 Stunde marinieren.

2 Ghee im Wok bei mittlerer Temperatur erhitzen. Zwiebel unter Rühren 5–7 Minuten weich braten. Fleisch zugeben und unter Rühren 8–10 Minuten braten, bis es sich verfärbt.

3 Tomatenmark, Joghurt, Zimt und 750 ml Wasser hineinrühren. Hitze reduzieren und zugedeckt unter gelegentlichem Rühren 1 1/4 Stunden köcheln lassen. Bei Bedarf 125 ml Wasser zugießen. Crème double und Mandeln zugeben und 10–15 Minuten kochen. Mit Salz und Pfeffer abschmecken und mit Mandeln garnieren.

KÜRBISCURRY

Vorbereitungszeit: 20 Minuten
Kochzeit: 30 Minuten
Für 4 Personen

☆

2 EL Sesamsamen
1 EL Erdnussöl
1 Zwiebel, fein gehackt
3 Knoblauchzehen, durchgepresst
2 TL frischer Ingwer, fein gehackt
1 TL gemahlener Koriander
2 TL gemahlener Kreuzkümmel
2 TL frische rote Chilischote, fein gehackt
800 g Kürbis, in 2 cm große Würfel geschnitten

RECHTS: Indischer Lammeintopf

250 ml Kokoscreme
250 ml Gemüsebrühe
Salz
2 EL Koriandergrün

1 Wok stark erhitzen, Sesam unter Rühren 1–2 Minuten rösten und herausnehmen. Öl im Wok schwenken und Zwiebel unter Rühren 3 Minuten weich braten. Knoblauch, Ingwer, Gewürze und Chilli zufügen und 1 Minuten braten, bis sie duften.
2 Kürbis zugeben und unter Rühren 1 Minute braten, dann Kokoscreme und Brühe zugießen und zum Kochen bringen. Hitze reduzieren und halb zugedeckt 10 Minuten köcheln lassen. Deckel abnehmen und 5–10 Minuten köcheln lassen, bis der Kürbis weich und die Sauce sämig ist. Mit Salz abschmecken und mit Sesamsamen und Koriander bestreuen.

GRÜNER HUHNERCURRY

(Gaeng khiao wang gai)

Vorbereitungszeit: 15 Minuten
Kochzeit: 30 Minuten
Für 4 Personen
☆☆

CURRYPASTE
1 EL Garnelenpaste
1 TL Korianderkörner, geröstet
1/2 TL Kreuzkümmelsamen, geröstet
1/4 TL weiße Pfefferkörner
5 frische Korianderwurzeln
3 EL frischer Galgant, gehackt
10 lange frische grüne Chillies, gehackt
1 Stängel Zitronengras, nur weiße Teile, gehackt
6 rote asiatische Schalotten
3 Knoblauchzehen
1 TL Limettenrinde, gerieben
2 EL Erdnussöl
1/4 TL Salz

250 ml Kokoscreme
500 g Hühnerschlegel, entbeint, enthäutet und in dünne Streifen geschnitten
125 g Spargelbohnen, geschnitten
500 ml Kokosmilch
150 g Brokkoli, in Röschen zerteilt
1 EL Palmzucker, gerieben

2–3 EL Fischsauce
5 EL Koriandergrün sowie zusätzliches zum Garnieren

2 Grill vorheizen und Garnelenpaste, in Alufolie gewickelt, 5 Minuten rösten. Abkühlen lassen.
2 Garnelenpaste mit Korianderkörnern, Kreuzkümmelsamen und Pfefferkörnern im Mörser zu einem feinen Pulver zerstoßen. Im Mixer mit den restlichen Zutaten glatt pürieren.
3 Kokoscreme im Wok bei starker Hitze zum Kochen bringen, dann 10 Minuten köcheln lassen, bis sich das Öl absondert.
4 Hitze auf kleinste Stufe schalten. Die Hälfte der Currypaste hineinrühren und 2–3 Minuten kochen, bis sie duftet. Huhn zugeben und 3–4 Minuten kochen, dann Bohnen, Kokosmilch und Brokkoli hineinrühren. Zum Kochen bringen, die Hitze reduzieren und 4–5 Minuten köcheln lassen. Zucker, Fischsauce und Koriandergrün hineinrühren. Mit Koriandergrün garnieren und mit Reis servieren.
Hinweis: Im Kühlschrank hält sich die restliche Currypaste luftdicht verpackt bis zu 2 Wochen.

OBEN: Grüner Hühnercurry

OBEN: *Süßes Schweinefleisch*

SÜSSES SCHWEINEFLEISCH

(Moo wan)

Vorbereitungszeit: 10 Minuten
Kochzeit: 50 Minuten
Für 4–6 Personen

☆☆

850 g Schälrippchen
125 g Palmzucker, gerieben
4 rote asiatische Schalotten, in Ringe geschnitten
1 EL Fischsauce
1 EL Ketjap Manis
1/2 TL gemahlener weißer Pfeffer
Koriandergrün zum Garnieren

1 Knochen und Haut von den Schälrippchen entfernen und Fleisch in 1 cm dicke Scheiben schneiden.
2 Zucker im Wok mit 2 EL Wasser unter Rühren bei geringer Temperatur auflösen. Hitze höher schalten und ohne Rühren 5 Minuten kochen, bis der Zucker gleichmäßig goldbraun ist. Fleisch und Schalotten hineinrühren, Fischsauce, Ketjap Manis, Pfeffer und 250 ml warmes Wasser zufügen und rühren, bis sich der Zucker wieder vollständig aufgelöst hat.
3 Zugedeckt unter gelegentlichem Rühren 10 Minuten kochen, dann ohne Deckel unter häufigem Rühren 20–30 Minuten kochen, bis die Sauce klebrig und das Fleisch gar ist. Das Gericht mit Koriander garnieren und mit Reis servieren.

MALAIISCHER FISCHKOPFCURRY

Vorbereitungszeit: 20 Minuten
Kochzeit: 40 Minuten
Für 6 Personen

☆☆

CURRYPASTE
4 Knoblauchzehen, gehackt
4 rote asiatische Schalotten, gehackt
1 Stängel Zitronengras, nur weiße Teile, fein gehackt
2 Stück frischer Galgant, je 3 cm groß, gehackt
2 große frische rote Chillies, gehackt

400 ml Kokoscreme (Dose nicht schütteln)
10 frische Curryblätter
2 EL malaiisches Meeresfrüchte-Currypulver
1/2 TL gemahlene Kurkuma
500 ml Fischfond
2 EL Tamarindenpüree
2 EL Fischsauce
1 EL Zucker
200 g asiatische Auberginen, in 1 cm dicke Scheiben geschnitten
150 g Okra, in 1 cm dicke Scheiben geschnitten
4 Fischköpfe zu je 200 g, vom Fischhändler geputzt und geschuppt
2 vollreife Tomaten, in Achtel geschnitten
2 große frische grüne Chillies, in 1 cm dicke Streifen geschnitten
Salz und Pfeffer

1 Zutaten für die Currypaste im Mixer glatt pürieren. Bei Bedarf etwas Wasser zugeben.
2 Dicke Kokoscreme abschöpfen, im beschichteten Wok zum Kochen bringen und 10 Minu-

ten köcheln lassen, bis sich das Öl absondert. Currypaste zufügen und unter Rühren 5 Minuten braten. Curryblätter, Currypulver und Kurkuma hineinrühren und 1 Minute kochen.
3 Brühe, Tamarinde, Fischsauce, Zucker und restliche Kokoscreme hineinrühren und 1 Minute aufkochen. Auberginen und Okra zugeben. Hitze reduzieren und 15 Minuten köcheln lassen. Fischköpfe zugeben und unter Wenden 5 Minuten kochen. Tomaten und Chilli hineinrühren und kochen, bis das Gemüse weich ist und die Fischaugen stumpf sind. Mit Salz und Pfeffer abschmecken und mit Reis servieren.

SICHUAN-HUHN

Vorbereitungszeit: 10 Minuten
Kochzeit: 25 Minuten
Für 4 Personen

☆

750 g Hühnerschlegel, entbeint und halbiert
1/4 TL Fünf-Gewürze-Pulver
2 EL Erdnussöl
1 EL frischer Ingwer, in feine Streifen geschnitten
1 TL rote Bohnenpaste
1 TL Sichuan-Pfefferkörner, zerdrückt
2 EL helle Sojasauce
1 EL chinesischer Reiswein
600 g junger Pak-Choi, Blätter getrennt

1 Huhn mit Fünf-Gewürze-Pulver einreiben. Wok stark erhitzen und die Hälfte des Öls darin schwenken. Huhn auf jeder Seite 2 Minuten braun braten und aus dem Wok nehmen.
2 Hitze auf kleinste Stufe schalten und Ingwer 30 Sekunden braten, dann Bohnenpaste und Pfefferkörner zufügen. Huhn wieder in den Wok geben, Sojasauce, Reiswein und 125 ml Wasser zugießen und 15–20 Minuten köcheln lassen, bis das Fleisch durchgegart ist.
3 Inzwischen restliches Öl im Topf erhitzen, Pak-Choi zugeben und unter ständigem Wenden 1 Minute braten, bis die Blätter zusammenfallen und die Stiele weich sind. Zum Huhn mit gedämpftem Reis servieren.

SICHUAN-WÜRZMITTEL
Die chinesische Provinz Sichuan gilt als das Land der Aromen, wo kräftige, scharfe Würzmittel wie Chillies und Sichuan-Pfeffer besonders beliebt sind. Fast alle Gerichte werden mit fermentierter Sojabohnenpaste und Sesamöl oder -püree abgeschmeckt. Und als Namen erhalten sie entsprechend farbige Bezeichnungen wie „seltsames Aroma" oder „vertrauter Geschmack". Die Schärfe der Sichuan-Küche passt gut zum Klima, denn sie hilft, den Körper im feucht-heißen Sommer zu kühlen und im bitterkalten Winter zu wärmen.

LINKS: Sichuan-Huhn

GEWÜRZTER REIS

INDONESISCHER KOKOSREIS (Nasi lemak)

300 g Mittelkornreis im Sieb spülen, bis das Wasser klar läuft. 30 Minuten stehen lassen.

Reis, je 250 ml Wasser und Kokosmilch und 1 Pandanblatt, zum Knoten geschlungen, in einen großen Topf geben. Zum Kochen bringen, Hitze auf kleinste Stufe schalten und 12 Minuten köcheln lassen. Von der Hitze nehmen und 10 Minuten quellen lassen. Pandanblatt herausnehmen und Reis mit einer Gabel lockern. Nach Belieben mit Frühlingszwiebel garniert servieren. Eine köstliche Beilage zu indonesischen und malaiischen Gerichten. Für 4 Personen.

WÜRZIGER INDISCHER GHEE-REIS

300 g Basmatireis im Sieb spülen, bis das Wasser klar läuft. 30 Minuten stehen lassen.

25 g Ghee (geklärte Butter) im Topf erhitzen. 4 zerdrückte Kardamomkapseln, 1 Zimtstange, 3 getrocknete Curryblätter, 1 gehackte Knoblauchzehe, 2 TL geriebener frischer Ingwer und 1 TL Kreuzkümmelsamen zufügen und unter Rühren braten, bis sie duften. Reis hineinrühren und 500 ml Wasser zugießen. Zum Kochen bringen, zudecken, Hitze auf kleinste Stufe schalten und 12 Minuten köcheln lassen. Von der Hitze nehmen und zugedeckt 10 Minuten quellen lassen. 2 EL Sultaninen und 1 TL Ghee hineinrühren. Als Beilage zu Currys servieren. Für 4 Personen.

SAFRANREIS

300 g Langkornreis im Sieb spülen, bis das Wasser klar läuft. 30 Minuten stehen lassen.

Inzwischen 1/4 TL Safranfäden mit 2 EL heißem Wasser übergießen und 2–3 Minuten ziehen lassen.

1 Zwiebel in dünne Ringe schneiden. 1 EL Olivenöl im Topf erhitzen und Zwiebel 7–8 Minuten bei mäßiger Hitze goldbraun braten. Herausnehmen und warm halten.

Reis in den Topf geben und umrüh-

ren, bis er vom Öl überzogen ist.
Je 250 ml Hühnerbrühe und Wasser zugießen, zum Kochen bringen und Safranfäden mit Einweichwasser zufügen. 2–3 Minuten köcheln lassen, dann einen dicht schließenden Deckel aufsetzen. Hitze auf kleinste Stufe schalten und den Reis 10 Minuten kochen. Von der Hitze nehmen und zugedeckt 10 Minuten quellen lassen, dann die Zwiebel hineinrühren. Sofort servieren. Passt gut zu Currys. Für 4 Personen.

REIS MIT ZITRONENGRAS UND LIMETTE

400 g Langkornreis im Sieb spülen, bis das Wasser klar läuft, dann 30 Minuten stehen lassen.

Reis mit 250 ml Wasser, 500 ml Kokoscreme, 1 zerdrückten Zitronengrasstängel, 2 frischen Kaffir-Limettenblättern und 1 TL Salz bei starker Hitze zum Kochen bringen, gut umrühren und die Hitze auf kleinste Stufe zurückschalten. Einen gut schließenden Deckel aufsetzen und Reis 15 Minuten kochen. Von der Hitze nehmen und zugedeckt 5 Minuten quellen lassen. Mit einer Gabel lockern, um etwaige überschüssige Kokoscreme unterzumischen. Zitronengras und Limettenblätter herausnehmen. Schmeckt ausgezeichnet zu pfannengerührten Gerichten. Für 4–6 Personen.

REIS MIT INGWER UND FRÜHLINGSZWIEBEL

250 g Jasminreis im Sieb spülen, bis das Wasser klar läuft, dann 30 Minuten stehen lassen.

Reis mit 440 ml Wasser zum Kochen bringen, dann zugedeckt bei geringer Hitze 10 Minuten kochen. Topf von der Hitze nehmen und zugedeckt 10 Minuten quellen lassen.

1 EL Pflanzenöl in einem kleinen Topf bei mittlerer bis geringer Temperatur erhitzen; das Öl darf nicht rauchen. 2 TL geriebener frischer Ingwer und 3 fein gehackte Frühlingszwiebeln mit 1/4 TL Salz rasch hineinrühren, aber nicht braun werden lassen. Die Mischung zusammen mit 1 EL Sojasauce mit dem Reis vermengen. Eine schmackhafte Beilage zu pfannengerührten Gerichten. Für 4 Personen.

VON LINKS: Indonesischer Kokosreis, Würziger indischer Ghee-Reis, Safranreis; Reis mit Zitronengras und Limette, Reis mit Ingwer- und Frühlingszwiebel

OBEN: *Balti-Lammfleisch*

BALTI-LAMMFLEISCH

Vorbereitungszeit: 15 Minuten
Kochzeit: 1 Stunde 25 Minuten
Für 4 Personen

☆☆

1 kg Lammfleisch aus der Keule, in 3 cm große Würfel geschnitten
5 EL Balti-Currypaste (Seite 58)
2 EL Ghee (geklärte Butter) oder Pflanzenöl
1 große Zwiebel, fein gehackt
3 Knoblauchzehen, durchgepresst
1 EL Garam masala
2 EL Koriandergrün, gehackt, sowie zusätzliches zum Garnieren
Salz und frisch gemahlener Pfeffer

1 Lamm, 1 EL Currypaste und 1 l kochendes Wasser im Wok verrühren. Bei starker Hitze zum Kochen bringen, dann Hitze auf kleinste Stufe schalten und zugedeckt 40–50 Minuten kochen, bis das Fleisch fast durchgegart ist. Abgießen und den Sud beiseite stellen. Den Wok mit Küchenkrepp auswischen.
2 Ghee im Wok bei mittlerer Temperatur erhitzen und Zwiebel 5–7 Minuten weich und goldbraun braten. Knoblauch und Garam masala zugeben und weitere 2–3 Minuten braten. Hitze höher schalten, restliche Currypaste hineinrühren und Fleisch wieder in den Wok geben. 5 Minuten kochen, bis das Fleisch braun ist. Fleischsud nach und nach zugießen und bei geringer Hitze unter gelegentlichem Rühren 15 Minuten köcheln lassen.
3 Koriandergrün und 250 ml Wasser zugeben und 15 Minuten köcheln lassen, bis das Fleisch weich und die Sauce leicht sämig ist. Mit Salz und Pfeffer abschmecken und mit Poppadoms und gedämpftem Reis servieren.

LIMETTENHUHN NACH NONYA-ART

Vorbereitungszeit: 20 Minuten
Kochzeit: 25 Minuten
Für 4–6 Personen

☆

CURRYPASTE
75 g rote asiatische Schalotten
4 Knoblauchzehen
2 Stängel Zitronengras, nur weiße Teile, gehackt
2 TL frischer Galgant, frisch gehackt
1 TL gemahlene Kurkuma
2 EL Sambal Oelek
1 EL Garnelenpaste

60 ml Pflanzenöl
1 kg Hühnerschenkel, entbeint, in 3 cm große Würfel geschnitten
400 ml Kokosmilch
1 TL Limettenschale, fein gerieben
125 ml Limettensaft
6 frische Kaffir-Limettenblätter, fein zerteilt, sowie ganze zum Garnieren
2 EL Tamarindenpüree
Salz
Limettenschnitze zum Garnieren

1 Zutaten für die Currypaste im Mixer glatt pürieren.
2 Einen beschichteten Wok stark erhitzen und

das Öl darin schwenken. Currypaste unter Rühren 1–2 Minuten braten, bis sie duftet. Huhn zugeben und unter Rühren 5 Minuten bräunen.
3 Kokosmilch, Limettenschale und -saft, Limettenblätter und Tamarindenpüree zufügen, Hitze reduzieren und 15 Minuten köcheln lassen, bis das Huhn gar und die Sauce sämig ist. Mit Salz kräftig abschmecken. Mit Koriandergrün und Limettenschnitzen garnieren und mit gedämpftem Reis servieren.

GELBER GEMÜSECURRY

Vorbereitungszeit: 20 Minuten
+ 20 Minuten Einweichzeit
Kochzeit: 20 Minuten
Für 4 Personen

☆

GELBE CURRYPASTE
8 kleine getrocknete rote Chillies
1 TL schwarze Pfefferkörner
2 TL Korianderkörner
2 TL Kreuzkümmelsamen
1 TL gemahlene Kurkuma
1 1/2 EL frischer Galgant, gehackt
5 Knoblauchzehen, gehackt
1 TL frischer Ingwer, gerieben
5 rote asiatische Schalotten, gehackt
2 Stängel Zitronengras, nur weiße Teile, gehackt
1 TL Garnelenpaste
1 TL Limettenschale, fein gehackt

2 EL Erdnussöl
500 ml Kokoscreme
125 ml Gemüsebrühe
150 g Spargelbohnen, in 3 cm lange Stücke geschnitten
150 g frischer Babymais
1 asiatische Aubergine, in 1 cm dicke Scheiben geschnitten
100 g Blumenkohl, in Röschen geteilt
2 kleine Zucchini, in 1 cm dicke Scheiben geschnitten
1 kleine rote Paprikaschote, in 1 cm dicke Streifen geschnitten
1 1/2 EL Fischsauce
1 TL Palmzucker, gerieben
frische rote Chilischote zum Garnieren
Koriandergrün zum Garnieren

1 Für die Currypaste Chillies mit kochendem Wasser übergießen und 20 Minuten einweichen. Abgießen und hacken. Eine Bratpfanne erhitzen und Pfefferkörner, Korianderkörner, Kreuzkümmelsamen und Kurkuma bei mittlerer Temperatur 3 Minuten rösten. Im Mörser oder im Mixer fein mahlen.
2 Gemahlene Gewürze, Chillies, Galgant, Knoblauch, Ingwer, Schalotten, Zitronengras und Garnelenpaste im Mörser zu einer glatten Paste verarbeiten. Limettenschale hineinrühren.
3 Wok bei mittlerer Temperatur erhitzen und das Öl darin schwenken. 2 EL Currypaste 1 Minute braten, 250 ml Kokoscreme zufügen, zum Kochen bringen und 10 Minuten köcheln lassen, bis sie sämig wird und sich das Öl absondert.
4 Brühe, Gemüse und restliche Kokoscreme hineingeben und 5 Minuten kochen, bis das Gemüse weich ist. Fischsauce und Zucker unterrühren. Mit Chilli und Koriandergrün garnieren.
Hinweis: Statt der hier beschriebenen kann man auch gelbe Currypaste (Seite 57) verwenden.

OBEN: Gelber Gemüsecurry

OBEN: Schmorhuhn mit Ingwer und Sternanis

SCHMORHUHN MIT INGWER UND STERNANIS

Vorbereitungszeit: 10 Minuten
Kochzeit: 30 Minuten
Für 4 Personen

☆

1 TL Sichuan-Pfefferkörner
2 EL Erdnussöl
1 Stück frischer Ingwer, 2 x 3 cm groß, in feine Streifen geschnitten
2 Knoblauchzehen gehackt
1 kg Hühnerkeulen, entbeint und halbiert
80 ml chinesischer Reiswein
1 EL Honig
60 ml helle Sojasauce
1 Sternanisfrucht

1 Wok bei mittlerer Temperatur erhitzen und die Pfefferkörner unter häufigem Rühren 2–4 Minuten rösten, bis sie duften. Herausnehmen und mit der flachen Messerklinge leicht zerdrücken.
2 Wok wieder erhitzen und das Öl darin schwenken. Ingwer und Knoblauch bei schwacher Hitze 1–2 Minuten hellgold braten. Huhn zufügen, Hitze auf mittlere Stufe schalten und 3 Minuten rundum bräunen.
3 Restliche Zutaten zugeben, Hitze reduzieren und zugedeckt 20 Minuten köcheln lassen, bis das Fleisch weich ist. Mit Reis servieren.

INDONESISCHER RINDFLEISCHCURRY
(Beef rendang)

Vorbereitungszeit: 20 Minuten
Kochzeit: 2 Stunden 30 Minuten
Für 6 Personen

☆

2 TL Korianderkörner
1/2 TL Fenchelsamen
2 TL Kreuzkümmelsamen
2 Zwiebeln, grob gehackt
2 Knoblauchzehen, durchgepresst
800 ml Kokosmilch
1/4 TL gemahlene Nelken
1,5 kg Rindfleisch (Kamm oder Hesse), in 2,5 cm große Würfel geschnitten
4–6 kleine frische rote Chillies, gehackt
1 EL Zitronensaft
1 Zitronengrashalm, nur weiße Teile, zerdrückt und längs halbiert
2 TL Palmzucker, gerieben
1 TL Salz
Limettenschnitze zum Servieren

1 Koriander, Fenchel und Kreuzkümmel in der Pfanne 30 Sekunden bis 1 Minute einzeln rösten, bis sie duften, aber nicht schwarz werden lassen. Zusammen in der Gewürzmühle oder im Mörser zu einem Pulver verarbeiten.
2 Zwiebeln und Knoblauch im Mixer glatt pürieren; bei Bedarf etwas Wasser zufügen.
3 Die Hälfte der Kokosmilch im beschichteten Wok zum Kochen bringen, die Hitze reduzieren und unter gelegentlichem Rühren 10 Minuten köcheln lassen, bis die Kokosmilch um die Hälfte eingekocht ist und sich das Öl absondert.
4 Nelken und gemahlenen Koriander, Fenchel und Kreuzkümmel zugeben und 1 Minute rühren. Fleisch zugeben und 2 Minuten kochen, bis es sich verfärbt, dann Zwiebel-Knoblauch-Mischung, Chillies, Zitronensaft, Zitronengras, Zu-

cker, Salz und restliche Kokosmilch zugeben. Zugedeckt bei mittlerer Hitze 2 Stunden kochen, bis die Sauce dickflüssig ist; dabei öfter umrühren, damit nichts am Wok haften bleibt.
5 Deckel abnehmen und Curry 8–10 Minuten kochen, bis sich das Öl von der Kokosmilch absondert; dabei darauf achten, dass er nicht anbrennt. Mit Limettenschnitzen servieren.

INDISCHES LAMM MIT GEWÜRZEN UND JOGHURT

(Rogan josh)

Vorbereitungszeit: 25 Minuten
Kochzeit: 2 Stunden
Für 4–6 Personen

☆

1 EL Ghee (geklärte Butter) oder Pflanzenöl
2 Zwiebeln, gehackt
125 g Naturjoghurt
1 TL Chilipulver
1 EL gemahlener Koriander
2 TL gemahlener Kreuzkümmel
1 TL gemahlener Kardamom
1/2 TL gemahlene Nelken
1 TL gemahlene Kurkuma
3 Knoblauchzehen, durchgepresst
1 EL frischer Ingwer, gerieben
400 g gehackte Tomaten aus der Dose
1 TL Salz
1 kg Lammkeule, entbeint, pariert und in 2,5 cm große Würfel geschnitten
30 g Mandelstifte
1 TL Garam masala
Koriandergrün, gehackt, zum Garnieren

1 Ghee oder Öl im Wok bei mittlerer Temperatur erhitzen und Zwiebeln unter Rühren 5 Minuten weich braten. Joghurt, Gewürze, Knoblauch und Ingwer unterrühren, dann Tomaten und Salz zufügen und 5 Minuten köcheln lassen.
2 Fleisch unter Rühren zugeben und zugedeckt bei schwacher Hitze unter gelegentlichem Rühren 1 1/2–1 3/4 Stunden kochen, bis das Fleisch weich ist; falls es am Wok haften bleibt, 125 ml Wasser zugeben.
3 Inzwischen die Mandeln in der Pfanne bei mittlerer Hitze 3–4 Minuten goldbraun rösten; Pfanne dabei leicht schütteln. Sofort herausnehmen, damit sie nicht weiter braten.
4 Garam masala unter den Curry rühren und mit Mandeln und Koriandergrün bestreuen.

JOGHURT

In Indien sind Joghurt und andere Milchprodukte wichtige Eiweißlieferanten. vor allem bei vegetarischer Kost. Joghurt wird zu fast jeder Mahlzeit gereicht, entweder als Raita (eine Art Dip oder Relish mit Gewürzen und rohem, klein geschnittenem Gemüse) oder als Lassi (ein mildes, süßes Getränk). Er wird Saucen beigefügt, um ihnen eine sämigere Konsistenz und einen volleren Geschmack zu verleihen, oder dient, mit verschiedenen Gewürzen vermischt, als Marinade. In Indien und Sri Lanka wird Joghurt meist aus Büffelmilch hergestellt.

LINKS: Indisches Lamm mit Gewürzen und Joghurt

OBEN: *Hoisin-Rindereintopf*

HOISIN-RINDEREINTOPF

Vorbereitungszeit: 15 Minuten
Kochzeit: 1 Stunde 45 Minuten
Für 6 Personen

☆

1 1/2 EL Erdnussöl
1 kg Rindfleisch zum Schmoren (z. B. Bug oder Kamm), in 3 cm große Würfel geschnitten
1 EL frischer Ingwer, fein gehackt
1 EL Knoblauch, fein gehackt
1 l Rinderbrühe
80 ml chinesischer Reiswein
80 ml Hoisin-Sauce
1 Stück Cassia-Rinde, etwa 1 x 5 cm groß
1 Stück getrocknete Tangerinenschale
1 Sternanisfrucht
1 TL Sichuan-Pfefferkörner, leicht zerdrückt
2 TL brauner Zucker
300 g Daikon-Rettich, in 3 cm große Stücke geschnitten
3 Frühlingszwiebeln, in 3 cm lange Stücke geschnitten, sowie zusätzliche zum Garnieren
50 g Bambussprossen, klein geschnitten
einige Tropfen Sesamöl nach Belieben

1 Wok stark erhitzen und das Öl darin schwenken. Fleisch unter Rühren in 4 Portionen je 1–2 Minuten bräunen, dann herausnehmen.
2 Ingwer und Knoblauch unter Rühren einige Sekunden braten. Brühe, Reiswein, Hoisin-Sauce, Cassia, Tangerinenschale, Sternanis, Pfefferkörner, Zucker, Daikon, 875 ml Wasser und zum Schluss das Fleisch in den Wok geben.
3 Zum Kochen bringen, dabei Schaum abschöpfen, dann die Hitze reduzieren und unter gelegentlichem Rühren 1 1/2 Stunden köcheln lassen, bis das Fleisch weich und die Sauce leicht sämig ist. Frühlingszwiebeln und Bambussprossen 5 Minuten vor Ende der Kochzeit zugeben. Sesamöl hineinrühren und mit Frühlingszwiebel garnieren. Mit Reis servieren.
Hinweis: Man kann Anisstern, Cassia und Tangerinenschale vor dem Servieren entfernen oder als dekorative Elemente mit servieren.

ROTER CURRY MIT HUHN UND AUBERGINE

Vorbereitungszeit: 15 Minuten + Ruhezeit
Kochzeit: 35 Minuten
Für 4 Personen

☆

500 g Aubergine, in 2 cm große Würfel geschnitten
Salz
60 ml Erdnussöl
500 g Hühnerbrustfilet, in 2 cm große Würfel geschnitten
4 Frühlingszwiebeln, gehackt
2 1/2 EL rote Currypaste
250 ml Kokoscreme
125 ml Hühnerbrühe
4 frische Kaffir-Limettenblätter, fein zerkleinert
3 TL Palmzucker, gerieben
2 EL Fischsauce
2 EL frischer vietnamesischer Koriander

1 Aubergine in eine flache Schüssel geben, mit Salz bestreuen und 30 Minuten stehen lassen. Spülen und abtropfen lassen.
2 Wok stark erhitzen und 1 EL Öl darin schwenken. Die Hälfte des Huhns unter Rühren 4 Minuten bräunen und herausnehmen. Wieder 1 EL Öl hineingeben und das restliche Hühnerfleisch ebenfalls bräunen. Restliches Öl erhitzen und Aubergine und Frühlingszwiebel unter Rühren 3–4 Minuten braten.

3 Huhn wieder in den Wok geben und Currypaste zufügen. Bei starker Hitze unter Rühren braten, bis die Paste duftet. Kokoscreme, Brühe, Limettenblätter, Palmzucker und Fischsauce zugeben und zum Kochen bringen. Die Hitze reduzieren und 15–20 Minuten köcheln lassen, bis Aubergine und Huhn gar sind.
4 Mit Salz abschmecken und mit Koriander bestreuen. Mit gedämpftem Reis servieren.

MALAIISCHER FISCHCURRY

Vorbereitungszeit: 25 Minuten
Kochzeit: 25 Minuten
Für 4 Personen

☆☆

1 Stück frischer Ingwer, etwa 2 x 4 cm groß, in Scheiben geschnitten
3–6 frische rote Chilischoten
1 Zwiebel, gehackt
4 Knoblauchzehen, gehackt
3 Stängel Zitronengras, nur weiße Teile, gehackt
2 TL Garnelenpaste
60 ml Pflanzenöl
1 EL Fisch-Currypulver (siehe Hinweis)
250 ml Kokosmilch
1 EL Tamarindenpüree
1 EL Ketjap Manis
500 g feste weiße Fischfilets (z. B. Leng, Seehecht) ohne Haut, in Würfel geschnitten
2 vollreife Tomaten, gehackt
1 EL Zitronensaft
Salz und Pfeffer
frittierte Zwiebel zum Bestreuen

1 Ingwer, Chillies, Zwiebel, Knoblauch, Zitronengras und Garnelenpaste im Mixer grob zerkleinern. 2 EL Öl zufügen und zu einer Paste verarbeiten; dabei Zutaten mit dem Spatel von der Wandung des Behälters nach unten streifen.
2 Einen beschichteten Wok bei hoher Temperatur erhitzen und das restliche Öl darin schwenken. Paste bei geringer Hitze unter ständigem Rühren 3–4 Minuten braten, bis sie duftet. Currypulver zufügen und 2 Minuten rühren. Kokosmilch, Tamarinde, Ketjap Manis und 250 ml Wasser zugeben, unter gelegentlichem Rühren zum Kochen bringen, die Hitze reduzieren und 10 Minuten köcheln lassen.
3 Fisch, Tomate und Zitronensaft zufügen, mit Salz und Pfeffer abschmecken und 5 Minuten köcheln lassen, bis der Fisch gerade gar ist. Mit Zwiebel bestreuen und mit Reis servieren.
Hinweis: Fisch-Currypulver ist in Asienläden erhältlich.
Einen beschichteten oder einen Edelstahlwok verwenden, da das Tamarindenpüree sonst mit dem Metall reagiert und das Gericht verdirbt.

FISCH-CURRYPULVER
Diese Mischung aus Koriander, Kreuzkümmel, Fenchelsamen, Kurkuma, Pfefferkörnern und Chillies ist besonders für Fischcurrys geeignet, da die Gewürze in einem besonderen Verhältnis kombiniert werden, um einen milderen Geschmack zu erzielen, der zum feinen Fischaroma passt. Spezielle Mischungen wie diese sind in der Regel nur in Asienläden zu finden. In der Pappschachtel verpacktes Currypulver ist nicht zu empfehlen, da der Karton die Öle und Aromen aufsaugt; zu bevorzugen sind Gewürze in Kunststoff- oder Glasbehältern.

LINKS: Malaiischer Fischcurry

SCHWEINEFLEISCH VINDALOO
Der Ursprung dieses berühmten Gerichts aus Goa in Südindien ist heute noch klar erkennbar, vor allem bei der häufigsten Version mit Schweinefleisch. Es basiert auf einem portugiesischen Schmorgericht, das mit Essig (vinho) und Knoblauch (alhos) gewürzt wird, und die korrekte Schreibweise ist „vindalho". Die Zugabe von Essig sollte nicht nur den Geschmack verbessern sondern die Haltbarkeit verlängern, da Essig eine konservierende Wirkung hat. So konnte eine große Portion zubereitet werden, die für einige Tage reichte.

OBEN: Schweinefleisch vindaloo

SCHWEINEFLEISCH VINDALOO
(Shikar vindaloo)

Vorbereitungszeit: 20 Minuten
Kochzeit: 1 Stunde 45 Minuten
Für 4 Personen

☆

1 kg Schweinefilet
60 ml Pflanzenöl
2 Zwiebeln, fein gehackt
4 Knoblauchzehen, fein gehackt
1 EL frischer Ingwer, fein gehackt
1 EL Garam masala
2 TL braune Senfkörner
4 EL Vindaloo-Currypaste (Seite 58)
1 EL weißer Essig (Tafelessig)
Salz

1 Fleisch von überschüssigem Fett und Sehnen befreien; in mundgerechte Stücke schneiden.
2 Wok bei mittlerer Temperatur erhitzen und das Öl darin schwenken. Fleisch portionsweise 5–7 Minuten bräunen und herausnehmen.
3 Zwiebeln, Knoblauch, Ingwer, Garam masala und Senfkörner unter Rühren 5 Minuten braten, bis die Zwiebeln weich sind. Currypaste zufügen und 2 Minuten erhitzen.
4 Fleisch mit 750 ml Wasser zugeben und zum Kochen bringen. Hitze reduzieren und Curry zugedeckt 1 1/2 Stunden köcheln lassen, bis das Fleisch weich ist. 15 Minuten vor Ende der Kochzeit Essig zufügen und mit Salz abschmecken. Mit Reis und Poppadoms servieren.

INDONESISCHER KÜRBIS-CURRY MIT SPINAT

Vorbereitungszeit: 20 Minuten
Kochzeit: 25 Minuten
Für 4 Personen

☆

CURRYPASTE
3 Kemirinüsse
1 EL Erdnüsse
2 rote asiatische Schalotten
2 Knoblauchzehen
2–3 TL Sambal Oelek
1/4 TL gemahlene Kurkuma
1 TL frischer Galgant, gerieben

2 EL Pflanzenöl
1 Zwiebel, fein gehackt
600 g Butternusskürbis, in 2 cm große Würfel geschnitten
250 ml Gemüsebrühe
350 g Sauerampfer, grob gehackt
400 ml Kokoscreme
je 1/4 TL Zucker und Salz

1 Alle Zutaten für die Currypaste im Mixer zu einer glatten Paste verarbeiten.
2 Wok bei hoher Temperatur erhitzen und das Öl darin schwenken. Currypaste unter Rühren bei geringer Hitze 3–5 Minuten braten, bis sie duftet. Zwiebel zufügen und 5 Minuten braten.
3 Kürbis und die Hälfte der Brühe hineingeben und zugedeckt 10 Minuten kochen, bis der Kürbis fast durchgegart ist. Bei Bedarf noch Brühe zugießen. Sauerampfer und Kokoscreme hineinrühren und mit Zucker und Salz abschmecken. Unter ständigem Rühren zum Kochen bringen, dann die Hitze reduzieren und 35 Minuten köcheln lassen, bis der Sauerampfer gar und die Sauce leicht sämig ist.

CURRY-MEE-NUDELN

Vorbereitungszeit: 30 Minuten
+ 20 Minuten Einweichzeit
Kochzeit: 30 Minuten
Für 4 Personen

☆☆

2 große rote getrocknete Chillies
1 TL Garnelenpaste
400 g frische Hokkien-Nudeln
1 Zwiebel, gehackt
4 Knoblauchzehen, gehackt
4 Stängel Zitronengras, nur weiße Teile, fein geschnitten
1 TL frischer Ingwer, gerieben
500 ml Kokoscreme
60 g malaiisches Currypulver
400 g Hühnerkeulen, entbeint und in dünne Streifen geschnitten
120 g grüne Bohnen, geputzt und in 5 cm große Stücke geschnitten
750 ml Hühnerbrühe
10 frittierte Tofuwürfel, diagonal halbiert
2 EL Fischsauce
2 TL Zucker
180 g Sojabohnensprossen, geputzt
2 Eier, hart gekocht und geviertelt
2 EL frittierte Schalotten
Limettenschnitze zum Servieren

1 Chillies mit kochendem Wasser übergießen und 20 Minuten einweichen, dann abgießen und hacken. Garnelenpaste in Alufolie wickeln und 1–2 Minuten unter den heißen Grill legen. Aus der Folie nehmen.
2 Nudeln mit kochendem Wasser übergießen und 1 Minute einweichen. Unter kaltem Wasser spülen und abtropfen lassen.
3 Zwiebel, Knoblauch, Zitronengras, Ingwer, Garnelenpaste und Chillies im Mixer grob pürieren; bei Bedarf etwas Wasser zufügen.
4 250 ml Kokoscreme im Wok zum Kochen bringen, dann 10 Minuten köcheln lassen, bis sich das Öl absondert. Püree und Currypulver hineinrühren und 5 Minuten kochen, bis sie duften.
5 Huhn und Bohnen zugeben und 3–4 Minuten kochen, bis das Fleisch fast durchgegart ist. Brühe, Tofu, Fischsauce, Zucker und restliche Kokoscreme zufügen und zugedeckt bei geringer Hitze 10 Minuten garen.
6 Nudeln und Sprossen auf Schüsseln verteilen und Curry darüber schöpfen. Mit Ei und frittierten Schalotten garnieren und mit Limettenschnitzen servieren.

UNTEN: Curry-mee-Nudeln

BEILAGEN

Zu jedem schmackhaften Gericht gehört die richtige Beilage. Ob es sich um eine kühlende Raita zu einem scharfen Curry oder um Sambal Oelek als Würze zu milden Speisen handelt, alle erfüllen eine wichtige Aufgabe.

Die folgenden Beilagen können im Voraus zubereitet und (außer der Raita) relativ lange aufbewahrt werden. Um das Glas zu sterilisieren, den Backofen auf 120 °C (Gas 1) vorheizen. Glas und Deckel heiß waschen (am besten im Geschirrspüler) und mit heißem Wasser spülen. 20 Minuten in den Backofen stellen, bis sie vollständig trocken sind; nicht mit dem Geschirrtuch nachreiben, da sonst Keime übertragen werden.

GURKEN-RAITA

2 geschälte, entkernte und fein gehackte kleine Gurken in einer Schüssel mit 250 g Naturjoghurt gut vermengen.

Je 1 TL gemahlenen Kreuzkümmel und Senfkörner bei mittlerer Hitze in der Pfanne 1 Minute rösten, bis sie duften und hellbraun sind, dann zur Joghurtmischung geben. 1/2 TL geriebenen frischen Ingwer hineinrühren, mit Salz und frisch gemahlenem schwarzem Pfeffer abschmecken und alles gründlich vermengen. Mit Paprika bestreuen. Die Raita ist im luftdichten Behälter bis zu 3 Tage im Kühlschrank haltbar. Ergibt etwa 330 ml. Gekühlt mit Chapatis oder Samosas servieren.

SÜSSES MANGO-CHUTNEY

3 große grüne Mangos vom Stein befreien, das Fruchtfleisch mit einem Esslöffel aus der Schale holen und in große Scheiben schneiden. Gegebenenfalls noch am Stein haftendes Fleisch entfernen und ebenfalls in Scheiben schneiden. Mit Salz bestreuen.

1/2 TL Garam masala mit 375 g Zucker gründlich vermengen und in einem großen Topf mit 250 ml weißem Essig (Tafelessig) zum Kochen bringen. Die Hitze reduzieren und 5 Minuten köcheln lassen. Mangoscheiben, 2 entkernte, fein gehackte kleine frische rote Chillies, 1 EL fein geriebenen frischen Ingwer und 100 g fein gehackte Datteln zugeben und

1 Stunde köcheln lassen, bis die Mango weich ist. Dabei häufig rühren, insbesondere gegen Ende der Kochzeit, damit das Chutney nicht anbrennt. Sofort in vorgewärmte sterilisierte Gläser füllen und den Deckel aufsetzen. Gläser 2 Minuten umgekehrt stehen lassen, dann wieder umdrehen und abkühlen lassen. Bis zu 6 Monaten haltbar. Ergibt 750 ml. Zu Currys servieren.

SCHARFE CHILIPASTE (Sambal Oelek)

200 g kleine frische rote Chillies von den Stielen befreien und grob hacken; dabei die Hände mit Gummihandschuhen schützen. Im Topf mit 125 ml Wasser zum Kochen bringen, die Hitze reduzieren und zugedeckt 15 Minuten köcheln lassen.

Chillies und Kochflüssigkeit mit 1 TL Zucker, 1 EL Essig, 1 EL Pflanzenöl und 1 TL Salz im Mixer fein hacken. Sofort in ein sterilisiertes vorgewärmtes Glas füllen, den Deckel aufsetzen und abkühlen lassen. Glas mit dem Herstelldatum versehen. Bis zu einem Monat im Kühlschrank haltbar. Ergibt 250 ml. Zu Meeresfrüchten servieren.

SÜSSE CHILIPASTE

3 EL getrocknete Garnelen 5 Minuten in heißem Wasser einweichen, abgießen, trocknen und grob hacken.

500 ml Pflanzenöl in einem kleinen Topf bei mittlerer Temperatur erhitzen und 220 g in Scheiben geschnittene rote asiatische Schalotten sowie 110 g in dünne Scheiben geschnittene Knoblauchzehen unter ständigem Rühren 10 Minuten goldgelb braten. Garnelen und 4–5 lange entkernte und fein gehackte frische rote Chilischoten zugeben und 5 Minuten unter ständigem Rühren braten. Von der Hitze nehmen und durch ein Sieb gießen. Das Öl auffangen und beiseite stellen.

Den Inhalt des Siebs im Mixer langsam verarbeiten, dabei 60 ml Bratöl zufügen, bis eine Paste entsteht. Diese im Topf bei mittlerer Temperatur zum Köcheln bringen, dann 90 g geriebenen hellen Palmzucker, 3 EL Tamarindenpüree und 2 EL Fischsauce zugeben. Unter häufigem Rühren kochen, bis die Mischung dickflüssig wird. Vor dem Servieren abkühlen lassen. Im sterilisierten Glas im Kühlschrank bis zu 6 Monate haltbar. Ergibt etwa 750 ml. Zu thailändischen Gerichten oder Häppchen wie Frühlingsrollen oder gefüllten Teigtaschen servieren.

VON LINKS: Gurken-Raita, süßes Mango-Chutney, scharfe Chilipaste, süße Chilipaste

SRI-LANKISCHE KÜCHE

Die Insel Ceylon vor der Südspitze Indiens – die offizielle Staatsbezeichnung ist Sri Lanka – verdankt ihre wunderbar vielseitige Küche nicht nur den Händlern und den Eindringlingen, die während ihrer langen Geschichte dorthin kamen, denn auch die einheimische Bevölkerung der Singhalesen verfügt über eine reiche kulinarische Tradition. Zwar basiert die Küche hauptsächlich auf Reis und Gewürzen, doch von den Portugiesen, Niederländern und Briten übernahm man Pasteten, Kuchen und Konfekt, die bei festlichen Anlässen beliebt sind.

Sri-lankische Currys werden eher nach Farbe und Geschmack als nach der Hauptzutat eingeteilt und reichen von den scharfen roten bis zu den milden weißen und „schwarzen", die für diese Gegend am charakteristischsten sind. Ihre Färbung erhalten sie dadurch, dass die Gewürze so lange geröstet werden, bis sie ein sattes Kaffeebraun annehmen. Für sri-lankische Rezepte empfiehlt es sich, spezielles Ceylon-Currypulver zu kaufen.

SRI-LANKISCHER FISCH-CURRY MIT TOMATEN

Vorbereitungszeit: 20 Minuten
+ 30 Minuten Marinierzeit
Kochzeit: 20 Minuten
Für 6 Personen

☆☆

60 ml Zitronensaft
60 ml Kokosessig (siehe Hinweis)
2 TL Kreuzkümmelsamen
1 TL gemahlene Kurkuma
je 1 TL Cayennepfeffer und Salz
1 kg feste weiße Fischfilets (z. B. Snapper oder Leng)
60 ml Pflanzenöl
1 große Zwiebel, fein gehackt
3 große Knoblauchzehen, durchgepresst
2 EL frischer Ingwer, gerieben
1 TL schwarze Senfkörner
1,2 kg gehackte Tomaten aus der Dose
3 EL Koriandergrün, fein gehackt
2 kleine frische grüne Chillies, entkernt und fein gehackt
2 EL Palmzucker, gerieben

1 Für die Marinade Zitronensaft, Kokosessig, Kreuzkümmel, Kurkuma, Cayennepfeffer und Salz in einer flachen Schüssel (nicht aus Metall) gründlich verrühren.

2 Etwaige noch verbliebene Gräten mit der Pinzette von den Fischfilets entfernen und das Fischfleisch in 2,5 x 10 cm große Stücke schneiden. Diese in die Marinade legen und behutsam wenden, bis sie damit vollständig überzogen sind.

3 Einen beschichteten Wok bei hoher Temperatur erhitzen und das Öl darin schwenken. Die Hitze auf geringste Stufe schalten und Zwiebel, Knoblauch und Senfkörner unter häufigem Rühren 5 Minuten braten.

4 Fische, Marinade, Tomaten, Koriander, Chillies und Zucker zugeben und zugedeckt unter gelegentlichem Rühren 10–15 Minuten schwach köcheln lassen; der Fisch ist gar, wenn er sich mit der Gabel gerade zerteilen lässt. Mit Basmatireis servieren.

Hinweis: Kokosessig wird aus dem Saft verschiedener Palmen hergestellt; er ist in Asienläden erhältlich.

RECHTS: Sri-lankischer Fischcurry mit Tomaten

THAILÄNDISCHER RIND-FLEISCHCURRY MIT KÜRBIS

(Gaeng nuer fug tong)

Vorbereitungszeit: 20 Minuten
Kochzeit: 1 Stunde 30 Minuten
Für 6 Personen

☆☆

2 EL Pflanzenöl
750 g Rindfleisch (Bug oder Schaufel), in dünne Scheiben geschnitten
4 EL Musaman-Currypaste (Seite 59)
2 Knoblauchzehen, fein gehackt
1 Zwiebel, längs in Scheiben geschnitten
6 frische Curryblätter, zerteilt
750 ml Kokosmilch
450 g Butternusskürbis, grob gewürfelt
2 EL Erdnüsse, gehackt
1 EL Palmzucker
2 EL Tamarindenpüree
2 EL Fischsauce
Curryblätter zum Garnieren

1 Einen beschichteten Wok bei hoher Temperatur erhitzen und das Öl darin schwenken. Das Fleisch portionsweise 5 Minuten bräunen und aus dem Wok nehmen.
2 Currypaste, Knoblauch, Zwiebel und Curryblätter in den Wok geben und kurz umrühren. Das Fleisch zugeben und bei mittlerer Hitze unter Rühren 2 Minuten braten.
3 Kokosmilch zugießen, dann die Hitze reduzieren und 45 Minuten köcheln lassen, bis Fleisch und Gemüse weich sind und die Sauce sämig ist.
4 Erdnüsse, Palmzucker, Tamarindenpüree und Fischsauce hineinrühren und 1 Minute köcheln lassen. Mit Curryblättern garnieren und mit Reis servieren.
Hinweis: Für dieses Rezept ist ein beschichteter Wok erforderlich, da die in der Tamarinde enthaltene Säure die Schicht, die sich am Eisenblechwok aufbaut, ablösen kann.

OBEN: Thailändischer Rindfleischcurry mit Kürbis

OBEN: *Fischbällchen-Curry*

FISCHBÄLLCHEN-CURRY

Vorbereitungszeit: 20 Minuten
Kochzeit: 20 Minuten
Für 6 Personen

☆

1 große Zwiebel, gehackt
1 TL Sambal Oelek
1 EL frischer Ingwer, fein gehackt
1 Stängel Zitronengras, nur weiße Teile, fein gehackt
3 EL frische Korianderwurzel, gehackt
1/2 TL gemahlener Kardamom
1 EL Tomatenmark
1 EL Pflanzenöl
1 EL Fischsauce
500 ml Kokosmilch
24 TK-Fischbällchen, aufgetaut (siehe Hinweis)
2 TL Limettensaft
3 EL Koriandergrün, gehackt, sowie ganze Blätter zum Garnieren

1 Zwiebel, Sambal Oelek, Ingwer, Zitronengras, Koriander, Kardamom und Tomatenmark im Mixer zu einer glatten Paste verarbeiten.
2 Wok bei mittlerer Temperatur erhitzen und Öl darin schwenken. Paste unter Rühren bei mittlerer Hitze braten, bis sie duftet.
3 Fischsauce, Kokosmilch und 250 ml Wasser hineinrühren und zum Kochen bringen. 5 Minuten kochen, Hitze reduzieren und 5 Minuten köcheln lassen, bis die Sauce leicht sämig ist.
4 Fischbällchen und Limetten hineingeben und 2 Minuten kochen; nicht zu lang erhitzen, sonst werden die Bällchen hart und gummiartig. Gehacktes Koriandergrün hineinrühren. Mit Koriander garnieren und mit Reis servieren.
Hinweis: Fischbällchen sind tiefgekühlt in größeren Asienläden erhältlich.

INDONESISCHES HUHN IN KOKOSMILCH
(Opar ayam)

Vorbereitungszeit: 20 Minuten + Kühlzeit
Kochzeit: 1 Stunde 10 Minuten
Für 6 Personen

☆☆

CURRYPASTE
2 TL Korianderkörner, geröstet und gemahlen
1/2 TL Kreuzkümmelsamen, geröstet und gemahlen
1/2 TL Garnelenpaste, geröstet
1 Stängel Zitronengras, nur weiße Teile, gehackt
2 rote Zwiebeln, gehackt
3 Knoblauchzehen
1 EL frischer Ingwer, gerieben
1 1/2 EL frischer Galgant, gehackt
2 TL gemahlener weißer Pfeffer
1/4 TL gemahlene Muskatnuss
1/4 TL gemahlene Nelken

540 ml Kokosmilch
1 Huhn, 1,5 kg schwer, in 8–10 Stücke zerteilt
1600 ml Kokosmilch
2 EL Tamarindenpüree
1 EL weißer Essig (Tafelessig)
1 Zimtstange
1 TL Salz

1 Alle Zutaten für die Currypaste im Mixer zu einer dickflüssigen Paste verarbeiten.

2 Einen großen beschichteten Wok bei mittlerer Temperatur erhitzen. Kokoscreme und Currypaste unter Rühren 20 Minuten kochen, bis sie dick und ölig sind.
3 Huhn und restliche Zutaten hineingeben und 50 Minuten schwach köcheln lassen. Mit Reis und Sauce servieren.
Hinweis: Die restliche Sauce hält sich zugedeckt bis zu 5 Tage im Kühlschrank und dient als Basis für Suppen oder Currys.

KREBSCURRY

Vorbereitungszeit: 25 Minuten
Kochzeit: 20 Minuten
Für 6 Personen

☆☆

4 rohe Taschenkrebse
1 EL Pflanzenöl
1 große Zwiebel, fein gehackt
2 Knoblauchzehen, durchgepresst
1 Stängel Zitronengras, nur weiße Teile, fein gehackt
1 TL Sambal Oelek
1 TL gemahlener Kreuzkümmel
1 TL gemahlene Kurkuma
1 TL gemahlener Koriander
1/2 TL Salz
270 ml Kokoscreme
500 ml Hühnerbrühe
20 g frisches Thai-Basilikum

1 Das Plastron (die Unterseite) der Krebse entfernen und das Fleisch aus der Schale holen. Die Eingeweide entfernen und das Fleisch in 4 Stücke schneiden. Mit der Hummerzange oder dem Nussknacker die Scheren anbrechen; so lassen sie sich am Tisch leichter handhaben, und das Curryaroma wird besser vom Fleisch aufgenommen.
2 Wok bei mittlerer Temperatur erhitzen und das Öl darin schwenken. Zwiebel, Zitronengras und Sambal Oelek 2–3 Minuten braten.
3 Kümmel, Kurkuma, Koriander und Salz zufügen und 2 Minuten erhitzen, bis die Gewürze duften.
4 Kokoscreme und Brühe hineinrühren. Zum Kochen bringen, die Hitze reduzieren, Krebse zugeben und unter gelegentlichem Rühren 10 Minuten kochen, bis die Krebse gar sind. Basilikum hineinrühren und mit Reis servieren.

KREBSCURRY

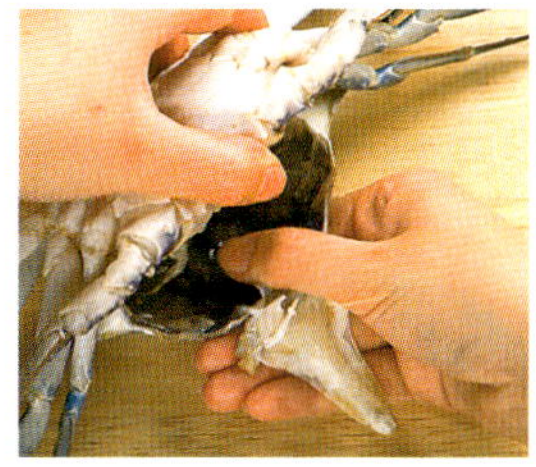

Plastron (Unterseite) entfernen, dann Krebsfleisch herausnehmen.

Die Eingeweide und die Kiemen entfernen

LINKS: Krebscurry

GELBER FISCHCURRY

Vorbereitungszeit: 10 Minuten
Kochzeit: 15 Minuten
Für 4 Personen

☆

- 150 ml Gemüsebrühe
- 1 EL gelbe Currypaste (Seite 57)
- 1 EL Tamarindenpüree
- 1 EL Palmzucker, gerieben
- 1 1/2 EL Fischsauce
- 150 g grüne Bohnen, geputzt, in 4 cm lange Stücke geschnitten
- 140 g Bambussprossen, in Stücke geschnitten
- 400 ml Kokoscreme
- 400 g weiße Fischfilets (z. B. Leng, Snapper), gewürfelt
- 1 EL Limettensaft
- Koriandergrün zum Garnieren
- Limettenschnitze zum Servieren

UNTEN: Gelber Fischcurry

1 Brühe im beschichteten Wok zum Kochen bringen. Currypaste zufügen und unter Rühren 3–4 Minuten kochen. Tamarindenpüree, Palmzucker und 1 EL Fischsauce vermengen und zur Brühe geben. Bohnen und Bambussprossen zufügen und bei mittlerer Hitze 3–5 Minuten kochen, bis die Bohnen fast weich sind.
2 Kokoscreme zugeben, zum Kochen bringen und die Hitze reduzieren. Fisch hineingeben und 3–5 Minuten köcheln lassen, bis er gerade gar ist. Limettensaft und restliche Fischsauce hineinrühren. Mit Koriandergrün garnieren und mit Limettenschnitzen und Reis servieren.

WÜRZIGER ASIATISCHER RINDFLEISCHEINTOPF

Vorbereitungszeit: 15 Minuten
Kochzeit: 2 Stunden 15 Minuten
Für 4–6 Personen

☆☆

- 125 ml Pflanzenöl
- 1,5 kg Rindfleisch vom Bug, in 2,5 cm große Würfel geschnitten
- 2 große Zwiebeln, gehackt
- 5 Knoblauchzehen, gehackt
- 1 Stück frischer Ingwer, etwa 1 x 5 cm groß, in dünne Scheiben geschnitten
- 10 rote asiatische Schalotten
- 2 Stängel Zitronengras, nur weiße Teile, zerdrückt
- 1 l Rinderbrühe
- 125 g braune Miso
- 1/2 TL Chilipulver
- 4 Sternanisfrüchte
- 1 Stück Zimtstange, 3 cm lang
- 1/2 TL schwarze Pfefferkörner
- 1 EL Palmzucker, gerieben
- Salz und Pfeffer

1 Wok bei hoher Temperatur erhitzen und 60 ml Öl darin schwenken. Hitze auf mittlere Stufe zurückschalten, das Fleisch portionsweise 5–10 Minuten bräunen, herausnehmen und mit Küchenkrepp überschüssiges Öl aufsaugen; zwischen den Portionen je 2 TL Öl zugeben.
2 Wok mit Küchenkrepp auswischen, wieder erhitzen und restliches Öl darin schwenken. Zwiebeln, Knoblauch, Ingwer, Schalotten und Zitronengras bei mittlerer Hitze 5 Minuten braten, bis die Zwiebeln weich sind und zu bräunen beginnen. Schalotten herausnehmen.
3 Fleisch und etwaigen ausgetretenen Saft wieder in den Wok geben, dann Brühe, Miso, Chi-

lipulver, Sternanis, Zimt, Pfefferkörner und Zucker zufügen und zum Kochen bringen. Hitze auf kleinste Stufe zurückschalten und alles zugedeckt 1 1/4–1 1/2 Stunden köcheln lassen.
4 Schalotten wieder in den Wok geben, Hitze auf mittlere Stufe schalten und im offenen Wok weitere 15–20 Minuten kochen, bis die Sauce leicht dickflüssig wird. Zitronengras entfernen, Mit Salz und Pfeffer abschmecken und mit gedämpftem Jasminreis servieren.

GARNELENCURRY MIT KOKOSMILCH

Vorbereitungszeit: 30 Minuten
Kochzeit: 20 Minuten
Für 4 Personen

☆

1 Zwiebel, gehackt
2 Knoblauchzehen, durchgepresst
1 Stängel Zitronengras, nur weiße Teile, fein gehackt
1/2 TL Sambal Oelek
2 TL Garam masala
4 frische Kaffir-Limettenblätter, fein zerteilt
3 EL frische Korianderstiele, gehackt
1 EL Erdnussöl
250 ml Hühnerbrühe
400 ml Kokosmilch
1 kg rohe mittelgroße Garnelen, küchenfertig
1 EL Fischsauce
3 EL Koriandergrün zum Servieren

1 Für die Currypaste Zwiebel, Knoblauch, Zitronengras, Sambal Oelek, Garam masala, Limettenblätter und Korianderstiele mit 2 EL Wasser im Mixer zu einer glatten Paste verarbeiten.
2 Wok bei mittlerer Temperatur erhitzen und das Öl darin schwenken. Currypaste 2–3 Minuten braten, bis sie duftet. Brühe und Kokosmilch hineinrühren, zum Kochen bringen, dann die Hitze reduzieren und 10 Minuten köcheln lassen, bis die Mischung leicht sämig wird.
3 Garnelen hineingeben und 3–5 Minuten erhitzen, bis sie durchgegart sind. Fischsauce hineinrühren. Mit Koriandergrün bestreuen und mit Reis servieren.
Hinweis: Die Garnelen kann man durch Leng- oder Dorschfilets, in mundgerechte Stücke geschnitten, ersetzen. Garzeit 3–5 Minuten.

OBEN: Garnelencurry mit Kokosmilch

VIETNAMESISCHER HÜHNERCURRY

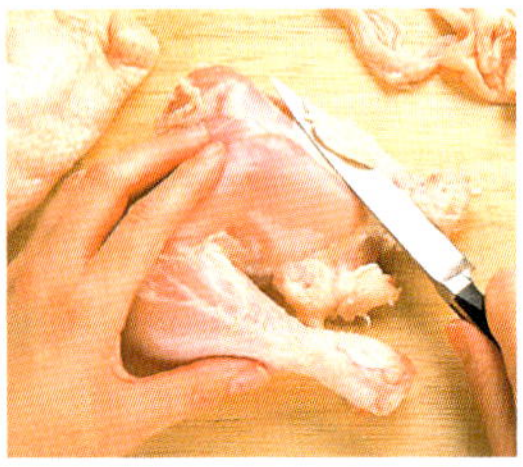

Haut und überschüssiges Fett vom Huhn entfernen.

Jedes Hühnerviertel in drei gleich große Stücke schneiden.

OBEN: Milder vietnamesischer Hühnercurry

MILDER VIETNAMESISCHER HÜHNERCURRY

Vorbereitungszeit: 30 Minuten
+ 1 Nacht Kühlzeit
Kochzeit: 1 Stunde 10 Minuten
Für 6 Personen

☆☆

4 große Hühnerviertel (Bein und Keule), von Haut und überschüssigem Fett befreit und gedrittelt
1 EL Currypulver
1 EL feinster Zucker
1/4 TL schwarzer Pfeffer
2 TL Salz
80 ml Pflanzenöl
500 g Süßkartoffeln, geschält und in 3 cm große Würfel geschnitten
1 große Zwiebel, in dünne Schnitze geschnitten
4 Knoblauchzehen, gehackt
1 Stängel Zitronengras, nur weiße Teile, fein gehackt
2 Lorbeerblätter
1 große Möhre, schräg in 1 cm dicke Scheiben geschnitten
400 ml Kokosmilch

1 Huhn waschen und mit Küchenkrepp trocknen. Currypulver, Zucker, Pfeffer und Salz gründlich verrühren und Huhn damit einreiben. Zugedeckt über Nacht kalt stellen.
2 Wok stark erhitzen und das Öl darin schwenken. Süßkartoffeln 3 Minuten hell goldgelb braten und mit dem Schaumlöffel herausnehmen.
3 Öl bis auf 2 EL aus dem Wok nehmen und Zwiebel unter Rühren 5 Minuten braten. Knoblauch, Zitronengras und Lorbeerblätter zufügen und 2 Minuten braten.
4 Huhn zugeben und unter Rühren bei mittlerer Hitze 5 Minuten braten, bis es mit der Mischung überzogen ist und sich verfärbt. 250 ml Wasser zugießen und zugedeckt bei geringer Hitze 20 Minuten köcheln lassen; ab und zu umrühren.
5 Möhre, Süßkartoffeln und Kokosmilch einrühren und im offenen Wok unter gelegentlichem Rühren 30 Minuten köcheln lassen; die Süßkartoffeln sollten nicht zerfallen. Mit gedämpftem Reis oder Reisnudeln servieren.

BALINESISCHER MEERESFRÜCHTE-CURRY

Vorbereitungszeit: 20 Minuten
+ 20 Minuten Marinierzeit
Kochzeit: 20 Minuten
Für 6 Personen

☆

CURRYPASTE
2 Tomaten
5 kleine frische rote Chillies, entkernt, gehackt
5 Knoblauchzehen, gehackt
2 Stängel Zitronengras, nur weiße Teile, klein geschnitten
1 EL Korianderkörner, geröstet und gemahlen
1 TL Garnelenpulver, geröstet (siehe Hinweis)
1 EL gemahlene Mandeln
1/4 TL gemahlene Muskatnuss
1 TL gemahlene Kurkuma
3 EL Tamarindenpüree

1 EL Limettensaft
Salz und frisch gemahlener schwarzer Pfeffer
250 g Schwertfisch, in 3 cm große Würfel geschnitten
400 g rohe mittelgroße Garnelen
250 g Tintenfisch, küchenfertig
60 ml Pflanzenöl
2 rote Zwiebeln, gehackt
2 kleine frische rote Chillies, entkernt und in Streifen geschnitten
125 ml Fischfond
Thai-Basilikum, zerteilt, zum Garnieren

1 Für die Currypaste die Tomaten auf der Unterseite kreuzweise einritzen, mit kochendem Wasser übergießen, dann nach 30 Sekunden kalt abschrecken. Die Haut abziehen, die Tomaten halbieren und mit einem Teelöffel aushöhlen. Das Fruchtfleisch grob hacken und mit den restlichen Zutaten für die Paste im Mixer pürieren.
2 Limettensaft mit Salz und Pfeffer abschmecken. Fisch darin wenden, bis er vollständig überzogen ist, und 20 Minuten marinieren. Inzwischen Garnelen vollständig schälen und Tintenfische in 1 cm breite Ringe schneiden.
3 Einen beschichteten Wok bei hoher Temperatur erhitzen und das Öl darin schwenken. Zwiebeln, Chillies und Currypaste unter gelegentlichem Rühren bei schwacher Hitze 10 Minuten braten, bis sie duften.
4 Fisch und Garnelen zugeben und rühren, bis sie mit der Currymischung überzogen sind. 3 Minuten erhitzen, bis die Garnelen hellrosa sind, dann die Tintenfischringe zufügen und 1 Minute erhitzen.
5 Fischfond zugießen und zum Kochen bringen, dann die Hitze reduzieren und 2 Minuten köcheln lassen, bis die Meeresfrüchte gar sind. Mit Salz und Pfeffer abschmecken. Mit Basilikum garnieren.
Hinweis: Falls Garnelenpulver nicht erhältlich ist, kann man es durch getrocknete Garnelen ersetzen, die man im Mörser oder im Mixer fein mahlt.

Für dieses Rezept ist ein beschichteter Wok erforderlich, weil die Tamarinde die Schicht, die sich im Eisenblechwok aufbaut, ablöst und das Gericht einen unangenehm metallischen Geschmack bekommt.

UNTEN: Balinesischer Meeresfrüchte-Curry

THAILÄNDISCHER ENTENCURRY MIT ANANAS

Vorbereitungszeit: 10 Minuten
Kochzeit: 15 Minuten
Für 4–6 Personen

☆

1 EL Erdnussöl
8 Frühlingszwiebeln, schräg in 3 cm lange Stücke geschnitten
2 Knoblauchzehen, durchgepresst
2–4 EL rote Currypaste (Seite 56)
750 g chinesische gebratene Ente, in kleinere Stücke gehackt
400 ml Kokosmilch
450 g Ananasstücke in Sirup, abgetropft
3 frische Kaffir-Limettenblätter
3 EL Koriandergrün, gehackt
2 EL frische Minze, gehackt

1 Wok stark erhitzen und das Öl darin schwenken. Frühlingszwiebeln, Knoblauch und Currypaste 1 Minute braten, bis sie duften.

2 Ente, Kokosmilch, Ananas, Limettenblätter und je die Hälfte des Korianders und der Minze zugeben und zum Kochen bringen. Hitze reduzieren und 10 Minuten köcheln lassen, bis das Fleisch vollständig erhitzt und die Sauce leicht sämig ist. Restliches Koriandergrün und restliche Minze hineinrühren. Mit Jasminreis servieren.

UNTEN: Thailändischer Entencurry mit Ananas

THAILÄNDISCHER SAURER FISCHCURRY

Vorbereitungszeit: 30 Minuten
+ 20 Minuten Einweichzeit
Kochzeit: 20 Minuten
Für 4 Personen

☆

6 große getrocknete rote Chillies
4 rote asiatische Schalotten, fein gehackt
1 1/2 EL frischer Galgant, fein gehackt
2 TL frische Kurkuma, fein gehackt
2 Stängel Zitronengras, nur weiße Teile, fein gehackt
1 EL Garnelenpaste
1 l Hühnerbrühe
600 g fette Fischfilets (z. B. Makrele), in 3 cm große Würfel geschnitten
2 EL Tamarindenpüree
2 EL Fischsauce
2 EL Palmzucker, gerieben
200 g Spargelbohnen, in 5 cm lange Stücke geschnitten
2 vollreife Tomaten, in je 6 Schnitze geschnitten
400 g Wasserspinat, grob gehackt
Salz und Pfeffer

1 Chillies mit 250 ml kochendem Wasser übergießen und 20 Minuten einweichen. Abgießen und hacken. Für die Currypaste Chillies, Schalotten, Galgant, Kurkuma, Zitronengras und Garnelenpaste im Mixer fein pürieren; nach Bedarf etwas Wasser zufügen.
2 Brühe im beschichteten Wok bei hoher Temperatur zum Kochen bringen. Currypaste hineinrühren, wieder zum Kochen bringen, dann die Hitze reduzieren und 5 Minuten köcheln lassen. Fisch, Tamarinde, Fischsauce, Palmzucker und Bohnen hineingeben, umrühren und 5 Minuten köcheln lassen, bis der Fisch gar ist. Tomaten und Wasserspinat zufügen und 2 Minuten köcheln lassen. Mit Salz und Pfeffer abschmecken. Als Teil einer Mahlzeit servieren.

KAFFIR-LIMETTEN-BLÄTTER

Die Blätter des Kaffir-Limettenbaums werden häufig in der Küche Thailands und Südostasiens verwendet und verleihen Suppen und Currys ein unverwechselbares Aroma. Um sie zu hacken, legt man ein paar aufeinander, rollt sie von der Spitze zum Stiel hin dicht zusammen und schneidet das Röllchen quer in dünne Streifen. Die harte mittlere Blattrippe wirft man weg. Ganze Blätter können mitgekocht werden, sie sind aber ledrig und bitter und werden nicht gegessen. Der Saft und das Fruchtfleisch der Kaffir-Limette sind ebenfalls bitter und nicht zum Verzehr geeignet. Die Blätter kann man in Asienläden – gelegentlich unter dem Namen Makrut-Limetten – frisch, eingefroren oder getrocknet kaufen.

OBEN: Grüner Curry mit Süßkartoffel und Aubergine

GRÜNER CURRY MIT SÜSSKARTOFFEL UND AUBERGINE

Vorbereitungszeit: 15 Minuten
Kochzeit: 25 Minuten
Für 4–6 Personen

☆☆

1 EL Pflanzenöl
1 Zwiebel, gehackt
1–2 EL grüne Currypaste (siehe Hinweis)
1 Aubergine, längs geviertelt und in Scheiben geschnitten
375 ml Kokosmilch
250 ml Gemüsebrühe
6 frische Kaffir-Limettenblätter sowie zusätzliche zum Garnieren, nach Belieben
1 Süßkartoffel, geschält, in Würfel geschnitten
2 TL Palmzucker, gerieben
2 EL Limettensaft
2 TL Limettenschale, gerieben
Salz
Koriandergrün zum Garnieren

1 Öl in einem großen Wok erhitzen. Zwiebel und Currypaste unter Rühren bei mittlerer Hitze 3 Minuten braten. Aubergine zugeben und weitere 4–5 Minuten braten. Kokosmilch und Brühe zugießen, zum Kochen bringen, dann die Hitze reduzieren und 5 Minuten köcheln lassen. Limettenblätter und Süßkartoffel zufügen und unter gelegentlichem Rühren 10 Minuten kochen, bis beide sehr weich sind.

2 Palmzucker, Limettensaft und Limettenschale zugeben, mit dem Gemüse gründlich vermengen und mit Salz abschmecken. Mit Limettenblättern und Koriandergrün garnieren. Dazu gedämpften Reis reichen.

Hinweis Für dieses rein vegetarische Gericht sollte man Currypaste, die keine Garnelenpaste enthält, oder die grüne Currypaste (Seite 56) verwenden.

LASSI MIT KOKOS UND LIMETTEN

400 ml Kokosmilch, 185 g Naturjoghurt, 60 ml Limettensaft, 60 g feinster Zucker und 8–10 Eiswürfel in den Mixer geben und so lange verarbeiten, bis die Zutaten gründlich vermengt und die Eiswürfel zerkleinert sind. In hohe Gläser gießen, mit Limettenschnitzen garnieren und sofort servieren. Ergibt 2 Gläser.

Hinweis: Ein erfrischendes Getränk indischen Ursprungs, das ausgezeichnet zu Gerichten aus dem Wok passt.

OBEN: Würzige Garnelen

WÜRZIGE GARNELEN

(Masala jheengari)

Vorbereitungszeit: 30 Minuten
+ 15 Minuten Ruhezeit
Kochzeit: 55 Minuten
Für 4–6 Personen

☆

1 kg rohe mittelgroße Garnelen, küchenfertig, aber mit Schwanzflosse (Schalen und Köpfe beiseite stellen)
3/4 TL gemahlene Kurkuma
60 ml Pflanzenöl
2 Zwiebeln, fein gehackt
4–6 Knoblauchzehen, fein gehackt
1–2 kleine frische grüne Chillies, entkernt und gehackt
2 TL gemahlener Kreuzkümmel
2 TL gemahlener Koriander
1 TL Paprika
90 g Naturjoghurt
80 ml Crème double
4 EL Koriandergrün, gehackt

1 Garnelenschalen und -köpfe mit 1 l Wasser zum Kochen bringen, die Hitze reduzieren und 2 Minuten köcheln lassen; dabei Schaum abschöpfen. Durch ein Sieb gießen, den Sud auffangen und wieder in den Topf geben; Schalen und Köpfe wegwerfen. Erforderlich sind 750 ml Sud; bei Bedarf mit Wasser verlängern. Sud wieder zum Kochen bringen, dann Kurkuma und Garnelen hineingeben und 1 Minute kochen, bis sich die Garnelen hell rosa färben. Garnelen mit dem Schaumlöffel herausnehmen.

2 Wok bei mittlerer Temperatur erhitzen und das Öl darin schwenken. Zwiebeln unter Rühren 6 Minuten hell goldbraun braten; sie sollen nicht zu dunkel werden. Knoblauch und Chillies zufügen und 2 Minuten braten, Kreuzkümmel, Koriander und Paprika zugeben und unter Rühren 1–2 Minuten braten, bis sie duften.

3 Nach und nach Sud zugießen, zum Kochen bringen und unter gelegentlichem Rühren 35 Minuten erhitzen, bis die Flüssigkeit auf die Hälfte einkocht und sämig wird.

4 Von der Hitze nehmen und den Joghurt hineinrühren. Garnelen zufügen und bei schwacher Hitze 2–3 Minuten durchwärmen, aber nicht kochen lassen. Crème double und Koriandergrün hineinrühren und zugedeckt 15 Minuten ziehen lassen. Behutsam wieder erwärmen und mit Reis servieren.

Hinweis: Von diesem gehaltvollen Curry braucht man nur eine kleine Portion als Teil einer Mahlzeit.

INDONESISCHER RINDER-EINTOPF

(Semur daging)

Vorbereitungszeit: 20 Minuten
+ 15 Minuten Marinierzeit
Kochzeit: 1 Stunde 40 Minuten
Für 4 Personen

☆☆

800 g Rindfleisch (Kamm, Hesse, Schaufel), pariert und in 2 cm große Würfel geschnitten
6 Knoblauchzehen, davon 2 durchgepresst und 4 gehackt
1 EL frischer Ingwer, gerieben
Salz und frisch gemahlener schwarzer Pfeffer
4 rote asiatische Schalotten, in Ringe geschnitten
1/2 Zwiebel, gehackt
1 EL Tamarindenmark, in 60 ml heißem Wasser eingeweicht
60 ml Erdnussöl
1/2 TL gemahlener Kardamom
1/4 TL gemahlener Zimt
1/2 TL gemahlene Muskatnuss
2 Nelken
80 g Ketjap Manis
375 ml Rinderbrühe
2 Kartoffeln, in 2 cm große Würfel geschnitten
1 EL Limettensaft
Limettenschnitze zum Servieren

1 Fleisch, durchgepressten Knoblauch, die Hälfte des Ingwers, etwas Salz und Pfeffer in einer Schüssel (nicht aus Metall) vermengen. Zugedeckt 15 Minuten kalt stellen.
2 Schalotten, Zwiebel, gehackten Knoblauch und restlichen Ingwer im Mixer zu einer Paste verarbeiten.
3 Tamarinde durch ein Sieb gießen und das Wasser beiseite stellen.
4 Einen beschichteten Wok bei mittlerer Temperatur erhitzen und das Öl darin schwenken. Die Paste 3 Minuten braten, bis sie duftet. Fleisch hineingeben und unter Rühren 3 Minuten braten, bis es braun und mit der Paste überzogen ist. Die Paste darf nicht anbrennen.
5 Bei Bedarf etwas Öl, dann Kardamom, Zimt, Muskat, Nelken und 1/2 TL Pfeffer zufügen und 1–2 Minuten erhitzen, bis sie duften. Ketjap Manis, Rinderbrühe, Tamarindenwasser und 375 ml Wasser zugeben und zugedeckt bei geringer Hitze 1 Stunde kochen. Kartoffeln hineingeben und bei geringer Hitze weitere 30 Minuten kochen, bis das Fleisch sehr weich ist und die Kartoffeln gar sind. Nelken herausnehmen und Limettensaft hineinrühren. Mit gedämpftem Reis und Limettenschnitzen servieren.

UNTEN: Indonesischer Rindereintopf

PFANNEN-RÜHREN IM WOK

Es brutzelt, zischt, raucht und dampft. Man schüttelt den Wok und rührt emsig, bis sich alle Zutaten zu einem bunten Durcheinander vermischt haben. Aktion und Spannung gehören zum Pfannenrühren und machen es jedes Mal zu einem kleinen Abenteuer. Sie müssen flink sein, um aus den zuvor fein geschnittenenen Zutaten ein perfektes Gericht zu zaubern. Das Pfannenrühren ist typisch für das Kochen mit dem Wok, und es macht außerdem besonders viel Spaß. Ein gelungenes pfannengerührtes Gericht ist immer ein Genuss – es ist schön saftig und schmeckt ganz leicht nach Rauch. Jede Wette – wenn Sie einmal auf den Geschmack gekommen sind, wollen Sie das Pfannenrühren bestimmt nicht mehr missen.

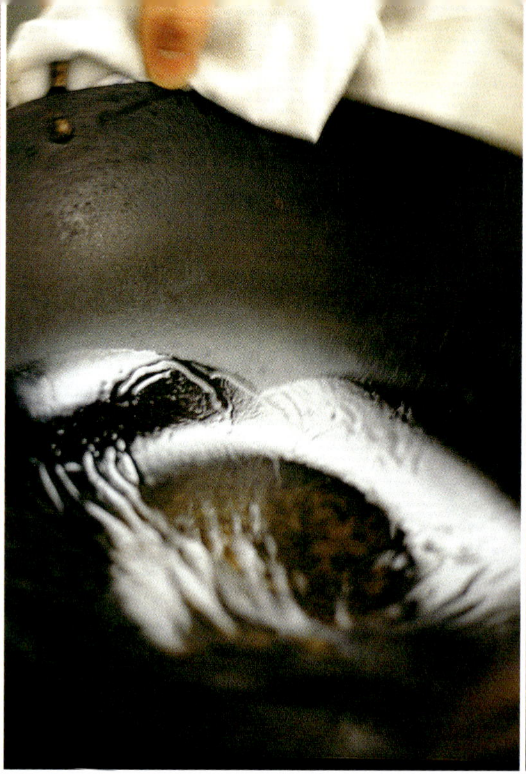

PFANNENRÜHREN

Sie brauchen nur einen heißen Wok, etwas Öl und frische zerkleinerte Zutaten, um in Minutenschnelle ein leckeres pfannengerührtes Gericht auf den Tisch zu bringen.

WAS IST PFANNENRÜHREN?

Beim Pfannenrühren werden kleine Stücke verschiedener Lebensmittel bei starker Hitze und mit sehr wenig Öl schnell gebraten. Die Zutaten werden dabei ständig mit einer Wokschaufel oder einem Pfannenheber gewendet. Das Ziel beim Pfannenrühren ist es, Geschmack, Farbe, Beschaffenheit und Nährwert der Lebensmittel zu erhalten.

Ein Wok eignet sich am besten für das Pfannenrühren. Seine Form sorgt dafür, dass die Zutaten immer wieder in die Mitte des Woks fallen, wo die Hitze am stärksten ist. So werden die Zutaten in wenigen Minuten gar und bekommen ein köstliches, leicht rauchiges Aroma.

Die Chinesen nennen die Bewegung und den Rhythmus des Pfannenrührens *wok hei*. Grob übersetzt heißt dies „Atem des Woks". Lohn der Mühe ist es, dass die Zutaten am Schluss perfekt erhitzt und gegart und genau richtig zum Verzehr sind. Deshalb isst man pfannengerührte Gerichte am besten unmittelbar nach ihrer Zubereitung.

NUTZEN FÜR DIE GESUNDHEIT

Pfannenrühren gilt als gesunde Kochmethode, und das aus gutem Grund. Durch das schnelle Garen werden viele Nährstoffe geschont. Vor allem bei Gemüse bleiben die Vitamine und die Farbe weitgehend erhalten.

Außerdem braucht man zum Pfannenrühren nur sehr wenig Öl, weil richtig behandelte Woks eine Antihaftbeschichtung bekommen, und durch das schnelle Rühren und Wenden können die Zutaten das wenige Fett nicht aufsaugen.

VORBEREITUNGEN

Eine Grundregel beim Pfannenrühren ist es, stetig zu rühren. Man hat keine Zeit, das Kochen zu unterbrechen, um z. B. eine Zutat zu hacken. Alle Zutaten sollten schon vorbereitet sein, bevor man den Wok erhitzt.

Schneiden Sie zunächst die Lebensmittel in kleine, gleich große Stücke. Dadurch garen die Zutaten nicht nur schnell und gleichmäßig, das fertige Gericht sieht auch ansprechend aus und kann einfacher gegessen werden. Das ist wichtig, wenn man Stäbchen zum Essen verwendet.

Fleisch- oder Geflügelfilets sollten quer zur Faser in dünne, gleich große Scheiben geschnitten werden. Dadurch wird die Faserstruktur aufgebrochen und das Fleisch kann schnell und gleichmäßig garen, sodass es saftig und zart bleibt. Das Schneiden ist einfacher, wenn man das Fleisch vorher für 30-40 Minuten in den Gefrierschrank legt. Frieren Sie aber kein Fleisch wieder ein, dass bereits aufgetaut wurde; man riskiert sonst eine Lebensmittelvergiftung.

Lange Gemüsesorten wie Stiele von Blattgemüse, Spargel und Spargelbohnen werden immer schräg geschnitten; dadurch wird die offene Fläche vergrößert und die Garzeit verkürzt. Gewaschenes Gemüse sollte gründlich getrocknet werden, bevor es in den Wok kommt.

Kenner geben häufig alle Zutaten in kleine Schüsseln und stellen sie in der Reihenfolge auf, in der die Lebensmittel in den Wok kommen. Auf diese Weise kann man besonders zügig arbeiten.

DAS RICHTIGE ÖL

Das Öl zum Pfannenrühren sollte hoch erhitzbar sein, denn der Wok muss stark aufgeheizt werden. Es sollte außerdem die Aromen der Zutaten ergänzen, aber nicht beeinträchtigen. Empfehlenswert sind vor allem Erdnuss-, Sonnenblumen- und Distelöl. Diese Öle haben ein relativ mildes Aroma. Olivenöl ist wegen seines kräftigeren Geschmacks für das Pfannenrühren weniger geeignet.

PFANNENRÜHREN SCHRITT FÜR SCHRITT

Als erstes wird der Wok stark erhitzt, erst dann gibt man das Öl hinein. Dadurch kann das Öl im Wok geschwenkt werden, bis es gleichmäßig verteilt ist, und es kann nichts anbrennen.

Gehören Ingwer oder Knoblauch zu den Zutaten, gibt man sie für gewöhnlich hinzu, bevor das Öl zu rauchen beginnt. So verhindert man, dass sie anbrennen.

Fügen Sie die Zutaten, die die längste Garzeit benötigen, als erste, und diejenigen, die am schnellsten garen – wie Blattgemüse, Bohnensprossen oder Zuckererbsen –, zuletzt hinzu. Fleisch ist häufig die erste Zutat, die in den Wok gegeben wird. Legen Sie nur soviel Fleisch auf einmal hinein, dass der Boden des Woks mit einer Schicht bedeckt ist. Das Fleisch brät man kurz von jeder Seite an, damit sich die Poren schließen und das Fleisch beim Wenden nicht am Boden des Woks anhaftet, dann rührt man es von der Mitte des Woks zum Rand hin.

Wenn das Fleisch gar ist, wird es normalerweise beiseite gestellt. Danach werden andere Lebensmittel wie Gemüse oder Nudeln gegart, wobei auch sie von der Mitte des Woks zum Rand hin gerührt werden.

Anschließend gibt man das Fleisch zurück in den Wok, damit es wieder heiß und mit den anderen Zutaten vermischt wird. In der Regel fügt man zu diesem Zeitpunkt auch würzende Zutaten wie Soja- oder Fischsauce zu.

Bei Gerichten mit viel Sauce ist das Vorgehen etwas anders: In diesem Fall werden die Würzzutaten (häufig zusammen mit etwas Brühe) zuerst in den Wok gegeben und zu einer sirupähnlichen Mischung eingekocht, und erst dann kommt das Fleisch wieder in den Wok und wird mit der Sauce vermischt.

Durch die Zugabe der Würzzutaten am Ende der Garzeit wird das Gericht geschmacklich abgerundet. Salzige Zutaten wie Sojasauce sollte man schon deshalb nicht früher zugeben, weil das Salz die Flüssigkeit in Zutaten binden kann und sie dann durchweichen.

TIPPS UND TRICKS

- Lassen Sie Fleisch, das mariniert wurde, vor dem Garen gründlich abtropfen. Man mag versucht sein, die Marinade mit in den Wok zu geben, um dem Gericht mehr Aroma zu verleihen, doch wenn Sie sie zu früh zufügen, schmort das Fleisch im eigenen Saft.
- Wenn ein Rezept große Mengen an Fleisch, Geflügel oder Meeresfrüchten verlangt, garen Sie diese in jedem Fall portionsweise, ob es im Rezept angegeben ist oder nicht. Auch wenn Sie bei einem Rezept die Zutatenmenge erhöhen, weil Sie mehr Portionen benötigen als angegeben, denken Sie daran, portionsweise vorzugehen.
- Bereiten Sie Saucen immer im Voraus zu, denn während des Pfannenrührens fehlt die Zeit dazu.
- Damit der Wok heiß bleibt, muss man ihn eventuell zwischen dem Garen mehrerer Portionen wieder erhitzen. Dadurch soll sichergestellt werden, dass die Hitze des Woks immer stark genug ist, um die Zutaten gut durchzubraten und ein Schmoren zu verhindern.

GRUNDREGELN DES PFANNENRÜHRENS

Weil es beim Pfannenrühren schnell gehen muss, sollten alle Zutaten vor dem Kochen bereitstehen. Fleisch wird am besten gar, wenn es quer zur Faser in dünne Streifen geschnitten ist. Andere Zutaten sollten so zerkleinert werden, dass möglichst viel Schnittfläche freiliegt.

Erhitzen Sie den Wok sehr stark, geben Sie dann das Öl hinein und schwenken Sie es im Wok, damit es gleichmäßig verteilt wird. Fügen Sie die Zutaten nach der Dauer der Garzeit zu, zuerst diejenigen mit der längsten, zum Schluss die Lebensmittel mit der kürzesten Garzeit. Die Zutaten sollten ständig mit einer Wokschaufel oder einem Pfannenheber gerührt werden. Das Fleisch wird häufig zu Beginn separat in kleinen Portionen angebraten.

OBEN: Chili-Rindfleisch

CHILI-RINDFLEISCH

Vorbereitungszeit: 10 Minuten
+ 20 Minuten Marinierzeit
Kochzeit: 10 Minuten
Für 4 Personen

☆

60 ml Ketjap Manis
2 1/2 TL Sambal Oelek
2 Knoblauchzehen, durchgepresst
1/2 TL gemahlener Koriander
1 EL geriebener Palmzucker
1 TL Sesamöl
400 g mageres Rinderfilet, quer zur Faser in dünne Scheiben geschnitten
1 EL Erdnussöl
2 EL geröstete Erdnüsse, gehackt
3 EL frische Korianderblätter, gehackt

1 Ketjap Manis, Sambal Oelek, Knoblauch, gemahlenen Koriander, Palmzucker, Sesamöl und 2 EL Wasser in einer großen Schüssel vermengen. Das Fleisch zufügen und gut untermischen. Mit Klarsichtfolie zudecken und im Kühlschrank 20 Minuten marinieren lassen.
2 Einen Wok stark erhitzen, das Öl hineingeben und schwenken, bis es gleichmäßig verteilt ist. Das Fleisch portionsweise zufügen und jede Portion 2–3 Minuten braun braten.
3 Das Fleisch auf einer Servierplatte anrichten, mit den Nüssen und dem frischen Koriander bestreuen und mit gedämpftem Reis servieren.

KNOBLAUCH-RINDFLEISCH MIT ROTER PAPRIKA

Vorbereitungszeit: 5 Minuten
+ 15 Minuten Marinierzeit
Kochzeit: 15 Minuten
Für 4 Personen

☆

1 EL chinesischer Reiswein
2 TL helle Sojasauce
1 Knoblauchzehe, fein gehackt
1/4 TL gemahlener weißer Pfeffer
2 EL Pflanzenöl
1/4 TL Salz
500 g mageres Rinderfilet, quer zur Faser in dünne Scheiben geschnitten
1 kleine rote Paprika, in 4 cm lange Stifte geschnitten

KNOBLAUCHSAUCE

1 TL Stärkemehl
2 TL Pflanzenöl
4 Knoblauchzehen, fein gehackt
4 Frühlingszwiebeln, fein gehackt (weiße und grüne Teile getrennt)
200 ml heiße Hühnerbrühe
2 TL vegetarische Austernsauce
2 TL Chili-Knoblauch-Sauce
1/2–1 TL Chiliöl

1 Reiswein, Sojasauce, Knoblauch, Pfeffer, 1 TL Öl und Salz in einer Schüssel mischen. Das Fleisch zufügen, zudecken und für mindestens 15 Minuten kühl stellen.
2 Einen Wok stark erhitzen, 2 TL Öl hineingeben und im Wok schwenken. Die Paprika zufügen und 1–2 Minuten unter Rühren braten, bis sie gar ist. Herausnehmen.
3 Das restliche Öl im Wok erhitzen, das Fleisch in 2 Portionen zufügen und jeweils 2–3 Minuten unter Rühren braten. Herausnehmen.

4 Für die Knoblauchsauce das Mehl mit 1 EL Wasser verrühren und beiseite stellen. Das Öl in den Wok geben und die Hitze stark reduzieren. Den Knoblauch und die weißen Teile der Frühlingszwiebeln zufügen und 30 Sekunden braten. Die Brühe zugießen und gründlich rühren. Die Sauce bei starker Hitze zum Kochen bringen und leicht reduzieren. Austernsauce, Chili-Knoblauch-Sauce und Chiliöl zugeben und verrühren, dann die Mehlpaste untermischen. 1–2 Minuten kochen, bis die Sauce eindickt.
5 Paprika und Fleisch wieder in den Wok geben und schnell unterrühren, bis alles heiß ist. Mit den grünen Spitzen der Frühlingszwiebeln garnieren und sofort servieren.

RINDFLEISCH MIT SPARGEL UND AUSTERNSAUCE

Vorbereitungszeit: 10 Minuten
+ 15 Minuten Marinierzeit
Kochzeit: 10 Minuten
Für 4 Personen

☆

1 EL helle Sojasauce
1/2 TL Sesamöl
1 EL chinesischer Reiswein
500 g mageres Rinderfilet, quer zur Faser in dünne Scheiben geschnitten
2 1/2 EL Pflanzenöl
200 g frische dünne Spargelstangen, jeweils schräg in 3 Stücke geschnitten
3 Knoblauchzehen, durchgepresst
2 TL frischer Ingwer, in feine Streifen geschnitten
60 ml Hühnerbrühe
2–3 EL Austernsauce

1 Sojasauce, Sesamöl und 2 TL Reiswein in einer großen Schüssel mischen. Das Fleisch zufügen, mit Klarsichtfolie zudecken und im Kühlschrank 15 Minuten marinieren.
2 Einen Wok stark erhitzen, 1 EL Pflanzenöl hineingeben und schwenken, bis es gleichmäßig verteilt ist. Den Spargel zufügen und 1–2 Minuten unter Rühren braten. Aus dem Wok nehmen und beiseite stellen.
3 Bei starker Hitze 1 weiteren EL Öl im Wok heiß werden lassen, dann das Fleisch in 2 Portionen zugeben und jeweils 1–2 Minuten unter Rühren braten. Das Fleisch aus dem Wok nehmen und zum Spargel geben.
4 Das restliche Öl in den Wok geben. Bevor es zu heiß wird, Knoblauch und Ingwer zufügen und 1 Minute unter Rühren braten. Brühe, Austernsaucee und den restlichen Reiswein in den Wok gießen, zum Kochen bringen und 1–2 Minuten kochen, bis die Sauce leicht reduziert ist. Fleisch und Spargel wieder hineingeben und 1 weitere Minute rühren, bis alles heiß ist. Sofort mit gedämpftem Reis servieren.

CHINESISCHE ETIKETTE
Die chinesischen Tischsitten erfordern es, beide Hände während des Essens auf dem Tisch zu lassen. Mit der einen Hand hält man die Reisschüssel und mit der anderen die Stäbchen. Die Ursprünge dieser Regel gehen auf das 3. Jahrhundert n. Chr. zurück. Damals kam es während eines großen Banketts zu Ausschreitungen: Soldaten, die am Bankett teilnahmen, hatten Dolche unter dem Tisch versteckt und griffen damit plötzlich die anderen Gäste an.

LINKS: Rindfleisch mit Spargel und Austernsauce

CHINESISCHER REISWEIN

Der bekannteste Reiswein Chinas ist Shaoxing aus der Provinz Zhejiang im Osten des Landes. Dort wird er seit mehr als 2000 Jahren hergestellt, und zwar aus Klebreis, Hirse, Hefe und Quellwasser aus der Region. In China nennt man ihn „geschnitzte Blume" nach dem Muster auf den Fässern, in denen er gelagert wird. Er ist auch als „Töchterwein" bekannt, denn nach einer alten Tradition stellt man bei der Geburt eines Mädchens etwas Wein beiseite, der dann bei ihrer Hochzeit getrunken wird.

OBEN: Thai-Nudeln mit Rindfleisch

THAI-NUDELN MIT RINDFLEISCH

(Phad si-iew)

Vorbereitungszeit: 20 Minuten
Kochzeit: 20 Minuten
Für 4–6 Personen

☆☆

500 g frische Reisnudelplatten, der Länge nach in 2 cm breite Streifen geschnitten
2 EL Erdnussöl
2 Eier, leicht verquirlt
500 g mageres Rinderfilet, quer zur Faser in dünne Scheiben geschnitten
60 ml Ketjap Manis
je 1 1/2 EL Soja-und Fischsauce
300 g chinesischer Brokkoli (gai-larn), in 5 cm lange Stücke geschnitten
1/4 TL gemahlener weißer Pfeffer

1 Nudeln mit kochendem Wasser übergießen und voneinander lösen. Abgießen und abtropfen lassen.
2 Einen Wok stark erhitzen, 1 EL Öl hineingeben und im Wok schwenken. Eier zufügen, bei mittlerer Hitze 1–2 Minuten braten, bis sie fest sind. Herausnehmen, in Stücke schneiden.
3 Den Wok wieder stark erhitzen, das restliche Öl hineingeben und das Fleisch portionsweise jeweils 3 Minuten braun braten. Herausnehmen.
4 Auf mittlere Hitze schalten, die Nudeln in den Wok geben und 2 Minuten garen. Ketjap Manis, Soja- und Fischsauce mischen, zusammen mit Brokkoli und Pfeffer in den Wok geben und 2 Minuten unter Rühren braten. Eier und Fleisch zufügen und noch 3 Minuten braten.

TANGERINEN-RINDFLEISCH

Vorbereitungszeit: 20 Minuten
+ 20 Minuten Einweich- und Marinierzeit
Kochzeit: 15 Minuten
Für 4–6 Personen

☆☆

10 g getrocknete Tangerinen- oder Mandarinenschale
750 g mageres Rinderfilet, quer zur Faser in dünne Scheiben geschnitten
1 EL Stärkemehl
1 TL Sesamöl
3 1/2 EL helle Sojasauce
80 ml Tangerinen- oder Orangensaft
1 1/2 EL chinesischer Reiswein
2 TL Zucker
100 ml Erdnussöl
1 Zwiebel, in feine Ringe geschnitten
3 Knoblauchzehen, fein gehackt
1/2 TL Chiliflocken
1/2 TL Sichuan-Pfefferkörner, zerstoßen

4 Frühlingszwiebeln, in 3 cm lange Stücke geschnitten

1 Die Zitrusschale in warmem Wasser 20 Minuten einweichen, dann herausnehmen und in dünne Streifen schneiden. Inzwischen das Fleisch mit Mehl, Sesamöl und 2 EL Sojasauce in einer Schüssel gut vermengen. Zudecken und im Kühlschrank 20 Minuten marinieren.
2 Saft, Reiswein, Zucker und restliche Sojasauce in einer Schüssel mischen und beiseite stellen.
3 Einen Wok stark erhitzen, 60 ml Erdnussöl hineingeben und im Wok schwenken. Das Fleisch zufügen und portionsweise unter Rühren knusprig braten; bei Bedarf weiteres Öl zugeben. Das Fleisch herausnehmen und auf zerknülltem Küchenpapier abtropfen lassen.
4 Das restliche Öl im Wok erhitzen und die Zwiebel darin 1–2 Minuten unter Rühren goldgelb braten. Knoblauch, Chiliflocken, Pfeffer und Zitrusschale zufügen und weitere 30 Sekunden unter Rühren braten.
5 Die Saftmischung zugießen, dann bei mittlerer Hitze 3–4 Minuten unter Rühren kochen, bis die Sauce eindickt. Das Fleisch zurück in den Wok geben, gut untermischen und 1–2 Minuten garen, bis es wieder heiß ist. Mit den Frühlingszwiebeln bestreuen und mit Reis servieren.

PFANNENGERÜHRTES RINDFLEISCH

Vorbereitungszeit: 15 Minuten
Kochzeit: 15 Minuten
Für 4 Personen

☆

2 EL Austernsauce
1 Knoblauchzehe, durchgepresst
1 TL geriebener frischer Ingwer
je 2 EL helle Sojasauce und Reiswein
1 EL Honig
1 TL Sesamöl
2 TL Stärkemehl
2 EL Erdnussöl
350 g mageres Rinderfilet, quer zur Faser in dünne Scheiben geschnitten
1 große Zwiebel, in schmale Schnitze geteilt
1 große Möhre, schräg in dünne Scheiben geschnitten
1 rote Paprika, in dünne Streifen geschnitten
100 g Zuckererbsen, schräg halbiert
150 g Babymais, schräg halbiert
200 g Strohpilze, abgetropft
Salz, frisch gemahlener schwarzer Pfeffer, nach Belieben

1 Austernsauce, Knoblauch, Ingwer, Sojasauce, Reiswein, Honig, Sesamöl und 1 EL Wasser in einer Schüssel mischen. Das Mehl mit 1 EL Wasser zu einer Paste verrühren. Beiseite stellen.
2 Einen Wok stark erhitzen, 1 EL Erdnussöl hineingeben und im Wok schwenken. Das Fleisch portionsweise zufügen und jeweils 2–3 Minuten braun braten. Herausnehmen.
3 Das restliche Öl im Wok erhitzen, Zwiebel, Möhre und Paprika zugeben und unter Rühren 2–3 Minuten weich garen. Zuckererbsen, Mais und Pilze zufügen, 1 weitere Minute garen, dann das Fleisch wieder in den Wok geben. Sauce und Mehlpaste zufügen und unter Rühren etwa 2 Minuten kochen, bis die Sauce eindickt und alles gut gemischt ist. Mit Salz und Pfeffer abschmecken. Mit Eiernudeln oder Reis servieren.

UNTEN: Pfannengerührtes Rindfleisch

RINDFLEISCH MIT ZUCKERERBSEN

Vorbereitungszeit: 10 Minuten
Kochzeit: 10 Minuten
Für 4 Personen

☆

2 EL Sojasauce
1/2 TL geriebener frischer Ingwer
400 g mageres Rinderfilet, quer zur Faser in dünne Scheiben geschnitten
2 EL Erdnussöl
200 g Zuckererbsen, Spitze und Stielansatz abgeschnitten
1 kleine rote Paprika, in Streifen geschnitten
1 1/2 TL Stärkemehl
125 ml Rindfleischbrühe
1 TL Sojasauce, zusätzlich
1/4 TL Sesamöl

UNTEN: Rindfleisch mit Zuckererbsen

1 Sojasauce und Ingwer in einer großen Schüssel vermengen, dann das Fleisch gut untermischen.
2 Einen Wok stark erhitzen, das Öl hineingeben und im Wok schwenken. Das Fleisch in 2 Portionen zufügen und jeweils 2 Minuten unter Rühren braten. Alles Fleisch wieder in den Wok geben, Zuckererbsen und Paprika zufügen. Weitere 2 Minuten unter Rühren braten.
3 Das Mehl in etwas Brühe auflösen. Mit der restlichen Brühe, Sojasauce und Sesamöl in den Wok gießen. Rühren, bis die Sauce kocht und eindickt. Mit gedämpftem Reis servieren.

KOREANISCHES RINDFLEISCH MIT GLASNUDELN

Vorbereitungszeit: 20 Minuten
+ 15 Minuten Marinierzeit
Kochzeit: 15 Minuten
Für 4 Personen

☆☆

je 60 ml Pflanzenöl und helle Sojasauce
250 g mageres Rinderfilet, quer zur Faser in dünne Scheiben geschnitten
150 g getrocknete koreanische Glasnudeln
80 ml Hühnerbrühe
1 EL dunkle Sojasauce
1 EL dunkler chinesischer Essig
1 EL Stärkemehl
1 TL Zucker
1 TL Sesamöl
1 Zwiebel, in Ringe geschnitten
4 Knoblauchzehen, fein gehackt
1 Stück frischer Ingwer (4 x 4 cm groß), fein zerkleinert
2 kleine frische rote Chillies, entkernt und gehackt
1 kleine Möhre, in feine Streifen geschnitten
1 kleine rote Paprika, in feine Streifen geschnitten
200 g Brokkoli, in kleine Röschen geschnitten
100 g frischer Babymais, der Länge nach halbiert
100 g Zuckererbsen, in feine Streifen geschnitten
300 g Pak-choi, in 10 cm lange Stücke geschnitten
150 g Bohnensprossen, geputzt
4 Frühlingszwiebeln, in feine Ringe geschnitten

1 1 TL Pflanzenöl und 1 EL helle Sojasauce in einer großen Schüssel mischen, das Fleisch zufügen, zudecken und im Kühlschrank mindestens 15 Minuten marinieren.
2 Die Nudeln in eine große, hitzebeständige Schüssel geben, mit kochendem Wasser übergießen und 10 Minuten einweichen lassen. Abgießen und abtropfen lassen. Mit einer Schere in der Mitte durchschneiden, dann 1 TL Pflanzenöl untermischen.
3 Für die Sauce Brühe, dunkle Sojasauce, Essig, Stärkemehl, Zucker und die restliche helle Sojasauce in einer Schüssel verrühren, bis sich der Zucker aufgelöst hat.
4 Einen großen Wok stark erhitzen, 1 EL Pflanzenöl hineingeben und im Wok schwenken. Das Fleisch darin 2–3 Minuten unter Rühren braun braten. Herausnehmen.
5 Das restliche Pflanzenöl, Sesamöl und Zwiebel in den Wok geben und 2 Minuten unter Rühren braten, bis die Zwiebel weich ist und braun wird. Knoblauch, Ingwer und Chillies zufügen und 30 Sekungen unter Rühren braten. Möhre, Paprika, Brokkoli, Mais und Zuckererbsen zugeben und 2 Minuten unter Rühren braten, bis das Gemüse fast gar, aber noch knackig ist. Pak-choi und Bohnensprossen zufügen und 1 weitere Minute unter Rühren braten.
6 Die Nudeln in den Wok geben, die Sauce unterrühren und das Fleisch mit der Flüssigkeit zufügen. 2 Minuten gründlich mischen. Mit Frühlingszwiebeln bestreuen und servieren.

CHINESISCHES RINDFLEISCH MIT BROKKOLI

Vorbereitungszeit: 10 Minuten
Kochzeit: 15 Minuten
Für 4 Personen

☆

- 1 kg frische Reisnudelplatten
- 60 ml Erdnussöl
- 500 g mageres Rinderfilet, quer zur Faser in dünne Scheiben geschnitten
- 1 Zwiebel, in Schnitze geteilt
- 4 Knoblauchzehen, gehackt
- 400 g chinesischer Brokkoli (gai-larn), in 3 cm lange Stücke geschnitten
- 1 EL Sojasauce
- 60 ml Ketjap Manis
- 1 kleine frische rote Chilli, gehackt
- 125 ml Rindfleischbrühe

1 Die Nudelplatten der Länge nach in 2 cm breite Streifen schneiden, dann mit kochendem Wasser übergießen und die Streifen vorsichtig voneinander lösen.
2 Einen Wok bei mittlerer Hitze heiß werden lassen, 2 El Öl hineingeben und im Wok schwenken, bis es gleichmäßig verteilt ist. Die Nudeln zufügen und 2 Minuten unter Rühren braten. Herausnehmen.
3 Den Wok stark erhitzen, das restliche Öl hineingeben und im Wok schwenken. Das Fleisch portionsweise zufügen und jeweils 3 Minuten braun braten. Herausnehmen. Die Zwiebel zugeben und 1–2 Minuten unter Rühren braten, dann den Knoblauch zufügen und weitere 30 Sekunden braten.
4 Alles Fleisch wieder in den Wok geben. Brokkoli, Sojasauce, Ketjap Manis, Chilli und Brühe zufügen und bei mittlerer Hitze 2–3 Minuten garen. Die Nudeln auf 4 Tellern verteilen und die Fleischmischung darüber geben. Das Gericht sofort servieren.

OBEN: Chinesisches Rindfleisch mit Brokkokli

TERIYAKI
Teriyaki ist eine aus Japan stammende Zubereitungsart, bei der Lebensmittel wie Fleisch, Huhn oder Fisch am Ende der Grill- oder Bratzeit mit einer speziellen, süßen Marinade glasiert werden. *Teri* bedeutet im Japanischen Glanz und *yaki* Grillen oder Braten. Teriyaki ist heute fast in der ganzen Welt bekannt. Man versteht darunter inzwischen mehr die Teriyaki-Sauce selbst, mit ihren drei bevorzugten japanischen Zutaten Mirin, Sake und Sojasauce, als die Zubereitungsart (siehe nebenstehendes Rezept). Teriyaki-Sauce kann leicht zu Hause zubereitet werden, sie ist aber auch in Asienläden und einigen Supermärkten erhältlich.

OBEN: Teriyaki-Rindfleisch mit Sojabohnen

TERIYAKI-RINDFLEISCH MIT SOJABOHNEN

Vorbereitungszeit: 15 Minuten
+ 1 Nacht Einweichzeit
Kochzeit: 20 Minuten
Für 4 Personen

☆

400 g getrocknete Sojabohnen, enthülst
1 EL Mirin
je 2 EL Sake und japanische Sojasauce
2 TL Zucker
1 EL Erdnussöl
700 g mageres Rinderfilet, quer zur Faser in dünne Scheiben geschnitten
6 Frühlingszwiebeln, in feine Ringe geschnitten
2 Knoblauchzehen, gehackt
2 TL frischer Ingwer, fein gehackt
50 g Sojabohnensprossen, geputzt
1 rote Paprika, in dünne Streifen geschnitten

1 Die Sojabohnen 1 Nacht in Wasser einweichen. Im Einweichwasser bei schwacher Hitze 2–2 1/2 Stunden kochen. Abgießen und abtropfen lassen.
2 Für die Sauce Mirin, Sake, japanische Sojasauce und Zucker in einer kleinen Schüssel oder einem Gefäß mischen und beiseite stellen.
3 Einen großen Wok stark erhitzen. 2 TL Erdnussöl hineingeben und im Wok schwenken, bis es gleichmäßig verteilt ist. Das Fleisch in 3 Portionen jeweils 3–4 Minuten braten, bis es gut gebräunt ist; vor dem Zufügen der zweiten und dritten Portion weiteres Öl zugeben. Herausnehmen. Die Frühlingszwiebeln zufügen und 30 Sekunden unter Rühren weich braten.
4 Das Fleisch wieder in den Wok geben, Knoblauch, Ingwer, Sojabohnen, Sojabohnensprossen und Paprika zufügen und 2 Minuten unter Rühren braten. Die Sauce zugießen und rühren, bis sie vollständig erhitzt ist. Heiß mit gedämpftem Reis servieren.

RINDFLEISCH MIT ZITRONENGRAS

Vorbereitungszeit: 15 Minuten + 10 Minuten Marinierzeit
Kochzeit: 25 Minuten
Für 4 Personen

☆☆

3 Knoblauchzehen, fein gehackt
1 EL geriebener frischer Ingwer
4 Stängel Zitronengras (nur weiße Teile), fein zerkleinert
2 1/2 EL Pflanzenöl
600 g mageres Rinderfilet, quer zur Faser in dünne Scheiben geschnitten
1 EL Limettensaft
1–2 EL Fischsauce
2 EL Ketjap Manis
1 große rote Zwiebel, in schmale Schnitze geteilt
200 g grüne Spargelbohnen, schräg in 5 cm lange Stücke geschnitten

1 Knoblauch, Ingwer, Zitronengras und 2 TL Öl in einer großen Schüssel vermengen. Das Fleisch gründlich untermischen, mit Klarsichtfolie zudecken und im Kühlschrank mindestens 10 Minuten marinieren.
2 Für die Sauce Limettensaft, Fischsauce und Ketjap Manis in einer kleinen Schüssel oder einem Gefäß mischen und beiseite stellen.
3 Einen Wok stark erhitzen, 1 EL Öl hineingeben und im Wok schwenken. Das Fleisch darin portionsweise jeweils 2–3 Minuten unter Rühren braun braten. Herausnehmen.
4 Den Wok wieder stark erhitzen, das restliche Öl darin heiß werden lassen, dann die Zwiebel zufügen und 2 Minuten unter Rühren braten. Die Bohnen zugeben und weitere 2 Minuten braten, anschließend das Fleisch wieder in der Wok geben. Die Sauce hineingießen und kochen, bis sie heiß ist. Mit gedämpftem Reis servieren.

ZITRONENGRAS
Achten Sie beim Kauf von Zitronengras darauf, dass es frisch ist – das Ende der Stängel sollte nicht zu trocken sein und noch einen starken Zitronenduft ausströmen. Wenn Sie nur selten frisches Zitronengras bekommen können, empfiehlt es sich, bei Gelegenheit gleich eine größere Menge zu kaufen, und es in Klarsichtfolie eingewickelt einzufrieren. Zitronengras bewahrt seinen Duft recht gut, wenn es eingefroren wird. Wenn Sie gar kein frisches Zitronengras auftreiben können, nehmen Sie stattdessen Zitronensaft oder -zesten. Verwenden Sie aber kein getrocknetes Zitronengras als Ersatz, denn es hat zu wenig Geschmack und duftet kaum.

LINKS: Rindfleisch mit Zitronengras

YAKISOBA

(JAPANISCHES NUDELGERICHT)

Vorbereitungszeit: 30 Minuten
+ 20 Minuten Einweichzeit
Kochzeit: 10 Minuten
Für 4 Personen

☆☆

4 getrocknete Shiitake-Pilze
600 g Hokkien-Nudeln
3 TL frischer Ingwer, fein zerkleinert
2 große Knoblauchzehen, fein gehackt
300 g mageres Rinderfilet, quer zur Faser in dünne Scheiben geschnitten
6 Scheiben durchwachsener Speck, in 3 cm große Stücke geschnitten
2 EL Erdnussöl, 1/2 TL Sesamöl
6 dünne Frühlingszwiebeln, in 3 cm lange Stücke geschnitten
1 Möhre, schräg in dünne Scheiben geschnitten
1 kleine grüne Paprika, in dünne Streifen geschnitten
200 g Chinakohl (wom bok), zerpflückt
eingelegter Ingwer, zum Servieren (nach Belieben)

SAUCE
60 ml japanische Sojasauce
2 EL Worcestersauce
1 1/2 EL japanischer Reisessig
je 1 EL Sake und Mirin
je 1 EL Tomaten- und Austernsauce
2 TL weicher brauner Zucker

1 Die Pilze mit kochendem Wasser übergießen und 20 Minuten einweichen. Ausdrücken, dabei 2 EL der Einweichflüssigkeit auffangen. Die Stiele entfernen und die Hüte in dünne Scheiben schneiden.
2 Die Nudeln in einer hitzebeständigen Schüssel mit kochendem Wasser übergießen und 1 Minute einweichen. Abtropfen lassen und die Nudeln voneinander lösen.
3 Die Hälfte des Ingwers und die Hälfte des Knoblauchs in einer kleinen Schüssel mischen, dann das Fleisch zugeben. Beiseite stellen.
4 Alle Saucenzutaten mit der aufbewahrten Einweichflüssigkeit und dem restlichen Ingwer und Knoblauch in einer Schüssel mischen.
5 Einen Wok bei mittlerer bis starker Hitze heiß werden lassen, den Speck hineingeben und 2–3 Minuten braten, bis er weich ist und braun wird. In eine große Schüssel geben. Erdnuss- und Sesamöl verrühren. Den Wok stark erhit-

YAKISOBA
Soba-Nudeln sind – auch wenn es ihr Name nahelegt – normalerweise kein Bestandteil des japanischen Nudelgerichts Yakisoba. Es ist eher üblich, Ramen-Nudeln, also herzhaftere Weizennudeln, zu nehmen. Man kann aber alle frischen dicken Nudeln für dieses Gericht verwenden, auch Hokkien- und Udong-Nudeln.

RECHTS: Yakisoba

zen, ein wenig Ölmischung hineingießen und das Fleisch 1 Minute unter Rühren braten, bis es leicht braun wird. Zum Speck geben.

6 Noch etwas Öl im Wok erhitzen, Frühlingszwiebeln, Möhre und Paprika zufügen und 1 Minute unter Rühren braten. Kohl und Pilze zugeben und weitere 30 Sekunden braten, bis das Gemüse gerade gar ist. Zum Speck geben.

7 Das restliche Öl im Wok erhitzen, die Nudeln zufügen und 1 Minute unter Rühren braten. Speck, Fleisch und Gemüse wieder in den Wok geben, die Sauce darüber gießen und 2–3 Minuten unter Rühren braten, bis alles heiß ist (die Sauce sollte fast ganz eingekocht sein, aber das Gericht sollte auch nicht zu trocken werden). Auf 4 tiefe Teller verteilen und nach Belieben mit Ingwer belegen.

RINDFLEISCH MIT SPINAT

Vorbereitungszeit: 20 Minuten
+ 2 Stunden Marinierzeit
Kochzeit: 15 Minuten
Für 4 Personen

☆

60 ml süße Chilisauce
2 EL Sojasauce
1 Knoblauchzehe, durchgepresst
2 TL geriebener frischer Ingwer
1 EL trockener Sherry
500 g mageres Rinderfilet, quer zur Faser in dünne Scheiben geschnitten
2 EL Pflanzenöl
2 Zwiebeln, in Schnitze geteilt
500 g Spinat, zerpflückt

1 Chili- und Sojasauce, Knoblauch, Ingwer und Sherry in einer großen Schüssel vermengen. Das Fleisch gründlich untermischen, dann mit Klarsichtfolie zudecken und mindestens 2 Stunden oder 1 Nacht im Kühlschrank marinieren.

2 Das Fleisch mit einer Zange oder einem Schaumlöffel aus der Marinade nehmen. Einen Wok stark erhitzen, 1 EL Öl hineingeben und im Wok schwenken, bis es gleichmäßig verteilt ist. Das Fleisch portionsweise zufügen und bei starker Hitze jeweils 2–3 Minuten unter Rühren braten, bis es gut gebräunt ist; bei Bedarf ein wenig Öl zugeben. Herausnehmen.

3 Den Wok wieder stark erhitzen, 1 weiteren EL Öl hineingeben und die Zwiebeln darin 3–4 Minuten unter Rühren braten, bis sie weich und leicht gebräunt sind. Das Fleisch wieder in den Wok geben und alles mischen.

4 Kurz vor dem Servieren den Spinat zur Fleischmischung geben und rühren, bis er zusammengefallen ist. Sofort mit gedämpftem Jasminreis servieren.

SPINAT
Dieses grüne, langstielige Blattgemüse stammt ursprünglich aus dem Iran. Die jungen Blätter werden gerne für Salate genommen, die älteren Blätter werden vorzugsweise gegart. Spinat enthält MIneralstoffe, Betacarotine und Vitamin C, aber auch Oxalsäure, die die Kalziumaufnahme des Körpers beeinträchtigt.

OBEN: Rindfleisch mit Spinat

OBEN: *Koriander-Rindfleisch*

KORIANDER-RINDFLEISCH

Vorbereitungszeit: 15 Minuten
+ 1–2 Stunden Marinierzeit
Kochzeit: 15 Minuten
Für 4 Personen

☆

4 Knoblauchzehen, fein gehackt
1 EL frischer Ingwer, fein zerkleinert
30 g frische Korianderwurzeln, -stiele und -blätter, gehackt
60 ml Pflanzenöl
500 g mageres Rinderfilet, quer zur Faser in dünne Scheiben geschnitten
1 EL Öl, zusätzlich
2 rote Zwiebeln, in feine Ringe geschnitten
1/2 rote Paprika, in dünne Streifen geschnitten
1/2 grüne Paprika, in dünne Streifen geschnitten
1 EL Limettensaft
20 g frische Korianderblätter, zusätzlich, gehackt
Salz, Pfeffer

1 Knoblauch, Ingwer, Koriander und Öl in einer Schüssel mischen. Das Fleisch zufügen, zudecken und für 1–2 Stunden kühl stellen.
2 Einen Wok stark erhitzen, das Fleisch in 3 Portionen hineingeben und bei starker Hitze jeweils 2–3 Minuten unter Rühren braten, bis es gerade gar ist. Das Fleisch aus dem Wok nehmen und warm stellen.
3 1 EL Öl im Wok erhitzen, die Zwiebeln hineingeben und bei mittlerer bis starker Hitze 3–4 Minuten braten, bis sie weich werden. Die Paprika zufügen und unter ständigem Wenden 3–4 Minuten garen, bis sie weich wird.
4 Das Fleisch mit Limettensaft und dem zusätzlichen Koriander wieder in den Wok geben. Gründlich mischen, vom Herd nehmen und gut mit Salz und Pfeffer würzen. Sofort servieren.

RINDFLEISCH MIT SHIITAKE-PILZEN

Vorbereitungszeit: 25 Minuten
+ 20 Minuten Einweichzeit
Kochzeit: 15 Minuten
Für 4 Personen

☆

6 getrocknete Shiitake-Pilze
4 EL Öl
4 Knoblauchzehen, fein gehackt
1 frische rote Chilli, fein gehackt
Salz, frisch gemahlener schwarzer Pfeffer
400 g mageres Rinderfilet, quer zur Faser in dünne Scheiben geschnitten

2 Zwiebeln, in sehr feine Ringe geschnitten
4 Frühlingszwiebeln, gehackt
1/2 rote Paprika, in dünne Streifen geschnitten
125 ml passierte Tomaten
2 TL weicher brauner Zucker
2 Tomaten, gewürfelt
2 TL Sesamöl
2 EL frisches Basilikum, zerpflückt

1 Die getrockneten Pilze in einer hitzebeständigen Schüssel mit kochendem Wasser übergießen und 20 Minuten einweichen. Ausdrücken. Die holzigen Stiele entfernen und die Hüte in dünne Scheiben schneiden.
2 2 EL Öl mit Knoblauch, Chilli und etwas Salz und Pfeffer in einer großen Schüssel vermengen. Das Fleisch gründlich untermischen.
3 Einen Wok stark erhitzen, das Fleisch in 2 Portionen hineingeben und jeweils 30 Sekunden unter Rühren braten, bis es leicht gebräunt ist. Den Wok vor dem Zufügen der zweiten Portion wieder erhitzen. Das Fleisch herausnehmen.
4 Den Wok wieder stark erhitzen, 2 EL Öl hineingeben und Zwiebeln, Frühlingszwiebeln und Paprika 3 Minuten unter Rühren goldgelb braten. Pilze, passierte Tomaten und Zucker zufügen. Zum Kochen bringen, dann die Hitze reduzieren und 3 Minuten köcheln lassen. Fleisch, Tomaten und Sesamöl zugeben und mit Salz und Pfeffer würzen. Zum Kochen bringen, bis die Tomaten heiß sind. Das frische Basilikum unterrühren und sofort servieren.

CHILI-RINDFLEISCH MIT PFLAUMENSAUCE

Vorbereitungszeit: 15 Minuten
Kochzeit: 15 Minuten
Für 4 Personen

☆

2 EL Pflanzenöl
600 g mageres Rinderfilet, quer zur Faser in dünne Scheiben geschnitten
1 große rote Zwiebel, in Schnitze geteilt
1 rote Paprika, in dünne Streifen geschnitten
1 1/2 EL Chili-Knoblauch-Sauce
125 ml Pflaumensauce von guter Qualität
1 EL helle Sojasauce
2 TL Reisessig
kräftige Prise fein gemahlener weißer Pfeffer
4 Frühlingszwiebeln, schräg in Ringe geschnitten

1 Den Wok stark erhitzen, 1 EL Öl hineingeben und im Wok schwenken, bis es gleichmäßig verteilt ist. Das Fleisch in 2 Portionen jeweils 2–3 Minuten unter Rühren braten, bis es gebräunt und gerade gar ist. Herausnehmen.
2 Das restliche Öl im Wok erhitzen, die Zwiebel zufügen und 1 Minute unter Rühren braten, dann die Paprika zugeben und weitere 2–3 Minuten unter Rühren braten, bis sie weich wird. Die Chili-Knoblauch-Sauce zugießen und 1 Minute rühren, dann das Fleisch wieder in den Wok geben und Pflaumensauce, Sojasauce, Reisessig, Pfeffer und den größten Teil der Frühlingszwiebeln zufügen.
3 Alles 1 Minute gründlich mischen, bis das Fleisch wieder heiß ist. Mit den restlichen Frühlingszwiebeln bestreuen. Mit gedämpftem Reis oder Nudeln servieren.

UNTEN: Chili-Rindfleisch mit Pflaumensauce

OBEN: *Rindfleisch auf vietnamesische Art*

RINDFLEISCH AUF VIETNAMESISCHE ART

Vorbereitungszeit: 10 Minuten
Kochzeit: 10 Minuten
Für 4 Personen

☆

2–3 EL Pflanzenöl
400 g mageres Rinderfilet, quer zur Faser in dünne Scheiben geschnitten
230 g in Scheiben geschnittene Bambussprossen aus der Dose, abgetropft und abgespült
3 Knoblauchzehen, mit 1/4 TL Salz zerdrückt
2 EL Fischsauce, 1/4 TL Salz
8 Frühlingszwiebeln, schräg in 4 cm lange Stücke geschnitten
40 g Sesamsamen, leicht geröstet

1 Einen Wok stark erhitzen, 2 EL Öl hineingeben und im Wok schwenken. Das Fleisch in 2 Portionen zufügen und jeweils 1 Minute unter Rühren braten, bis es rosa wird. Herausnehmen.
2 Bei Bedarf 1 weiteren EL Öl in den Wok geben und die Bambussprossen darin 3 Minuten unter Rühren braten, bis sie braun werden. Knoblauch, Fischsauce und Salz zufügen und 2–3 Minuten unter Rühren braten. Die Frühlingszwiebeln zugeben und 1 weitere Minute unter Rühren braten. Das Fleisch zurück in den Wok geben, schnell rühren und 1 Minute garen, bis es wieder heiß ist. Vom Herd nehmen, die Sesamsamen untermischen und mit gedämpftem Reis servieren.

KOREANISCHES RINDFLEISCH

Vorbereitungszeit: 10 Minuten
+ 2 Stunden Marinierzeit
Kochzeit: 10 Minuten
Für 4 Personen

☆

2 Knoblauchzehen, durchgepresst
2 TL geriebener frischer Ingwer
3 Frühlingszwiebeln, fein gehackt
80 ml japanische Sojasauce
2 TL Zucker
1 1/2 EL Sesamsamen, geröstet und gemahlen
etwas Sesamöl
600 g mageres Rinderfilet, quer zur Faser in dünne Scheiben geschnitten
frisch gemahlener schwarzer Pfeffer
1–2 EL Pflanzen- oder Erdnussöl
1 Frühlingszwiebel, schräg in feine Ringe geschnitten

1 Für die Marinade Knoblauch, Ingwer, Frühlingszwiebeln, Sojasauce, Zucker, 1 EL gemahlenen Sesamsamen und einen Spritzer Sesamöl in einer Schüssel mischen. Das Fleisch zufügen, mit Pfeffer würzen, mit Klarsichtfolie zudecken und im Kühlschrank 2 Stunden oder 1 Nacht marinieren.
2 Einen Wok stark erhitzen, das Pflanzen- oder Erdnussöl hineingeben und im Wok schwenken, bis es gleichmäßig verteilt ist. Das Fleisch mit einem Schaumlöffel oder einer Zange aus der Marinade nehmen und in 3 Portionen jeweils 2–3 Minuten unter Rühren braten, bis es gut durchgebraten ist. Mit den restlichen gemahlenen Sesamsamen und der Frühlingszwiebel bestreuen und nach Belieben mit etwas Sesamöl beträufeln. Sofort servieren.

SCHÜTTEL-RINDFLEISCH

Vorbereitungszeit: 10 Minuten
+ 1 Stunde Marinierzeit
Kochzeit: 10 Minuten
Für 4 Personen

☆

1 1/2 EL Fischsauce
1 1/2 EL helle Sojasauce
1 1/2 TL feiner Zucker
6 Knoblauchzehen, durchgepresst
3 Frühlingszwiebeln (nur weiße Teile), fein gehackt
60 ml Pflanzenöl
1/2 TL Salz
3/4 TL frisch gemahlener schwarzer Pfeffer
750 g mageres Rinderfilet, in 2 cm große Würfel geschnitten
2 TL Reisessig
2 TL Limettensaft
1 TL helle Sojasauce, zusätzlich
100 g Blätter von grünem Eichblatt- oder Kopfsalat, gewaschen, geputzt und getrocknet

1 Fischsauce, Sojasauce, Zucker, Knoblauch, Frühlingszwiebeln, 1 TL Öl, Salz und Pfeffer in einer großen Schüssel mischen. Das Fleisch zugeben, mit Klarssichtfolie zudecken und im Kühlschrank mindestens 1 Stunde oder 1 Nacht marinieren.

2 Für das Dressing Reisessig, Limettensaft, zusätzliche Sojasauce, 3 TL Öl und 2 TL Wasser in einer kleinen Schüssel mischen.

3 Die Salatblätter auf einer Servierplatte verteilen und das Dressing darüber gießen.

4 Einen Wok stark erhitzen, 1 EL Öl hineingeben und im Wok schwenken, sodass es sich gleichmäßig verteilt. Die Hälfte des Fleisches in einer Schicht hineinlegen und 1 Minute ohne Rühren braten, bis sich eine braune Kruste auf der Unterseite bildet. Das Fleisch unter Rühren weiter braten oder den Wok mit dem Griff kräftig schütteln, sodass das Fleisch hin- und herbewegt wird. So lange braten, bis das Fleisch den gewünschten Gargrad hat; 3–4 Minuten dauert es, bis es halb durchgebraten ist. Das Fleisch aus dem Wok nehmen und den Vorgang mit dem restlichen Öl und dem restlichen Fleisch wiederholen.

5 Das Fleisch auf den Salatblättern verteilen und sofort mit gedämpftem Reis servieren.

FRÜHLINGSZWIEBELN
Frühlingszwiebeln, auch als Lauchzwiebeln bekannt, sind heute das ganze Jahr über erhältlich, im Frühjahr und im Sommer schmecken sie aber besonders gut. Frühlingszwiebeln sind nicht ausgereifte Zwiebeln, die mit dem Grün geerntet wurden. Es gibt aber auch solche, die zu einer Zwiebelart gehören, die keine Knolle haben. Die Frühlingszwiebel ist schon seit Jahrhunderten eine der wichtigsten Zutaten in der chinesischen Küche.

LINKS: Schüttel-Rindfleisch

ZISCHEND HEISSES RINDFEISCH AUF CHINA-ART

Diese Spezialität wird in manchen Chinarestaurants angeboten und meist auf einer geheizten Gusseisenplatte serviert. Dabei entsteht das Zischen, das dem Gericht seinen Namen gibt. Solche Gusseisenplatten können auch in Asienläden gekauft werden. Vor dem Gebrauch stellt man die Platte in einen vorgeheizten Backofen (250 °C, Gas Stufe 5–6) und lässt sie 10 Minuten heiß werden. Passen Sie auf, wenn Sie das Gericht aus dem Wok auf die Platte geben, denn es kann zischen und spritzen.

GEGENÜBERLIEGENDE SEITE: Zischend heißes Rindfleisch auf China-Art (oben); Würziges geschnetzeltes Rindfleisch

ZISCHEND HEISSES RINDFLEISCH AUF CHINA-ART

Vorbereitungszeit: 15 Minuten
+ 1 Stunde Marinierzeit
Kochzeit: 15 Minuten
Für 4–6 Personen

☆☆

1 EL helle Sojasauce
1 EL chinesischer Reiswein
1 1/2 EL Erdnussöl
1/4 TL frisch gemahlener schwarzer Pfeffer
750 g mageres Rinderfilet, quer zur Faser in dünne Scheiben geschnitten
1 große Zwiebel, in Schnitze geteilt
4 Frühlingszwiebeln, in 3 cm lange Stücke geschnitten
1 grüne Paprika, in mundgerechte Stücke geschnitten
3 Knoblauchzehen, durchgepresst
1 EL frischer Ingwer, in feine Streifen geschnitten
1 1/2 EL Sesamsamen, leicht geröstet

SAUCE

2 EL Hoisin-Sauce
2 EL Tomatensauce
2 EL helle Sojasauce
2 EL chinesischer Reiswein
2 TL Sesamöl

1 Sojasauce, Reiswein, 2 TL Erdnussöl und Pfeffer in einer großen Schüssel vermengen. Das Fleisch gründlich untermischen, mit Klarsichtfolie zudecken und im Kühlschrank mindestens 1 Stunde marinieren.
2 Alle Zutaten für die Sauce in einer kleinen Schüssel mischen
3 Einen Wok stark erhitzen, das restliche Öl hineingeben und im Wok schwenken. Das Fleisch in 2 Portionen jeweils 2–3 Minuten unter Rühren braun braten. Herausnehmen.
4 Zwiebel und Frühlingszwiebeln in den Wok geben und 2–3 Minuten unter Rühren goldbraun braten, dann die Paprika zufügen und 1 weitere Minute garen. Knoblauch und Ingwer zufügen und weitere 30 Sekunden unter Rühren braten. Das Fleisch wieder in den Wok geben, die Sauce zugießen und unter Rühren 2 Minuten kochen, bis die Sauce leicht eindickt und alles gut gemischt ist. In eine Schüssel geben, mit den Sesamsamen bestreuen und servieren.

WÜRZIGES GESCHNETZELTES RINDFLEISCH

Vorbereitungszeit: 15 Minuten
+ 2 Stunden Marinierzeit
Kochzeit: 10 Minuten
Für 4 Personen

☆☆

1 EL helle Sojasauce
1/2 TL Sesamöl
1 EL chinesischer Reiswein
1/2 TL Salz
400 g mageres Rinderfilet, quer zur Faser in dünne Scheiben geschnitten und dann geschnetzelt
2–3 EL Erdnussöl
2 Knoblauchzehen, fein gehackt
1 TL geriebener frischer Ingwer
3 Frühlingszwiebeln, fein gehackt

SAUCE

1 1/2 EL braune Bohnensauce
1 EL rote Bohnenpaste
1/2 TL feiner Zucker
1/2 TL Chiliöl
1/4 TL Meersalz

1 Sojasauce, Sesamöl, 2 TL Reiswein und Salz in einer großen Schüssel mischen. Das Fleisch zufügen, mit Klarsichtfolie zudecken und im Kühlschrank mindestens 2 Stunden marinieren.
2 Alle Zutaten für die Sauce in einer kleinen Schüssel mischen.
3 Einen Wok stark erhitzen, 1 EL Erdnussöl hineingeben und im Wok schwenken. Das Fleisch in 2 Portionen zufügen, dabei eventuell zusammengeklumpte Fleischstückchen mit den Händen voneinander lösen. Jede Portion 1 Minute unter Rühren braten, bis das Fleisch gebräunt ist. Herausnehmen, auf zerknülltes Küchenpapier legen und abtropfen lassen.
4 Den Wok säubern und trockenreiben, dann stark erhitzen. Das restliche Öl hineingeben und im Wok schwenken. Knoblauch und Ingwer zufügen und 30 Sekunden unter Rühren braten, bis es duftet. Das Fleisch wieder in den Wok geben und 2 Minuten braten, bis es sehr trocken ist. Den restlichen Reiswein zufügen und alles 30 Minuten unter Rühren braten, bis der Wein ganz aufgesogen ist. Die Sauce zugießen und gründlich unterrühren. Vom Herd nehmen, die Frühlingszwiebeln untermischen und sofort servieren.

RINDFLEISCH MIT SPARGEL-BOHNEN UND BASILIKUM

Vorbereitungszeit: 10 Minuten
+ 2 Stunden Marinierzeit
Kochzeit: 10 Minuten
Für 4 Personen

☆

3 frische Bird's-eye-Chillies, entkernt und fein gehackt
3 Knoblauchzehen, durchgepresst
2 EL Fischsauce
1 TL geriebener Palmzucker
2 EL Erdnuss- oder Pflanzenöl
400 g mageres Rinderfilet, quer zur Faser in dünne Scheiben geschnitten
150 g Spargelbohnen, in 3 cm lange Stücke geschnitten
30 g frisches Thai-Basilikum
frische Bird's-eye-Chilli, in dünne Ringe geschnitten, zum Garnieren

1 Chillies, Knoblauch, Fischsauce, Palmzucker und 1 EL Öl in einer großen Schüssel vermengen. Das Fleisch gründlich untermischen, zudecken und im Kühlschrank 2 Stunden marinieren.
2 Einen Wok erhitzen, 2 TL Öl hineingeben und im Wok schwenken. Das Fleisch in 2 Portionen bei starker Hitze unter Rühren braten, bis es leicht gebräunt ist. Herausnehmen.
3 Das restliche Öl im Wok erhitzen, dann die Bohnen und 60 ml Wasser zufügen und alles bei starker Hitze 3–4 Minuten unter regelmäßigem Rühren weich garen. Das Fleisch wieder in den Wok geben und das Basilikum zufügen. Weitere 1–2 Minuten garen, bis alles heiß ist. Mit den Chilliringen garnieren und sofort servieren.

RINDFLEISCH MIT ROTER BOHNENPASTE

Vorbereitungszeit: 20 Minuten
Kochzeit: 15 Minuten
Für 4–6 Personen

☆

2 EL helle Sojasauce
je 1 EL chinesischer Reiswein und Austernsauce
1 EL rote Bohnenpaste
2 TL braune Bohnensauce
1–2 EL Erdnussöl
600 g mageres Rinderfilet, quer zur Faser in dünne Scheiben geschnitten
1 Zwiebel, in schmale Schnitze geteilt
2 Knoblauchzehen, durchgepresst
1 frische rote Chilli
120 g grüne Bohnen, geputzt; lange Bohnen halbiert

RECHTS: Rindfleisch mit Spargelbohnen und Basilikum

1 Für die Sauce Sojasauce, Reiswein, Austernsauce, rote Bohnenpaste und braune Bohnensauce in einer Schale mischen. Beiseite stellen.
2 Den Wok mit geschlossenem Deckel stark erhitzen, 1 EL Öl hineingeben und im Wok schwenken. Das Fleisch portionsweise bei starker Hitze jeweils 2 Minuten unter Rühren braun braten; bei Bedarf weiteres Öl zufügen. Herausnehmen.
3 Den Wok erhitzen, die Zwiebel zugeben und 3–5 Minuten braten, bis sie gebräunt ist, dann Knoblauch und Chilli zufügen und 1 weitere Minute braten. Die Bohnen untermischen, die Sauce hineingießen, den Deckel auflegen und alles 3 Minuten garen.
4 Den Deckel abnehmen, das Fleisch wieder in den Wok geben und 1–2 Minuten unter Rühren braten, bis alles gut gemischt und das Fleisch wieder heiß ist. Mit gedämpftem Reis servieren.

RINDFLEISCH MIT INGWER

Vorbereitungszeit: 20 Minuten
+ 15 Minuten Marinierzeit
Kochzeit: 15 Minuten
Für 4 Personen

☆

1 Knoblauchzehe, durchgepresst
1 TL geriebener frischer Ingwer
60 ml Ketjap Manis
60 ml chinesischer Reiswein
1 TL Zucker
Prise Fünf-Gewürze-Pulver
500 g mageres Rinderfilet, quer zur Faser in dünne Scheiben geschnitten
1/2 TL Stärkemehl
60 ml Erdnussöl
1 rote Zwiebel, in schmale Schnitze geteilt
1 1/2 EL frischer Ingwer, in feine Streifen geschnitten
400 g chinesischer Brokkoli (gai-larn), in 6 cm lange Stücke geschnitten

1 Knoblauch, geriebenen Ingwer, Ketjap Manis, Reiswein, Zucker und Fünf-Gewürze-Pulver in einer großen Schüssel vermengen. Die Fleischscheiben untermischen, zudecken und im Kühlschrank mindestens 15 Minuten marinieren.
2 Das Stärkemehl mit 1 EL Wasser zu einer Paste verrühren.
3 Einen Wok stark erhitzen, 1 EL Öl hineingeben und im Wok schwenken. Die Hälfte des Fleisches mit einer Zange oder einem Schaumlöffel aus der Marinade nehmen, in den Wok geben und 2–3 Minuten unter Rühren braten, bis es gebräunt und gerade gar ist. Herausnehmen. Den Vorgang mit weiterem Öl und dem Rest des Fleisches wiederholen. Die Marinade aufbewahren.
4 Das restliche Öl in den Wok geben und die Zwiebel darin 2–3 Minuten unter Rühren braten, bis sie weich zu werden beginnt, dann den in Streifen geschnittenen Ingwer zufügen und 1 weitere Minute unter Rühren braten. Den chinesischen Brokkoli untermischen und alles 2–3 Minuten garen, bis der Brokkoli zusammengefallen und weich ist.
5 Das Fleisch wieder in den Wok geben und die aufbewahrte Marinade und den Fleischsaft zugießen. Die Mehlpaste zufügen und rühren, bis alles gründlich gemischt ist. 1-2 Minuten weiter garen, bis die Sauce leicht eingedickt und das Fleisch wieder heiß ist. Mit gedämpftem Reis oder Nudeln servieren.

OBEN: Rindfleisch mit Ingwer

SATAY-GERICHTE IM STRASSENVERKAUF
Satay- oder Saté-Gerichte bestehen meist aus Rind-, Schweine- oder Hühnerfleisch, das in Kokosmilch und Gewürzen mariniert wurde, dann an Spießen schnell über Kohle gegrillt und mit einer würzigen Erdnuss-Sauce serviert wird. Satay-Gerichte gehören zu den Speisen, die in Südostasien häufig von Straßenhändlern angeboten werden. Sie haben meist in der Nähe von Märkten und beliebten Restaurants ihren Stand aufgebaut. In einigen Gegenden geben Kellner aus nahe gelegenen Restaurants Bestellungen aus ihrer Gaststätte an die Straßenverkäufer weiter, nehmen dann das fertige Satay-Gericht mit und setzen den Betrag dafür mit auf die Restaurantrechnung. In Malaysia, Thailand und Indonesien gibt es so viele Straßenhändler, dass man von einer regelrechten kulinarischen Subkultur sprechen kann. Manche Touristen in diesen Ländern glauben, dass das Essen von Straßenhändlern keine so gute Qualität hat wie das Essen in Restaurants, doch in vielen Fällen ist genau das Gegenteil der Fall. Die Menschen stehen Schlange vor den beliebtesten Straßenständen.

OBEN: Lamm-Satay

LAMM-SATAY

Vorbereitungszeit: 10 Minuten
Kochzeit: 15 Minuten
Für 4 Personen

☆

60 ml Erdnussöl
750 g Lammfilet, quer zur Faser in dünne Scheiben geschnitten
2 TL gemahlener Kreuzkümmel
1 TL gemahlener Kurkuma
1 rote Paprika, in Streifen geschnitten
60 ml süße Chilisauce
60 g Erdnussbutter
250 ml Kokosmilch
2 TL weicher brauner Zucker
1–2 EL Zitronensaft, nach Belieben
4 EL frische Korianderblätter, gehackt
40 g ungesalzene Erdnüsse, geröstet und gehackt, zum Servieren

1 Einen Wok stark erhitzen, 1 EL Öl hineingeben und im Wok schwenken. Die Hälfte des Fleisches zufügen und 3 Minuten unter Rühren braun braten. Herausnehmen. Vorgang mit 1 EL Öl und dem restlichen Fleisch wiederholen.
2 Den Wok wieder erhitzen, das restliche Öl, Kreuzkümmel, Kurkuma und Paprika zufügen und 2 Minuten unter Rühren braten.
3 Das Fleisch wieder in den Wok geben. Chilisauce, Erdnussbutter, Kokosmilch und Zucker unterrühren. Zum Kochen bringen, dann die Hitze reduzieren und 5 Minuten köcheln lassen, bis das Fleisch weich und die Sauce leicht eingedickt ist. Vom Herd nehmen und den Zitronensaft zugießen. Den Koriander unterrühren und mit den Erdnüssen bestreuen. Servieren.

LAMMFLEISCH AUF SALATBLÄTTERN

Vorbereitungszeit: 15 Minuten
+ 10 Minuten Marinierzeit
Kochzeit: 10 Minuten
Für 4 Personen

☆

2 TL helle Sojasauce
2 TL chinesischer Reiswein
300 g mageres Lammhackfleisch
8 Blätter junger Römischer Salat
2 EL Pflanzenöl
2 Knoblauchzehen, durchgepresst
2 rote asiatische Schalotten, fein gehackt
1 frische Bird's eye chilli, fein gehackt
120 g Wasserkastanien, fein gewürfelt
5 frische Babymaiskölbchen, fein gewürfelt
1 EL vegetarische Austernsauce

1 EL Ketjap Manis
2–3 EL Hühnerbrühe
Prise weißer Pfeffer
90 g Bohnensprossen, geputzt
2 EL frische Minze, fein zerpflückt
1 EL frische Korianderblätter, zerkleinert
frittierte Schalotten, zum Garnieren

1 Sojasauce und 1 TL Reiswein in einer Schüssel verrühren. Das Fleisch gut untermischen und mindestens 10 Minuten marinieren.
2 Inzwischen die Salatblätter waschen, trocknen und auf einer Servierplatte verteilen.
3 Einen Wok stark erhitzen, 1 EL Öl hineingeben und im Wok schwenken. Knoblauch, Schalotten und Chilli zufügen und 30 Sekunden unter Rühren braten. Wasserkastanien und Babymais zugeben und 1 weitere Minute unter Rühren braten. Alles herausnehmen.
4 Den Wok sauber wischen, stark erhitzen, das restliche Öl hineingeben und im Wok schwenken. Wenn das Öl raucht, das Fleisch zufügen, schnell rühren, um die Klumpen aufzulösen, dann 4–5 Minuten unter Rühren gar braten. Austernsauce, Ketjap Manis, Brühe und den restlichen Reiswein zugeben, mit Pfeffer würzen und gut umrühren. Die Wasserkastanienmischung wieder in den Wok geben, die Bohnensprossen zufügen und alles gründlich mischen. Vom Herd nehmen und die Minze unterrühren.
5 Die Fleischmischung gleichmäßig auf die Salatblätter verteilen, mit Koriander und Schalotten garnieren. Servieren.

LAMMFLEISCH MIT MINZE

Vorbereitungszeit: 10 Minuten
Kochzeit: 15 Minuten
Für 4 Personen

☆

60 ml Limettensaft
2 EL süße Chilisauce
2 EL Fischsauce
2 EL Pflanzenöl
750 g Lammfilet, quer zur Faser in dünne Scheiben geschnitten
2 Knoblauchzehen, fein gehackt
1 kleine rote Zwiebel, in Schnitze geteilt
1 frische Bird's eye chilli, fein gehackt
10 g frische Minze

1 Für die Sauce Limettensaft, Chili- und Fischsauce in einer kleinen Schüssel verrühren.
2 Einen Wok stark erhitzen, 1 EL Öl hineingeben und im Wok schwenken, bis es gleichmäßig verteilt ist. Das Fleisch portionsweise zufügen und jeweils 2 Minuten braten, bis es gebräunt ist. Herausnehmen.
3 Das restliche Öl im Wok erhitzen, Knoblauch und Zwiebel hineingeben und 1 Minute unter Rühren braten, dann die Chilli zufügen und weitere 30 Sekunden braten. Das Fleisch wieder in den Wok geben, die Sauce hineingießen und 2 Minuten bei starker Hitze kochen. Die Minze unterrühren. Mit Jasminreis servieren.

LINKS: Lammfleisch mit Minze

WARMER LAMMSALAT

Vorbereitungszeit: 15 Minuten
+ 2–3 Stunden Marinierzeit
Kochzeit: 15 Minuten
Für 4–6 Personen

☆☆

2 EL thailändische rote Currypaste (siehe S. 56)
3 EL frische Korianderblätter, gehackt
1 EL fein geriebener frischer Ingwer
3–4 EL Erdnussöl
750 g Lammfilet, quer zur Faser in dünne Scheiben geschnitten
200 g Zuckererbsen
600 g frische breite Reisnudeln
1 rote Paprika, in dünne Streifen geschnitten
1 Gemüsegurke, in dünne Scheiben geschnitten
6 Frühlingszwiebeln, in feine Ringe geschnitten

MINZE-DRESSING
1 1/2 EL Erdnussöl
60 ml Limettensaft
2 EL brauner Zucker
je 3 TL Fischsauce und Sojasauce
4 EL frische Minzeblätter, gehackt
1 Knoblauchzehe, durchgepresst

1 Currypaste, Koriander, Ingwer und 2 EL Öl in einer Schüssel vermengen. Das Fleisch gründlich untermischen. Mit Klarsichtfolie zudecken und im Kühlschrank 2–3 Stunden marinieren.
2 Die Zuckererbsen dämpfen oder kochen, bis sie gerade weich sind, dann mit kaltem Wasser abschrecken. Abtropfen lassen.
3 Die Nudeln mit kochendem Wasser übergießen. Sofort abgießen und die Nudeln mit den Händen vorsichtig voneinander lösen.
4 Alle Zutaten für das Dressing in ein Gefäß mit Schraubverschluss geben und gut schütteln.
5 Einen Wok stark erhitzen, 1 EL Öl hineingeben und im Wok schwenken. Die Hälfte des Fleisches zufügen und 5 Minuten unter Rühren braten. Den Vorgang mit dem restlichen Fleisch wiederholen; bei Bedarf weiteres Öl verwenden.
6 Fleisch, Zuckererbsen, Nudeln, Paprika, Gurke und Frühlingszwiebeln in eine große Schüssel geben, mit dem Dressing beträufeln und alles mischen.

UNTEN: Warmer Lammsalat

LAMMFLEISCH MIT LAUCH

Vorbereitungszeit: 10 Minuten
+ 1 Stunde Marinierzeit
Kochzeit: 10 Minuten
Für 4 Personen

☆

2 Knoblauchzehen, durchgepresst
2 1/2 TL dunkle Sojasauce
je 2 TL chinesischer Reiswein und Sesamöl
1 1/2 TL Reisessig
je 1 1/2 TL Stärkemehl und Zucker
1/2 TL Salz
350 g Lammfilet, quer zur Faser in dünne Scheiben geschnitten
4 junge dünne Lauchstangen
60 ml Erdnussöl
1 EL frischer Ingwer, fein gehackt
1 EL chinesischer Reiswein

1 Knoblauch, Sojasauce, Reiswein, Sesamöl, Reisessig, Mehl, Zucker und 1/4 TL Salz in einer großen Schüssel vermengen. Das Fleisch gründlich untermischen. Mit Klarsichtfolie zudecken

und im Kühlschrank mindestens 1
nieren.
2 Die Lauchstangen der Länge
und in 2 cm lange Stücke sch
und gut abtropfen lassen.
3 Einen Wok stark erhitzen
hineingeben und im Wo
und 1/4 TL Salz zufüge
Rühren braten, bis de
noch bissfest ist. He
Küchenpapier säu
4 Das restliche Ö
heiß werden l
und 30 Seku
Marinade i
Rühren g
30 Sek
und de
ren, bis
oder Reis s

LAMM MIT NUDEL SAURER SAUCE

Vorbereitungszeit: 25 Minuten
Kochzeit: 15 Minuten
Für 4–6 Personen

☆

450 g Hokkien-Nudeln
125 ml Hühnerbrühe
15 g geriebener Palmzucker
1 EL Limettensaft
2 EL Pflanzenöl
400 g Lammfilets, quer zur Faser in dünne Scheiben geschnitten
80 g rote asiatische Schalotten, in feine Ringe geschnitten
3 Knoblauchzehen, durchgepresst
2 TL frischer Ingwer, fein gehackt
1 kleine frische rote Chilli, entkernt und fein gehackt
1 1/2 EL thailändische rote Currypaste (siehe S. 56)
125 g Zuckererbsen, geputzt und schräg halbiert
1 kleine Möhre, in feine Streifen geschnitten
kleine ganze frische Basilikumblätter, zum Garnieren

1 Die Nudeln mit kochendem Wasser übergießen, 1 Minute einweichen. Abtropfen lassen.
2 Für die Sauce Brühe, Palmzucker und Limettensaft in einer kleinen Schüssel verrühren, bis sich der Zucker aufgelöst hat. Beiseite stellen.
3 Einen Wok stark erhitzen, 1 EL Öl hineingeben und im Wok schwenken. Das Fleisch portionsweise bei starker Hitze jeweils 2–3 Minuten unter Rühren braten, bis es langsam braun wird. Herausnehmen.
4 Das restliche Öl im Wok erhitzen, Schalotten, Knoblauch, Ingwer und Chilli hineingeben und 1–2 Minuten unter Rühren braten. Die Currypaste unterrühren und 1 Minute garen. Zuckererbsen und Möhre zufügen, das Fleisch zurück in den Wok geben. Unter häufigem Rühren 1–2 Minuten garen, bis alles gut gemischt ist.
5 Die Sauce hineingießen, alles mischen und 2–3 Minuten kochen. Die Nudeln zugeben und 1 Minute garen, bis sie heiß sind. Auf kleine Schüsseln verteilen und mit Basilikum garnieren.

OBEN: Lamm mit Nudeln und saurer Sauce

OBEN: Glasnudeln mit Lammfleisch und Erdnüssen

GLASNUDELN MIT LAMMFLEISCH UND ERDNÜSSEN

Vorbereitungszeit: 20 Minuten
+ 20 Minuten Einweichzeit
+ 1 Stunde Marinierzeit
Kochzeit: 15 Minuten
Für 4 Personen

☆

6 getrocknete Shiitake-Pilze
100 g Glasnudeln
60 ml Sojasauce
2 TL Zucker
1 1/2 EL Sesamöl
5 Knoblauchzehen, fein gehackt
300 g Lammfilet, quer zur Faser in dünne Scheiben geschnitten
60 ml Erdnussöl
2 kleine frische rote Chillies, fein gehackt
1 große Möhre, in feine Streifen geschnitten
2 kleine Zucchini, in feine Streifen geschnitten
175 g junge Spinatblätter
5 Frühlingszwiebeln, schräg in feine Ringe geschnitten
50 g ungesalzene Erdnüsse, zerstoßen
3 EL frische Korianderblätter, gehackt
gemahlener weißer Pfeffer, zum Abschmecken

1 Die Pilze mit kochendem Wasser übergießen und 20 Minuten einweichen. Ausdrücken, die Stiele entfernen und die Hüte in dünne Scheiben schneiden. Inzwischen die Nudeln in kochendem Wasser 3–4 Minuten einweichen. Abtropfen lassen, mit einer Schere in 8 cm lange Stücke schneiden.
2 Sojasauce, Zucker, 1 EL Sesamöl und die Hälfte des Knoblauchs in einer Schüssel vermengen. Das Fleisch gut untermischen. Zudecken und im Kühlschrank 1 Stunde marinieren.
3 Einen großen Wok stark erhitzen, 1 EL Erdnussöl und 1 TL Sesamöl hineingeben und im Wok schwenken. Das Fleisch in 2 Portionen jeweils 2 Minuten unter Rühren braun braten (bei der zweiten Portion 1 weiteren TL Sesamöl und 1 EL Erdnussöl zufügen). Herausnehmen.
4 Den Wok säubern und wieder stark erhitzen. Das restliche Erdnussöl hineingeben und im Wok schwenken. Die Chillies und den restlichen Knoblauch darin 30 Sekunden unter Rühren braten. Möhre und Zucchini zugeben und 2 Minuten garen. Spinat, Frühlingszwiebeln und Pilze zufügen und 1 Minute garen. Das Fleisch mit der Flüssigkeit wieder in den Wok geben und 1–2 Minuten unter Rühren braten, bis es heiß ist. Die Nudeln mit der Hälfte der Erdnüsse und des Korianders zufügen, mit Pfeffer würzen und rühren, bis alles gut gemischt ist. Mit den restlichen Erdnüssen und dem restlichen Koriander garnieren.

LAMM MIT AUSTERNSAUCE

Vorbereitungszeit: 10 Minuten
Kochzeit: 10 Minuten
Für 4 Personen

☆

1 EL Pflanzenöl
750 g Lammfilet, quer zur Faser in dünne Scheiben geschnitten
4 Knoblauchzehen, fein gehackt
2 kleine frische rote Chillies, in feine Ringe geschnitten

80 ml Austernsauce
21/2 EL Fischsauce
1 1/2 TL Zucker
25 g frische Minze, gehackt
3 EL ganze frische Minzeblätter

1 Einen Wok stark erhitzen, Öl hineingeben und im Wok schwenken. Das Fleisch und den Knoblauch portionsweise zufügen und jeweils 1–2 Minuten unter Rühren braten, bis das Fleisch fast gar ist. Wieder alles in den Wok geben. Chillies, Austernsauce, Fischsauce, Zucker und gehackte Minze unterrühren und weitere 1–2 Minuten garen.
2 Vom Herd nehmen, die Minzeblätter unterheben und sofort mit Reis servieren.

LAMMFLEISCH MIT FRÜHLINGSZWIEBELN

Vorbereitungszeit: 10 Minuten
+ 10 Minuten Marinierzeit
Kochzeit: 10 Minuten
Für 4 Personen

☆

1 EL chinesischer Reiswein
60 ml Sojasauce
1/2 TL weißer Pfeffer, 1/2 TL Salz
600 g mageres Lammfilet, quer zur Faser in dünne Scheiben geschnitten
1 EL chinesischer schwarzer Essig
1 TL Sesamöl
2 EL Pflanzenöl
750 g chinesischer Blütenkohl (Choisum), in 10 cm lange Stücke geschnitten
3 Knoblauchzehen, durchgepresst
6 Frühlingszwiebeln, in 10 cm lange Stücke geschnitten

1 Reiswein, 1 EL Sojasauce, Pfeffer und Salz in einer großen Schüssel vermengen. Das Fleisch untermischen, zudecken und im Kühlschrank mindestens 10 Minuten marinieren.
2 Essig, Sesamöl und 1 EL Sojasauce in einer kleinen Schüssel mischen. Beiseite stellen.
3 Einen Wok stark erhitzen, 2 TL Öl hineingeben und im Wok schwenken. Den Kohl zufügen, kurz unter Rühren braten, dann 1 Knoblauchzehe und die restliche Sojasauce zugeben. 3 Minuten garen. Den Wok vom Herd nehmen, das Gemüse herausnehmen und warm stellen.
4 Den Wok säubern und wieder stark erhitzen. 1 EL Öl hineingeben und im Wok schwenken. Das Fleisch in 2 Portionen zufügen und bei starker Hitze jeweils 1–2 Minuten unter Rühren braun braten. Herausnehmen.
5 Bei Bedarf noch etwas Öl in den Wok geben. Frühlingszwiebeln und restlichen Knoblauch zugeben und 1–2 Minuten unter Rühren braten. Die Sauce zugießen und 1 Minute rühren. Das Fleisch wieder in den Wok geben und 1 weitere Minute unter Rühren braten, bis alles gemischt und heiß ist. Sofort mit dem Gemüse servieren.

LAMM IN CHINA

Rinder und Schweine sind seit Menschengedenken in China beheimatet, doch Lämmer kamen erst während der Mongoleninvasion im 13. Jahrhundert ins Land. Lammfleisch ist in Nordchina ein Grundnahrungsmittel und eine wichtige Zutat in unzähligen regionalen Spezialitäten. In Peking wird besonders viel Lammfleisch verzehrt. Durch die Straßen der Stadt zieht häufig das unverwechselbare Aroma gegarten Lammfleisches. Im Süden Chinas hingegen gibt es nur sehr selten Lamm. Den Kantonesen, die den Geschmack und den Duft von Lamm nicht mögen, wird sogar nachgesagt, dass sie Menschen, die Lamm essen, an ihrem Geruch erkennen können.

LINKS: Lammfleisch mit Frühlingszwiebeln

KNOBLAUCH-LAMM MIT PILZEN UND NUDELN

Vorbereitungszeit: 30 Minuten
Kochzeit: 20 Minuten
Für 4 Personen

☆☆

8 rote asiatische Schalotten, in sehr feine Ringe geschnitten
4 Knoblauchzehen, fein gehackt
1 1/2 EL Pflanzenöl
1 TL weicher brauner Zucker
1 TL Salz
1 TL frisch gemahlener schwarzer Pfeffer
350 g Lammfilets, quer zur Faser in dünne Scheiben geschnitten
300 g frische Eiernudeln
Öl, zusätzlich, zum Kochen
200 g Champignons, in Scheiben geschnitten
150 g kleine Austernpilze
2 EL Teriyaki-Sauce
80 g frischer Schnittknoblauch, in kleine Stücke geschnitten

UNTEN: *Knoblauch-Lamm mit Pilzen und Nudeln*

1 Schalotten, Knoblauch, Öl, Zucker, Salz und Pfeffer in einer großen Schüssel vermengen. Das Lammfleisch gründlich untermischen.
2 Die Nudeln in kochendem Wasser 1 Minute garen, bis sie sich voneinander gelöst haben. Abtropfen lassen und abspülen.
3 Einen Wok stark erhitzen, 1 EL Öl hineingeben und im Wok schwenken. Das Fleisch in 3 Portionen unter Rühren braun braten. Den Wok vor dem Zufügen der beiden letzten Portionen wieder erhitzen und bei Bedarf noch etwas Öl zugeben. Das Fleisch herausnehmen.
4 Die Champignons mit etwa 2 TL Wasser in den Wok geben und 1 Minute unter Rühren braten. Austernpilze und Teriyaki-Sauce untermischen. Zudecken und 10 Sekunden dämpfen.
5 Das Fleisch mit der Flüssigkeit wieder in den Wok geben, Nudeln und Schnittknoblauch zufügen. Gut rühren, bis alles heiß ist. Servieren.

CHILI-BOHNEN-LAMM

Vorbereitungszeit: 15 Minuten
+ 30 Minuten Marinierzeit
Kochzeit: 15 Minuten
Für 4 Personen

☆☆

2 Knoblauchzehen, durchgepresst
2 TL fein geriebener frischer Ingwer
2 EL rote Bohnenpaste
600 g Lammfilet, quer zur Faser in dünne Scheiben geschnitten
80 ml Hühnerbrühe
1 EL Sojasauce
je 1 TL Zucker und Stärkemehl
40 g ungesalzene Erdnüsse
3 TL Pflanzenöl
1 kleine Zwiebel, halbiert und in feine Ringe geschnitten
3 Frühlingszwiebeln, schräg in feine Ringe geschnitten
Salz und Pfeffer, nach Geschmack

1 Knoblauch, Ingwer und rote Bohnenpaste in einer großen Schüssel vermengen. Das Fleisch gründlich untermischen. Zudecken und im Kühlschrank 30 Minuten marinieren.
2 Brühe, Sojasauce, Zucker und Stärkemehl in einem kleinen Gefäß mischen. Beiseite stellen.
3 Die Erdnüsse in einem Mörser grob zerstoßen. Eine kleine Bratpfanne bei mittlerer Hitze heiß werden lassen,1 TL Öl hineingeben und die Erdnüsse darin goldbraun braten. Auf zerknülltem Küchenpapier abtropfen lassen.

4 Einen Wok stark erhitzen, 1 TL Öl hineingeben und im Wok schwenken. Das Fleisch darin portionsweise jeweils 3 Minuten unter Rühren braun braten. Herausnehmen. Das restliche Öl hineingeben und die Zwiebel 2 Minuten unter Rühren braten. Das Fleisch wieder in den Wok geben. Die Sauce zugießen und die Frühlingszwiebeln zufügen. 3 Minuten rühren, bis die Sauce zu kochen beginnt und eindickt. Mit Salz und Pfeffer abschmecken, mit Erdnüssen bestreuen und servieren.

WÜRZIGES LAMMFLEISCH MIT AUBERGINEN

Vorbereitungszeit: 15 Minuten
Kochzeit: 20 Minuten
Für 4 Personen

☆

2 EL Pflanzenöl
1 Zwiebel, fein gehackt
500 g Auberginen, geschält und in Stifte geschnitten
600 g Lammfilet, quer zur Faser in dünne Scheiben geschnitten
2 Knoblauchzehen, fein gehackt
1 kleine frische rote Chilli, entkernt und fein gehackt
1 EL gemahlener Kreuzkümmel
1 EL gemahlener Koriander
2 TL gemahlener Kurkuma
1 TL gemahlener Zimt
250 ml Kokoscreme
1 EL frische Minze, gehackt
2 EL frische Petersilie, gehackt
Salz, frisch gemahlener schwarzer Pfeffer
Zitronenspalten, zum Servieren

1 Einen Wok stark erhitzen, 2 TL Öl hineingeben und im Wok schwenken. Die Zwiebel unter Rühren goldgelb braten. Herausnehmen.
2 1 EL Öl im Wok erhitzen und die Auberginen in 2 Portionen bei starker Hitze goldgelb braten. Auf zerknülltem Küchenkrepp abtropfen lassen.
3 Den Wok wieder erhitzen, dann 2 TL Öl hineingeben. Das Fleisch in 2 Portionen bei starker Hitze jeweils etwa 2 Minuten unter Rühren braten, bis es braun und gerade gar ist.
4 Fleisch, Zwiebel und Auberginen wieder in den Wok geben. Knoblauch, Chilli und Gewürze zufügen und 1 Minute garen. Die Kokoscreme zugeben und zum Kochen bringen.
5 Minze und Petersilie unterrühren, alles salzen und pfeffern. Mit den Zitronenspalten servieren.

AUBERGINEN
Als Mitglieder der Familie der Nachtschattengewächse sind Auberginen mit Tomaten und Kartoffeln verwandt. Obwohl sie im Allgemeinen als Gemüse betrachtet werden, gehören Auberginen botanisch zu den Früchten. Achten Sie beim Kauf darauf, dass die Schale glatt und das Fleisch fest ist und die Auberginen schwer sind.

OBEN: Würziges Lammfleisch mit Auberginen

1 Knoblauch, Ingwer, Reiswein, Sojasauce, Hoisin-Sauce und Sesamöl in einer großen Schüssel vermengen. Das Fleisch gründlich untermischen. Zudecken und im Kühlschrank 1 Nacht marinieren, dabei gelegentlich umrühren.

2 Einen Wok stark erhitzen, 1 EL Öl hineingeben und im Wok schwenken. Die Frühlingszwiebeln zufügen und 1 Minute unter Rühren braten. Herausnehmen, das Öl im Wok lassen.

3 Das Fleisch aus der Marinade nehmen; die Marinade aufbewahren. Das Fleisch in 4 Portionen in den Wok geben und jeweils 1–2 Minuten unter Rühren braten, bis es braun, aber noch nicht ganz gar ist; vor dem Zufügen der zweiten bis vierten Portion weiteres Öl zugeben und sicherstellen, dass der Wok sehr heiß ist. Alles Fleisch mit der Flüssigkeit und die Frühlingszwiebeln in den Wok geben und 1 Minute unter Rühren braten, bis das Fleisch gar ist.

4 Fleisch und Frühlingszwiebeln mit einem Schaumlöffel aus dem Wok nehmen und in eine Servierschüssel geben; die Flüssigkeit im Wok lassen. Die Marinade mit Chili- und Hoisin-Sauce in den Wok geben und 3–4 Minuten kochen lassen, bis die Sauce eindickt und sirupähnlich wird. Die Sauce über das Fleisch gießen, alles gut mischen und mit Reis servieren.

OBEN: Mongolisches Lamm

MONGOLISCHES LAMM

Vorbereitungszeit: 25 Minuten
+ 1 Nacht Marinierzeit
Kochzeit: 15 Minuten
Für 4–6 Personen

☆☆

2 Knoblauchzehen, durchgepresst
2 TL fein geriebener frischer Ingwer
60 ml chinesischer Reiswein
60 ml Sojasauce
2 EL Hoisin-Sauce
1 TL Sesamöl
1 kg Lammfilet, quer zur Faser in dünne Scheiben geschnitten
80 ml Erdnussöl
6 Frühlingszwiebeln, in 3 cm lange Stücke geschnitten
2 TL Chilisauce
1 1/2 EL Hoisin-Sauce, zusätzlich

LAMM MIT KREUZKÜMMEL

Vorbereitungszeit: 15 Minuten
+ 10 Minuten Marinierzeit
Kochzeit: 10 Minuten
Für 4 Personen

☆

je 1 EL dunkle Sojasauce, chinesischer Reiswein und helle Sojasauce
500 g mageres Lammfilet, quer zur Faser in dünne Scheiben geschnitten
80 ml Hühner- oder Gemüsebrühe
2 TL dunkler chinesischer Essig
2 TL Chili-Knoblauch-Sauce
2 EL Pflanzenöl
1 rote Zwiebel, in schmale Schnitze geteilt
1 TL Kreuzkümmelsamen, leicht zerstoßen
1 Knoblauchzehe, durchgepresst
1 TL frischer Ingwer, fein gehackt
75 g Schnittknoblauch, geputzt und Halme halbiert.

1 Dunkle Sojasauce, Reiswein und 2 TL helle Sojasauce in einer großen Schüssel vermengen.

Das Fleisch gründlich untermischen. Mit Klarsichtfolie zudecken und im Kühlschrank mindestens 10 Minuten marinieren.
2 Brühe, Essig, Chili-Knoblauch-Sauce und die restliche helle Sojasauce in einem kleinen Gefäß mischen. Beiseite stellen.
3 Einen Wok stark erhitzen, 1 EL Öl hineingeben und im Wok schwenken. Das Fleisch in 2 Portionen zufügen und 1–2 Minuten unter Rühren braun braten. Herausnehmen.
4 Das restliche Öl im Wok erhitzen, die Zwiebel darin 2 Minuten unter Rühren braten. Kreuzkümmel, Knoblauch, Ingwer und Schnittknoblauch zufügen und 30 Sekunden garen. Die Sauce zugießen und zum Kochen bringen, bis sie leicht eindickt und mit den anderen Zutaten vermischt ist. Das Fleisch wieder in den Wok geben und schnell unterrühren. Mit gedämpftem Reis und asiatischem Gemüse servieren.

NUDELSALAT MIT LAMMFLEISCH UND TOMATEN

Vorbereitungszeit: 20 Minuten
+ 2 Stunden Marinierzeit
Kochzeit: 20 Minuten
Für 4 Personen

☆

1 TL scharfer Senf
2 EL Pflanzenöl
60 ml Balsamessig
1/2 TL Pfeffer
400 g Lammfilet, quer zur Faser in dünne Scheiben geschnitten
250 g Chasoba-Nudeln
60 ml helle Sojasauce
2 EL Mirin
1–2 TL Sesamöl
1/2 TL Zucker
1 TL Salz
2 Gemüsegurken, der Länge nach halbiert und schräg in dünne Scheiben geschnitten
2 große Tomaten, in 1 cm große Würfel geschnitten
15 g frische Korianderblätter
2 Frühlingszwiebeln, schräg in feine Ringe geschnitten
1 EL Sesamsamen, leicht geröstet

1 Senf, 1 EL Öl, 1 EL Essig und Pfeffer in einer großen Schüssel verrühren. Das Fleisch gründlich untermischen. Zudecken und für 2 Stunden in den Kühlschrank stellen.
2 Die Nudeln in einen großen Topf mit kochendem Wasser geben und rühren, bis sie sich voneinander lösen. 250 ml kaltes Wasser zugießen und wieder zum Kochen bringen. Noch 3-mal 250 ml Wasser zugießen, jeweils wenn das Wasser zu kochen beginnt. Abgießen, mit kaltem Wasser abspülen. In eine Schüssel geben.
3 Sojasauce, Mirin, Sesamöl, Zucker, den restlichen Essig und 1/2 TL Salz verrühren. Die Hälfte des Dressings unter die Nudeln ziehen.
4 Gurken, Tomaten und 1/2 TL Salz in eine Schüssel geben und gut vermengen. Mit Koriander und Frühlingszwiebeln zu den Nudeln geben und alles gründlich mischen.
5 Einen Wok stark erhitzen, das restliche Öl hineingeben und im Wok schwenken. Das Fleisch abtropfen lassen, dann im Wok in 2 Portionen jeweils 2–3 Minuten unter Rühren braten, bis es den gewünschten Gargrad erreicht hat. Den Nudelsalat auf Servierschüsseln verteilen, das Fleisch darüber legen. Mit Dressing beträufeln. Mit Sesamsamen bestreuen, servieren.

UNTEN: Nudelsalat mit Lammfleisch und Tomaten

PHAD THAI

(Nudeln auf thailändische Art)

Vorbereitungszeit: 30 Minuten
+ 15–20 Minuten Einweichzeit
Kochzeit: 10 Minuten
Für 4–6 Personen

☆☆

250 g getrocknete Reisstäbchennudeln
1 kleine frische rote Chilli, gehackt
2 Knoblauchzehen, gehackt
2 Frühlingszwiebeln, in Ringe geschnitten
1 EL Tamarindenpüree, mit 1 EL Wasser verrührt
1 1/2 EL Zucker
je 2 EL Fischsauce und Limettensaft
2 EL Pflanzenöl
2 Eier, verquirlt
150 g Schweinefilet, in Scheiben geschnitten
8 große rohe Garnelen, küchenfertig, aber Schwänze ungeschält
100 g frittierte Tofuwürfel, in feine Streifen geschnitten
90 g Bohnensprossen, geputzt
40 g geröstete Erdnüsse, gehackt
3 EL frische Korianderblätter
1 Limette, in Spalten geteilt

UNTEN: Phad Thai

1 Die Nudeln in warmem Wasser 15–20 Minuten einweichen. Abtropfen lassen.
2 Chilli, Knoblauch und Frühlingszwiebeln in einem Mörser zerdrücken. Tamarindenpüree, Zucker, Fischsauce, Limettensaft untermischen.
3 Einen Wok stark erhitzen, 1 EL Öl hineingeben und im Wok schwenken. Die Eier zufügen, schwenken und 1–2 Minuten garen, bis sie fest sind. Herausnehmen und in Stücke teilen.
4 Das restliche Öl erhitzen und die Chilimischung darin 30 Sekunden unter Rühren braten. Das Fleisch zufügen und 2 Minuten unter Rühren braten. Die Garnelen zugeben und 1 weitere Minute rühren und braten.
5 Nudeln, Ei, Tofu und die Hälfte der Bohnensprossen zufügen und rühren, bis alles heiß ist.
6 Mit Erdnüssen, Koriander, Limettenspalten und Bohnensprossen garnieren und servieren.
Hinweis: Nehmen Sie für dieses Gericht einen Wok mit Antihaftbeschichtung oder aus Edelstahl, da das Tamarindenpüree mit dem Metall anderer Woks reagieren würde.

CHINESISCHES SCHWEINEFILET MIT BROKKOLI

Vorbereitungszeit: 10 Minuten
Kochzeit: 10 Minuten
Für 4 Personen

☆

60 ml Hühner- oder Gemüsebrühe
60 ml Austernsauce
1 EL Ketjap Manis
1,6 kg chinesischer Brokkoli (gai larn), in 5 cm lange Stücke geschnitten
1 EL Erdnussöl
1 Stück frischer Ingwer (2 cm groß), in feine Streifen geschnitten
2 Knoblauchzehen, durchgepresst
500 g chinesisches gegrilltes Schweinefilet (siehe S. 47), in dünne Scheiben geschnitten

1 Für die Sauce Brühe, Austernsauce und Ketjap Manis in einer kleinen Schüssel verrühren.
2 Den Brokkoli in einen Dämpfeinsatz geben und in einem Topf oder Wok über köchelndem Wasser 5 Minuten garen, bis er weich wird, aber noch knackig ist.
3 Einen Wok stark erhitzen, das Öl hineingeben und im Wok schwenken. Ingwer und Knoblauch zufügen und 30 Sekunden unter Rühren braten. Brokkoli und Fleisch gut untermischen. Die Sauce zugießen. Rühren, bis alles vermischt und heiß ist. Mit Reis oder Nudeln servieren.

SAN CHOY BAU

(Schweinehackfleisch auf Salatblättern)

Vorbereitungszeit: 25 Minuten
Kochzeit: 10 Minuten
Ergibt 12 kleine oder 4 große Portionen

☆☆

60 ml Austernsauce
2 TL Sojasauce
60 ml Sherry
1 TL Zucker
1 1/2 EL Pflanzenöl
1/4 TL Sesamöl
3 Knoblauchzehen, durchgepresst
3 TL geriebener frischer Ingwer
6 Frühlingszwiebeln, schräg in Ringe geschnitten
500 g Schweinehackfleisch
100 g Bambussprossen, fein gehackt
100 g Wasserkastanien, abgetropft und fein gehackt
1 EL Pinienkerne, geröstet
12 kleine oder 4 große ganze Salatblätter (z. B. Eisbergsalat), zu Körbchen geschnitten
Austernsauce, zum Servieren (nach Belieben)

1 Für die Sauce Austern- und Sojasauce, Sherry und Zucker in einer kleinen Schüssel verrühren.
2 Einen Wok stark erhitzen, das Pflanzen- und Sesamöl hineingeben und im Wok schwenken. Knoblauch, Ingwer und die Hälfte der Frühlingszwiebeln zufügen und 1 Minute unter Rühren braten. Das Hackfleisch zugeben und 3–4 Minuten braten, bis es gerade gar ist.
3 Bambussprossen, Wasserkastanien und die restlichen Frühlingszwiebeln zufügen. Die Sauce zugießen, 2–3 Minuten garen, bis die Flüssigkeit etwas eindickt. Die Pinienkerne unterrühren.
4 Auf den Salatblättern verteilen. Nach Belieben mit Austernsauce beträufeln, dann servieren.

SAN CHOY BAU

Schneiden Sie die Salatblätter mit einer Schere so zurecht, dass Körbchen entstehen.

OBEN: San choy bau

MA-POR-TOFU

(Tofu mit Schweinehackfleisch)

Vorbereitungszeit: 15 Minuten
+ 10 Minuten Marinierzeit
Kochzeit: 15 Minuten
Für 4 Personen

☆

3 TL Stärkemehl
1 TL Austernsauce
1 Knoblauchzehe, fein gehackt
1 EL Sojasauce
250 g Schweinehackfleisch
1 EL Pflanzenöl
3 TL rote Bohnenpaste
3 TL weicher Tofu
750 g schnittfester Tofu, abgetropft, gewürfelt
2 Frühlingszwiebeln, in Ringe geschnitten
3 TL Austernsauce, zusätzlich
1 1/2 TL Zucker

1 Mehl, Austernsauce, Knoblauch und 2 TL Sojasauce in einer Schüssel mischen. Das Hackfleisch zufügen und 10 Minuten marinieren.
2 Einen Wok stark erhitzen, das Öl hineingeben und im Wok schwenken. Das Fleisch zufügen und 5 Minuten unter Rühren braun braten. Rote Bohnenpaste und weichen Tofu zugeben und 2 Minuten garen. Die restlichen Zutaten zufügen und 3–5 Minuten unter Rühren braten.

SESAM-SCHWEINEFLEISCH

Vorbereitungszeit: 10 Minuten
Kochzeit: 20 Minuten
Für 4 Personen

☆

je 2 EL Hoisin-Sauce und Teriyaki-Sauce
2 TL Stärkemehl
60 ml Erdnussöl
600 g Schweinefilet, quer zur Faser in dünne Scheiben geschnitten
2 TL Sesamöl
8 Frühlingszwiebeln, schräg in Ringe geschnitten
2 Knoblauchzehen, durchgepresst
2 TL fein geriebener frischer Ingwer
2 Möhren, in feine Streifen geschnitten
200 g Spargelbohnen, in Stücke geschnitten
2 EL Sesamsamen, geröstet

1 Beide Saucen, Mehl und 1 EL Wasser in einer kleinen Schüssel verrühren. Beiseite stellen.
2 Einen Wok erhitzen, 1 EL Erdnussöl hineingeben und schwenken. Die Hälfte des Fleisches zufügen und 3 Minuten unter Rühren braun braten. Herausnehmen. Vorgang wiederholen.
3 Restliches Erdnussöl und Sesamöl im Wok erhitzen. Frühlingszwiebeln, Knoblauch und Ingwer darin 1 Minute unter Rühren braten.
4 Möhren und Bohnen zugeben und 3 Minuten unter Rühren braten, bis sie fast gar sind. Das Fleisch wieder in den Wok geben, die Sauce unterrühren, bis sie eindickt und das Gemüse gar ist. Sesam untermischen und mit Reis servieren.

AUBERGINEN-HACKFLEISCH

Vorbereitungszeit: 10 Minuten
+ 30 Minuten Marinierzeit
Kochzeit: 50 Minuten
Für 4 Personen

☆

1 große Aubergine, eingeschnitten
2 Knoblauchzehen, durchgepresst
1 rote Chilli, entkernt und fein gehackt
1 EL helle Sojasauce
2 TL Fischsauce
1/2 TL Chilipulver
250 g Schweinehackfleish
1 EL Pflanzenöl
125 ml Hühnerbrühe
1 EL Limettensaft
2 TL Zucker
250 g rohes Garnelenfleisch, fein zerkleinert
Frühlingszwiebeln, in feine Ringe geschnitten, zum Garnieren

1 Den Ofen auf 220 °C (Gas Stufe 4) vorheizen. Die Aubergine auf einem Backblech 35–40 Minuten weich backen. Abkühlen lassen, schälen und der Länge nach in Streifen schneiden.
2 Knoblauch, Chilli, Saucen und Chilipulver mischen. Das Fleisch unterrühren. Zudecken und für 30 Minuten in den Kühlschrank stellen.
3 Einen Wok stark erhitzen, das Öl hineingeben und im Wok schwenken. Das Fleisch darin 3 Minuten unter Rühren gar braten. Brühe, Limettensaft, Zucker und Aubergine zugeben und 5 Minuten köcheln lassen, die Garnelen zufügen und weitere 5 Minuten garen. Auf eine Platte geben und mit Frühlingszwiebeln garnieren. Servieren.

MA-POR-TOFU
Dieses berühmte Gericht aus Szechuan wurde nach der Frau benannt, die es einst erfand. Sie war mit einem Gastwirt verheiratet und hatte angeblich ein pockennarbiges Gesicht. *Ma Por* bedeutet pockennarbige Frau. Diese Assoziation klingt zwar unschön, doch das Gericht ist ein ausgezeichneter Hauptgang in einem chinesischen Menü.

GEGENÜBELIEGENDE SEITE: Ma-Por-Tofu (oben); Sesam-Schweinefleisch

OBEN: *Schweinefleisch mit Kürbis und Nüssen*

SCHWEINEFLEISCH MIT KÜRBIS UND NÜSSEN

Vorbereitungszeit: 20 Minuten
Kochzeit: 20 Minuten
Für 4 Personen

☆

2–3 EL Pflanzenöl
80 g Cashewnüsse
750 g Schweinefilet, quer zur Faser in dünne Scheiben geschnitten
500 g Kürbis, gewürfelt
1 EL geriebener frischer Ingwer
80 ml Hühnerbrühe
60 ml trockener Sherry
1 1/2 EL Sojasauce
1/2 TL Stärkemehl
500 g junger Pak-choi, zerkleinert
1–2 EL frische Korianderblätter

1 Einen Wok stark erhitzen, 1 EL Öl hineingeben und im Wok schwenken. Die Nüsse darin 1–2 Minuten unter Rühren braun braten. Abtropfen lassen.
2 Den Wok wieder erhitzen, etwas Öl hineingeben und im Wok schwenken. Das Fleisch portionsweise jeweils 5 Minuten unter Rühren leicht braten, bis es leicht gebräunt ist. Herausnehmen. 1 EL Öl zugeben, Kürbis und Ingwer darin 3 Minuten unter Rühren braten, bis beides leicht gebräunt ist. Brühe, Sherry und Sojasauce zugießen und 3 Minuten köcheln lassen, bis der Kürbis weich ist.
3 Das Mehl mit 1 TL Wasser verrühren, in den Wok geben und rühren, bis die Mischung kocht und eindickt. Fleisch und Nüsse wieder in den Wok geben und Kohl und Koriander zufügen. Rühren, bis der Kohl zusammenfällt. Servieren.

SCHWEINEFLEISCH MIT SPARGELBOHNEN

Vorbereitungszeit: 25 Minuten
Kochzeit: 15 Minuten
Für 4 Personen

☆

1 1/2 EL Fischsauce
1 1/2 EL Austernsauce
1 TL Zucker
2–3 EL Erdnussöl
450 g Schweinefilet, quer zur Faser in dünne Scheiben geschnitten
1 rote Zwiebel, in schmale Schnitze geteilt
1 Knoblauchzehe, fein gehackt
1–2 EL Chilipaste
300 g Spargelbohnen, in 4 cm lange Stücke geschnitten

3 EL frisches Thai-Basilikum
2 EL frische Korianderblätter, gehackt
1 kleine frische rote Chilli, in Ringe geschnitten

1 Fischsauce, Austernsauce, Zucker und 2 EL Wasser in einer kleinen Schüssel verrühren.
2 Einen Wok stark erhitzen, 1 EL Öl hineingeben, im Wok schwenken. Das Fleisch darin in 2 Portionen unter Rühren gerade gar braten; bei Bedarf noch Öl zugeben. Herausnehmen.
3 Das restliche Öl in den Wok geben und die Zwiebel darin 2–3 Minuten gerade weich braten. Knoblauch, Chilipaste und Spargelbohnen zufügen und 3 Minuten unter Rühren braten. Das Fleisch mit der Flüssigkeit wieder in den Wok geben. Die Sauce zugießen und 1–2 Minuten rühren, bis das Fleisch heiß ist. Basilikum und Koriander untermischen. Mit den Chilliringen garnieren und sofort mit gedämpftem Reis servieren.

SCHWEINEFLEISCH-NUDELN AUF SHANGHAI-ART

Vorbereitungszeit: 25 Minuten
+ 30 Minuten Marinierzeit
Kochzeit: 20 Minuten
Für 4 Personen

☆☆

1/2 TL Sesamöl
60 ml Sojasauce
2 EL Austernsauce
250 g Schweinefilet, in feine Streifen geschnitten
2 EL getrocknete Garnelen
8 getrocknete Shiitakepilze
1 TL Zucker
250 ml Hühnerbrühe
1 TL Salz
300 g frische Shanghai-Nudeln
2 EL Erdnussöl
1 Knoblauchzehe, in dünne Scheiben geschnitten
2 TL geriebener frischer Ingwer
1 Stange Sellerie, in feine Streifen geschnitten
1 Lauchstange (nur weiße Teile), in feine Streifen geschnitten
150 g Chinakohl (wom bok), zerpflückt
50 g Bambussprossen, in feine Streifen geschnitten
8 Frühlingszwiebeln, in feine Ringe geschnitten

1 Sesamöl und je 1 EL Soja- und Austernsauce in einer Schüssel verrühren. Das Fleisch zufügen und in der Marinade wenden. Zudecken und im Kühlschrank 30 Minuten marinieren.
2 Die Garnelen in eine Schüssel geben, mit kochendem Wasser übergießen und 20 Minuten einweichen. Abtropfen lassen und fein hacken. Die Pilze 20 Minuten in heißem Wasser einweichen. Abtropfen lassen, die Stiele entfernen und die Hüte in feine Scheiben schneiden.
3 Zucker, Brühe, die restliche Soja- und Austernsauce und Salz mischen. Beiseite stellen.
4 Die Nudeln in einem Topf mit kochendem Wasser 4–5 Minuten weich kochen. Abgießen, mit Wasser abschrecken. 1 TL Öl unterziehen.
5 Einen Wok stark erhitzen, 1 EL Öl hineingeben, im Wok schwenken. Das Fleisch darin 1–2 Minuten unter Rühren braten. Auf eine Platte legen. Das restliche Öl erhitzen, Knoblauch, Ingwer, Sellerie, Lauch und Kohl zufügen, 1 Minute unter Rühren braten. Sprossen, Frühlingszwiebeln, Pilze und Garnelen zugeben, 1 Minute unter Rühren braten. Nudeln und Sauce zufügen, 3–5 Minuten rühren. Das Fleisch mit Flüssigkeit wieder in den Wok geben und 1–2 Minuten rühren, bis es heiß ist. Servieren.

UNTEN: Schweinefleisch-Nudeln auf Shanghai-Art

YUM WOON SEN

Der Name bedeutet „zusammengestellt" oder „vermischt". Yums sind thailändische Salate, die leicht gegartes Fleisch oder gegarte Meeresfrüchte enthalten. Das Dressing besteht aus Limettensaft, Fischsauce, Zucker und Chilli. Diese Salate sind typisch für die thailändische Küche, denn sie zeigen, wie sehr die Thailänder frische Zutaten und das Gleichgewicht von sauren, salzigen, süßen und scharfen Aromen mögen.

HACKFLEISCH-NUDELSALAT AUF THAILÄNDISCHE ART

(Yum woon sen)

Vorbereitungszeit: 20 Minuten
Kochzeit: 35 Minuten
Für 4–6 Personen

☆

BRÜHE

250 ml Hühnerbrühe
3 Korianderwurzeln
2 frische Kaffir-Limettenblätter
1 Stück frischer Ingwer, etwa 3 x 3 cm groß, in Scheiben geschnitten

30 g frische Mu-Err-Pilze
100 g Glasnudeln oder getrocknete Reis-Vermicelli
1 kleine frische rote Chilli, entkernt und in feine Ringe geschnitten
2 rote asiatische Schalotten, in feine Ringe geschnitten
2 Frühlingszwiebeln, in feine Ringe geschnitten
2 Knoblauchzehen, durchgepresst
1 EL Pflanzenöl
250 g Schweinehackfleisch
je 2 1/2 EL Limettensaft und Fischsauce
1 1/2 EL geriebener Palmzucker
1/4 TL gemahlener weißer Pfeffer
15 g frische Korianderblätter, gehackt
Salz, nach Geschmack
Eichblattsalat oder Lollo rosso, zerpflückt
Limettenspalten, zum Garnieren
frische rote Chilli, zusätzlich, in Streifen geschnitten, zum Garnieren
frische Korianderblätter, zusätzlich, zum Garnieren (nach Belieben)

1 Brühe, Koriander, Kaffir-Limettenblätter, Ingwer und 250 ml Wasser in einen Wok geben. 25 Minuten köcheln lassen, bis die Flüssigkeit etwas reduziert ist. Durch ein Sieb seihen.
2 Die Pilze von den holzigen Stielen befreien, dann in dünne Scheiben schneiden. Die Nudeln in kochendem Wasser 3–4 Minuten einweichen. Abspülen, abtropfen lassen, anschließend 3 cm lang schneiden. Nudeln, Pilze, Chilli, Schalotten, Frühlingszwiebeln und Knoblauch mischen.
3 Einen Wok stark erhitzen, das Öl hineingeben und im Wok schwenken. Das Fleisch zufügen und 1–2 Minuten unter Rühren gar braten. Die Brühe zugießen und bei starker Hitze zum Kochen bringen. 1 Minute kochen, das Fleisch abtropfen lassen und zur Nudelmischung geben.
4 Limettensaft, Fischsauce, Palmzucker und Pfeffer verrühren, bis sich der Zucker aufgelöst hat. Mit dem Koriander zur Fleischmischung geben und vermengen. Mit Salz abschmecken.
5 Den Salat auf eine Platte legen, die Mischung

RECHTS: Hackfleisch-Nudelsalat auf thailändische Art

darauf verteilen und mit Limettenspalten, Chilli und nach Belieben mit Koriander garnieren.

SCHWEINEFLEISCH MIT HOKKIEN-NUDELN

Vorbereitungszeit: 15 Minuten
+ 10 Minuten Marinierzeit
Kochzeit: 15 Minuten
Für 4 Personen

☆

80 ml Sojasauce
60 ml Mirin
2 TL geriebener frischer Ingwer
2 Knoblauchzehen, durchgepresst
1 1/2 EL weicher brauner Zucker
350 g Schweinefilet, quer zur Faser in dünne Scheiben geschnitten
500 g Hokkien-Nudeln
2 EL Erdnussöl
1 Zwiebel, in schmale Schnitze geteilt
1 rote Paprika, in dünne Streifen geschnitten
2 Möhren, schräg in dünne Scheiben geschnitten
4 Frühlingszwiebeln, schräg in feine Ringe geschnitten
200 g frische Shiitake-Pilze, in Scheiben geschnitten

1 Sojasauce, Mirin, Ingwer, Knoblauch und Zucker in einer Schüssel vermengen. Das Fleisch untermischen. Zudecken und im Kühlschrank mindestens 10 Minuten marinieren.
2 Inzwischen die Nudeln in einer hitzebeständigen Schüssel mit kochendem Wasser übergießen, 1 Minute einweichen und dann voneinander lösen. Gut abtropfen lassen, abspülen.
3 Einen großen Wok stark erhitzen, 1 EL Öl hineingeben und im Wok schwenken. Das Fleisch mit einem Schaumlöffel aus der Marinade nehmen; die Marinade aufbewahren. Das Fleisch portionsweise jeweils 3 Minute unter Rühren braten, bis es braun ist. Herausnehmen.
4 Den Wok bei starker Hitze wieder heiß werden lassen, das restliche Öl hineingeben und im Wok schwenken. Zwiebel, Paprika und Möhren darin 2–3 Minuten unter Rühren gerade weich braten. Frühlingszwiebeln und Pilze zufügen und weitere 2 Minuten garen. Fleisch, Nudeln und Marinade in den Wok geben. Gründlich mischen, bis alles heiß ist. Sofort servieren.

CHILLI-RELISH
(Samball bajak)

25 g getrocknete Tamarinde 10 Minuten in 60 ml heißem Wasser einweichen. Ausdrücken, abtropfen lassen; die Flüssigkeit aufbewahren. 3–4 gehackte kleine frische rote Chillies, 100 g rote asiatische Schalotten, 2 Knoblauchzehen, 7 Kemirinüsse und 1/2 TL geriebenen frischen Galgant in einer Küchenmaschine zu einer Paste verarbeiten. 80 ml Pflanzenöl in einem Wok erhitzen, die Paste darin 5 Minuten garen. Die Tamarindenflüssigkeit, 2 TL Ketjap Manis, 1 EL Zucker und Salz nach Geschmack zugeben und bei schwacher Hitze unter häufigem Rühren 5–10 Minuten köcheln lassen. In ein vorgewärmtes Gefäß gießen, verschlie-ßen. Abkühlen lassen. Ergibt 24 Portionen. Im Kühlschrank bis zu 5 Tagen haltbar.
Hinweis: Diese Gewürzsauce nimmt man in Südostasien für verschiedene Gerichte.

OBEN: Schweinefleisch mit Hokkien-Nudeln

MU SHU

Die Mehl-Wasser-Mischung zu einem Teig kneten.

Wenn der Teig in 4 Stücke geteilt ist, jedes Stück zu einer Rolle formen.

Jedes Teigstück mit dem Handballen flach drücken.

Die Teigstücke so dünn wie möglich ausrollen.

GEGENÜBERLIEGENDE SEITE: Schweinefleisch Mu shu

SCHWEINEFLEISCH MU SHU

Vorbereitungszeit: 30 Minuten
+ 3 Stunden Marinierzeit
+ 30 Minuten Kühlzeit
Kochzeit: 20 Minuten
Für 4 Personen

☆☆☆

2 Knoblauchzehen, durchgepresst
1 TL fein geriebener frischer Ingwer
2 1/2 EL helle Sojasauce
1 1/2 EL chinesischer Reiswein
2 EL Hoisin-Sauce
2 1/2 TL Stärkemehl
500 g Schweinefilet, in feine Streifen geschnitten
20 g getrocknete Mu-Err-Pilze
20 g getrocknete Lilienknospen (siehe Hinweis)
2 EL Hühnerbrühe
3 Eier
2 EL Pflanzenöl
1/2 TL Sesamöl
150 g Chinakohl (wom bok), fein zerpflückt
40 g Bambussprossen, in feine Streifen geschnitten
5 Frühlingszwiebeln, schräg in feine Ringe geschnitten
weißer Pfeffer, nach Geschmack
Frühlingszwiebelstücke, zum Garnieren (nach Belieben)

PFANNKUCHENTEIG
300 g Stärkemehl
200 ml kochendes Wasser
1/2 TL Pflanzenöl
Stärkemehl, zum Bestäuben

1 Knoblauch, Ingwer sowie je 1 EL Sojasauce, Reiswein, Hoisin-Sauce und Stärkemehl in einer großen Schüssel vermengen. Das Schweinefleisch gründlich untermischen, mit Klarsichtfolie zudecken und im Kühlschrank 3 Stunden marinieren.

2 Für den Teig das Mehl in eine große Schüssel sieben und eine Mulde in die Mitte drücken. Das kochende Wasser langsam hineingießen, dabei mit einem Holzlöffel rühren, danach das Öl zufügen, rühren und kneten, bis ein Teig entstanden ist. Den Teig auf eine leicht bemehlte Arbeitsfläche legen und 5 Minuten kneten, bis er glatt und elastisch ist. Vorsicht beim Kneten, denn der Teig ist heiß! Den Teig in eine saubere Schüssel legen, mit Klarsichtfolie zudecken und für 30 Minuten in den Kühlschrank stellen.

3 Inzwischen die Pilze und die Lilienknospen separat mit kochendem Wasser übergießen und 20 Minuten einweichen. Abtropfen lassen, die Lilienknospen von harten Enden befreien und in 1 cm große Stücke schneiden, die Pilze in feine Streifen schneiden.

4 Hühnerbrühe, restliche Soja- und Hoisin-Sauce, restlichen Reiswein und restliches Mehl in einem Gefäß mischen. Mit einer Gabel schlagen, bis sich das Mehl auflöst.

5 Die Eier mit einer Gabel leicht verquirlen. Einen Wok stark erhitzen, 1 TL Pflanzenöl und 1/4 TL Sesamöl hineingeben und die Eier zufügen. Etwa 30 Sekunden rühren, bis sie fest sind. Herausnehmen.

6 Denselben Wok wieder stark erhitzen, 2 TL Pflanzenöl und das restliche Sesamöl hineingeben und im Wok schwenken. Das Fleisch darin portionsweise jeweils 2 Minuten unter Rühren braun braten. Herausnehmen.

7 Das restliche Öl in den Wok geben, Chinakohl, Bambussprossen, Frühlingszwiebeln, Pilze und Lilienknospen zufügen und 3 Minuten unter Rühren braten, bis der Chinakohl beginnt zusammenzufallen. Das Fleisch wieder in den Wok geben, die Saucenmischung zufügen und garen, bis sie zu kochen beginnt und langsam eindickt. Die Eier unterrühren und mit Pfeffer würzen. Den Wok von der Herdplatte nehmen. Warm stellen.

8 Die Arbeitsfläche leicht bemehlen, den Teig in 4 gleich große Stücke teilen und jedes Stück zu einer langen Rolle formen. Jede Rolle in 4 Teile schneiden. Jedes Teil mit dem Handballen flach drücken und anschließend so dünn wie möglich zu einem Pfannkuchen von etwa 15 cm Durchmesser ausrollen. Der Teig ist ziemlich elastisch und man kann ihn so dünn ausrollen, dass er fast durchscheinend ist.

9 Eine Bratpfanne bei mittlerer Hitze heiß werden lassen. Die Pfannkuchen auf jeder Seite ohne Fettzugabe etwa 30 Sekunden braten, bis sie braune Punkte bekommen. Die fertigen Pfannkuchen auf einer Platte aufeinander legen und mit Klarsichtfolie zudecken, um sie warm zu halten, während die restlichen Pfannkuchen gebacken werden. Die Pfannkuchen mit der Fleischmischung füllen und nach Belieben mit Frühlingszwiebelstücken garnieren. Servieren.

Hinweise: Lilienknospen, auch Goldnadeln genannt, sind die geschlossenen Blütenknospen der Tigerlilie. Sie werden häufig in der chinesischen Küche verwendet. Vor dem Gebrauch weicht man sie in Wasser auf. Sie sind in einigen Asienläden erhältlich.

THAILÄNDISCHE ETIKETTE

Viele Menschen in westlichen Ländern glauben, dass Thailänder beim Speisen Stäbchen benutzen, doch das ist außer bei chinesischen Nudelgerichten nicht der Fall. Wenn man in einem Restaurant in Thailand nach Stäbchen fragt, reagiert das Bedienungspersonal mit Erstaunen. Die Thailänder essen, anders als die Chinesen und Japaner, lieber von einer Platte als aus einer Schüssel – und dafür sind Stäbchen nicht besonders geeignet. Ursprünglich aß man in Thailand mit den Fingern, doch heute sind Gabel und Löffel üblich. Messer gibt es nur in der Küche – die Lebensmittel werden dort bereits in mundgerechte Stücke geschnitten und deshalb braucht man kein Messer am Tisch. Bei thailändischen Mahlzeiten werden normalerweise verschiedene Gerichte auf den Tisch gestellt und man bedient sich selbst. Man benutzt die Gabel, um das Essen zunächst von den Platten auf den Teller zu bringen und dann auf den Löffel zu legen. Gute Umgangsformen zeigen sich darin, dass man mit der Gabel niemals den Mund berührt.

OBEN: Schweinefleisch mit Pilzen auf Thai-Art

SCHWEINEFLEISCH MIT PILZEN AUF THAI-ART

(Paht heht)

Vorbereitungszeit: 20 Minuten
+ 20 Minuten Einweichzeit
Kochzeit: 5 Minuten
Für 4 Personen

☆☆

15 g getrocknete Mu-err-Pilze
1 EL Erdnussöl
350 g Schweinefilet, quer zur Faser in dünne Scheiben geschnitten
4 Knoblauchzehen, in dünne Scheiben geschnitten
3 rote asiatische Schalotten, in feine Ringe geschnitten
1 Möhre, schräg in dünne Scheiben geschnitten
6 Frühlingszwiebeln, in 2,5 cm lange Stücke geschnitten
je 2 EL Fischsauce und Austernsauce
1 TL gemahlener weißer Pfeffer

1 Die Pilze in einer Schüssel mit kochendem Wasser 20 Minuten einweichen. Abspülen, abtropfen lassen und in Scheiben schneiden.
2 Einen Wok bei mittlerer Hitze heiß werden lassen, das Öl hineingeben und im Wok schwenken. Fleisch, Knoblauch und Schalotten darin 30 Sekunden unter Rühren braten. Möhre und Frühlingszwiebeln zufügen und 2–3 Minuten unter Rühren braten, bis das Fleisch gar ist.
3 Fisch- und Austernsauce sowie weißen Pfeffer zugeben und 1 weitere Minute unter Rühren braten. Heiß mit Reis servieren.

JAPANISCHES SCHWEINEFLEISCH MIT KOHL

Vorbereitungszeit: 15 Minuten
Kochzeit: 10 Minuten
Für 4 Personen

☆

1/4 TL Dashi-Granulat
1 1/2 EL Pflanzenöl
500 g Schweinefilet, quer zur Faser in sehr dünne Scheiben geschnitten
4 Frühlingszwiebeln, in 3 cm lange Stücke geschnitten
230 g Chinakohl (wom bok), zerpflückt
60 ml Sojasauce
2 TL Mirin
3 TL sehr fein geriebener frischer Ingwer
2 Knoblauchzehen, durchgepresst
1–2 TL Zucker
schwarze Sesamsamen, zum Garnieren (nach Belieben)

1 Das Dashi-Granulat in 125 ml heißem Wasser auflösen.
2 Einen Wok stark erhitzen, 1 EL Öl hineingeben. Das Fleisch in 3 Portionen jeweils 1 Minute unter Rühren braten. Herausnehmen.
3 Restliches Öl in den Wok geben und im Wok schwenken. Frühlingszwiebeln und Kohl darin 1 Minute unter Rühren braten; herausnehmen.
4 Sojasauce, Mirin, Dashi-Brühe, Ingwer, Knoblauch und Zucker mischen und in den Wok geben, zum Kochen bringen und 1 Minute kochen. Fleisch und Gemüse wieder in den Wok geben, 2–3 Minuten unter Rühren braten. Nach Belieben mit Sesamsamen garnieren.

SCHWEINEFLEISCH MIT INGWER AUF THAI-ART

(Mao paht king)

Vorbereitungszeit: 20 Minuten
Kochzeit: 10 Minuten
Für 4 Personen

☆

2–3 EL Erdnussöl
1 Knoblauchzehe, durchgepresst
400 g Schweinefilet, quer zur Faser in dünne Scheiben geschnitten
2 EL frischer Ingwer, in Streifen geschnitten
3 rote asiatische Schalotten, in feine Ringe geschnitten
1 kleine rote Paprika, in dünne Streifen geschnitten
4 Frühlingszwiebeln, in 4 cm lange Stücke geschnitten
100 g Zuckererbsen, schräg halbiert
je 2 EL Sojasauce und Fischsauce
2 EL geriebener Palmzucker
2 EL Limettensaft
2 EL frische Korianderblätter, gehackt
frischer Ingwer, zusätzlich, zum Garnieren

1 Einen Wok stark erhitzen. 1 EL Öl hineingeben und im Wok schwenken. Den Knoblauch darin 30 Sekunden braten. Das Fleisch portionsweise jeweils 1–2 Minuten unter Rühren braten, bis es leicht gebräunt ist. Herausnehmen.
2 Restliches Öl im Wok erhitzen, Ingwer und Schalotten 1 Minute unter Rühren braten. Paprika, Frühlingszwiebeln und Zuckererbsen zufügen. 1 weitere Minute unter Rühren braten, dann das Fleisch wieder in den Wok geben.
3 Sojasauce, Fischsauce, Palmzucker und Limettensaft mischen und in den Wok gießen. Den Koriander zufügen und 1 Minute rühren, bis alles vermischt ist. Mit Ingwer garnieren.

LINKS: Schweinefleisch mit Ingwer auf Thai-Art

OBEN: *Fünf-Gewürze-Schweinefleisch*

FÜNF-GEWÜRZE-SCHWEINEFLEISCH

Vorbereitungszeit: 20 Minuten
Kochzeit: 20 Minuten
Für 4 Personen

☆☆

375 g frische dünne Eiernudeln
1 EL Sesamöl
3 TL geriebener frischer Ingwer
1 1/2 TL Fünf-Gewürze-Pulver, 2 TL Reismehl
Salz und Pfeffer, nach Geschmack
500 g Schweinefilet, quer zur Faser in dünne Scheiben geschnitten
2 EL Pflanzenöl
2 Knoblauchzehen, durchgepresst
1 rote Paprika, in dünne Streifen geschnitten
300 g junger Pak-choi oder Chinakohl (wom bok), zerkleinert
6 Frühlingszwiebeln, schräg in Ringe geschnitten
je 2 EL chinesischer Reiswein und Hoisin-Sauce
1 EL Sojasauce

1 Die Nudeln in kochendem Wasser 1 Minute garen. Abgießen, abspülen, wieder in den Topf geben. Die Hälfte des Sesamöls unterrühren.
2 Ingwer, Fünf-Gewürze-Pulver und Mehl in eine Schüssel geben, mit Salz und Pfeffer würzen und vermengen. Das Fleisch untermischen.
3 Einen Wok stark erhitzen, die Hälfte des Pflanzenöls hineingeben und im Wok schwenken. Das Fleisch portionsweise jeweils 5 Minuten unter Rühren braten. Herausnehmen. Das restliche Pflanzenöl, Knoblauch, Paprika, Pak-choi und Frühlingszwiebeln in den Wok geben und 3 Minuten unter Rühren weich braten.
4 Das Fleisch wieder in den Wok geben, Reiswein, Hoisin- und Sojasauce und das restliche Sesamöl unterrühren, 2 Minuten köcheln lassen. Die Nudeln zufügen und wieder erhitzen.

SCHWEINEFLEISCH MIT DAIKON-RETTICH

Vorbereitungszeit: 10 Minuten
+ 1 Stunde Marinierzeit
Kochzeit: 10 Minuten
Für 4 Personen

☆

1/4 TL Sesamöl
1 TL Stärkemehl
5 TL Zucker
1 1/2 EL helle Sojasauce
1 1/2 EL chinesischer Reiswein
500 g Schweinefilet, in feine Streifen geschnitten
2 EL Erdnussöl
1 Knoblauchzehe, gehackt
1 EL frischer Ingwer, in dünne Scheiben geschnitten
2 Frühlingszwiebeln, fein zerkleinert
1 TL Chilipaste
150 g eingelegter Daikon-Rettich, abgetropft und abgespült
1 TL Reisessig

1 Sesamöl, Stärkemehl, 3 TL Zucker und je 1 EL Sojasauce und Reiswein in einer großen Schüssel vermengen. Das Fleisch gründlich untermischen, zudecken und im Kühlschrank mindestens 1 Stunde marinieren.
2 Einen Wok stark erhitzen, das Erdnussöl hineingeben und im Wok schwenken. Wenn das Öl heiß ist, die Hälfte des Fleisches zufügen und 2 Minuten unter Rühren braten. Mit einem Schaumlöffel herausnehmen und auf Küchen-

krepp abtropfen lassen. Den Vorgang mit dem restlichen Fleisch wiederholen. Herausnehmen.
3 Den Wok wieder stark erhitzen, Knoblauch, Ingwer, Frühlingszwiebeln und Chilipaste darin 30 Sekunden braten. Den Daikon zufügen und 1 Minute garen. Das Fleisch wieder in den Wok geben und 2 Minuten unter ständigem Rühren garen. Den Essig mit der restlichen Sojasauce, restlichem Reiswein und Zucker in einer Schüssel mischen und zugießen. Rühren, bis alles vermischt ist. Mit gedämpftem Reis servieren.

GEGRILLTES SCHWEINEFILET MIT BROKKOLI

Vorbereitungszeit: 25 Minuten
Kochzeit: 10 Minuten
Für 4–6 Personen

☆

1 EL Pflanzenöl
1 große Zwiebel, in feine Ringe geschnitten
2 Möhren, in feine Streifen geschnitten
200 g Brokkoli, in kleine Röschen geschnitten
6 Frühlingszwiebeln, schräg in Ringe geschnitten
1 EL frischer Ingwer, fein gehackt
3 Knoblauchzehen, fein gehackt
400 g chinesisches gegrilltes Schweinefilet (siehe S. 47), in dünne Scheiben geschnitten
je 2 EL Sojasauce und Mirin
180 g Bohnensprossen, geputzt
Salz und frisch gemahlener schwarzer Pfeffer, nach Geschmack

1 Einen Wok stark erhitzen, das Öl hineingeben und im Wok schwenken. Auf mittlere Hitze reduzieren, die Zwiebel zufügen und 3–4 Minuten unter Rühren braten, bis sie weich wird.
2 Möhren, Brokkoli, Frühlingszwiebeln, Ingwer und Knoblauch zugeben und 4–5 Minuten unter ständigem Rühren garen.
3 Den Wok wieder stark erhitzen, das Fleisch zufügen und rühren, bis es gar ist.
4 Sojasauce und Mirin zugießen und rühren, bis alles gut vermischt ist. Der Wok sollte so heiß sein, dass die Sauce etwas reduziert wird. Die Bohnensprossen untermischen und mit Salz und Pfeffer abschmecken. Nach Belieben mit Reisnudeln servieren.

UNTEN: Gegrilltes Schweinefilet mit Brokkoli

SPARGEL

Wenn Sie Spargel kaufen, wählen Sie am besten den würzigeren grünen Spargel. Die Stangen sollten möglichst gerade sein und fest geschlossene Köpfe haben. Achten Sie darauf, dass die Enden nicht gespalten oder ausgetrocknet sind. Spargel bleibt nicht lange frisch; es empfiehlt sich, ihn gleich am Tag des Einkaufs zu kochen. Falls das nicht möglich ist, bewahren Sie den Spargel in Klarsichtfolie eingewickelt im Kühlschrank auf. Sie können auch die gebündelten Stangen in ein Gefäß mit Wasser stellen und mit einem Gefrierbeutel abdecken. So hält sich der Spargel etwa 2 Tage.

OBEN: Schweinefleisch mit Spargel und Babymais

SCHWEINEFLEISCH MIT SPARGEL UND BABYMAIS

Vorbereitungszeit: 15 Minuten
+ 10 Minuten Marinierzeit
Kochzeit: 10 Minuten
Für 4 Personen

☆

1 Knoblauchzehe, gehackt
1 TL geriebener Ingwer
2 EL Sojasauce
1/4 TL gemahlener weißer Pfeffer
1 EL chinesischer Reiswein
600 g Schweinefilet, quer zur Faser in dünne Scheiben geschnitten
1 EL Erdnussöl, 1 TL Sesamöl
6 frische Shiitake-Pilze, in dünne Scheiben geschnitten
150 g Babymais
100 g frischer Spargel, schräg in 4 cm lange Stücke geschnitten
2 EL Austernsauce

1 Knoblauch, Ingwer, Sojasauce, Pfeffer und Reiswein in einer Schüssel vermengen. Das Fleisch gründlich untermischen. Mindestens 10 Minuten marinieren.
2 Einen Wok stark erhitzen, die Hälfte des Öls hineingeben und im Wok schwenken. Die Hälfte des Fleisches aus der Marinade nehmen (die Marinade aufbewahren) und 2 Minuten unter Rühren braten. Herausnehmen. Den Wok wieder erhitzen und den Vorgang mit dem restlichen Öl und Fleisch wiederholen.
3 Pilze, Mais und Spargel in den Wok geben und 2 Minuten unter Rühren braten. Das Fleisch mit der Flüssigkeit wieder in den Wok geben, Austernsauce und Marinade unterrühren. Weitere 2 Minuten unter Rühren garen, bis das Fleisch wieder heiß ist.

SCHWEINEFLEISCH MIT WASSERSPINAT

Vorbereitungszeit: 10 Minuten
Kochzeit: 10 Minuten
Für 4 Personen

☆

600 g Wasserspinat
2 EL Erdnussöl
4 Knoblauchzehen, fein gehackt
2 frische Bird's eye chillies, fein gehackt
2 TL fein geriebener frischer Ingwer
500 g Schweinefilet, quer zur Faser in Scheiben geschnitten
2 EL gelbe Bohnensauce

2 EL Austernsauce
1/2 TL Zucker

1 Die Stiele vom Wasserspinat entfernen und die Blätter in 4 cm lange Stücke teilen. Gründlich waschen, abtropfen lassen und beiseite stellen.
2 Einen Wok stark erhitzen, das Öl hineingeben und im Wok schwenken. Den Knoblauch darin 30 Sekunden unter Rühren braten. Chillies, Ingwer, Fleisch und Bohnensauce zufügen und 4 Minuten unter Rühren braten. Wasserspinat, Austernsauce und Zucker zugeben und weitere 4 Minuten garen. Mit Reis servieren.

SCHWEINEFLEISCH MIT PFLAUMENSAUCE UND CHOISUM

Vorbereitungszeit: 10 Minuten
Kochzeit: 25 Minuten
Für 4 Personen

☆

600 g Choisum, in 6 cm lange Stücke geschnitten
60 ml Pflaumensauce
2 EL chinesischer Reiswein
1 1/2 EL Sojasauce, 1 TL Sesamöl
125 ml Erdnussöl
1 große Zwiebel, in Ringe geschnitten
3 Knoblauchzehen, fein gehackt
2 TL frischer Ingwer, fein gehackt
500 g Schweinefilet, quer zur Faser in dünne Scheiben geschnitten
2 EL Stärkemehl, mit Salz und Pfeffer gewürzt

1 Leicht gesalzenes Wasser in einem großen Topf zum Kochen bringen, den Choisum hineingeben und 2–3 Minuten garen. In Eiswasser tauchen und abtropfen lassen.
2 Pflaumensauce, Reiswein, Sojasauce und Sesamöl in einer Schüssel mischen. Beiseite stellen.
3 Einen Wok stark erhitzen, 1 EL Öl hineingeben und schwenken. Zwiebel, Knoblauch und Ingwer zufügen, bei mittlerer Hitze 3 Minuten unter Rühren weich braten. Herausnehmen.
4 Das Fleisch im Stärkemehl wenden; überschüssiges Mehl abschütteln. Den Wok wieder stark erhitzen, das restliche Öl hineingeben und schwenken. Das Fleisch portionsweise jeweils 3 Minuten goldgelb braten. Herausnehmen.
5 Das Öl aus dem Wok entfernen und das Fleisch mit der Flüssigkeit wieder in den Wok geben. Die Sauce zugießen. Bei starker Hitze 2–3 Minuten kochen, dann den Choisum und die Zwiebelmischung zufügen. Unter Rühren weitere 2 Minuten garen. Sofort mit gedämpftem Reis servieren.

PFLAUMENSAUCE

Die Pflaume ist eine besonders beliebte Frucht in China. Die Pflaumenblüte ist sogar ein Nationalsymbol des Landes. Die Pflaumensauce, die in westlichen Ländern so beliebt ist, stammt in der Regel aus Hongkong. Pflaumensauce ist süß und glänzend und wird meist aus einer chinesischen Pflaumensorte hergestellt, die klein und dunkelrot ist. Für die Herstellung der Sauce werden die Pflaumen mit Zucker, Salz, Wasser, Essig und Speisestärke gemischt. Es gibt diverse Marken, die sich in Aroma und Farbe unterscheiden. Deshalb ist es empfehlenswert auszuprobieren, welche Marke man am liebsten mag. Pflaumensauce wird gern als Zutat für Pekingente und Pfannkuchen verwendet, aber sie kann auch gut für pfannengerührte Gerichte genommen werden. Sie ergänzt hervorragend die Aromen von Schweine- und besonders von Lammfleisch. Einmal geöffnet, hält sich die Sauce bis zu 3 Monate im Kühlschrank.

LINKS: Schweinefleisch mit Pflaumensauce und Choisum

VIETNAMESISCHE CRÊPES MIT GARNELEN, SCHWEINEFLEISCH UND NUDELN

Vorbereitungszeit: 45 Minuten
+ 2–4 Stunden Ruhezeit
Kochzeit: 35 MInuten
Für 6 Personen

☆

250 g Reismehl
1 TL Backpulver
1 1/2 TL Zucker
1/2 TL gemahlener Kurkuma
250 ml Kokosmilch
1/2 TL Salz
3 TL Erdnussöl
Limettenspalten, zum Servieren

Dip

1 EL Fischsauce, 2 EL Limettensaft
1 EL feiner Zucker
1 kleine frische rote Chilli, in feine Ringe geschnitten

Salat

1 Möhre, grob gerieben
120 g Eisbergsalat, zerpflückt
1 Gemüsegurke, in feine Streifen geschnitten
100 g Bohnensprossen, geputzt
20 g frische Minze
30 g frische Korianderblätter

Füllung

80 g Glasnudeln, in Stücke gebrochen
1 EL Erdnussöl
1 große Zwiebel, in feine Ringe geschnitten
6 Knoblauchzehen, durchgepresst
300 g mageres Schweinefilet, fein zerkleinert
150 g mittelgroße rohe Garnelen, küchenfertig und zerkleinert
1 kleine rote Paprika, in dünne Streifen geschnitten
80 g Champignons, in dünne Scheiben geschnitten
1 EL helle Sojasauce
1/4 TL gemahlener weißer Pfeffer
4 Frühlingszwiebeln, in feine Ringe geschnitten

1 Für den Crêpeteig Reismehl, Backpulver, Zucker, Kurkuma, Kokosmilch, Salz und 250 ml Wasser mit einem Mixer zu einem glatten Teig verarbeiten. Zudecken und 2–4 Stunden an einem warmen Ort ruhen lassen.

DER FRANZÖSISCHE EINFLUSS AUF DIE VIETNAMESISCHE KÜCHE
Die vietnamesische Küche ist von vielen Landesküchen beeinflusst, z. B. von der chinesischen, indischen und portugiesischen. Am größten ist aber wahrscheinlich der französische Einfluss. Das ist darauf zurückzuführen, dass Vietnam ab Mitte des 19. Jahrhunderts fast 100 Jahre lang französische Kolonie gewesen ist. Der Einfluss wirkte sich sowohl auf die Kochmethoden als auch auf die verwendeten Lebensmittel aus, besonders im Süden des Landes. So reicht man z. B. Baguettes zu Currygerichten. In vielen vietnamesischen Städten wird in Patisserien Gebäck angeboten, das von der französischen Küche inspiriert ist, z. B. süße Brote, die an Brioches erinnern.

RECHTS: Vietnamesische Crêpes mit Garnelen, Schweinefleisch und Nudeln

2 Alle Zutaten für den Dip in einer kleinen Schüssel mischen.
3 Alle Zutaten für den Salat in einer großen Schüssel mischen.
4 Die Nudeln 3–4 Minuten in kochendem Wasser einweichen. Abspülen und abtropfen lassen. Einen Wok stark erhitzen, das Öl hineingeben und im Wok schwenken. Die Zwiebel darin 2 Minuten braten, den Knoblauch zufügen und weitere 30 Sekunden braten. Das Fleisch zugeben und 2 Minuten braun braten. Garnelen, Paprika und Pilze unterrühren und garen, bis die Garnelen weiß werden. Nudeln, Sojasauce, Pfeffer und Frühlingszwiebeln untermischen.
5 Den Teig schlagen, bis er glatt ist. 1/2 TL Öl in einer großen antihaftbeschichteten Bratpfanne erhitzen. 80 ml Teig in die Mitte der Pfanne gießen und schwenken, damit sich der Teig bis an den Rand verteilt. Bei mittlerer Hitze 1–2 Minuten backen, bis die Unterseite goldgelb und knusprig ist. Wenden und weitere 1–2 Minuten backen. Den Vorgang wiederholen, bis der gesamte Teig aufgebraucht ist.
6 Die Crêpes mit der Fleischmischung füllen. Mit Dip, Salat und Limettenspalten servieren.
Hinweis: Der erste Crêpe gelingt meist noch nicht so gut; die Teigmenge reicht aber aus, um 6 weitere Crêpes zu bekommen.

„AMEISEN, DIE AUF BÄUME KLETTERN“

Vorbereitungszeit: 15 Minuten
+ 10–15 Minuten Marinierzeit
Kochzeit: 15 Minuten
Für 4 Personen

☆

1 TL Stärkemehl
1 1/2 EL helle Sojasauce
2 EL chinesischer Reiswein, 1 TL Sesamöl
200 g Schweinehackfleisch
150 g Glasnudeln
2 EL Pflanzenöl
4 Frühlingszwiebeln, fein gehackt
1 Knoblauchzehe, durchgepresst
1 EL frischer Ingwer, fein gehackt
2 TL rote Bohnenpaste
200 ml Hühnerbrühe
je 1/2 TL Zucker und Salz
2 Frühlingszwiebeln (nur grüne Teile), zusätzlich, schräg in feine Ringe geschnitten, zum Garnieren

1 Stärkemehl, je 1 EL Sojasauce und Reiswein sowie 1/2 TL Sesamöl in einer großen Schüssel verrühren. Das Hackfleisch zufügen und alles mit einer Gabel oder den Fingern mischen. Mit Klarsichtfolie zudecken und im Kühlschrank 10–15 Minuten marinieren.
2 Inzwischen die Nudeln in eine hitzebeständige Schüssel geben, mit kochendem Wasser übergießen und 3–4 Minuten einweichen. Abspülen und gut abtropfen lassen.
3 Einen Wok stark erhitzen, das Öl hineingeben und im Wok schwenken. Frühlingsszwiebeln, Knoblauch, Ingwer und Bohnenpaste 10 Sekunden garen, die Fleischmischung zufügen und 2 Minuten unter Rühren garen. Brühe, Zucker, Salz und restliche Sojasauce, restlichen Reiswein und restliches Sesamöl unterrühren.
4 Die Nudeln in den Wok geben und gut untermischen. Zum Kochen bringen, dann die Hitze stark reduzieren und unter gelegentlichem Rühren 7–8 Minuten köcheln lassen, bis die Flüssigkeit fast ganz aufgesogen ist. Mit Frühlingszwiebeln garnieren und servieren.
Hinweis: Die Ameisen im Namen dieses chinesischen Gerichts stehen für das Schweinehackfleisch, die Bäume für die Nudeln.

OBEN: „Ameisen, die auf Bäume klettern“

NUDELN MIT HACKFLEISCH UND BOHNENSAUCE

Vorbereitungszeit: 10 Minuten
Kochzeit: 15 Minuten
Für 4–6 Personen

☆☆

60 ml braune Bohnensauce, 2 EL Hoisin-Sauce
200 ml Hühnerbrühe
1/2 TL Zucker
2 EL Erdnussöl
3 Knoblauchzehen, fein gehackt
6 Frühlingszwiebeln, in Ringe geschnitten, weiße und grüne Teile getrennt
650 g Schweinehackfleisch
500 g frische Shanghai-Nudeln
1 Salatgurke, der Länge nach halbiert, entkernt und schräg in Scheiben geschnitten
30 g frische Korianderblätter
90 g Bohnensprossen, geputzt
1 EL Limettensaft

1 Bohnen- und Hoisin-Sauce, Hühnerbrühe und Zucker mischen und glatt rühren.
2 Einen Wok stark erhitzen, das Öl hineingeben und im Wok schwenken. Knoblauch und die weißen Teile der Frühlingszwiebeln zufügen und 10–20 Sekunden anbraten. Das Fleisch zugeben und bei starker Hitze 2–3 Minuten braun braten. Die Saucenmischung zugießen, die Hitze reduzieren und 7–8 Minuten köcheln lassen.
3 Die Nudeln in einem großen Topf mit ko-chendem Wasser 4–5 Minuten weich garen. Abtropfen lassen, abspülen und auf kleine Schüsseln verteilen. Gurke, Koriander, Bohnensprossen, Limettensaft und restliche Frühlingszwiebeln vermengen. Die Fleischmischung über die Nudeln geben und den Salat darauf verteilen.

OBEN: Nudeln mit Hackfleisch und Bohnensauce

SCHWEINEFILET IN SCHWARZER BOHNENSAUCE

Vorbereitungszeit: 10 Minuten
+ 1 Stunde Marinierzeit
Kochzeit: 15 Minuten
Für 4 Personen

☆

2 Knoblauchzehen, durchgepresst
2 TL fein geriebener frischer Ingwer
2 EL Pflanzenöl
600 g Schweinefilet, quer zur Faser in dünne Scheiben geschnitten
2–3 EL gesalzene schwarze Bohnen, abgespült
60 ml Hühnerbrühe
1 1/2 EL Sojasauce
1 1/2 TL Stärkemehl
1 TL Zucker
1/4 TL Sesamöl
1 kleine Zwiebel, in feine Ringe geschnitten

3 Frühlingszwiebeln, schräg in Ringe geschnitten
Salz und Pfeffer, nach Geschmack

1 Knoblauch, Ingwer und 2 TL Öl in einer Schüssel mischen. Das Fleisch zugeben, zudecken und 1 Stunde kühl stellen.
2 Die Bohnen mit Brühe, Sojasauce, Mehl und Zucker in ein kleines Gefäß geben. Gut mischen und die Bohnen mit einer Gabel zerdrücken.
3 Einen Wok stark erhitzen. Das Sesamöl und 1 EL Pflanzenöl hineingeben und schwenken. Das Fleisch portionsweise jeweils 3 Minuten unter Rühren braun braten. Herausnehmen.
4 Das restliche Öl in den Wok geben und die Zwiebel darin 2 Minuten unter Rühren braten. Das Fleisch wieder in den Wok geben, Bohnensauce und Frühlingszwiebeln zufügen. 3 Minuten rühren, bis die Sauce zu kochen beginnt und eindickt. Würzen. Als Teil einer Mahlzeit servieren.

KARAMELL-SCHWEINEFLEISCH MIT KÜRBIS

Vorbereitungszeit: 15 Minuten
Kochzeit: 20 Minuten
Für 4 Personen

☆

500 g Schweinefilet, quer zur Faser in dünne Scheiben geschnitten
2 Knoblauchzehen, durchgepresst
2–3 EL Erdnussöl
Salz und frisch gemahlener Pfeffer
300 g Birnen- oder Gartenkürbis, in etwa 2 x 4 cm große und 5 mm dicke Stücke geschnitten
60 g weicher brauner Zucker
je 60 ml Fischsauce und Reisessig
2 EL frische Korianderblätter, gehackt

1 Das Fleisch in eine Schüssel geben, Knoblauch und etwa 2 TL Öl untermischen und mit Salz und Pfeffer würzen.
2 Einen Wok stark erhitzen, 1 EL Öl hineingeben und im Wok schwenken. Das Fleisch in 2 Portionen jeweils etwa 1 Minute unter Rühren braten. Das Fleisch auf eine Platte geben.
3 Das restliche Öl in den Wok geben und den Kürbis etwa 4 Minuten unter Rühren braten, bis er weich ist, aber noch nicht auseinanderfällt. Herausnehmen und zum Fleisch geben.
4 Zucker, Fischsauce, Reisessig und 125 ml Wasser in den Wok geben und gut verrühren. Zum Kochen bringen und etwa 10 Minuten kochen, bis die Mischung sirupartig ist. Fleisch und Kürbis wieder in den Wok geben und 1 Minute rühren, bis alles gut vermischt und wieder heiß ist. Die Korianderblätter hineinrühren. Sofort mit gedämpftem Reis und nach Belieben mit asiatischem Gemüse servieren.

UNTEN: Karamell-Schweinefleisch mit Kürbis

GEBRATENE NUDELN AUF INDONESISCHE ART

(Bahmi goreng)

Vorbereitungszeit: 25 Minuten
Kochzeit: 20 Minuten
Für 4 Personen

☆☆

400 g frische flache Eiernudeln (5 mm breit)
2 Tomaten
2 EL Erdnussöl
4 rote asiatische Schalotten, in feine Ringe geschnitten
2 Knoblauchzehen, gehackt
1 kleine frische rote Chilli, fein gewürfelt
100 g Schweinefilet, quer zur Faser in dünne Scheiben geschnitten
300 g Hähnchenbrustfilet, in dünne Scheiben geschnitten
200 g kleine rohe Garnelen, küchenfertig, aber mit Schwanzflosse
2 Blätter Chinakohl (wom bok), zerpflückt
2 Möhren, der Länge nach halbiert und in dünne Scheiben geschnitten
100 g Spargelbohnen, in 3 cm lange Stücke geschnitten
60 ml Ketjap Manis
1 EL helle Sojasauce
4 Frühlingszwiebeln, schräg in Ringe geschnitten
Salz und Pfeffer, nach Geschmack
1 EL Röstzwiebeln, zum Garnieren
frische glattblättrige Petersilie, zum Garnieren

UNTEN: Gebratene Nudeln auf indonesische Art

1 Die Nudeln in einem Topf mit kochendem Wasser 1 Minute weich garen. Abtropfen lassen und mit kaltem Wasser abspülen.
2 Die Tomaten auf der Oberseite kreuzweise einritzen. 30 Sekunden in einer Schüssel mit kochendem Wasser überbrühen, dann in kaltes Wasser tauchen und die Haut vom Kreuz aus abziehen. Die Tomaten quer halbieren, die Kerne mit einem Teelöffel herausschaben und das Fruchtfleisch zerkleinern.
3 Einen Wok stark erhitzen, das Öl hineingeben und schwenken. Die Schalotten 1 Minute unter Rühren braten. Knoblauch, Chilli und Schweinefleisch zufügen und 2 Minuten unter Rühren braten. Das Hähnchenfleisch zugeben und 2 Minuten braten. Die Garnelen zufügen und weitere 2 Minuten unter Rühren gar braten.
4 Chinakohl, Möhren und Bohnen hineinrühren und 3 Minuten garen, dann die Nudeln zufügen und weitere 4 Minuten unter Rühren braten, bis alles heiß ist.
5 Ketjap Manis, Sojasauce, Frühlingszwiebeln und Tomaten zugeben. 2 Minuten rühren. Würzen und mit Röstzwiebeln und Petersilie garnieren. Servieren.

PFEFFERHUHN

Vorbereitungszeit: 10 Minuten
Kochzeit: 10 Minuten
Für 4 Personen

☆

2 EL Austernsauce
1 TL Sojasauce
1 TL Zucker
1 EL Pflanzenöl

2 Hähnchenbrustfilets, in Streifen geschnitten
2 1/2 TL gewürzte Pfefferkörner
1 Zwiebel, in Schnitze geteilt
1 rote Paprika, in Streifen geschnitten

1 Austernsauce, Sojasauce und Zucker in eine kleine Schüssel geben. Rühren, bis sich der Zucker aufgelöst hat.
2 Einen Wok stark erhitzen, das Öl hineingeben und im Wok schwenken. Das Fleisch zufügen und 2–3 Minuten unter Rühren braun braten.
3 Den Pfeffer hineinstreuen und unter Rühren braten, bis er duftet. Zwiebel und Paprika zugeben und 2 Minuten unter Rühren braten, bis das Gemüse weich wird. Die Temperatur auf mittlere Hitze reduzieren und die Sauce zugießen. Gut rühren. Heiß mit gedämpftem Reis oder asiatischen Nudeln servieren.

TERIYAKI-HÄHNCHEN MIT UDON-NUDELN

Vorbereitungszeit: 20 Minuten
+ 30 Minuten Marinierzeit
Kochzeit: 20 Minuten
Für 4 Personen

☆

1 Knoblauchzehe, durchgepresst
1 1/2 TL geriebener frischer Ingwer
80 ml helle Sojasauce
1 EL Sake
60 ml Mirin
450 g Hähnchenbrustfilet, in 2 cm große Würfel geschnitten
400 g frische Udon-Nudeln
2 EL Erdnussöl, 1 TL Sesamöl
1 Zwiebel, in schmale Schnitze geteilt
2 TL Zucker
6 Frühlingszwiebeln, schräg in feine Ringe geschnitten
1 EL Sesamsamen, geröstet
2 TL schwarze Sesamsamen, geröstet

1 Knoblauch, Ingwer, Sojasauce, Sake und Mirin in einer großen Schüssel vermengen. Das Hähnchenfleisch gründlich untermischen. Mit Klarsichtfolie zudecken und im Kühlschrank 30 Minuten marinieren.
2 Inzwischen die Nudeln in einem Topf mit kochendem Wasser 1–2 Minuten weich garen. Gründlich abtropfen lassen.
3 Das Fleisch abtropfen lassen und die Marinade aufbewahren. Erdnuss- und Sesamöl mischen. Einen Wok stark erhitzen, die Hälfte der Ölmischung hineingeben und schwenken. Das Fleisch portionsweise jeweils 2–3 Minuten unter Rühren braun braten. Vom Herd nehmen. Das restliche Öl bei mittlerer Hitze im Wok heiß werden lassen, die Zwiebel zufügen und 3–4 Minuten unter Rühren weich braten.
4 Inzwischen Marinade und Zucker in einen kleinen Topf geben. Zum Kochen bringen, die Hitze reduzieren und 2 Minuten unter gelegentlichem Rühren köcheln lassen, bis die Marinade sirupartig ist. Vom Herd nehmen, warm stellen.
5 Das Fleisch wieder in den Wok geben, Frühlingszwiebeln und Nudeln zufügen und gut mischen. 2 Minuten garen, die Marinade zugießen und rühren, bis alles gut vermischt und heiß ist.
6 Auf 4 Servierschüsseln verteilen. Mit Sesamsamen bestreuen und sofort servieren.

UNTEN: Teriyaki-Hähnchen mit Udon-Nudeln

HÄHNCHEN MIT MANDELN

In allen Chinatowns der Welt ist „Hähnchen mit Mandeln" ein Standardgericht in den Restaurants, doch in China selbst ist es fast unbekannt. Die Chinesen verwenden selten die „richtige" Mandel, den Samen der Mandelbaumfrucht, sondern normalerweise ihre eigene Mandelsorte, die ein viel kräftigeres Aroma als andere Sorten hat. Sie ist zwar eine nahe Verwandte der richtigen Mandel, tatsächlich ist sie aber der Samen einer Aprikosenart, die extra wegen ihrer Kerne angebaut wird. Im Handel erhältliche chinesische Mandeln sind blanchiert. Vor dem Gebrauch sollten sie 20 Minuten bei mittlerer Hitze (200 °C, Gas Stufe 6) im Backofen geröstet werden.

OBEN: Würziges Orangen-Ingwer-Hähnchen

WÜRZIGES ORANGEN-INGWER-HÄHNCHEN

Vorbereitungszeit: 15 Minuten
Kochzeit: 20 Minuten
Für 4 Personen

☆

60 ml Pflanzenöl
10 Hähnchenschenkel ohne Haut und Knochen, in kleine Stücke geschnitten
3 TL geriebener frischer Ingwer
1 TL geriebene Orangenschale
125 ml Hühnerbrühe, 2 TL Honig
550 g Pak-choi, geputzt und halbiert
Salz und Pfeffer, nach Geschmack
Sesamsamen, geröstet, zum Garnieren

1 Einen Wok stark erhitzen, das Öl hineingeben und im Wok schwenken. Das Hähnchenfleisch portionsweise zufügen und jeweils 3–4 Minuten unter Rühren leicht braun braten.
2 Alles Fleisch wieder in den Wok geben, Ingwer und Orangenschale zufügen und 20 Sekunden garen. Brühe und Honig unterrühren. Den Wok wieder stark erhitzen und alles 3–4 Minuten kochen, bis die Sauce leicht eingedickt ist. Den Pak-choi zugeben und garen, bis er leicht zusammengefallen ist. Gut würzen, mit Sesamsamen bestreuen und mit Reis servieren.

HÄHNCHEN MIT MANDELN UND SPARGEL

Vorbereitungszeit: 15 Minuten
Kochzeit: 15 Minuten
Für 4–6 Personen

☆

2 TL Stärkemehl
80 ml Hühnerbrühe
1/4 TL Sesamöl
2 EL Austernsauce, 1 EL Sojasauce
3 Knoblauchzehen, durchgepresst
1 TL frischer Ingwer, sehr fein gehackt
Prise gemahlener weißer Pfeffer
2 1/2 EL Erdnussöl
50 g blanchierte Mandeln
2 Frühlingszwiebeln, in 3 cm lange Stücke geschnitten
500 g Hähnchenschenkel ohne Haut und Knochen, in 3 cm lange und 2 cm breite Streifen geschnitten
1 kleine Möhre, in dünne Scheiben geschnitten
150 g frischer Spargel (dünne Stangen), geputzt und in 3 cm lange Stücke geschnitten
60 g Bambussprossen, in Scheiben geschnitten

1 Für die Sauce Stärkemehl und Brühe in einer kleinen Schüssel zu einer Paste mischen, an-

schließend Sesamöl, Austernsauce, Sojasauce, Knoblauch, Ingwer und Pfeffer unterrühren. Beiseite stellen.

2 Einen Wok stark erhitzen, 2 TL Öl hineingeben und im Wok schwenken. Die Mandeln darin 1–2 Minuten unter Rühren goldgelb braten – achten Sie darauf, dass sie nicht anbrennen. Herausnehmen und auf zerknülltem Küchenkrepp abtropfen lassen.

3 1 weiteren TL Öl im Wok erhitzen und schwenken. Die Frühlingszwiebeln zufügen und 30 Sekunden unter Rühren braten, bis sie zusammengefallen sind. Herausnehmen.

4 Bei starker Hitze 1 weiteren EL Öl im Wok heiß werden lassen, dann das Hähnchenfleisch in 2 Portionen jeweils 3 Minuten unter Rühren braten, bis es gerade gar ist. Herausnehmen und zu den Frühlingszwiebeln geben.

5 Das restliche Öl in den Wok geben, die Möhre zufügen und 1–2 Minuten unter Rühren braten, bis sie beginnt braun zu werden. Spargel und Bambussprossen untermischen und 1 weitere Minute unter Rühren braten. Das gesamte Gemüse herausnehmen und zum Fleisch und zu den Frühlingszwiebeln geben.

6 Die Sauce kurz umrühren, dann in den Wok gießen und rühren, bis sie eindickt. Das Fleisch und das Gemüse wieder in den Wok geben und einige Minuten gründlich rühren, bis alles mit Sauce überzogen und ganz heiß ist. Auf einer Servierplatte anrichten und mit den Mandeln bestreuen. Sofort servieren. Gedämpften Reis dazu reichen.

HÄHNCHEN MIT BOHNENSPROSSEN

Vorbereitungszeit: 15 Minuten
Kochzeit: 15 Minuten
Für 4 Personen

☆

2 EL Pflanzenöl
1 Zwiebel, in feine Ringe geschnitten
3 Kaffir-Limettenblätter, zerpflückt
3 Hähnchenbrustfilets, in 2 cm große Würfel geschnitten
1 rote Paprika, in Streifen geschnitten
60 ml Limettensaft
100 ml Sojasauce
100 g Bohnensprossen
2 EL frische Korianderblätter, gehackt

1 Einen Wok bei mittlerer Hitze heiß werden lassen, das Öl hineingeben und schwenken. Zwiebel und Kaffir-Limettenblätter zufügen und 3–5 Minuten unter Rühren braten, bis die Zwiebel weich wird. Das Fleisch zugeben und 4 Minuten garen, anschließend den Paprika zufügen und 2–3 Minuten unter Rühren braten.

2 Limettensaft und Sojasauce hineinrühren und 1–2 Minuten kochen, bis die Sauce leicht eindickt. Sprossen und Koriander untermischen und garen, bis die Sprossen leicht zusammengefallen sind. Mit gedämpftem Jasminreis servieren.

LINKS: Hähnchen mit Bohnensprossen

ENTE MIT PFLAUMEN-INGWER-SAUCE

Vorbereitungszeit: 10 Minuten
+ 3 Stunden Marinierzeit
Kochzeit: 10 Minuten
Für 4–6 Personen

☆

1 EL Hoisin-Sauce
1/2 TL Sesamöl
1 TL gemahlener Ingwer
1 TL Fünf-Gewürze-Pulver
2 Knoblauchzehen, durchgepresst
3 TL Sojasauce
4 Entenbrüste (je 185 g) ohne Haut und Knochen, quer zur Faser in dünne Scheiben geschnitten
60 ml Hühnerbrühe
60 ml Pflaumensauce
2 TL Orangensaft
1/2 TL Stärkemehl
2 TL Pflanzenöl
1 EL frischer Ingwer, in feine Streifen geschnitten
5 Frühlingszwiebeln, schräg in feine Ringe geschnitten
Salz und Pfeffer, nach Geschmack

1 Hoisin-Sauce, Sesamöl, gemahlenen Ingwer, Fünf-Gewürze-Pulver, Knoblauch und 2 TL Sojasauce in einer großen Schüssel mischen. Das Fleisch zufügen, mit Klarsichtfolie zudecken und im Kühlschrank 3 Stunden marinieren.
2 Für die Sauce Brühe, Pflaumensauce, Orangensaft, Stärkemehl und die restliche Sojasauce in einem kleinen Gefäß oder einer Schüssel mischen. Mit einer Gabel kräftig schlagen.
3 Einen Wok stark erhitzen, 1 TL Pflanzenöl hineingeben und im Wok schwenken. Das Entenfleisch portionsweise jeweils 30 Sekunden unter Rühren braun braten. Achten Sie darauf, dass das Fleisch nicht übergart wird, denn dann wird es hart und zäh. Herausnehmen.
4 Das restliche Öl im Wok erhitzen, den frischen Ingwer und den größten Teil der Frühlingszwiebeln zufügen und 1 Minute unter Rühren braten, bis beides weich ist und duftet. Die Sauce hineingießen und unter Rühren 1 Minute zum Köcheln bringen, bis sie eindickt. Das Fleisch wieder in den Wok geben und sehr kurz rühren, bis alles vermischt ist. Gut würzen, mit den restlichen Frühlingszwiebeln garnieren und sofort servieren.

HÄHNCHEN KUNG PAO

Vorbereitungszeit: 15 Minuten
+ 30 Minuten Marinierzeit
Kochzeit: 15 Minuten
Für 4 Personen

☆

1 Eiweiß
2 TL Stärkemehl
1/2 TL Sesamöl
2 TL chinesischer Reiswein
1 1/2 EL Sojasauce
600 g Hähnchenschenkel ohne Haut und Knochen, in 2 cm große Würfel geschnitten
60 ml Hühnerbrühe
2 TL dunkler chinesischer Essig
1 TL brauner Zucker
2 EL Pflanzenöl
3 lange getrocknete rote Chillies, der Länge nach halbiert
3 Knoblauchzehen, fein gehackt
2 TL fein geriebener frischer Ingwer
2 Frühlingszwiebeln, schräg in feine Ringe geschnitten
50 g geschälte ungesalzene Erdnüsse, grob zerstoßen

1 Eiweiß, Stärkemehl, Sesamöl, Reiswein und 2 TL Sojasauce in einer großen Schüssel leicht verquirlen. Das Hähnchenfleisch untermischen. Mit Klarsichtfolie zudecken und im Kühlschrank 30 Minuten marinieren.
2 Für die Sauce Brühe, Essig, Zucker und restliche Sojasauce in einem kleinen Gefäß mischen.
3 Einen Wok stark erhitzen, 1 EL Pflanzenöl hineingeben und im Wok schwenken. Das Fleisch portionsweise jeweils 3 Minuten unter Rühren braun braten. Herausnehmen.
4 Das restliche Öl im Wok erhitzen, die Chillies zugeben und 15 Sekunden garen. Knoblauch, Ingwer, Frühlingszwiebeln und Erdnüsse zufügen und 1 Minute unter Rühren braten. Das Fleisch wieder in den Wok geben, die Sauce zugießen und 3 Minuten unter Rühren braten, bis alles ganz heiß ist und die Sauce leicht eindickt. Sofort servieren.
Hinweis: Über diese Hähnchenpfanne wird erzählt, sie sei für einen bedeutenden chinesischen Hofbeamten namens Kung Pao kreiert worden. Die getrockneten Chillies und die knackigen Erdnüsse geben dem Gericht seine besondere Note. Es kann auch mit Rind- oder Schweinefleisch oder mit Garnelen zubereitet werden.

GEGENÜBERLIEGENDE SEITE Ente mit Pflaumen-Ingwer-Sauce (oben); Hähnchen Kung Pao

BASILIKUM

Basilikum wird häufig mit der Mittelmeerküche in Verbindung gebracht, aber es hat auch einen wichtigen Platz in der Küche Südostasiens. Das ist nicht überraschend, wenn man bedenkt, dass die Pflanze ursprünglich aus Indien stammt.

Da die Blätter recht schnell welk werden, sollte man sie nach dem Kauf so schnell wie möglich verwenden. Wenn Sie kein Thai-Basilikum bekommen, können Sie auch jede andere Sorte nehmen. Basilikum sollte zerpflückt und nicht gehackt werden. Damit sein Aroma erhalten bleibt, gibt man es erst ganz zum Schluss dem heißen Gericht zu.

OBEN: Hähnchen mit Basilikum

HÄHNCHEN MIT BASILIKUM

(Gai paht bai graprao)

Vorbereitungszeit: 15 Minuten
Kochzeit: 15 Minuten
Für 4 Personen

☆

60 ml Erdnussöl
500 g Hähnchenbrustfilet, in dünne Streifen geschnitten
1 Knoblauchzehe, durchgepresst
4 Frühlingszwiebeln, in feine Ringe geschnitten
150 g Spargelbohnen, geputzt und in 5 cm lange Stücke geschnitten
2 kleine frische rote Chillies, in feine Ringe geschnitten
40 g frisches Thai-Basilikum
2 EL frische Minze, gehackt
je 1 EL Fischsauce und Austernsauce
2 TL Limettensaft
1 EL geriebener Palmzucker
frisches Thai-Basilikum, zusätzlich, zum Garnieren

1 Einen Wok stark erhitzen, 1 EL Öl hineingeben und im Wok schwenken. Das Hähnchenfleisch darin portionsweise jeweils 3–5 Minuten garen, bis es leicht gebräunt und fast gar ist; bei Bedarf noch Öl zugeben. Herausnehmen.

2 Das restliche Öl erhitzen. Knoblauch, Frühlingswiebeln, Bohnen und Chillies zufügen und 1 Minute unter Rühren braten. Das Fleisch wieder in den Wok geben.

3 Basilikum und Minze untermischen. Fischsauce, Austernsauce, Limettensaft, Palmzucker und 2 EL Wasser verrühren, die Sauce in den Wok gießen und 1 Minute kochen. Mit Basilikum garnieren und mit Jasminreis servieren.

HÄHNCHEN MIT SPARGEL

Vorbereitungszeit: 15 Minuten
Kochzeit: 10 Minuten
Für 4 Personen

☆

2 EL Pflanzenöl
1 Knoblauchzehe, durchgepresst
1 Stück frischer Ingwer, etwa 1 x 10 cm groß, in dünne Scheiben geschnitten
3 Hähnchenbrustfilets, in Scheiben geschnitten
4 Frühlingszwiebeln, in Ringe geschnitten
200 g frischer Spargel, schräg in 1 cm große Stücke geschnitten
2 EL Sojasauce
40 g Mandelblättchen, geröstet

1 Einen Wok stark erhitzen, das Öl hineingeben und im Wok schwenken. Knoblauch, Ingwer und Hähnchenfleisch zufügen und 1–2 Minuten unter Rühren braten, bis das Fleisch weiß wird.

2 Frühlingszwiebeln und Spargel zugeben und weitere 2 Minuten unter Rühren braten, bis die Frühlingszwiebeln weich sind.
3 Sojasauce und 60 ml Wasser hineinrühren, zudecken und 2 Minuten köcheln lassen, bis das Fleisch weich wird. Mit den Mandeln bestreuen und auf Reis oder Hokkien-Nudeln servieren.

HÄHNCHEN CHOW MEIN

Vorbereitungszeit: 15 Minuten
+ 1 Stunde Ruhezeit
Kochzeit: 40 Minuten
Für 4 Personen

☆☆

250 g frische dünne Eiernudeln
2 TL Sesamöl, 125 ml Erdnussöl
1 EL chinesischer Reiswein
1 1/2 EL helle Sojasauce
3 TL Stärkemehl
400 g Hähnchenbrustfilet, in dünne Streifen geschnitten
1 Knoblauchzehe, durchgepresst
1 EL frischer Ingwer, fein gehackt
100 g Zuckererbsen, geputzt
250 g Chinakohl (wom bok), fein zerpflückt
4 Frühlingszwiebeln, in 2 cm lange Stücke geschnitten
100 ml Hühnerbrühe
1 1/2 EL Austernsauce
100 g Bohnensprossen, geputzt
1 kleine frische rote Chilli, entkernt und in feine Streifen geschnitten, zum Garnieren (nach Belieben)

1 Die Nudeln in einem Topf mit kochendem Wasser 1 Minute weich garen. Abtropfen lassen. Sesamöl und 1 EL Erdnussöl gut untermischen. Die Nudeln auf einem Backblech in einer dünnen Schicht auslegen. An einem trockenen Ort mindestens 1 Stunde ruhen lassen.
2 Inzwischen Reiswein, 1 EL Sojasauce und 1 TL Stärkemehl in einer großen Schüssel verrühren. Das Hähnchenfleisch gründlich untermischen. Mit Klarsichtfolie zudecken und 10 Minuten marinieren.
3 1 EL Erdnussöl in einer kleinen, antihaft-beschichteten Bratpfanne bei starker Hitze heiß werden lassen. Ein Viertel der Nudeln zufügen und pfannkuchenförmig auslegen. Auf mittlere Hitze reduzieren und den Nudelpfannkuchen von jeder Seite 4 Minuten knusprig braten. Auf zerknülltem Küchenkrepp abtropfen lassen und warm stellen. Den Vorgang mit den restlichen Nudeln und insgesamt 3 EL Erdnussöl wiederholen, bis 4 Nudelpfannkuchen gebraten sind.
4 Einen Wok stark erhitzen, das restliche Öl hineingeben und im Wok schwenken. Knoblauch und Ingwer 30 Sekunden unter Rühren anbraten. Das Fleisch zufügen und 3–4 Minuten unter Rühren goldbraun braten. Erbsen, Chinakohl und Frühlingszwiebeln zugeben und 2 Minuten unter Rühren braten, bis der Kohl zusammengefallen ist. Brühe, Austernsauce und Sprossen hineinrühren und zum Kochen bringen.
5 Das restliche Stärkemehl mit 1–2 TL kaltem Wasser mischen. Mit der restlichen Sojasauce in den Wok rühren und 1–2 Minuten kochen, bis die Sauce eindickt.
6 Die Nudelpfannkuchen auf 4 Teller verteilen und die Hähnchen-Gemüse-Mischung darüber geben. Nach Belieben mit Chillistreifen garnieren und sofort servieren.

UNTEN: Hähnchen chow mein

CHINESISCHE GERÖS-
TETE ENTE

Die Haut und das Fett mit den Fingern von der Ente lösen.

Das Fleisch mit den Fingern vorsichtig von den Knochen abtrennen.

OBEN: Chinesische geröstete Ente mit Reisnudeln

CHINESISCHE GERÖSTETE ENTE MIT REISNUDELN

Vorbereitungszeit: 25 Minuten
Kochzeit: 15 Minuten
Für 4 Personen

☆☆

- 1 chinesische geröstete Ente von 1,5 kg (siehe Hinweis)
- 500 g frische flache Reisnudeln (1 cm breit)
- 3 1/2 EL Erdnussöl
- 3 kleine schmale Auberginen, in 1 cm dicke Scheiben geschnitten
- 1 EL frischer Ingwer, in dünne Scheiben geschnitten
- 2 kleine frische rote Chillies, fein gehackt
- 4 Frühlingszwiebeln, schräg in feine Ringe geschnitten
- 3 EL frisches Basilikum, zerpflückt
- 60 ml chinesische Barbecue-Sauce

1 Die knusprige Haut und das Fleisch von den Knochen der Ente abtrennen, Karkasse und Fett wegwerfen. Das Fleisch und die Haut in kleine Stücke schneiden und in eine Schüssel geben; man sollte mindestens 350 g Fleisch haben.

2 Die Nudeln in eine hitzebeständige Schüssel geben, mit kochendem Wasser übergießen und kurz einweichen. Die Nudeln vorsichtig voneinander lösen. Mit kaltem Wasser abspülen und gut abtropfen lassen.

3 Einen Wok stark erhitzen, 2 1/2 EL Erdnussöl hineingeben und im Wok schwenken. Die Au-berginen zufügen und 3–4 Minuten unter Rühren weich braten. In eine Schüssel geben.

4 Das restliche Öl im Wok bei starker Hitze heiß werden lassen. Ingwer, Chillies und Frühlingszwiebeln darin unter ständigem Rühren 30 Sekunden garen. Die Auberginen wieder in den Wok geben, Entenfleisch, Basilikum und Grillsauce zufügen und 1–2 Minuten vorsichtig rühren, bis alles heiß ist. Die Nudeln zugeben und 1–2 Minuten unter Rühren braten, bis sie heiß sind. Achten Sie darauf, dass die Nudeln nicht zerbrechen. Sofort servieren.

Hinweis: Chinesische geröstete Ente ist eine knusprige Ente mit dunkel glänzender Haut, die fertig gebraten und tiefgekühlt in Asienläden erhältlich ist.

PFANNENGERÜHRTES HÄHNCHEN-SATAY

Vorbereitungszeit: 10 Minuten
Kochzeit: 20 Minuten
Für 4 Personen

☆

1 1/2 EL Erdnussöl
6 Frühlingszwiebeln, in 3 cm lange Stücke geschnitten
800 g Hähnchenbrustfilet, schräg in dünne Scheiben geschnitten
1–1 1/2 EL thailändische rote Currypaste (siehe S. 56)
90 g Erdnussbutter (crunchy peanut butter)
270 ml Kokosmilch
2 TL brauner Zucker
1 1/2 EL Limettensaft
Salz und Pfeffer, nach Geschmack

1 Einen Wok stark erhitzen, 1 TL Öl hineingeben und im Wok schwenken. Die Frühlingszwiebeln 30 Sekunden unter Rühren braten, bis sie weich werden. Herausnehmen.

2 Weiteres Öl in den Wok geben und das Hähnchenfleisch in 3 Portionen jeweils etwa 1 Minute unter Rühren braten. Herausnehmen.

3 Noch etwas Öl in den Wok geben, die Currypaste 1 Minute unter Rühren braten. Erdnussbutter, Kokosmilch, Zucker und 250 ml Wasser hineinrühren. Zum Kochen bringen, 3–4 Minuten kochen, bis die Sauce eingedickt ist; die Hitze leicht reduzieren, wenn es spritzt. Fleisch und Frühlingszwiebeln wieder in den Wok geben, 2 Minuten garen, bis alles heiß ist. Den Limettensaft unterrühren, würzen und servieren.

GEDÄMPFTER REIS

300 g Jasminreis in einem Sieb abspülen, bis das Wasser klar ist. Mit 450 ml Wasser in einen großen Topf geben, zum Kochen bringen und 1 Minute kochen. Den Deckel fest auflegen, die Hitze sehr stark reduzieren und den Reis 10 Minuten garen. Vom Herd nehmen und zugedeckt 10 Minuten stehen lassen. Den Reis vor dem Servieren mit einer Gabel auflockern. Zu Currygerichten und pfannengerührten sowie gedämpften Speisen reichen. Für 4 Personen.

THAILÄNDISCHE CURRYPASTEN

Fertige Currypasten sind in Asienläden und den Asienabteilungen großer Supermärkte erhältlich. Rote Currypasten werden mit einem hohen Anteil getrockneter roter Chillies hergestellt, die ihnen ihre Farbe verleihen. Für grüne Currypasten hingegen werden frische grüne Chillies verwendet. Die diversen Marken unterscheiden sich in Schärfe und Aroma, probieren Sie deshalb mehrere davon aus, bis Sie ihre Lieblingsmarke gefunden haben. Man kann Currypasten auch ganz einfach selbst herstellen (siehe S. 56). Der Geschmack selbstgemachter Pasten ist weit besser als der fertig gekaufter, die Arbeit lohnt sich also. Viele Fans von Currypasten schwören darauf, die Pasten mit Mörser und Stößel zuzubereiten, denn sie glauben, dass man auf diese Weise bessere Ergebnisse erzielt als mit einer Küchenmaschine.

LINKS: Pfannengerührtes Hähnchen-Satay

THAI-HÄHNCHEN MIT CHILIPASTE UND CASHEWNÜSSEN

(Gai fam prik pao)

Vorbereitungszeit: 20 Minuten
+ 20 Minuten Einweichzeit
Kochzeit: 35 Minuten
Für 4 Personen

☆☆

CHILIPASTE

10 lange getrocknete rote Chillies
80 ml Erdnussöl
1 rote Paprika, zerkleinert
1 Knolle Knoblauch (50 g), geschält und grob gehackt
200 g rote asiatische Schalotten, gehackt
100 g geriebener Palmzucker
2 EL Tamarindenpüree

UNTEN: Thai-Hähnchen mit Chilipaste und Cashewnüssen

1 EL Erdnussöl
6 Frühlingszwiebeln, in 3 cm lange Stücke geschnitten
500 g Hähnchenbrustfilet, in Scheiben geschnitten
50 g ungesalzene Cashewnüsse, geröstet
1 EL Fischsauce
15 g frisches Thai-Basilikum

1 Für die Chilipaste die Chillies in einer hitzebeständigen Schüssel mit kochendem Wasser 20 Minuten einweichen. Abtropfen lassen, entkernen und grob hacken.
2 Die Chillies in eine Küchenmaschine geben, Öl, Paprika, Knoblauch und Schalotten zufügen und mixen, bis eine glatte Paste entsteht.
3 Einen antihaftbeschichteten Wok bei mittlerer Hitze heiß werden lassen, die Chilipaste hineingeben. Unter gelegentlichem Rühren 15 Minuten garen. Zucker und Tamarindenpüree zufügen und weitere 10 Minuten köcheln lassen, bis die Mischung dunkel wird und eine geleeartige Konsistenz bekommt. Herausnehmen.
4 Den Wok säubern und trockenreiben, dann stark erhitzen. Das Öl hineingeben und im Wok schwenken. Die Frühlingszwiebel darin 1 Minute unter Rühren braten. Das Hähnchenfleisch zufügen und 3–5 Minuten unter Rühren braten, bis es goldbraun und weich ist. Cashewnüsse, Fischsauce und 60 g Chilipaste unterrühren. Weitere 2 Minuten unter Rühren braten, dann das Basilikum hineinrühren. Sofort servieren.
Hinweis: Übriggebliebene Chilipaste kann in einem sauberen Glasgefäß bis zu einem Monat im Kühlschrank aufbewahrt werden.

GLASIERTES HOISIN-HÄHNCHEN

Vorbereitungszeit: 15 Minuten
+ 15 Minuten Marinierzeit
Kochzeit: 15 Minuten
Für 4 Personen

☆

1/2 TL Sesamöl
1 Eiweiß
1 EL Stärkemehl
700 g Hähnchenschenkel ohne Haut und Knochen, in 1,5 cm große Würfel geschnitten
2–2 1/2 EL Erdnussöl
2 Knoblauchzehen, gehackt

1 EL frischer Ingwer, in feine Streifen geschnitten
1 EL braune Bohnensauce
1 EL Hoisin-Sauce
1 EL chinesischer Reiswein
1 TL helle Sojasauce
4 Frühlingszwiebeln, schräg in 2 cm lange Stücke geschnitten

1 Sesamöl, Eiweiß und Stärkemehl in einer großen Schüssel verrühren. Das Hähnchenfleisch untermischen, mit Klarsichtfolie zudecken und im Kühlschrank mindestens 15 Minuten marinieren.
2 Einen Wok stark erhitzen, das Öl hineingeben und im Wok schwenken. Das Fleisch in 3 Portionen zufügen und jeweils 4 Minuten unter Rühren gar braten. Herausnehmen.
3 Den Wok wieder stark erhitzen, bei Bedarf noch etwas Öl hineingeben. Knoblauch und Ingwer darin 1 Minute unter Rühren braten. Das Fleisch wieder in den Wok geben, Bohnen- und Hoisin-Sauce zugießen und unter Rühren 1 Minute garen. Reiswein, Sojasauce und Frühlingszwiebeln zufügen und 1 Minute garen, bis die Sauce eindickt und glänzt und das Fleisch mit ihr überzogen ist. Sofort mit Reis servieren.

SÜSSES CHILI-HÄHNCHEN

Vorbereitungszeit: 10 Minuten
Kochzeit: 10 Minuten
Für 4–6 Personen

☆

375 g Hokkien-Nudeln
4 Hähnchenschenkel ohne Haut und Knochen, in kleine Stücke geschnitten
1–2 EL süße Chilisauce
2 TL Fischsauce
1 EL Pflanzenöl
100 g Babymais, der Länge nach halbiert
150 g Zuckererbsen, geputzt
1 EL Limettensaft

1 Die Nudeln in eine große Schüssel geben, mit kochendem Wasser übergießen, 1 Minute einweichen, dann vorsichtig voneinander lösen. Abtropfen lassen und abspülen.
2 Hähnchenfleisch, Chilisauce und Fischsauce in einer Schüssel mischen.
3 Einen Wok stark erhitzen, das Öl hineingeben und im Wok schwenken. Das Fleisch darin 3–5 Minuten unter Rühren gar braten. Babymais und Zuckererbsen zufügen und 2 Minuten unter Rühren braten. Nudeln und Limettensaft unterrühren. Servieren.

OBEN: Süßes Chili-Hähnchen

OBEN: Sesam-Hähnchen mit Lauch

SESAM-HÄHNCHEN MIT LAUCH

Vorbereitungszeit: 15 Minuten
Kochzeit: 20 Minuten
Für 4–6 Personen

☆

2 EL Sesamsamen
1 EL Pflanzenöl, 2 TL Sesamöl
800 g Hähnchenschenkel ohne Haut und Knochen, schräg in Scheiben geschnitten
1 Lauchstange, in feine Streifen geschnitten
2 Knoblauchzehen, durchgepresst
2 EL Sojasauce
1 EL Mirin
1 TL Zucker
Salz und Pfeffer, nach Geschmack

1 Einen Wok stark erhitzen, die Sesamsamen zugeben und goldgelb braten. Herausnehmen.
2 Den Wok wieder stark erhitzen, Pflanzen- und Sesamöl hineingeben und im Wok schwenken. Das Hähnchenfleisch in 3 Portionen unter ständigem Rühren jeweils 3–5 Minuten braten, bis es gerade gar ist. Vor dem Zufügen der zweiten und dritten Portion den Wok wieder erhitzen. Alles Fleisch wieder in den Wok geben.
3 Lauch und Knoblauch zufügen und 1–2 Minuten garen, bis der Lauch weich und goldgelb ist. Prüfen, ob das Fleisch durchgegart ist; falls nicht, die Hitze reduzieren und zugedeckt weitere 2 Minuten garen.
4 Sojasauce, Mirin, Zucker und Sesamsamen in den Wok geben und gut untermischen. Würzen und sofort servieren.

HÄHNCHEN MIT UDON-NUDELN UND KOHL

Vorbereitungszeit: 15 Minuten
+ 20 Minuten Einweichzeit
Kochzeit: 15 Minuten
Für 4 Personen

☆

5 getrocknete Shiitake-Pilze
1 Knoblauchzehe, durchgepresst
2 TL geriebener frischer Ingwer
125 ml japanische Sojasauce
je 2 EL Reisessig und Zucker
1 EL Zitronensaft
500 g frische Udon-Nudeln
2 EL Pflanzenöl
500 g Hähnchenschenkel ohne Haut und Knochen, in dünne Scheiben geschnittten
1 Knoblauchzehe, zusätzlich, fein gehackt
1 kleine rote Paprika, in dünne Streifen geschnitten
150 g Kohl, zerpflückt
4 Frühlingszwiebeln, in feine Ringe geschnitten
1 EL Sesamöl
weißer Pfeffer, nach Geschmack
2 EL eingelegter Ingwer, abgetropft und zerkleinert

1 Die Pilze mit kochendem Wasser übergießen und 20 Minuten einweichen. Ausdrücken und 60 ml der Einweichflüssigkeit aufheben. Stiele entfernen und Hüte in feine Scheiben schneiden.
2 Knoblauch, Ingwer, Sojasauce, Reisessig, Zucker, Zitronensaft und Einweichflüssigkeit in einem Gefäß mischen.

3 Die Nudeln 1–2 Minuten in kochendem Wasser weich garen. Abtropfen lassen.
4 Einen Wok stark erhitzen, die Hälfte des Öls hineingeben und im Wok schwenken. Das Fleisch portionsweise zufügen, jeweils 5 Minuten unter Rühren braun braten. Herausnehmen.
5 Das restliche Öl im Wok erhitzen. Knoblauch, Pilze, Paprika und Kohl zugeben und 2–3 Minuten unter Rühren weich braten. Die Nudeln zufügen und 1 Minute unter Rühren braten. Das Fleisch wieder in den Wok geben, Frühlingszwiebeln, Sesamöl und Sauce zufügen und rühren, bis alles vermischt und heiß ist. Mit Pfeffer würzen und mit Ingwer bestreuen.

HONIG-HÄHNCHEN

Vorbereitungszeit: 15 Minuten
Kochzeit: 25 Minuten
Für 4 Personen

☆

500 g Hähnchenschenkel ohne Haut und Knochen, gewürfelt
1 Eiweiß, leicht geschlagen
40 g Stärkemehl
2 1/2 EL Pflanzenöl
2 Zwiebeln, in feine Ringe geschnitten
1 grüne Paprika, gewürfelt
2 Möhren, in Stifte geschnitten
100 g Zuckererbsen, in Stücke geschnitten
90 g Honig
Salz und schwarzer Pfeffer, nach Geschmack
2 EL Mandeln, geröstet (siehe Hinweis)

1 Die Hähnchenwürfel in das Eiweiß tauchen, dann leicht mit Stärkemehl bestäuben; überschüssiges Mehl abschütteln.
2 Einen Wok stark erhitzen, 1 1/2 EL Öl hineingeben und im Wok schwenken. Das Hähnchenfleisch in 2 Portionen zufügen und jeweils 4–5 Minuten unter Rühren goldbraun und gerade gar braten. Herausnehmen und auf zerknülltem Küchenkrepp abtropfen lassen.
3 Den Wok wieder stark erhitzen, 1 EL Öl hineingeben und die Zwiebeln 3–4 Minuten unter Rühren braten, bis sie weich werden. Paprika und Möhren zufügen und unter ständigem Rühren 3–4 Minuten weich garen. Die Zuckererbsen unterrühren und 2 Minuten garen.
4 Sicherstellen, dass der Wok noch sehr heiß ist, den Honig hineingeben und mit dem Gemüse mischen. Das Fleisch wieder in den Wok geben und gut rühren, bis es heiß und mit Honig überzogen ist. Vom Herd nehmen und mit Salz und Pfeffer würzen. Mit den gerösteten Mandeln bestreuen. Sofort mit gedämpftem Reis servieren.
Hinweis: Mandeln kann man rösten, indem man blanchierte Mandeln in einer Bratpfanne oder einem Wok bei mittlerer Hitze 2–3 Minuten ohne Fettzugabe brät; dabei gelegentlich rühren.

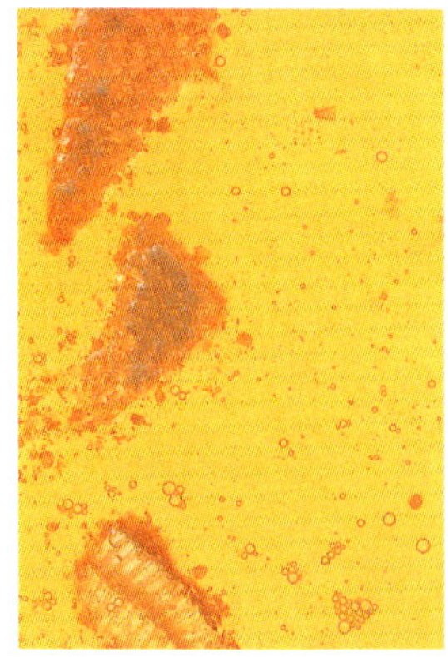

HONIG
Schon seit dem 2. Jahrhundert n. Chr. wird in China Honig verwendet, um Speisen zu würzen und ihnen Aroma zu verleihen. Honig war jahrhundertelang das wichtigste Süßmittel in der chinesischen Küche, denn Zucker wird in China erst seit Mitte des 9. Jahrhunderts hergestellt. Dem Honig werden dort medizinische Heilkräfte zugesprochen. Er wird zur Behandlung von vielen Gesundheitsstörungen eingesetzt, von Schlaflosigkeit über Magenschmerzen und Verstopfung bis hin zu Herzleiden.

LINKS: Honig-Hähnchen

HÄHNCHEN MIT WALNÜSSEN UND STROHPILZEN

Vorbereitungszeit: 20 Minuten
Kochzeit: 15 Minuten
Für 4 Personen

☆

400 g Hähnchenbrustfilet oder Hähnchenschenkel ohne Haut und Knochen, in dünne Streifen geschnitten
1/2 TL Fünf-Gewürze-Pulver
2 TL Stärkemehl
je 2 EL Sojasauce und Austernsauce
2 TL brauner Zucker
1 TL Sesamöl
2 EL Öl
80 g Walnüsse
6 Frühlingszwiebeln, in Ringe geschnitten
150 g Spargel- oder grüne Bohnen, zerkleinert
420 g Strohpilze aus der Dose, abgespült
230 g Bambussprossen aus der Dose, abgetropft und abgespült
Salz und Pfeffer, nach Geschmack

UNTEN: Hähnchen mit Walnüssen und Strohpilzen

1 Die Hähnchenstreifen mit Küchenpapier abtupfen und mit Fünf-Gewürze-Pulver bestreuen. Stärkemehl und Sojasauce in einer Schüssel mischen. 125 ml Wasser, Austernsauce, Zucker und Sesamöl unterrühren.
2 Einen Wok stark erhitzen, 1 EL Öl hineingeben und schwenken. Die Walnüsse 30 Sekunden unter Rühren braten, bis sie leicht gebräunt sind. Auf Küchenkrepp abtropfen lassen.
3 Den Wok wieder erhitzen und 1 EL Öl hineingeben. Das Fleisch portionsweise bei starker Hitze jeweils 2–3 Minuten unter Rühren braten, bis es gerade gar ist. Herausnehmen.
4 Frühlingszwiebeln, Bohnen, Pilze und Bambussprossen in den Wok geben und 2 Minuten unter Rühren braten. Herausnehmen. Die Saucenmischung in den Wok gießen und 1 Minute erhitzen, bis die Sauce leicht eingedickt ist. Fleisch und Gemüse wieder in den Wok geben und gründlich untermischen. Gut würzen. Mit den Walnüssen bestreuen und sofort servieren.

HÄHNCHEN MIT ZITRONENGRAS

Vorbereitungszeit: 15 Minuten
Kochzeit: 15 Minuten
Für 4 Personen

☆

1 EL Fischsauce
3 TL geriebener Palmzucker
1 EL Erdnussöl, 2 TL Sesamöl
800 g Hähnchenbrustfilet, in Streifen geschnitten
2 EL Zitronengras (nur weiße Teile), fein gehackt
1 1/2 EL frischer Ingwer, in feine Streifen geschnitten
2 Knoblauchzehen, fein gehackt
2 EL frische Korianderblätter
2 Limetten, in Spalten geteilt, zum Servieren

1 Fischsauce und Palmzucker in einer kleinen Schüssel verrühren, bis sich der Zucker auflöst.
2 Einen großen Wok stark erhitzen, Erdnuss- und Sesamöl mischen und die Hälfte der Ölmischung im Wok schwenken. Das Fleisch in 2 Portionen jeweils 4 Minuten unter Rühren braten; vor dem Zufügen der zweiten Portion das restliche Öl zugeben. Herausnehmen.
3 Zitronengras, Ingwer und Knoblauch in den Wok geben und 1–2 Minuten unter Rühren braten, dann das Fleisch wieder zufügen und

weitere 2 Minuten unter Rühren braten. Die Sauce hineinrühren. Mit den Korianderblättern bestreuen und sofort mit Nudeln oder Reis und den Limettenspalten servieren.

WARMER CURRY-HÄHNCHEN-SALAT

Vorbereitungszeit: 15 Minuten
+ 1 Nacht Marinierzeit
Kochzeit: 10 Minuten
Für 4–6 Personen

☆☆

3 EL milde indische Currypaste (siehe Hinweis)
60 ml Kokosmilch
750 g Hähnchenbrustfilet, in Stücke geschnitten
150 g grüne Bohnen, halbiert
2 EL Erdnussöl
30 g Mandelblättchen, geröstet
1 rote Paprika, in Streifen geschnitten
250 g Rauke
100 g gebratene Eiernudeln

ZITRONENDRESSING
80 ml Olivenöl
2 EL Zitronensaft
2 Knoblauchzehen, durchgepresst
1 TL brauner Zucker

1 Currypaste und Kokosmilch in einer Schüssel verrühren. Das Hähnchenfleisch gründlich untermischen, mit Klarsichtfolie zudecken und im Kühlschrank über Nacht marinieren.
2 Die Bohnen in einem Topf mit kochendem Wasser 30 Sekunden blanchieren, bis sie gerade weich sind. Mit kaltem Wasser abschrecken. Gründlich abtropfen lassen.
3 Einen Wok stark erhitzen, die Hälfte des Erdnussöls hineingeben und im Wok schwenken. Das Fleisch in 2 Portionen jeweils 5 Minuten unter Rühren braten; vor dem Zufügen der zweiten Portion das restliche Öl zugeben. Herausnehmen.
4 Die Zutaten für das Dressing in ein Gefäß mit Schraubverschluss geben und gut schütteln.
5 Fleisch, Bohnen, Mandeln, Paprika, Rauke und Dressing in eine große Schüssel geben und gründlich mischen. Die Nudeln unterrühren und servieren.
Hinweis: Sie können jede der selbstgemachten Currypasten von S. 58/59 nehmen oder eine fertige Paste verwenden.

SATAY-SAUCE

160 g ungesalzene geröstete Erdnüsse in eine Küchenmaschine geben und fein hacken. 2 EL Pflanzenöl in einem Wok erhitzen. 1 gehackte Zwiebel darin bei mittlerer Hitze 5 Minuten weich garen. 2 durchgepresste Knoblauchzehen, 2 TL fein gehackten frischen Ingwer, ½ TL Chilipulver und 1 TL gemahlenen Kreuzkümmel zugeben und unter Rühren 2 Minuten garen. 400 ml Kokosmilch, 50 g braunen Zucker und die Erdnüsse zufügen. Die Hitze reduzieren und 5 Minuten garen, bis die Sauce eindickt. 1 EL Zitronensaft zugießen und nach Geschmack würzen. Ergibt etwa 200 ml.
Hinweise: Wenn die Sauce glatter sein soll, mixen Sie alle Saucenzutaten 30 Sekunden in einer Küchenmaschine.
Satay-Sauce passt gut zu jedem Fleisch, aber meist wird sie mit Hähnchenfleisch kombiniert. Sie können die Sauce zu Satay-Spießen, aber auch zu pfannengerührten Gerichten oder warmen asiatischen Hähn-chensalaten reichen.

OBEN: Warmer Curry-Hähnchen-Salat

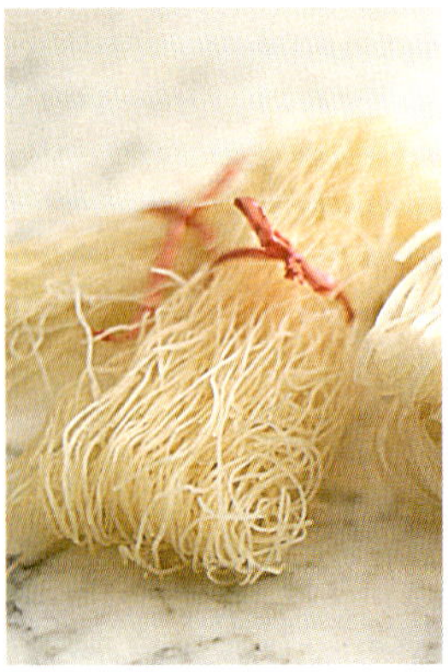

SINGAPUR-NUDELN
In der Stadt, der dieses Gericht seinen Namen verdankt, ist es als „Gebratener Beehoon" bekannt. Beehoon heißen dort die getrockneten feinen Reisnudeln, mit denen die beliebte Nudelpfanne immer zubereitet wird. Das Gericht spiegelt die kulturelle Vielfalt Singapurs wider: Es ist einerseits stark von der chinesischen Küche geprägt, andererseits ist die Verwendung des Currypulvers ein Zeichen für den Einfluss der indischen Küche.

OBEN: Singapur-Nudeln

SINGAPUR-NUDELN

Vorbereitungszeit: 30 MInuten
+ 30 Minuten Marinierzeit
Kochzeit: 10 Minuten
Für 4–6 Personen

☆

2 Knoblauchzehen, durchgepresst
2 TL geriebener frischer Ingwer
60 ml Austernsauce
60 ml Sojasauce
250 g Hähnchenbrustfilet, in dünne Scheiben geschnitten
400 g feine Reisnudeln (Reis-Vermicelli)
2 EL Pflanzenöl
2 Stangen Sellerie, in feine Streifen geschnitten
1 große Möhre, in feine Streifen geschnitten
3 Frühlingszwiebeln, schräg in Ringe geschnitten
1 1/2 EL asiatisches Currypulver
1/2 TL Sesamöl
70 g Bohnensprossen, geputzt

1 Knoblauch, Ingwer, 1 EL Austernsauce und 2 TL Sojasauce in einer großen Schüssel vermengen. Das Hähnchenfleisch gründlich untermischen, mit Klarsichtfolie zudecken und im Kühlschrank 30 Minuten marinieren.
2 Die Nudeln 6–7 Minuten in kochendem Wasser einweichen. Abtropfen lassen.
3 Einen Wok stark erhitzen, das Öl hineingeben und im Wok schwenken. Das Hähnchenfleisch unter Rühren braun braten. Sellerie, Möhre und die Hälfte der Frühlingszwiebeln zufügen und 2–3 Minuten unter Rühren braten, bis das Gemüse langsam weich wird. Das Currypulver zugeben und 2 Minuten unter Rühren braten, bis es duftet.
4 Die Nudeln untermischen und die restlichen Zutaten unterrühren, bis alles ganz heiß ist. Sofort servieren.

HÄHNCHEN IN SALAT-KÖRBCHEN

Vorbereitungszeit: 15 Minuten
+ 20 Minuten Einweichzeit
Kochzeit: 10 Minuten
Für 4 Personen

☆☆

4 getrocknete Shiitake-Pilze
8 Blätter Eisbergsalat
1 EL Erdnussöl
2 Knoblauchzehen, durchgepresst
2 TL geriebener frischer Ingwer
6 Frühlingszwiebeln, in feine Ringe geschnitten
400 g Hähnchenfleisch, klein gehackt
1/2 rote Paprika, gewürfelt
50 g Bohnensprossen, geputzt
70 g Wasserkastanien, gewürfelt

$2^1/_2$ EL Austernsauce
4 EL frische Korianderblätter
Austernsauce, zusätzlich, zum Servieren (nach Belieben)

1 Die Pilze in einer Schüssel mit kochendem Wasser übergießen und 20 Minuten einweichen. Ausdrücken. Die Stiele entfernen und die Hüte in feine Scheiben schneiden.
2 2 Salatblätter ineinanderstecken, um ein Salatblattkörbchen zu bekommen. Mit den übrigen Salatblättern 3 weitere Körbchen herstellen. Die Ränder mit einer Schere gerade schneiden. Bis zum Gebrauch in den Kühlschrank stellen.
3 Einen Wok stark erhitzen, das Öl hineingeben und im Wok schwenken. Knoblauch, Ingwer und Frühlingszwiebeln zufügen und 30 Sekunden unter Rühren braten. Das Hähnchenfleisch zugeben und 2–3 Minuten gar braten, dabei eventuelle Fleischklümpchen mit einem Löffelrücken auflösen. Pilze, Paprika, Bohnensprossen und Wasserkastanien zufügen und 1 Minute unter Rühren braten. Die Austernsauce hineinrühren und 1–2 Minuten unter Rühren garen, bis die Sauce leicht reduziert ist. Den Koriander unterrühren, dann die Mischung gleichmäßig auf die Salatblattkörbchen verteilen. Nach Belieben mit Austernsauce beträufeln und sofort servieren.

HÄHNCHEN MIT ZUCKERERBSEN

Vorbereitungszeit: 15 Minuten
Kochzeit: 15 MInuten
Für 4 Personen

☆

1 EL rote Currypaste (siehe Hinweis)
3 EL Pflanzenöl
2 EL Fischsauce
2 EL Limettensaft
3 EL frische Korianderblätter
1 EL geriebener frischer Ingwer
1 TL feiner Zucker
1 TL Sesamöl
750 g Hähnchenschenkel ohne Haut und Knochen, in Streifen geschnitten
10 Frühlingszwiebeln, in 2 cm lange Stücke geschnitten
100 g Zuckererbsen, geputzt
Salz und frisch gemahlener schwarzer Pfeffer, nach Geschmack

1 Currypaste, 2 EL Öl, Fischsauce, Limettensaft, Koriander, Ingwer, Zucker und Sesamöl in einer großen Schüssel verquirlen. Die Hähnchenstreifen untermischen, bis sie gleichmäßig mit der Sauce überzogen sind.
2 Einen Wok stark erhitzen, das restliche Öl hineingeben und im Wok schwenken. Das Fleisch portionsweise zufügen und jeweils 3–5 Minuten unter Rühren braten, bis es vollständig gebräunt ist. Herausnehmen.
3 Frühlingszwiebeln und Zuckererbsen in den Wok geben und 2 Minuten unter Rühren braten. Das Fleisch mit der Flüssigkeit wieder in den Wok geben und weitere 2–3 Minuten unter Rühren braten, bis das Fleisch heiß und alles gut vermischt ist. Mit Salz und Pfeffer abschmecken. Auf gedämpftem Jasminreis servieren.
Hinweise: Servieren Sie Limettenspalten dazu; sie sind eine hübsche Garnierung und können über dem Gericht ausgedrückt werden, um ihm zusätzliches Aroma zu verleihen.

Als Currypaste können Sie entweder eine selbstgemachte (siehe S. 56) oder eine fertige Paste nehmen (siehe S. 163).

UNTEN: Hähnchen mit Zuckererbsen

ZITRONENSAFT
Säuerliche Zutaten wie Zitronensaft werden gern als Zutaten für Marinaden verwendet – nicht nur wegen des Aromas, sondern auch, damit das marinierte Fleisch zart wird. Man kann für den gleichen Zweck auch Limettensaft nehmen.

ZITRONEN-INGWER-HÄHNCHEN

Vorbereitungszeit: 25 Minuten
+ 20 Minuten Marinierzeit
Kochzeit: 15 Minuten
Für 4 Personen

☆

1 TL geriebene Zitronenschale
80 ml Zitronensaft
1 kleine frische rote Chilli, fein gehackt
1 Knoblauchzehe, durchgepresst
1 EL geriebener frischer Ingwer
2 EL frische Korianderblätter, gehackt
700 g Hähnchenbrustfilet, in Scheiben geschnitten
1 EL Sesamsamen
2 EL Pflanzenöl
150 g Zuckererbsen, der Länge nach halbiert
150 g Babymais, geviertelt
2 EL Sojasauce
200 g Bohnensprossen, geputzt

1 Zitronenschale und -saft, Chilli, Knoblauch, Ingwer und Koriander in einer großen Schüssel vermengen. Das Hähnchenfleisch gründlich untermischen, mit Klarsichtfolie zudecken und im Kühlschrank 20 Minuten marinieren.
2 Einen Wok stark erhitzen, die Sesamsamen hineingeben und 30 Sekunden unter Rühren leicht braun braten. Herausnehmen.
3 1 EL Öl im Wok erhitzen und schwenken. Das Fleisch abtropfen lassen und portionsweise jeweils 5 Minuten unter Rühren braten, bis es leicht gebräunt ist. Herausnehmen.
4 Das restliche Öl erhitzen, Zuckererbsen, Babymais und Sojasauce zufügen und 2 Minuten unter Rühren braten. Das Fleisch wieder in den Wok geben, die Bohnensprossen zufügen und 1 Minute unter Rühren braten. Mit Sesamsamen bestreuen und mit Reis oder Nudeln servieren.

KORIANDER-LIMETTEN-HÄHNCHEN

Vorbereitungszeit: 10 Minuten
Kochzeit: 15 Minuten
Für 4 Personen

☆

170 ml Kokoscreme
125 ml Hühnerbrühe
1 1/2 EL Limettensaft
2 TL geriebener frischer Ingwer
4 Hähnchenbrustfilets
Mehl, zum Bestäuben
2 EL Pflanzenöl
2 EL frische Korianderblätter, gehackt
einige frische Korianderblätter zum Garnieren

RECHTS: Zitronen-Ingwer-Hähnchen

1 Kokoscreme, Hühnerbrühe, Limettensaft und Ingwer in einer Schüssel verquirlen. Die Hähnchenbrustfilets quer zur Faser in 1 cm dicke Scheiben schneiden und in etwas Mehl wenden.
2 Einen Wok stark erhitzen, das Öl hineingeben und im Wok schwenken. Das Fleisch zufügen und bei mittlerer Hitze 4–5 Minuten unter Rühren goldbraun braten. Herausnehmen. Die Kokoscrememischung in den Wok geben und zum Kochen bringen. 4–5 Minuten kochen, bis die Sauce auf die Hälfte reduziert und leicht eingedickt ist.
3 Das Fleisch wieder in den Wok geben, den gehackten Koriander untermischen und 1 Minute köcheln lassen, bis das Fleisch heiß ist. Mit den Korianderblättern garnieren. Mit gedämpftem Reis servieren.

SICHUAN-PFEFFER-HÄHNCHEN

Vorbereitungszeit: 25 Minuten
+ 2 Stunden Marinierzeit
Kochzeit: 20 MInuten
Für 4 Personen

☆☆

3 TL Sichuan-Pfefferkörner
2 EL Sojasauce
1 Knoblauchzehe, durchgepresst
1 TL geriebener frischer Ingwer
3 TL Stärkemehl
500 g Hähnchenschenkel ohne Haut und Knochen, in Streifen geschnitten
100 g getrocknete dünne Eiernudeln
2 1/2 EL Öl
1 Zwiebel, in Ringe geschnitten
1 gelbe Paprika, in dünne Streifen geschnitten
1 rote Paprika, in dünne Streifen geschnitten
100 g Zuckererbsen
60 ml Hühnerbrühe

1 Einen Wok stark erhitzen und die Pfefferkörner darin 30 Sekunden ohne Fettzugabe braten. Herausnehmen und in einem Mörser mit einem Stößel oder in einer Pfeffermühle fein zerstoßen.
2 Sojasauce, Knoblauch, Ingwer, Stärkemehl und Pfeffer in einer großen Schüssel mischen. Das Fleisch zufügen und in der Marinade wenden. Mit Klarsichtfolie zudecken und im Kühlschrank 2 Stunden marinieren.
3 Wasser in einem großen Topf zum Kochen bringen, die Eiernudeln hineingeben und 3 Minuten weich garen. Abtropfen lassen, etwas Öl darüber träufeln und unter die Nudeln ziehen, damit sie nicht zusammenkleben.
4 Einen Wok stark erhitzen, 1 EL Öl hineingeben und darin schwenken. Das Fleisch portionsweise bei mittlerer bis starker Hitze jeweils 5 Minuten unter Rühren braten, bis es goldbraun und gar ist; bei Bedarf noch etwas Öl zugeben. Herausnehmen.
5 Den Wok wieder erhitzen, 1 EL Öl hineingeben, Zwiebel, gelbe und rote Paprika und Zuckererbsen zufügen und bei starker Hitze 2–3 Minuten unter Rühren braten, bis das Gemüse weich ist. Die Hühnerbrühe zugießen und zum Kochen bringen.
6 Das Fleisch und die Nudeln wieder in den Wok geben und bei starker Hitze gründlich untermischen. Sofort servieren.

OBEN: Sichuan-Pfeffer-Hähnchen

OBEN: Hähnchen mit Basilikum und Cashewnüssen

HÄHNCHEN MIT BASILIKUM UND CASHEWNÜSSEN

Vorbereitungszeit: 15 Minuten
Kochzeit: 15 Minuten
Für 4 Personen

☆

750 g Hähnchenbrustfilet, in Scheiben geschnitten
2 Stängel Zitronengras (nur weiße Teile), fein gehackt
3 kleine frische rote Chillies, entkernt und gehackt
4 Knoblauchzehen, durchgepresst
1 EL frischer Ingwer, fein gehackt
2 frische Korianderwurzeln, fein gehackt
2 EL Pflanzenöl
100 g Cashewnüsse
1 1/2 EL Limettensaft, 2 EL Fischsauce
1 1/2 EL geriebener Palmzucker
60 g frisches Thai-Basilikum
2 TL Stärkemehl

1 Hähnchenfleisch, Zitronengras, Chillies, Knoblauch, Ingwer und Korianderwurzeln in eine große Schüssel geben. Gründlich mischen.
2 Einen Wok bei mittlerer Hitze heiß werden lassen, 1 TL Öl hineingeben und im Wok schwenken. Die Cashewnüsse zufügen und 1 Minute goldgelb braten. Herausnehmen und auf zerknülltem Küchenkrepp abtropfen lassen.
3 Das restliche Öl im Wok erhitzen, das Fleisch portionsweise zugeben und bei mittlerer Hitze jeweils 4–5 Minuten unter Rühren braun braten. Alles Fleisch wieder in den Wok geben.
4 Limettensaft, Fischsauce, Palmzucker und Basilikum hineinrühren und 30–60 Sekunden garen, bis das Basilikum beginnt zusammenzufallen. Das Stärkemehl mit 1 EL Wasser verrühren, in den Wok geben und rühren, bis die Mischung leicht eindickt. Die Cashewnüsse untermischen. Mit gedämpftem Reis servieren.

KARAMELL-KORIANDER-HÄHNCHEN

Vorbereitungszeit: 20 Minuten
+ 1 Nacht Marinierzeit
Kochzeit: 20 Minuten
Für 4–6 Personen

☆☆

2 Knoblauchzehen, durchgepresst
2 EL geriebener frischer Ingwer
2 TL gemahlene Kurkuma
60 ml chinesischer Reiswein
2 EL Sojasauce
2 Eigelb, verquirlt
je 1 TL gemahlener weißer Pfeffer und Salz
1 kg Hähnchenschenkel ohne Haut und Knochen, in 2 cm große Würfel geschnitten
60 g Mehl
125 ml Pflanzenöl
100 g brauner Zucker
4 Knoblauchzehen, zusätzlich, durchgepresst
4 EL frischer Koriander, gehackt
60 ml Reisessig

1 Knoblauch, Ingwer, Kurkuma, Reiswein, Sojasauce, Eigelb, Pfeffer und Salz in einer großen Schüssel mischen. Das Fleisch zufügen, in der Marinade wenden. Mit Klarsichtfolie zudecken und 1 Nacht im Kühlschrank marinieren.
2 Das Fleisch abtropfen lassen und abtupfen, dann gründlich im Mehl wenden.
3 Einen Wok stark erhitzen, 1 EL Öl hineinge-

ben und im Wok schwenken. Das Fleisch in 3 Portionen jeweils 4 Minuten unter Rühren goldgelb braten. Vor dem Zufügen der zweiten und dritten Portion bei Bedarf noch etwas Öl zugeben. Herausnehmen.

4 Die Hitze reduzieren, dann das restliche Öl, Zucker und Knoblauch hineingeben. Mischen, anschließend 1–2 Minuten stehen lassen, bis der Zucker flüssig wird und karamellisiert.

5 Das Fleisch wieder in den Wok geben und Koriander und Reisessig zufügen. Vorsichtig 4 Minuten rühren, bis das Fleisch gar und vollständig mit der Sauce überzogen ist. Mit gedämpftem Jasminreis servieren.

INGWERHÄHNCHEN MIT HOKKIEN-NUDELN

Vorbereitungszeit: 20 Minuten + 10 Minuten Marinierzeit
Kochzeit: 10 Minuten
Für 4 Personen

☆

2 1/2 EL frischer Ingwer, in feine Streifen geschnitten
60 ml Mirin, 2 EL Sojasauce
600 g Hähnchenschenkel ohne Haut und Knochen oder Hähnchenbrustfilet, schräg in dünne Scheiben geschnitten
500 g Hokkien-Nudeln
2 EL Pflanzenöl
180 g frischer Babymais, der Länge nach halbiert
150 g frische Austernpilze, große Pilze halbiert
350 g Choisum, geputzt und in 6 cm lange Stücke geschnitten
2 EL Austernsauce

1 Ingwer, Mirin und Sojasauce in einer großen Schüssel mischen. Das Fleisch zufügen und in der Marinade wenden. Mit Klarsichtfolie zudecken und 10 Minuten marinieren.

2 Die Nudeln in einer großen hitzebeständigen Schüssel mit kochendem Wasser 1 Minute einweichen. Vorsichtig voneinander lösen, abtropfen lassen und mit kaltem Wasser abschrecken.

3 Einen Wok stark erhitzen, 1 EL Öl hineingeben und im Wok schwenken. Das Fleisch mit einem Schaumlöffel aus der Marinade nehmen; die Marinade aufbewahren. Das Fleisch in 2 Portionen in den Wok geben und bei sehr starker Hitze jeweils 2 Minuten garen, bis es braun wird und gerade gar ist. Herausnehmen.

4 Das restliche Öl im Wok erhitzen und im Wok schwenken. Mais und Pilze zufügen und 1–2 Minuten unter Rühren gerade weich braten. Die Marinade zugießen, zum Kochen bringen, dann Fleisch, Choisum und Nudeln zugeben. Die Austernsauce unterrühren und unter ständigem Rühren 1–2 Minuten garen, bis der Choisum leicht zusammengefallen ist und alles heiß ist. Sofort servieren.

UNTEN: Ingwerhähnchen mit Hokkien-Nudeln

HÄHNCHEN GENERAL TSO

Vorbereitungszeit: 10 Minuten + 1 Stunde Marinierzeit + 20 Minuten Einweichzeit
Kochzeit: 10 Minuten
Für 4–6 Personen

☆

- 2 EL chinesischer Reiswein
- 1 EL Stärkemehl
- 80 ml dunkle Sojasauce, 3 TL Sesamöl
- 900 g Hähnchenschenkel ohne Haut und Knochen, in 3 cm große Würfel geschnitten
- 2 Stücke getrocknete Zitrusschale, etwa 2 x 3 cm groß
- 125 ml Erdnussöl
- 1 1/2–2 TL Chiliflocken
- 2 EL frischer Ingwer, fein gehackt
- 120 g Frühlingszwiebeln, in feine Ringe geschnitten
- 2 TL Zucker, 1/2 TL Salz
- Frühlingszwiebel, in feine Ringe geschnitten, zum Garnieren

1 Reiswein, Stärkemehl, 2 EL Sojasauce und 2 TL Sesamöl in einer großen Schüssel mischen. Das Hähnchenfleisch zufügen, in der Marinade wenden, zudecken und im Kühlschrank 1 Stunde marinieren.

2 Inzwischen die getrocknete Zitrusschale in warmem Wasser 20 Minuten einweichen. Herausnehmen und fein hacken; man sollte 1 1/2 TL gehackte Schale erhalten.

3 Das Öl im Wok bei starker Hitze heiß werden lassen. Das Fleisch mit einem Schaumlöffel aus der Marinade nehmen und abtropfen lassen, dann portionsweise jeweils 2 Minuten unter Rühren braun und gerade gar braten. Mit einem Schaumlöffel herausnehmen und in einem Durchschlag oder Sieb abtropfen lassen.

4 Das Öl bis auf 1 El aus dem Wok entfernen. Den Wok wieder stark erhitzen, anschließend Chiliflocken und Ingwer zugeben. 10 Sekunden unter Rühren anbraten, dann das Fleisch wieder in den Wok geben. Frühlingszwiebeln, Zucker, Zitrusschale, restliche Sojasauce, restliches Sesamöl und Salz zufügen und weitere 2–3 Minuten unter Rühren braten, bis alles gut vermischt und heiß ist. Mit der Frühlingszwiebel garnieren und mit Reis servieren.

RECHTS: Hähnchen General Tso

LARB

Larb-Salate sind im Norden und Nordosten Thailands sehr beliebt. Sie haben ihren Ursprung im benachbarten Laos. Typisch für dieses Salate ist, dass Chilli und Limettensaft – die dominierenden Aromen – mit frischen Kräutern und anderen Salatzutaten kombiniert werden. Dies zeigt, wie wichtig frische und rohe Zutaten in der laotischen Küche sind. Viele laotische Larb-Salate enthalten ausschließlich rohe Lebensmittel, auch rohen Fisch oder ungegartes Fleisch wie Rind- oder Büffelfleisch. Weil Laos keinen Zugang zum Meer hat und in seiner Geschichte politisch recht isoliert war, basiert die laotische Küche auf regionalen Zutaten.

Hinweis: Dieses Gericht wurde nach einem chinesischen General benannt, der im 19. Jh. in der Provinz Yunnan wirkte.

HÄHNCHENSALAT AUF THAILÄNDISCHE ART
(Larb gai)

Vorbereitungszeit: 25 Minuten
Kochzeit: 20 Minuten
Für 6 Personen

☆

1 EL Jasminreis
2 TL Pflanzenöl
400 g Hähnchenfleisch, klein gehackt
2 EL Fischsauce
1 Stängel Zitronengras (nur weiße Teile), gehackt
80 ml Hühnerbrühe
60 ml Limettensaft
4 Frühlingszwiebeln, schräg in feine Ringe geschnitten
4 rote asiatische Schalotten
30 g frische Korianderblätter, fein gehackt
20 g frische Minze, zerpflückt
200 g Kopfsalatblätter, zerpflückt
40 g ungesalzene Erdnüsse, geröstet und gehackt
1 kleine frische rote Chilli, in Streifen geschnitten
Limettenspalten, zum Servieren

1 Eine Bratpfanne bei schwacher Hitze heiß werden lassen. Den Reis hineingeben und 3 Minuten ohne Fettzugabe braten, bis er goldgelb wird. Den Reis in einen Mörser geben und mit einem Stößel zu feinem Pulver mahlen.

2 Einen Wok bei mittlerer Hitze heiß werden lassen. Das Öl hineingeben und im Wok schwenken. Das Fleisch zufügen und 4 Minuten garen, bis es weiß wird, dabei eventuelle Fleischklümpchen mit dem Rücken eines Holzlöffels auflösen. Fischsauce, Zitronengras und Brühe zugeben und weitere 10 Minuten garen. Vom Herd nehmen und abkühlen lassen.

3 Limettensaft, Frühlingszwiebeln, Schalotten, Koriander, Minze und gemahlenen Reis unterrühren und alles gründlich mischen.

4 Die Salatblätter auf einer Servierplatte verteilen und die Hähnchenmischung darauf legen. Mit Erdnüssen und Chillistreifen bestreuen und mit den Limettenspalten servieren.

OBEN: Hähnchensalat auf thailändische Art

GEBRATENER REIS

Für die Zubereitung von gebratenem Reis brauchen Sie kalten gegarten Reis. Nehmen Sie entweder übrig gebliebenen Reis oder kochen Sie ihn einen Tag vorher und stellen Sie ihn bis zum Gebrauch in den Kühlschrank.

GEBRATENER THAI-REIS
(Khao pad)

Einen Wok stark erhitzen, 2 EL Pflanzenöl hineingeben und schwenken. 3 in Ringe geschnittene rote asiatische Schalotten, 1 fein gehackte Knoblauchzehe und 1 fein gehackte kleine frische rote Chilli 2 Minuten unter Rühren braten, bis die Schalotten braun werden. 100 g in Stücke geschnittene Spargelbohnen, 1 in 5 cm lange feine Streifen geschnittene kleine rote Paprika und 90 g halbierte Champignons zufügen. 3 Minuten unter Rühren gar braten. 550 g kalten gegarten Jasminreis unterrühren, bis er heiß ist.

1 TL geriebenen Palmzucker in 60 ml heller Sojasauce auflösen; über den Reis gießen. 3 EL zerpflücktes frisches Thai-Basilikum und 1 EL gehackten frischen Koriander unterrühren. Für 4 Personen.

GEBRATENER REIS AUF INDONESISCHE ART
(Nasi goreng)

150 g fein gehackte Spargelbohnen 3 Minuten in kochendem Wasser garen. Abtropfen lassen, abspülen, beiseite stellen.

3 grob gehackte Knoblauchzehen, 1 gehackte Zwiebel und 1 kleine frische Bird's eye chilli mit dem Mixer zu einer groben Paste verarbeiten. 2 EL Pflanzenöl in einem Wok erhitzen und schwenken. Die Paste 1 Minute garen, bis sie duftet. 200 g geschälte kleine Garnelen ohne Darm und 250 g in dünne Scheiben geschnittene Hähnchenbrust zufügen und 3 Minuten unter Rühren braten. Die Bohnen und 2 EL Wasser zugeben. Mit Salz und Pfeffer würzen. 750 g kalten gegarten Langkornreis, 4 in feine Ringe geschnittene Frühlingszwiebeln, 1 EL Ketjap Manis und 1–2 EL helle Sojasauce zufügen und ständig rühren, bis alles heiß ist. Für 4–6 Personen.

Hinweis: Nasi goreng wird vor dem Servieren normalerweise mit in Stücke geteiltem Rührei und Krabbenbrot (Krupuk) angerichtet.

GEBRATENER REIS MIT ANANAS-RINDFLEISCH

Einen Wok stark erhitzen, 1 EL Erdnussöl und einige Tropfen Sesamöl hineingeben und schwenken. 2 TL fein gehackten frischen Ingwer, 1 fein gehackte kleine frische rote Chilli und 2 durchgepresste Knoblauchzehen zufügen und einige Sekunden unter Rühren anbraten. 250 g Rinderhackfleisch zugeben und 4–5 Minuten unter Rühren gar braten. 80 g gegarte TK-Erbsen und 4 fein gehackte Frühlingszwiebeln zufügen und 1 Minute unter Rühren braten, bis die Frühlingszwiebeln weich sind. 750 g kalten gegarten Langkornreis, 60 g fein gewürfelte Bambussprossen, 180 g sehr gut abgetropfte ausgedrückte Ananasstücke zugeben und rühren, anschließend 2–3 Minuten unter Rühren braten, bis der Reis heiß ist. $1^1/2$ EL Sojasauce, $1^1/2$ EL Fischsauce und 1 EL Reisessig zugießen und 1 Minute unter Rühren braten, bis alles vermischt ist. 2 EL fein gehackte frische Korianderblätter unterrühren und servieren. Für 4–6 Personen.

GEBRATENER REIS AUF CHINESISCHE ART

2 EL getrocknete Garnelen 20 Minuten in kochendem Wasser einweichen. Abtropfen lassen und fein hacken. Einen Wok stark erhitzen, 1 EL Pflanzenöl hineingeben und im Wok schwenken. 3 leicht verquirlte Eier zufügen und rühren, bis sie langsam fest werden. Wenn sie fast gar sind, in dünne Streifen schneiden und aus dem Wok nehmen.

1 EL Pflanzenöl im Wok erhitzen, 250 g fein gewürfeltes chinesisches gegrilltes Schweinefilet hineingeben und 1 Minute unter Rühren braten, bis es heiß ist. 50 g abgetropfte, abgespülte und fein gewürfelte Strohpilze sowie die Garnelen zufügen und 1–2 Minuten unter Rühren braten. 1 EL Öl zugeben, dann nach und nach 750 g kalten gegarten Langkornreis zufügen und 2 Minuten rühren, bis er heiß ist. Die Hitze reduzieren, 2 EL helle Sojasauce, 3 fein gehackte Frühlingszwiebeln und $2^1/2$ EL fein gehackten Schnittknoblauch zugeben und unter Rühren braten, bis alles vermischt ist. Mit weißem Pfeffer und etwas Sesamöl würzen, mit den Eistreifen belegen und servieren. Für 4 Personen.

VON LINKS: Gebratener Thai-Reis, Gebratener Reis auf indonesische Art, Gebratener Reis mit Ananas-Rindfleisch, Gebratener Reis auf chinesische Art

SÜSSE CHILI-GARNELEN

Die Schalen von den Garnelen ablösen und den Darm entfernen; die Schwanzflossen belassen.

OBEN: *Süße Chilli-Garnelen*

SÜSSE CHILI-GARNELEN

Vorbereitungszeit: 20 Minuten
Kochzeit: 10 Minuten
Für 4 Personen

☆☆

80 ml Chili-Knoblauch-Sauce
2 EL Tomatensauce
2 EL chinesischer Reiswein
1 EL dunkler chinesischer Essig
1 EL Sojasauce
1 EL brauner Zucker
1 TL Stärkemehl, mit 125 ml Wasser verrührt
2 EL Erdnussöl
1 Stück frischer Ingwer, etwa 1 x 3 cm groß, in feine Streifen geschnitten
2 Knoblauchzehe, fein gehackt
5 Frühlingszwiebeln, in 3 cm lange Stücke geschnitten
1 kg mittelgroße rohe Garnelen, küchenfertig, aber mit Schwanzflosse
Frühlingszwiebel, fein gehackt, zum Garnieren

1 Chili-Knoblauch-Sauce, Tomatensauce, Reiswein, Essig, Sojasauce, Zucker und die Mehlpaste in einem kleinen Gefäß mischen.

2 Einen Wok stark erhitzen, das Öl hineingeben und im Wok schwenken, dann Ingwer, Knoblauch und Frühlingszwiebeln zufügen und 1 Minute unter Rühren braten. Die Garnelen zugeben und 2 Minuten garen, bis sie rosafarben sind und sich zusammenrollen. Herausnehmen.

3 Die Sauce in den Wok gießen und unter Rühren 1–2 Minuten kochen, bis sie leicht eindickt. Die Garnelen wieder in den Wok geben und 1–2 Minuten garen, bis sie heiß und ganz gar sind. Mit der gehackten Frühlingszwiebel garnieren. Mit Reis oder Eiernudeln servieren.

TAMARINDENREIS

400 Jasminreis, 250 g Kokoscreme und 3 EL Tamarindenpüree in einen großen Topf geben. Soviel Wasser zugießen, dass der Reis 2,5 cm mit Wasser bedeckt ist, und alles bei starker Hitze zum Kochen bringen. Die Hitze reduzieren, den Topf teilweise zudecken und den Reis garen, bis er das Wasser aufgesogen hat. Vom Herd nehmen fest zudecken. 5 Minuten ruhen lassen, 80 ml Limettensaft unterrühren. Zu pfannengerührten Gerichten servieren. Für 6 Personen.

KALMAR MIT KORIANDER, PFEFFER UND GLASNUDELN

Vorbereitungszeit: 30 Minuten
Kochzeit: 10 Minuten
Für 4 Personen

☆☆

200 g Glasnudeln
2 Knoblauchzehen, gehackt
2 große frische rote Chillies, entkernt und gehackt
30 g frische Korianderstiele und -wurzeln, gut gewaschen
1 TL schwarze Pfefferkörner, ohne Fettzugabe geröstet und zerstoßen, 1/2 TL Salz
2 EL Erdnussöl
300 g kleine Kalmarmäntel, küchenfertig, rautenförmig eingeritzt (siehe S. 185) und in 3 cm große Stücke geschnitten
100 g frischer grüner Spargel, in kleine Stücke geschnitten, Köpfe ganz gelassen
100 g Zuckererbsen, geputzt
2 EL Fischsauce
1 EL Ketjap Manis
120 g ungesalzene Erdnüsse, geröstet und grob gehackt
10 g frische Korianderblätter
1 Limette, geviertelt, zum Servieren

1 Die Nudeln in eine hitzebeständige Schüssel geben, mit kochendem Wasser übergießen und 3–4 Minuten einweichen. Abtropfen lassen, mit kaltem Wasser abspülen und nochmals abtropfen lassen. In 15 cm lange Stücke schneiden.
2 Knoblauch, Chillies, Koriander, Pfeffer und Salz mit dem Mixer zu einer groben Paste verarbeiten; bei Bedarf Wasser zugießen.
3 Das Öl in einem Wok bei mittlerer bis starker Hitze heiß werden lassen. Die Paste darin 3 Minuten garen, dann an den Rand des Woks schieben. Die Kalmarstücke zufügen und maximal 1 Minute unter Rühren braten, dabei die Paste gründlich unterrühren. Herausnehmen.
4 Spargel, Zuckererbsen und 2 EL Wasser in den Wok geben und 3 Minuten unter Rühren braten, bis das Gemüse gar ist. Kalmar und Nudeln gut untermischen. Fischsauce, Ketjap Manis und den größten Teil der Erdnüsse unterrühren. Auf Servierschüsseln verteilen, mit den restlichen Erdnüssen und dem Koriander bestreuen und mit der Limette servieren.

LINKS: Kalmar mit Koriander, Pfeffer und Glasnudeln

FISCH SÜSS-SAUER MIT HOKKIEN-NUDELN

Vorbereitungszeit: 20 Minuten
Kochzeit: 20 Minuten
Für 4 Personen

☆☆

425 g Hokkien-Nudeln
1 EL Erdnussöl
1 Knoblauchzehe, durchgepresst
2 TL geriebener frischer Ingwer
1 Zwiebel, in schmale Schnitze geteilt
1 Möhre, der Länge nach halbiert und in dünne Scheiben geschnitten
1/2 rote Paprika, in dünne Streifen geschnitten
1/2 grüne Paprika, in dünne Streifen geschnitten
1 Selleriestange, in kleine Stücke geschnitten
60 g Mehl, 50 g Reismehl
1 TL feiner Zucker
1/2 TL gemahlener weißer Pfeffer
500 g festes weißes Fischfilet, in 3 cm große Würfel geschnitten
1 Ei, mit 1 EL Wasser verquirlt
Öl, zum Frittieren
2 Frühlingszwiebeln, schräg in Ringe geschnitten

SAUCE
60 ml Reisessig
1 EL Stärkemehl
60 ml Tomatensauce
2 EL Zucker
2 TL helle Sojasauce, 1 EL trockener Sherry
60 ml Ananassaft, 2 EL Gemüsebrühe

1 Die Nudeln in einer hitzebeständigen Schüssel mit kochendem Wasser übergießen, 1 Minute einweichen; voneinander lösen, abtropfen lassen.
2 Für die Sauce Reisessig und Stärkemehl in einem kleinen Gefäß mischen, die restlichen Saucenzutaten und 180 ml Wasser unterrühren.
3 Einen Wok bei mittlerer Hitze heiß werden lassen, das Öl hineingeben und im Wok schwenken. Knoblauch und Ingwer 30 Sekunden anbraten. Zwiebel, Möhre, Paprika und Sellerie zufügen und 3–4 Minuten unter Rühren braten. Die Sauce zugießen, den Wok stark erhitzen und alles 1–2 Minuten unter Rühren braten, bis die Sauce eingedickt ist. Vom Herd nehmen.
4 Mehl, Reismehl, Zucker und Pfeffer vermischen. Die Fischwürfel in das verquirlte Ei tauchen und in der Mischung wenden; überschüssiges Mehl abschütteln. Einen sauberen Wok zu einem Drittel mit Öl füllen und auf 180 °C erhitzen, sodass ein in das Öl getauchter Brotwürfel in 15 Sekunden braun wird. Die Fischwürfel portionsweise 3 Minuten goldgelb frittieren. Auf Küchenkrepp abtropfen lassen und warm stellen.
5 Den Wok mit der Sauce wieder bei mittlerer Hitze heiß werden lassen, die Nudeln hineingeben und 3–4 Minuten rühren, bis sie heiß sind. Den Fisch vorsichtig unterheben, mit den Frühlingszwiebeln bestreuen und servieren.

UNTEN: Fisch süß-sauer mit Hokkien-Nudeln

ZITRONENGRAS-GARNELEN AUF THAILÄNDISCHE ART

Vorbereitungszeit: 25 Minuten
Kochzeit: 10 Minuten
Für 4 Personen

☆

6 Stängel Zitronengras (nur weiße Teile), in Stücke geschnitten
2 TL frischer Galgant, grob gehackt
1 frische Korianderwurzel
2 Knoblauchzehen
2 EL Pflanzenöl
4 rote asiatische Schalotten, in Ringe geschnitten
1 kg rohe mittelgroße Garnelen, küchenfertig, aber mit Schwanzflosse
3 frische Kaffir-Limettenblätter, in kleine Stücke geschnitten
2 EL Fischsauce, 3 TL Limettensaft
2 EL geriebener Palmzucker
2 Frühlingszwiebeln, in 2,5 cm lange Stücke geschnitten
frische Korianderblätter, zum Garnieren

1 Zitronengras, Galgant, Korianderwurzel und Knoblauch mit dem Mixer zu einer Paste verarbeiten; bei Bedarf 1 TL Öl zufügen.
2 Einen Wok bei mittlerer Hitze heiß werden lassen, das Öl hineingeben und schwenken. Die Schalotten 2 Minuten unter Rühren weich braten, die Paste zufügen und 2 Minuten braten.
3 Die Garnelen zugeben und 3 Minuten garen. Limettenblätter, Fischsauce, Saft, Zucker und Zwiebeln zufügen, 1 Minute unter Rühren braten; mit Koriander garnieren, mit Reis servieren.

JAKOBSMUSCHELN MIT SCHWARZER BOHNENSAUCE

Vorbereitungszeit: 15 Minuten
Kochzeit: 10 Minuten
Für 4–6 Personen

☆

600 g frische Jakobsmuscheln, ohne Rogen
2 EL Stärkemehl
80 ml Erdnussöl
3 Frühlingszwiebeln, in 3 cm lange Stücke geschnitten
1 TL frischer Ingwer, fein gehackt
2 Knoblauchzehen, durchgepresst
2 EL chinesischer Reiswein
50 g gesalzene schwarze Bohnen, abgespült und grob gehackt
je 1 EL Reisessig und Sojasauce
1 TL brauner Zucker, 1/2 TL Sesamöl

1 Dunkle Teile und den harten Muskel vom Muschelfleisch abschneiden. Muschelfleisch im Mehl wenden; überschüssiges Mehl abschütteln.
2 Einen Wok stark erhitzen, 1 TL Öl hineingeben und schwenken. Die Zwiebeln 30 Sekunden unter Rühren braten. Herausnehmen.
3 1 EL Öl in den heißen Wok geben, ein Drittel der Muscheln zufügen und 1–2 Minuten unter Rühren goldgelb braten. Herausnehmen. Vorgang mit den restlichen Muscheln wiederholen.
4 Restliches Öl in den Wok geben und schwenken. Ingwer, Knoblauch, Wein, Bohnen, Essig, Sojasauce und Zucker zufügen, 1 Minute unter Rühren braten, bis die Sauce leicht eindickt.
5 Die Muscheln wieder in den Wok geben und 1 Minute unter Rühren braten, bis sie heiß sind. Frühlingszwiebeln und Sesamöl unterrühren. Mit gedämpftem Reis servieren.

OBEN: Zitronengras-Garnelen auf thailändische Art

PFEFFERKRABBEN NACH SINGAPUR-ART

Die Schwanzklappe von der Krabbenunterseite ablösen und die harte Schale von der Oberseite abheben.

Die Innereien entfernen und die weichen, federartigen Kiemen abziehen.

Jede Krabbe mit einem scharfen, schweren Messer in 4 Stücke schneiden.

OBEN: Pfefferkrabben nach Singapur-Art

PFEFFERKRABBEN NACH SINGAPUR-ART

Vorbereitungszeit: 15 Minuten
Kochzeit: 20 Minuten
Für 4 Personen

☆☆

2 kg frisch gekochte Taschenkrebse in der Schale
je 2 EL dunkle Sojasauce und Austernsauce
1 EL geriebener Palmzucker
1–2 EL Erdnussöl
150 g Butter
2 EL Knoblauch, fein gehackt
1 EL frischer Ingwer, fein gehackt
1 kleine frische rote Chilli, entkernt und fein gehackt
1 1/2 EL gemahlener schwarzer Pfeffer
1 Frühlingszwiebel (nur grüner Teil), schräg in feine Ringe geschnitten

1 Die Krabben gründlich mit eine Bürste waschen. Von jeder Krabbe die Schwanzklappe ablösen und die Schale entfernen. Den Magen mit den Anhängseln und die Kiemen entfernen. Die Krabben mit einem großen scharfen Messer der Länge nach in der Mitte durchschneiden; die Beine am Körper lassen. Jede Hälfte quer halbieren. Den dickeren Teil der Beine mit dem Rücken eines schweren Messers anbrechen, damit das Fleisch die Aromen der anderen Zutaten besser aufnehmen kann und sich die Beine beim Essen leichter aufbrechen lassen.
2 Sojasauce, Austernsauce und Palmzucker in einer kleinen Schüssel mischen. Beiseite stellen.
3 Einen Wok stark erhitzen, 1 EL Öl hineingeben und im Wok schwenken. Die Krabbenstücke portionsweise zufügen und bei sehr starker Hitze jeweils 4 Minuten unter Rühren braten; bei Bedarf Öl zugeben. Herausnehmen.
4 Die Hitze etwas reduzieren, Butter, Knoblauch, Ingwer, Chilli und Pfeffer zufügen und 30 Sekunden unter Rühren braten, bis es duftet, dann die Sauce zugießen und 1 weitere Minute köcheln lassen, bis die Sauce glänzend wird.
5 Das Krabbenfleisch wieder in den Wok geben, mit einem Deckel zudecken und 4 Minuten garen, dabei nach jeweils 1 Minute rühren. Mit den Frühlingszwiebelringen bestreuen und sofort mit Reis servieren. Stellen Sie kleine, mit warmem Wasser und Zitronenspalten gefüllte Schüsseln auf den Tisch, damit man sich die Finger säubern kann.
Hinweis: Dieses Gericht ist sehr gehaltvoll. Es wird am besten als Teil einer Mahlzeit serviert. In Singapur reicht man zu Krabbengerichten Papierlätzchen zum Schutz der Kleidung.

PFEFFER-KALMAR

Vorbereitungszeit: 15 Minuten
+ 20 Minuten Marinierzeit
Kochzeit: 10 Minuten
Für 4 Personen

☆

500 g Kalmarmäntel, küchenfertig
80 ml Pflanzenöl
4 Knoblauchzehen, fein gehackt
1/2 TL Zucker
2 TL Salz, 1 TL gemahlener schwarzer Pfeffer
2 EL Limettensaft
Limettenspalten, zum Servieren

1 Die Kalmarstücke mit klarem Wasser abspülen und mit Küchenkrepp trocken tupfen. Die Innenseiten rautenförmig einritzen. Vorsicht, nicht durchschneiden! In 3 x 5 cm große Stücke schneiden. Öl, Knoblauch, Zucker, 1 TL Salz und 1/2 TL Pfeffer vermengen und die Kalmarstücke gründlich untermischen. Zudecken und 20 Minuten im Kühlschrank marinieren.
2 Einen Wok stark erhitzen, die Kalmarstücke portionsweise zugeben und jeweils 1–2 Minuten unter Rühren braten, bis sie gerade weiß werden. Herausnehmen.
3 Den Kalmar wieder in den Wok geben. Limettensaft, 1 TL Salz und 1/2 TL Pfeffer unterrühren, erhitzen. Mit Limettenspalten servieren.

PFANNENGERÜHRTER FISCH MIT INGWER

Vorbereitungszeit: 20 Minuten
Kochzeit: 15 Minuten
Für 4 Personen

☆

1 EL Erdnussöl
1 kleine Zwiebel, in feine Ringe geschnitten
3 TL gemahlener Koriander
600 g grätenlose weiße Fischfilets (z. B. Flussbarsch), in mundgerechte Streifen geschnitten
1 EL frischer Ingwer, in feine Streifen geschnitten
1 TL frische grüne Chilli, entkernt und fein gehackt
2 EL Limettensaft
Salz und Pfeffer, nach Geschmack
2 EL frische Korianderblätter, zum Garnieren

1 Einen Wok stark erhitzen, das Öl hineingeben und schwenken. Die Zwiebel darin 4 Minuten unter Rühren weich und goldgelb braten. Den Koriander zufügen und 1–2 Minuten garen.
2 Fischstreifen, Ingwer und Chilli zugeben und 5–7 Minuten unter Rühren braten, bis der Fisch gar ist. Den Limettensaft unterrühren und mit Salz und Pfeffer abschmecken. Mit den Korianderblättern garnieren und mit Reis servieren.

PFEFFER-KALMAR

Die Innenseiten der Kalmarmäntel rautenförmig einritzen, dann den Kalmar in Stücke schneiden.

LINKS: Pfannengerührter Fisch mit Ingwer

BRUNNENKRESSE

Brunnenkresse ist eine Kressenart, die sowohl kultiviert wird als auch wild wächst. Ursprünglich war sie in Eurasien beheimatet, aber heute wächst sie an Flüssen, Bächen und Teichen in der ganzen Welt. Die dunkelgrünen Blättchen haben einen pfeffrigen, leicht scharfen senfartigen Geschmack. Sie werden als Zutat für Salate und Sandwichs und als Garnierung verwendet. Man kann sie auch an Suppen und Saucen geben, obwohl das Garen ihre Würzkraft mindert. Achten Sie beim Kauf darauf, dass die Blätter dunkel sind und noch nicht gelb werden, und verbrauchen Sie sie rasch. Man kann Brunnenkresse im Kühlschrank aufbewahren; dazu stellt man sie in ein Gefäß mit Wasser und deckt sie mit einem Gefrierbeutel ab. In Rezepten ist recht oft angegeben, dass die Stängel entfernt und nur die Blättchen genommen werden sollen. Brunnenkresse wird in westlichen und asiatischen Ländern unterschiedlich verwendet: Im Westen isst man sie lieber roh, während man sie in Asien meist kurz gart.

GARNELEN-KRESSE-SALAT MIT KNOBLAUCH

Vorbereitungszeit: 35 Minuten
Kochzeit: 15 Minuten
Für 4 Personen

☆☆

2 TL Stärkemehl
60 ml Gemüsebrühe
2 EL Sojasauce
2 TL brauner Zucker
2 EL Öl
5 Knoblauchzehen, fein gehackt
1 EL geriebener frischer Ingwer
1 Zwiebel, in Ringe geschnitten
500 g rohe Garnelen, küchenfertig, aber mit Schwanzflosse
1 Möhre, in feine Streifen geschnitten
2 Selleriestangen, in feine Streifen geschnitten
100 g Zuckererbsen, in Stücke geschnitten
100 g grüne Bohnen, in kleine Stücke geschnitten
500 g Brunnenkresse
40 g geröstete Erdnüsse, grob gehackt

1 Stärkemehl und etwas Brühe in einer kleinen Schüssel zu einer Paste mischen. Sojasauce, Zucker und restliche Brühe unterrühren.
2 Einen Wok stark erhitzen, 1 EL Öl hineingeben und im Wok schwenken. Knoblauch, Ingwer, Zwiebel und Garnelen bei starker Hitze 5 Minuten unter Rühren braten, bis die Garnelen rosafarben und gar sind. Herausnehmen.
3 Den Wok wieder erhitzen, 1 EL Öl hineingeben und Möhre, Sellerie, Zuckererbsen und Bohnen bei starker Hitze 3–4 Minuten unter Rühren braten. Die Sauce zugießen und rühren, bis sie kocht und eindickt.
4 Die Garnelen wieder in den Wok geben und 1–2 Minuten rühren, bis sie heiß sind. Auf Brunnenkresse anrichten, mit Erdnüssen bestreuen und servieren.

MU-ERR-PILZE MIT GARNELEN UND GEMÜSE

Vorbereitungszeit: 25 Minuten
+ 20 Minuten Einweichzeit
Kochzeit: 8 Minuten
Für 4 Personen

☆

20 g getrocknete Mu-err-Pilze
2 TL Stärkemehl
60 ml Mirin
je 1 EL Reisessig und Sojasauce
1–2 kleine frische rote Chillies, entkernt und fein gehackt
1–2 Knoblauchzehen, durchgepresst

RECHTS: Garnelen-Kresse-Salat mit Knoblauch

2 TL geriebener frischer Ingwer
1 EL Pflanzenöl
500 g rohe Garnelen, küchenfertig, halbiert
1/2 rote Paprika, in feine Streifen geschnitten
1 Selleriestange, in feine Streifen geschnitten
1 Möhre, in feine Streifen geschnitten
4 Frühlingszwiebeln, der Länge nach halbiert und in kleine Stücke geschnitten
230 g Wasserkastanien aus der Dose, abgetropft

1 Die Pilze in eine Schüssel geben, mit kochendem Wasser übergießen und 20 Minuten einweichen, bis sie ihre Größe verdoppelt haben. Abtropfen lassen, ausdrücken und grob hacken.
2 Das Stärkemehl mit 60 ml Wasser in einer Schüssel verrühren, bis die Mischung glatt ist. Mirin, Reisessig, Sojasauce, Chillies, Knoblauch und Ingwer zufügen.
3 Einen Wok stark erhitzen, das Öl hineingeben und darin schwenken. Die Garnelen kurz unter Rühren braten, bis sie beginnen, weiß zu werden. Paprika, Sellerie, Möhre, Frühlingszwiebeln, Wasserkastanien und Pilze zufügen und bei mittlerer bis starker Hitze 2–3 Minuten unter Rühren weich braten. Alles herausnehmen.
4 Die Sauce in den Wok gießen und rühren, bis sie kocht und eindickt. Garnelen und Gemüse wieder in den Wok geben und unterrühren. Sofort servieren.

TINTENFISCHPFANNE

Vorbereitungszeit: 30 Minuten
+ 2 Stunden oder 1 Nacht Marinierzeit
Kochzeit: 10 Minuten
Für 4 Personen

☆☆

500 g junge Tintenfische
3 EL frischer Koriander, gehackt
2 Knoblauchzehen, fein gehackt
2 frische rote Chillies, entkernt und gehackt
2 TL geriebener frischer Ingwer
2 Stängel Zitronengras, nur weiße Teile, gehackt
3 EL Pflanzenöl
2 EL Limettensaft
550 g Pak-choi, Blätter getrennt
400 g Choisum, Blätter getrennt
2 Knoblauchzehen, zusätzlich, durchgepresst
1 TL geriebener frischer Ingwer, zusätzlich

1 Kopf und Tentakel vom Rumpf der Tintenfische trennen, Tentakel vom Kopf und den Eingeweiden abschneiden, Kopf und Eingeweide wegwerfen. Den Knorpel aus dem Rumpf herausdrücken. Die Haut abziehen und wegwerfen. Die Tintenfische gründlich mit kaltem, fließendem Wasser säubern und mit Küchenpapier trocken tupfen. In Stücke schneiden.
2 Koriander, Knoblauch, Chillies, Ingwer, Zitronengras, 1 EL Öl und Limettensaft in einer Schüssel mischen. Die Tintenfischstücke zufügen, zudecken und mindestens 2 Stunden, besser 1 Nacht im Kühlschrank marinieren.
3 Einen Wok stark erhitzen, 1 EL Öl hineingeben und im Wok schwenken. Pak-choi und Choisum mit 1 EL Wasser zufügen und unter Rühren braten. Auf einer Servierplatte auslegen.
4 Den Wok wieder erhitzen, 1 EL Öl hineingeben, Knoblauch und Ingwer 30 Sekunden unter Rühren anbraten. Den Fisch zufügen, bei starker Hitze 7–8 Minuten unter Rühren gar braten. Auf dem Gemüse anrichten, servieren.

OBEN: Tintenfischpfanne

VIETNAMESISCHE KARAMELLISIERTE GARNELEN

Palmzuckersirup zum Kochen bringen, schwenken, bis er eine goldbraune Farbe annimmt – die Flüssigkeit nicht umrühren.

OBEN: Vietnamesische karamellisierte Garnelen

VIETNAMESISCHE KARAMELLISIERTE GARNELEN

Vorbereitungszeit: 20 Minuten
Kochzeit: 10 Minuten
Für 4–6 Personen

☆☆

45 g geriebener heller Palmzucker
1,5 kg rohe mittelgroße Garnelen, küchenfertig
3 Frühlingszwiebeln, fein geschnitten, weiße und grüne Teile getrennt
1 EL Pflanzenöl
2 EL Fischsauce
1 EL Reisessig
1 EL geriebener heller Palmzucker, zusätzlich
2 Knoblauchzehen, fein gehackt
1 große Prise weißer Pfeffer
1 EL fein gehackte Korianderblätter, nach Belieben

1 Palmzucker mit 1 EL Wasser in einem kleinen Topf bei hoher Temperatur erhitzen und umrühren, bis sich der Zucker aufgelöst hat. Aufkochen lassen, ca. 3–4 Minuten lang gelegentlich schwenken (nicht rühren), bis der Sirup eine dunkelgoldene Färbung hat und sahnig duftet. Mit einem langstieligen Löffel nach und nach 60 ml Wasser zufügen, bis eine dünnflüssige Karamellsauce entsteht. Vom Herd nehmen.

2 Garnelen und den weißen Teil der Frühlingszwiebeln in einer Schüssel mischen.

3 Wok bei hoher Temperatur erhitzen, Öl zugeben und schwenken. Garnelen zufügen, 1 Minute unter Rühren braten, bis sie rosa werden. Karamellsauce, Fischsauce, Reisessig, restlichen Palmzucker, Knoblauch, den grünen Teil der Frühlingszwiebeln und Pfeffer zugeben, 2 Minuten umrühren, bis die Garnelen gar und glasig sind. Nach Belieben den Koriander zufügen. Als Teil einer Mahlzeit servieren.

SICHUAN-PFANNE

Vorbereitungszeit: 20 Minuten
Kochzeit: 15 Minuten
Für 4 Personen

☆

500 g Hokkien-Nudeln
2 EL Pflanzenöl
2 Knoblauchzehen, in Scheiben geschnitten
1 Zwiebel, in dünne Spalten geschnitten
1 EL Sichuan-Pfefferkörner, zerstoßen
1 Stängel Zitronengras, weiße Teile, fein gehackt
300 g grüne Bohnen, in Stücke geschnitten
750 g rohe große Garnelen, küchenfertig, längs halbiert
2 EL Fischsauce
80 ml Austernsauce
125 ml Hühnerbrühe

1 Nudeln ca. 1 Miunte lang mit kochendem Wasser bedecken, auflockern und abgießen.
2 Wok bei hoher Temperatur erhitzen, 1 EL Öl zugeben und schwenken. Knoblauch, Zwiebel, Pfeffer und Zitronengras zufügen, 2 Minuten braten. Bohnen zugeben und 2–3 Minuten braten, bis sie zart sind. Vom Herd nehmen.
3 Wok erneut erhitzen, restliches Öl zugeben und schwenken. Garnelen zufügen und 3–4 Minuten braten, bis sie gerade gar sind. Bohnengemüse und Nudeln zugeben, 3 Minuten braten, bis die Nudeln erwärmt sind. Saucen und Hühnerbrühe zugießen, alles zum Kochen bringen. Kräftig umrühren. Servieren.

WEIZENNUDELN UND FISCH MIT SCHWARZEN BOHNEN

Vorbereitungszeit: 10 Minuten
Kochzeit: 15 Minuten
Für 4 Personen

☆

270 g frische Weizennudeln
200 g chinesischer Brokkoli, in 5 cm große Stücke geschnitten
550 g Snapper- oder Kabeljaufilets, in 4 cm große Stücke geschnitten
2 EL helle Sojasauce
1 1/2 EL chinesicher Reiswein
1 TL Zucker
1/2 TL Sesamöl
2 TL Maismehl
1 EL Pflanzenöl
5 Knoblauchzehen, durchgepresst
2 TL fein gehackter frischer Ingwer
2 Frühlingszwiebeln, fein geschnitten
2 kleine frische rote Chillies, fein gehackt
2 EL schwarze Bohnen, abgespült und grob gehackt
150 ml Fischbrühe
Frühlingszwiebeln, schräg in Ringe geschnitten, zum Garnieren

1 Weizennudeln in einem Topf in kochendem Wasser 2 Minuten ziehen lassen, bis sie gar sind. Abgießen. Brokkoli in einen Dampfkochtopf geben und ca. 3–4 Minuten gar dünsten. Vom Herd nehmen und warm halten.
2 Fisch in eine Schüssel geben. Sojasauce, Reiswein, Zucker, Sesamöl und Maismehl mischen und mit dem Fisch verrühren.
3 Wok bei hoher Temperatur erhitzen, Öl zugeben und schwenken. Knoblauch, Ingwer, Frühlingszwiebeln, Chillies und Bohnen zugeben, 1 Minute braten. Fisch und Marinade zufügen, 2 Minuten garen. Fisch mit einem Schaumlöffel herausnehmen, warm stellen.
4 Fischbrühe in den Wok füllen, Hitze auf niedrige Stufe reduzieren, Brühe langsam aufkochen lassen. 5 Minuten kochen lassen, bis sie leicht eingedickt ist. Fisch wieder in den Wok geben und zugedeckt 2–3 Minuten köcheln lassen, bis er gerade gar ist.
5 Vor dem Servieren die Nudeln auf die Servierschalen verteilen, Brokkoli und Fisch darauf legen und mit Bohnensauce anrichten. Mit den restlichen Frühlingszwiebeln garnieren.

UNTEN: Weizennudeln und Fisch mit schwarzen Bohnen

SAMBAL
Sambal Gorengs bzw. pfannengerührte Chili-Gerichte sind typisch für die indonesische Küche. Ihre charakteristische rote Farbe entsteht durch den hohen Chiligehalt der Würzpasten, die bei ihrer Zubereitung verwendet werden.

INDONESISCHER KALMAR

Vorbereitungszeit: 20 Minuten
+ 10 Minuten Einweichzeit
Kochzeit: 15 Minuten
Für 6 Personen

☆☆

1 kg küchenfertige Kalmarmäntel
1 EL weißer Weißweinessig
1 EL Tamarindenmark
4 rote asiatische Schalotten, fein gehackt
8 kleine frische rote Chillies, die Hälfte davon entkernt, fein gehackt
6 Knoblauchzehen
1 Stängel Zitronengras, nur weiße Teile, fein gehackt
2 TL geriebener frischer Ingwer
1/2 TL Garnelenpaste
2 1/2 EL Erdnussöl
1/2 TL gemahlener Kreuzkümmel
1 1/2 EL brauner Zucker

1 Die Kalmarstücke längs halbieren, flach ausbreiten und auf der Innenseite vorsichtig in einem engen Muster rautenförmig einritzen. Dann das Fleisch in 5 cm große Stücke schneiden. Die Stücke in einer Schüssel mit dem Weißweinessig und 1 l Wasser mischen, 10 Minuten ziehen lassen, dann abspülen und abtropfen lassen. Beiseite stellen.

2 Tamarinde in eine Schüssel geben und 80 ml kochendes Wasser zufügen. 5 Minuten einweichen lassen, Mark zerdrücken, bis es weich ist. Kerne und Fasern durch Sieben aus der Flüssigkeit entfernen.

3 Schalotten, Chillies, Knoblauchzehen, Zitronengras, Ingwer, Garnelenpaste und 1 TL Öl in eine kleine Küchenmaschine oder einen Mörser geben, zerreiben und mischen, bis eine glatte Paste entsteht, dann Kreuzkümmel zufügen.

4 Einen antihaftbeschichteten Wok bei hoher Temperatur erhitzen, 1 EL Öl zugeben und schwenken. Paste zugeben und 5 Minuten kochen, bis sie duftet, glänzt und alle Flüssigkeit verdampft ist. Aus dem Wok nehmen.

5 Wok erneut stark erhitzen, restliches Öl zugeben und schwenken. Kalmar in kleinen Portionen zufügen, unter Rühren jeweils 1–2 Minuten braten. Aus dem Wok nehmen.

6 Hitze auf mittlere Stufe reduzieren, Würzpaste, Tamarindenwasser und Zucker zugeben. Unter Rühren 2 Minuten braten, bis alle Zutaten gut vermischt sind. Kalmar in den Wok geben, 1 Minute braten, bis er mit der Sauce bedeckt und gut erwärmt ist. Mit Reis servieren.

Hinweis: Einen antihaftbeschichteten oder Edelstahlwok benutzen, da das Tamarindenpüree bei einem herkömmlichen Wok mit dem Metall reagieren und die Speise unangenehm verfärben kann.

RECHTS: Indonesischer Kalmar

CHILLIKREBSE

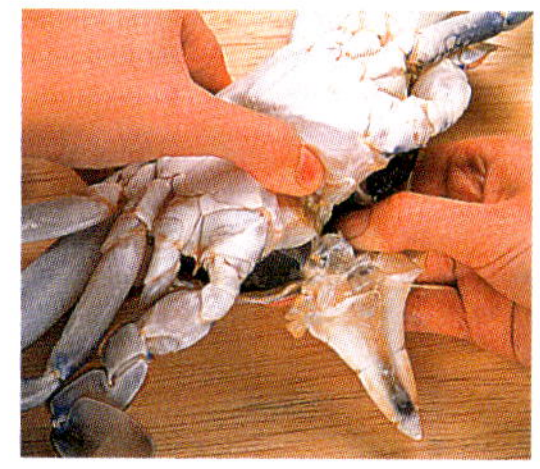

Krebspanzer an der Unterseite öffnen und Rückenpanzer abtrennen.

Darm und Kiemen entfernen, Fleisch in vier Portionen teilen.

Scheren mit einem Nussknacker öffnen, um den Verzehr des Fleisches zu erleichtern.

CHILIKREBSE

Vorbereitungszeit: 20 Minuten
Kochzeit: 15 Minuten
Für 4 Personen

☆☆

1 kg Blaukrabben
2 EL Erdnussöl
2 Knoblauchzehen, fein gehackt
2 TL fein gehackter frischer Ingwer
2 frische rote Chillies, entkernt, in Ringe geschnitten (siehe Hinweis)
2 EL Hoisin-Sauce
125 ml Tomatensauce
60 ml süße Chilisauce
1 EL Fischsauce
1/2 TL Sesamöl
4 Frühlingszwiebeln, gleichmäßig in Ringe geschnitten
frische Korianderzweige, zum Garnieren

1 Krebspanzer an der Unterseite öffnen und den Rückenpanzer abtrennen. Darm und Kiemen entfernen. Jeden Krebs in vier Teile schneiden. Mit einem Nussknacker die Krebsscheren öffnen; das erleichtert den Verzehr des Fleisches und das Aroma entfaltet sich besser.

2 Wok bei hoher Temperatur erhitzen, Öl zugeben und schwenken. Knoblauch, Ingwer und Chillies zufügen, 1–2 Minuten unter Rühren anbraten.

3 Krebsstücke zugeben und 6 Minuten braten, bis sie orangefarben werden. Hoisin-, Tomaten-, Chili- und Fischsauce, Sesamöl und 60 ml Wasser zugießen. Zum Kochen bringen, dann Hitze reduzieren, zugedeckt 6 Minuten köcheln lassen, bis sich der Panzer hellorange färbt und das Fleisch weiß und zart wird.

4 Mit Frühlingszwiebeln bestreuen, auf einem Teller anrichten, mit Koriander garnieren. Mit Reis servieren.

Hinweis: Die Samen und Innenhäute der Chillies tragen im Wesentlichen zu ihrer Schärfe bei. Bevorzugt man ein scharfe Sauce, sollte man sie also nicht entfernen. Bei ihrer Zubereitung sollte man Handschuhe tragen. Für dieses Gericht eignet sich jede beliebige Krebsart, auch Garnelen oder Bärenkrebse können verwendet werden.

OBEN: Chilikrebse

OBEN: *Kalmar mit grünen Pfefferkörnern*

KALMAR MIT GRÜNEN PFEFFERKÖRNERN
(Pla muek kratiem prik Thai)

Vorbereitungszeit: 10 Minuten
+ 30 Minuten Marinierzeit
Kochzeit: 5 Minuten
Für 4 Personen

☆☆

600 g küchenfertige Kalmarmäntel, abgespült und abgetropft
2 TL gehackte frische Korianderwurzeln
3 Knoblauchzehen, durchgepresst
80 ml Pflanzenöl
25 g eingelegte thailändische grüne Pfefferkörner am Stiel oder grob zerstoßene frische Pfefferkörner
2 EL Thai-Sojasauce mit Pilzen
1/2 TL geriebener Palmzucker
20 g frisches Thai-Basilikum
grüne Pfefferkörner, zusätzlich, zum Garnieren

1 Kalmarstücke längs halbieren und ausbreiten. Die Innenfläche vorsichtig rautenförmig einritzen. In 4 cm große Stücke schneiden.
2 Korianderwurzel, 1 Knoblauchzehe und 1 EL Öl in der Küchenmaschine zu einer glatten Paste vermischen. Paste und Kalmarstücke vermengen, zugedeckt im Kühlschrank 30 Minuten marinieren.
3 Wok bei hoher Temperatur erhitzen, restliches Öl zugeben und schwenken. Kalmar und restlichen Knoblauch zufügen, unter Rühren 1 Minute anbraten. Pfefferkörner zugeben, weitere 2 Minuten braten, bis das Fleisch gerade gar ist. Vorsicht, dass es nicht zäh wird! Sojasauce und Palmzucker zufügen und kochen, bis der Zucker sich aufgelöst hat. Mit Thai-Basilikum und Pfefferkörnern garniert sofort servieren.

PANCIT CANTON

Vorbereitungszeit: 30 Minuten
Kochzeit: 20 Minuten
Für 4 Personen

☆

1 1/2 EL Erdnussöl
1 große Zwiebel, fein gehackt
2 Knoblauchzehen, fein gehackt
2 x 2 cm große Stücke frischer Ingwer, geraspelt
500 g rohe große Garnelen, küchenfertig
180 g Chinakohl, in Streifen geschnitten
1 Karotte, in feine Streifen geschnitten
200 g chinesisches gegrilltes Schweinefilet (siehe Seite 47), in 5 mm dicke Stücke geschnitten
3 TL chinesischer Reiswein
2 TL Zucker
150 g Zuckererbsen, geputzt
330 ml Hühnerbrühe
1 EL helle Sojasauce
225 g Pancit-Canton-Nudeln
1 Zitrone, in Spalten geschnitten

1 Wok bei hoher Temperatur erhitzen, Öl zugeben und schwenken. Zwiebel zufügen, 2 Minuten garen, dann Knoblauch und Ingwer zugeben und 1 weitere Minute garen. Garnelen zufügen und 1 Minute braten. Chinakohl, Karotte, Schweinefilet, Reiswein und Zucker zufügen und 3–4 Minuten garen, bis das Fleisch heiß und das Gemüse gar ist. Zuckererbsen zugeben und

1 Minute garen, bis sie zart sind. Mischung aus dem Wok nehmen.

2 Hühnerbrühe und Sojasauce in den Wok füllen und zum Kochen bringen. Nudeln zugeben und unter Rühren 3–4 Minuten ziehen lassen, bis sie weich und gerade gar sind.

3 Gemüse-Fleisch-Mischung zugeben und 1 Minute mit den Nudeln gut verrühren. Auf vier Teller verteilen. Mit Zitronenspalten garnieren.

GURKEN-FISCH-PFANNE

Vorbereitungszeit: 20 Minuten
Kochzeit: 20 Minuten
Für 4 Personen

☆☆

60 g Weizenmehl
60 g Maismehl
1/2 TL Fünf-Gewürze-Pulver
Salz und frisch gemahlener schwarzer Pfeffer
750 g grätenfreie feste weiße Fischfilets (z. B. Leng), in 3 cm große Stücke geschnitten
2 Eiweiß, leicht verquirlt
Öl, zum Frittieren
1 EL Pflanzenöl
1 Zwiebel, in Streifen geschnitten
1 Salatgurke, halbiert, entkernt, schräg in Scheiben geschnitten
1 TL Maismehl, zusätzlich
3/4 TL Sesamöl
1 EL Sojasauce
80 ml Reisessig
1 1/2 EL brauner Zucker
3 TL Fischsauce

1 Mehlsorten und Fünf-Gewürze-Pulver in einer Schüssel mischen, mit Salz und Pfeffer abschmecken. Fisch in das verquirlte Eiweiß tauchen, abtropfen lassen und vorsichtig in der Mehlmischung wenden, überschüssiges Mehl abschütteln.

2 Einen großen Topf zu einem Drittel mit Öl füllen und auf 180 °C erhitzen (Ein Brotstück sollte in 15 Sekunden darin goldbraun frittiert sein). Den Fisch portionsweise 6 Minuten frittieren, bis er goldbraun ist. Auf Küchenkrepp abtropfen lassen.

3 Wok bei hoher Temperatur erhitzen, 1 EL Öl zugeben und schwenken. Zwiebel zufügen und unter Rühren 1 Minute braten, dann Gurke zugeben und 30 Sekunden braten.

4 Maismehl mit 2 EL Wasser glatt rühren und zusammen mit Sesamöl, Sojasauce, Reisessig, Zucker und Fischsauce in den Wok gießen. Unter Rühren 3 Minuten kochen lassen, bis die Mischung eingedickt ist. Fisch zugeben, vorsichtig unterheben und erwärmen. Heiß servieren.

GURKE

Die sehr erfrischende Gurke gehört zu den ältesten Kulturgemüsearten. Sie ist in über 100 verschiedenen Sorten erhältlich. Man isst sie roh in Salaten, gekocht in Suppen oder mit Joghurt gemischt als Beilage zu Curries, bekannt als Raita. In der kantonesischen Küche gilt die Gurke als ein mit den Kräften des Yin ausgestattetes Nahrungsmittel: Ihr werden beruhigende und Schmerz lindernde Eigenschaften zugeschrieben. Der Idee einer derartigen Kategorisierung von Nahrungsmitteln liegt das taoistische Konzept von den sich in Balance befindenden Gegensätzen Yin (kühl, Wasser, weiblich) und Yang (heiß, Feuer, männlich) zugrunde. Um eine ausgewogene Speise zuzubereiten, kombinieren kantonesische Köche das Yin der Gurke mit dem Yang einer anderen Zutat, zum Beispiel Hühnchen.

LINKS: Gurken-Fisch-Pfanne

GARNELEN-OMELETTES

(Kai yak sai)

Vorbereitungszeit: 25 Minuten
Kochzeit: 15 Minuten
Ergibt 8 Stück

☆☆

500 g rohe Garnelen
1 1/2 EL Pflanzenöl
4 Eier, leicht verquirlt
2 EL Fischsauce
8 Frühlingszwiebeln, gehackt
6 frische Korianderwurzeln, gehackt
2 Knoblauchzehen, gehackt
1 kleine frische rote Chilischote, entkernt und gehackt, 1 zusätzlich zum Garnieren
2 TL Limettensaft
2 TL geriebener Palmzucker
3 EL gehackte frische Korianderblätter
frische Korianderzweige, zum Garnieren
süße Chilisauce, zum Servieren

UNTEN: Garnelen-Omelette

1 Garnelen schälen und Därme entfernen, dann das Garnelenfleisch klein schneiden.
2 Wok bei hoher Temperatur erhitzen, 2 TL Öl zugeben und schwenken. Eier mit der Hälfte der Fischsauce vermengen. 2 EL der Mischung in den Wok geben und zu einem Omelette (ca. 16 cm im Durchmesser) 1 Minute lang ausbacken. Vorsichtig aus dem Wok heben. Die restlichen 7 Omelettes ebenso zubereiten.
3 Restliches Öl im Wok erhitzen, Garnelen, Frühlingszwiebeln, Korianderwurzeln, Knoblauch und Chilischote zugeben. 3–4 Minuten braten, bis die Garnelen gar sind. Limettensaft, Palmzucker, Koriander und restliche Fischsauce zufügen.
4 Alles auf die Omelettes verteilen, jedes Omelette fest zusammenfalten. Oben einschneiden und mit Chili und Koriander garnieren. Mit Chilisauce servieren.

FISCHPFANNE MIT THAI-BASILIKUM

Vorbereitungszeit: 35 Minuten
Kochzeit: 15 Minuten
Für 4–6 Personen

☆☆

1 1/2 EL Fischsauce
1 1/2 EL Limettensaft
1 EL helle Sojasauce
2 TL geriebener Palmzucker
220 g küchenfertiger Kalmar
2 EL Erdnussöl
1 kleine Karotte, schräg in Scheiben geschnitten
1 kleine rote Paprika, in dünne Streifen geschnitten
4 Frühlingszwiebeln, in 5 cm große Stücke geschnitten
2 Knoblauchzehen, fein gehackt
1 große frische grüne Chilischote, entkernt und fein gehackt
350 g rohe mittelgroße Garnelen, küchenfertig, mit Schwanzflosse
250 g feste weiße Fischfilets (z. B. Snapper, Leng), in 3 cm große Stücke geschnitten
150 g Jakobsmuscheln, küchenfertig, ohne Rogen
25 g frisches Thai-Basilikum und etwas zusätzlich, zum Garnieren, nach Belieben
1 frische rote Chilischote, in Ringe geschnitten, nach Belieben

1 Fischsauce, Limettensaft, Sojasauce und Zucker in einer Schüssel mischen, bis sich der Zucker aufgelöst hat.
2 Kalmarstücke längs halbieren. Fleisch auf der Innenseite rautenförmig einritzen, dann in 4 cm große Stücke schneiden.
3 Wok bei hoher Temperatur erhitzen, 1 El Öl zugeben und schwenken. Karotte und Paprika zufügen, unter Rühren 2–3 Minuten braten, bis sie gerade gar sind. Aus dem Wok nehmen.
4 Wok erneut bei hoher Temperatur erhitzen, etwas Öl zugeben und schwenken. Frühlingszwiebeln, Knoblauch und grüne Chilli zufügen, 1 Minute braten, bis sich das Aroma entfaltet. Garnelen zugeben, 2 Minuten unter Rühren braten, bis sie rosa werden. Fischfilets zugeben, 2–3 Minuten garen, bis sie goldgelb werden. Kalmar und Muscheln unterheben, 2–3 Minuten kochen, bis sich die Kalmarstücke kräuseln und die Muscheln gerade gar sind.
5 Gemüse wieder in den Wok geben. Gut unterrühren, mit dem Basilikum bestreuen, vorsichtig unterheben. Sofort servieren, mit dem restlichen Basilikum und Chilli garniert. Dazu Reis reichen.

CHILI-KALMAR MIT HOKKIEN-NUDELN

Vorbereitungszeit: 25 Minuten
Kochzeit: 20 Minuten
Für 4 Personen

☆☆

- 500 g Hokkien-Nudeln
- 750 g küchenfertiger Kalmar
- 2 EL Limettensaft
- 6 rote asiatische Schalotten
- 4 Knoblauchzehen
- 2 kleine frische rote Chillies, gehackt
- 2 frische Korianderwurzeln
- 2 Stängel Zitronengras, nur weiße Teile, gehackt
- 1 EL gehackter frischer Ingwer
- 2 EL Tomatenmark
- 80 ml Erdnussöl
- 300 g Baby-Pak-Choi, gehackt
- 2 1/2 EL geriebener Palmzucker
- 1 EL Fischsauce
- 3 EL frische Korianderblätter
- 1 kleine frische rote Chilli, in feine Ringe geschnitten, nach Belieben zum Garnieren

1 Nudeln in kochemdem Wasser 1 Minute ziehen lassen, auflockern, dann abgießen.
2 Kalmarstücke längs halbieren. Ausbreiten und auf der Innenseite vorsichtig rautenförmig einritzen, dann in 5 cm große Dreiecke teilen. Mit dem Limettensaft in eine Schüssel geben, bis zum Gebrauch kalt stellen.
3 Schalotten, Knoblauch, Chillies, Korianderwurzel, Zitronengras, Ingwer und Tomatenmark in der Küchenmaschine zu einer glatten Paste vermischen.
4 Kalmar trocken tupfen. Wok bei hoher Temperatur erhitzen, 2 EL Öl zugeben und schwenken. Kalmar portionsweise bei mittlerer Hitze 2–3 Minuten braten, bis er zart ist. Aus dem Wok nehmen. Pak-Choi 2 Minuten garen. Aus dem Wok nehmen und zum Kalmar geben.
5 Restliches Öl im Wok erhitzen, Paste zufügen, unter Rühren bei mittlerer Hitze 5 Minuten kochen, bis sich das Öl absetzt. Kalmar und Pak-Choi, anschließend die Nudeln zugeben, gut vermengen. Palmzucker und Fischsauce 1 Minute lang unterrühren, danach den Koriander unterheben. Mit Chiliringen garnieren. Sofort servieren.

UNTEN: Chili-Kalmar mit Hokkien-Nudeln

OBEN: *Gebratene Muscheln mit Zuckererbsen*

GEBRATENE MUSCHELN MIT ZUCKERERBSEN

Vorbereitungszeit: 20 Minuten
Kochzeit: 5 Minuten
Für 4 Personen

☆

2 1/2 EL Austernsauce
2 TL Sojasauce
1/2 TL Sesamöl
2 TL Zucker
2 EL Pflanzenöl
2 große Knoblauchzehen, durchgepresst
3 TL fein gehackter frischer Ingwer
300 g Zuckererbsen
500 g Jakobsmuscheln, küchenfertig, ohne Rogen
2 Frühlingszwiebeln, in 2 cm große Stücke geschnitten

1 Austernsauce, Sojasauce, Sesamöl und Zucker in einem kleinen Topf verrühren, bis sich der Zucker aufgelöst hat.
2 Wok bei mittlerer Temperatur erhitzen, Öl zugeben und schwenken. Knoblauch und Ingwer zufügen, ca. 30 Sekunden braten. Zuckererbsen zugeben, 1 Minute garen, dann Muscheln und Frühlingszwiebeln zufügen und 1 weitere Minute braten, bis die Frühlingszwiebeln weich sind. Sauce unterrühren und 1 Minute ziehen lassen, bis alles erwärmt ist. Das Gericht mit Reis servieren.

GARNELEN-NUDEL-PFANNE MIT GRÜNEM CURRY

Vorbereitungszeit: 20 Minuten
Kochzeit: 15 Minuten
Für 4 Personen

☆

400 g Hokkien-Nudeln
2 TL geriebener Palmzucker
1 EL Fischsauce
2 TL Limettensaft
1 EL Erdnussöl
1 Zwiebel, in dünne Spalten geschnitten
1 1/2 EL grüne Currypaste (siehe Seite 56)
150 g Babymais, schräg halbiert
125 g Spargelbohnen, in 4 cm große Stücke geschnitten
250 ml Kokosmilch
125 ml Hühnerbrühe
800 g rohe Riesengarnelen, küchenfertig, mit Schwanzflosse
3 EL gehackte frische Korianderblätter

1 Nudeln in einer Schüssel in kochendem Wasser 1 Minute ziehen lassen, bis sie weich und locker sind. Gut abtropfen lassen.
2 Palmzucker, Fischsauce und Limettensaft in einer kleinen Schüssel mischen.
3 Wok bei hoher Temperatur erhitzen, Öl zugeben und schwenken. Zwiebel 1–2 Minuten anbraten, bis sie weich ist. Currypaste zufügen, 1 Minute erhitzen, bis sich das Aroma entfaltet. Babymais, Spargelbohnen, Kokosmilch und Brühe zugeben, 3–4 Minuten köcheln lassen. Garnelen zufügen und 3–4 Minuten garen, bis sie rosa sind. Sauce zugießen, dann Nudeln und Koriander gut unterrühren, bis die Nudeln heiß sind. Servieren.

GARNELEN SAN CHOY BAU

Vorbereitungszeit: 20 Minuten
Kochzeit: 5 Minuten
Für 4–6 Personen

☆

1 Eisbergsalat
2 EL Sojasauce
2 EL Austernsauce
2 EL Limettensaft
1 kg rohe mittelgroße Garnelen (siehe Hinweis)
1 EL Pflanzenöl
1 TL Sesamöl
2 Frühlingszwiebeln, fein gehackt
2 Knoblauchzehen, durchgepresst
1 Stück Ingwer, etwa 1 x 2 cm groß, gerieben
120 g abgetropfte Wasserkastanien, gehackt
1 EL gehackte frische rote Chilischoten
Salz und frisch gemahlener schwarzer Pfeffer
185 g kalter, gekochter Reis
90 g Bohnensprossen, geputzt
25 g gehackte frische Korianderblätter
60 ml Hoisin-Sauce

1 Salat säubern und Blätter trennen, gut mit Küchenkrepp trocken tupfen.
2 Sojasauce, Austernsauce und Limettensaft in einer kleinen Schüssel mischen. Beiseite stellen.
3 Garnelen schälen und Darm entfernen, gegebenenfalls in kleinere Stücke schneiden.
4 Wok bei hoher Temperatur erhitzen, Pflanzen- und Sesamöl zugeben und schwenken. Frühlingszwiebeln, Knoblauch und Ingwer zufügen und 30 Sekunden garen. Garnelen, Wasserkastanien und Chilischoten zugeben, mit Salz und Pfeffer abschmecken, unter Rühren 2 Minuten braten. Reis, Bohnensprossen und Koriander zufügen, alles gut mischen.
5 Saucenmischung zugießen, kurz umrühren, dann vom Herd nehmen. Salatblätter entweder bereits mit der Mischung gefüllt auf einer Platte oder beides getrennt voneinander servieren. Dazu Hoisin-Sauce reichen.
Hinweis: Um Zeit zu sparen, können auch 500 g küchenfertige Garnelen verwendet werden.

WASSERKASTANIEN
Auch wenn diese dunkelbraunen Früchte bezüglich Haut und Form den bei uns bekannten Kastanien ähneln, so gehören Wasserkastanien dennoch nicht zur Familie der Nüsse. Tatsächlich handelt es sich um die essbare Knolle einer Wasserpflanze, ähnlich dem in sumpfigen Feldern angebauten Reis. Im Gegensatz zum Reis werden sie aber geerntet, wenn die Pflanzen trocken sind. Pfannengerichten, Füllungen und Eintöpfen verleihen sie eine knusprige Note, was besonders in der chinesischen Küche geschätzt wird.

LINKS: Garnelen San Choy Bau

OBEN: *Riesengarnelen mit Knoblauch-Bohnensauce*

RIESENGARNELEN MIT KNOBLAUCH-BOHNENSAUCE

Vorbereitungszeit: 20 Minuten
+ 10 Minuten Marinierzeit
Kochzeit: 10 Minuten
Für 4 Personen

☆

1 kg rohe Riesengarnelen, küchenfertig, mit Schwanzflosse
2 Eiweiß
2 EL Maismehl
2 EL Reisessig
je 1 TL Salz und Pfeffer
Öl, zum Frittieren, und 1 EL zusätzlich
125 g Glasnudeln, in kleine Stücke gebrochen
4 Knoblauchzehen, fein gehackt
1 TL fein gehackter frischer Ingwer
2 TL Hoisin-Sauce
1 EL Bohnensauce
1 EL Austernsauce
6 Frühlingszwiebeln, schräg in 3 cm lange Stücke geschnitten
15 g frische Korianderblätter
Zitronenspalten, zum Servieren

1 Garnelen in einen große Schüssel (nicht aus Metall) füllen. Eiweiß, Maismehl und 1 EL Reisessig in der Küchenmaschine gut vermischen. Über die Garnelen gießen, mit Salz und Pfeffer abschmecken. 10 Minuten marinieren, dann gut abtropfen lassen.
2 Wok bei hoher Temperatur erhitzen, Öl zugeben und auf 190 °C erhitzen (ein Brotstück sollte in 10 Sekunden darin goldbraun frittiert sein). Nudeln zufügen und 10 Sekunden frittieren. Auf Küchenkrepp abtropfen lassen.
3 Öl bis auf 60 ml aus dem Wok entfernen, Garnelen zugeben und 2–3 Minuten garen, bis sie rosa werden. Auf Küchenkrepp abtropfen lassen. Öl bis auf 1 EL aus dem Wok entfernen.
4 Wok auf mittlerer Stufe erneut erhitzen. Knoblauch und Ingwer zugeben, 30 Sekunden braten, dann Hoisin-Sauce, Bohnensauce, Austernsauce und restlichen Essig zufügen, 1 Minute gut mischen. Garnelen unterrühren. Frühlingszwiebeln zufügen und 1–2 Minuten garen. Garnelen auf einer Schicht knuspriger Nudeln anrichten, mit Koriander garnieren und mit Zitronenspalten servieren.

SCHWERTFISCH MIT PAK-CHOI

Vorbereitungszeit: 20 Minuten
Kochzeit: 10 Minuten
Für 4 Personen

☆

500 g Schwertfischsteak, in mundgerechte Stücke geschnitten
2 EL frisch zerstoßener schwarzer Pfeffer
2 EL Hoisin-Sauce
2 EL Reiswein
1 EL Austernsauce
1 EL Sojasauce
Öl, zum Kochen
3 Knoblauchzehen, in dünne Scheiben geschnitten
1 Zwiebel, in dünne Scheiben geschnitten
1 kg Baby-Pak-Choi, Blätter getrennt
100 g frische Shiitake-Pilze, in Streifen geschnitten
1 EL Sesamsamen, geröstet
1 TL Sesamöl

1 Schwertfisch im Pfeffer wälzen, überschüssigen Pfeffer abschütteln.

2 Hoisin-Sauce, Reiswein, Austern- und Sojasauce in einer kleinen Schüssel mischen.
3 Wok bei hoher Temperatur erhitzen, 2 EL Öl zugeben und schwenken. Schwertfisch portionsweise 1–2 Minuten anbraten, bis er zart ist. Vorsicht, dass er nicht zäh wird! Aus dem Wok nehmen.
4 Wok erneut erhitzen, 1 EL Öl zugeben, Knoblauch 30 Sekunden anbraten, bis er goldbraun ist. Zwiebel zufügen, 1–2 Minuten gut anbraten. Pak-Choi und Pilze zugeben und kurz garen. Sauce in den Wok füllen und alles gut mischen.
5 Schwertfisch unterheben. Mit Sesamsamen bestreut und mit Sesamöl beträufelt servieren.

GARNELEN MIT SCHARFER TAMARINDENSAUCE

Vorbereitungszeit: 15 Minuten
Kochzeit: 25 Minuten
Für 4 Personen

☆

80 g naturbelassene Cashewnüsse
2 Knoblauchzehen, fein gehackt
1 1/2 EL Fischsauce
1 EL Sambal Oelek
1 EL Erdnussöl
1 kg rohe mittelgroße Garnelen, küchenfertig, mit Schwanzflosse
2 TL Tamarindenpüree
1 1/2 EL geriebener Palmzucker
350 g Choisum, in 10 cm lange Stücke geschnitten

1 Backofen auf 180 °C (Gas Stufe 4) vorheizen. Cashewnüsse auf ein Backblech legen, 5–8 Minuten rösten, bis sie goldgelb sind. Vorsicht, dass sie nicht verbrennen!
2 Knoblauch, Fischsauce, Sambal Oelek und geröstete Nüsse im Mixer zu einer groben Paste vermischen, gegebenenfalls 2–3 EL Wasser zugeben.
3 Einen antihaftbeschichteten Wok bei hoher Temperatur erhitzen, Öl zugeben und schwenken. Garnelen zufügen, 1–2 Minuten braten, bis sie rosa werden. Aus dem Wok nehmen. Cashewpaste in den Wok geben, 1 Minute braten, bis sie zu bräunen beginnt. Tamarindenpüree, Zucker und 80 ml Wasser zufügen, unter Rühren aufkochen lassen. Garnelen unterrühren und 2–3 Minuten braten, bis sie gar sind.
4 Choisum in einem mit Backpapier ausgelegten Bambusdampfkorb über einem Wok mit kochendem Wasser 3 Minuten dünsten. Mit den Garnelen und nach Belieben mit Reis servieren.

GARNELEN

Garnelen sind Krustentiere, die in süß- und salzwasserhaltigen Biotopen unterschiedlichster Temperaturen leben. Ihre Größe beträgt zwischen 2,5 cm und 30 cm Länge, sie haben zwei Fühler und beidseitig je fünf Beine. Ihr Fleisch ist durchsichtig und variiert je nach Art zwischen rosa, gelb, grau, braun, rot, dunkelrot oder grün. In gekochtem Zustand ist ihr Fleisch undurchsichtig und rosa. Sie dürfen nicht zu stark gekocht werden, da sie sonst zäh werden. 2–3 Minuten sind bei einer durchschnittlichen Größe ausreichend.

LINKS: Garnelen mit scharfer Tamarindensauce

SICHUAN
Die im Westen Chinas gelegene Region Sichuan ist berühmt für ihre herzhaft-würzige Küche. Vor über 2000 Jahren führten buddhistische Händler und Missionare indische Gewürze und Gartechniken ein und prägten maßgeblich die abwechslungsreiche vegetarische Küche dieser Region. Ingwer, Knoblauch, Sichuan-Pfefferkörner, getrocknete, große rote Chillies, Essig, Frühlingszwiebeln und schwarze Bohnensauce sind neben Chiliöl und verschiedenen scharfen Bohnenpasten die wichtigsten Zutaten.

OBEN: Garnelen-Nudel-Pfanne nach Sichuan-Art

GARNELEN-NUDEL-PFANNE NACH SICHUAN-ART

Vorbereitungszeit: 20 Minuten
Kochzeit: 10 Minuten
Für 4 Personen

☆

600 g dünne frische Reisnudeln
80 ml Erdnussöl
20 rohe mittelgroße Garnelen, küchenfertig, mit Schwanzflosse
1 EL chinesischer Reiswein
1 Stück frischer Ingwer, etwa 1 x 2 cm groß, in feine Streifen geschnitten
2 Knoblauchzehen, durchgepresst
1–2 kleine frische rote Chillies, entkernt und in dünne Ringe geschnitten
2 EL rote Bohnenpaste
4 Frühlingszwiebeln, schräg in dünne Ringe geschnitten
15 g frische Korianderblätter

1 Nudeln in kochendem Wasser ziehen lassen. Abtropfen lassen und abschrecken.
2 Wok bei hoher Temperatur erhitzen, Öl zugeben und schwenken. Garnelen unter Rühren 1 Minute garen. Reiswein, Ingwer, Knoblauch und Chillies zufügen, 1 Minute kochen. Nudeln vorsichtig unterheben. Bohnenpaste und Frühlingszwiebeln zugeben. Bei hoher Temperatur 1 Minute gut verrühren. Mit Koriander bestreuen und servieren.

SÜSSER CHILI-KALMAR

Vorbereitungszeit: 20 Minuten
Kochzeit: 10 Minuten
Für 4 Personen

☆

750 g küchenfertiger Kalmar
1 EL Erdnussöl
1 EL fein geriebener frischer Ingwer
2 Knoblauchzehen, durchgepresst
8 Frühlingszwiebeln, gehackt
2 EL süße Chilisauce
2 EL chinesische Barbecuesauce
1 EL Sojasauce
550 g Pak-Choi, in 3 cm große Stücke geschnitten
1 EL gehackte frische Korianderblätter

1 Kalmarstücke längs aufschneiden und auf der Innenfläche vorsichtig rautenförmig einritzen. Dann in 2 cm x 9 cm große Stücke schneiden.
2 Wok bei hoher Temperatur erhitzen, Öl zugeben und schwenken. Ingwer, Knoblauch, Früh-

lingszwiebeln und Kalmar zufügen und unter Rühren 3 Minuten bräunen.

3 Chili-, Barbecue- und Sojasauce und 2 EL Wasser zugießen, 2 Minuten braten, bis der Kalmar zart ist. Pak-Choi und Koriander zugeben, unter Rühren 1 Minute braten, bis das Gemüse zart ist.

GARNELEN IN CHINESISCHEN PFANNKUCHEN

Vorbereitungszeit: 20 Minuten
+ 10 Minuten Marinierzeit
Kochzeit: 15 Minuten
Ergibt 24 Stück

☆☆

80 ml chinesischer Reiswein
2 EL Sojasauce
2 TL Sesamöl
24 rohe mittelgroße Garnelen, küchenfertig
2 EL Pflanzenöl
4 Knoblauchzehen, fein gehackt
1 Stück frischer Ingwer, etwa 1 x 4 cm groß, in feine Streifen geschnitten
120–160 ml chinesische Pflaumensauce
2 TL Chilisauce
2 Frühlingszwiebeln, fein gehackt
24 chinesische Pfannkuchen (siehe Hinweis)
1 kleine libanesische Gurke, geschält, entkernt und in 5 cm lange Stücke geschnitten
12 Halme Schnittknoblauch, in 5 cm lange Stücke geschnitten

1 Reiswein, Sojasauce und Sesamöl in einer großen Schüssel (nicht aus Metall) mischen. Garnelen 10 Minuten darin marinieren.

2 Wok bei hoher Temperatur erhitzen, Pflanzenöl zugeben und schwenken. Knoblauch und Ingwer zufügen, 1–2 Minuten braten. Garnelen mit einem Schaumlöffel oder einer Zange aus der Marinade nehmen und in den Wok geben. 2 Minuten braten, bis sie rosa werden. Pflaumensauce, Chilisauce und Marinade zugießen.

3 Alles 2–3 Minuten unter Rühren braten, bis die Garnelen gar sind und leicht glänzen. Vom Herd nehmen und Frühlingszwiebeln unterheben.

4 Pfannkuchen in einer antihaftbeschichteten Frittierpfanne auf mittlerer Stufe 1 Minute erwärmen.

5 Auf je einen Pfannkuchen eine Garnele, einige Gurkenstücke und etwas Schnittknoblauch legen, mit Sauce beträufeln und zusammenfalten.

Hinweis: Traditionell werden die Pfannkuchen zur Peking-Ente gereicht. Man findet sie in den Kühlregalen von Asienläden.

LINKS: Garnelen in chinesischen Pfannkuchen

SOJASAUCE

Seit über 3000 Jahren verleihen die verschiedenen Sojasaucen den Gerichten der chinesischen Küche ein unvergleichliches Aroma. Grob wird zwischen heller und schwarzer Sojasauce unterschieden, wobei die jeweilige Verwendung von der gewünschten Geschmacksrichtung abhängt. Entgegen herkömmlichem Glauben ist die helle salziger als die schwarze. Sie wird in der Regel als Grundsauce und bevorzugt bei der Zubereitung von Geflügel und Meeresfrüchten verwendet, da sie das delikate helle Fleisch nicht verfärbt. Schwarze Sojasauce schmeckt etwas süßer und weniger salzig. Sie verleiht den Gerichten eine kräftige Farbe wie auch ein besonderes Aroma. In Südostasien wird mit der als Ketjap Manis bekannten Sorte gekocht; sie ist noch etwas süßer im Geschmack als die chinesische schwarze Sojasauce.

RECHTS: Garnelen-Reisnudel-Salat

GARNELEN-REISNUDEL-SALAT

Vorbereitungszeit: 15 Minuten +
+ 10 Minuten Einweichzeit
Kochzeit: 15 Minuten
Für 4 Personen

☆☆

Dressing

2 EL schwarze Sojasauce
1 EL Fischsauce
2 EL Limettensaft
1 TL geriebene Limettenschale
1 TL Zucker
1 frische rote Chilischote, entkernt und fein gehackt
2 TL fein gehackter frischer Ingwer

150 g getrocknete Reis-Vermicelli
100 g Zuckererbsen, geputzt und quer halbiert
60 ml Erdnussöl
100 g naturbelassene Cashewnüsse, gehackt
24 rohe mittelgroße Garnelen, küchenfertig, mit Schwanzflosse
10 g frische Minze, gehackt
15 g frische Korianderblätter, gehackt

1 Für das Dressing alle Zutaten mischen.
2 Nudeln in kochendem Wasser 6–7 Minuten ziehen lassen. Abgießen. Beiseite stellen.
3 Zuckererbsen in kochendem Salzwasser 10 Sekunden blanchieren. Abgießen und abschrecken.
4 Wok bei hoher Temperatur erhitzen, Öl zugeben und schwenken. Cashewnüsse 2–3 Minuten unter Rühren goldgelb anbraten. Mit einem Schaumlöffel herausnehmen und auf Küchenkrepp abtropfen lassen. Garnelen in den Wok geben, bei hoher Temperatur 2–3 Minuten braten, bis sie gerade rosa sind. In eine Schüssel füllen, Dressing unterheben. Abkühlen lassen.
5 Nudeln, Zuckererbsen, Minze, Koriander und Cashewnüsse zufügen. Alles gut mischen und sofort servieren.

GARNELENSALAT MIT KAFFIR-LIMETTEN

Vorbereitungszeit: 20 Minuten
Kochzeit: 8 Minuten
Für 4 Personen

☆

3 TL brauner Zucker
2 TL Sojasauce
2 EL Mirin
2 EL Limettensaft

1 EL Pflanzenöl
750 g rohe große Garnelen, küchenfertig, längs halbiert
4 Frühlingszwiebeln, in 3 cm lange Stücke geschnitten
2 Knoblauchzehen, in Scheiben geschnitten
1 kleine frische rote Chilischote, entkernt und fein gehackt
2 Kaffir-Limettenblätter, fein geschnitten
3 TL geriebener frischer Ingwer
70 g gemischte Salatblätter

1 Zucker, Sojasauce, Mirin und Limettensaft in einer Schüssel mischen.
2 Wok bei hoher Temperatur erhitzen, Öl zugeben und schwenken. Garnelen zufügen, 2–3 Minuten braten, bis sie fast gar sind.
3 Frühlingszwiebeln, Knoblauch, Chilischote, Limettenblätter und Ingwer zufügen. 1–2 Minuten braten. Sauce zugießen und zum Kochen bringen. Auf Salatblättern servieren.

GEBRATENE MUSCHELN MIT ROTER BOHNENPASTE

Vorbereitungszeit: 20 Minuten
Kochzeit: 15 Minuten
Für 4 Personen

☆

500 g Hokkien-Nudeln
60 ml Erdnussöl
20 Jakobsmuscheln, küchenfertig, ohne Rogen
1 große Zwiebel, in dünne Spalten geschnitten
3 Knoblauchzehen, durchgepresst
1 EL geriebener frischer Ingwer
1 EL rote Bohnenpaste
150 g Choisum, in 5-cm-Stücke geschnitten
60 ml Hühnerbrühe
2 EL helle Sojasauce
2 EL Ketjap Manis
15 g frische Korianderblätter
90 g Bohnensprossen, geputzt
1 große frische rote Chilli, entkernt und in dünne Ringe geschnitten
1 TL Sesamöl
1 EL chinesischer Reiswein

1 Nudeln in einer Schüssel mit kochendem Wasser 1 Minute ziehen lassen. Abgießen, abspülen und nochmals abgießen.
2 Wok bei hoher Temperatur erhitzen, 2 EL Erdnussöl zugeben und schwenken. Muscheln portionsweise zufügen, 20 Sekunden auf jeder Seite braten. Aus dem Wok nehmen, Wok auswischen. Restliches Erdnussöl zugeben und schwenken. Zwiebel 1–2 Minuten anbraten. Knoblauch und Ingwer zufügen, 30 Sekunden kochen. Bohnenpaste zugeben und 1 Minute garen.
3 Choisum, Nudeln, Brühe, Sojasauce und Ketjap Manis zugeben. 4 Minuten braten, bis das Gemüse gar ist und die Nudeln die meiste Flüssigkeit aufgesogen haben. Muscheln, Koriander, Bohnensprossen, Chilischote, Sesamöl und Reiswein zugeben und alles vorsichtig mischen.

OBEN: Gebratene Muscheln mit roter Bohnenpaste

DASHI

Das in der japanischen Küche gebräuchliche Dashi ist eine aus getrocknetem Fisch und Seetang bestehende Brühe, die ähnlich wie Hühner-, Fleisch- oder Fischbrühe verwendet wird. Zu ihrer Zubereitung wird der Seetang (Konbu) in heißes Wasser getaucht, anschließend wird getrockneter Fisch (Bonito) zugefügt. Durch die Zugabe weiterer Ingredienzen kann sie verfeinert werden; doch das ist ein von guten Köchen sorgsam gehütetes Geheimnis. Instant-Dashi ist in Form von Granulat oder Flocken erhältlich.

GEGENÜBERLIEGENDE SEITE, VON OBEN: Pilz-Nudel-Variation; Geschmorter Pak-Choi

PILZ-NUDEL-VARIATION

Vorbereitungszeit: 30 Minuten
+ 20 Minuten Einweichzeit
Kochzeit: 15 Minuten
Für 4–6 Personen

☆

25 g getrocknete Shiitake-Pilze
500 g dünne Hokkien-Nudeln, getrennt
1 EL Pflanzenöl
1/2 TL Sesamöl
1 EL fein gehackter frischer Ingwer
4 Knoblauchzehen, durchgepresst
100 g frische Shiitake-Pilze, geputzt, in Streifen geschnitten
150 g Austernpilze, in Streifen geschnitten
150 g Shimejipilze, geputzt, zerkleinert
1 1/2 TL Dashi-Granulat, aufgelöst in 185 ml Wasser
60 ml Sojasauce
60 ml Mirin
1/4 TL weißer Pfeffer
25 g Butter
2 EL Zitronensaft
1 TL Salz
100 g Enoki-Pilze, geputzt und getrennt
1 EL gehackter frischer Schnittlauch

1 Getrocknete Pilze mit 375 ml kochendem Wasser übergießen und 20 Minuten einweichen. Abgießen, die Flüssigkeit aufbewahren. Holzige Stiele entfernen, Köpfe in Streifen schneiden. Nudeln 1 Minute in kochendem Wasser ziehen lassen, dann abgießen und abspülen.

2 Wok bei hoher Temperatur erhitzen, Öle zugeben und schwenken. Ingwer, Knoblauch, frische Shiitake-, Austern- und Shimejipilze zufügen und 1–2 Minuten braten, bis die Pilze gar sind. Aus dem Wok nehmen.

3 Dashi, Sojasauce, Mirin, Pfeffer und 185 ml der aufbewahrten Flüssigkeit mischen, in den Wok gießen und 3 Minuten kochen. Butter, Zitronensaft und Salz zugeben, 1 Minute köcheln lassen, bis die Sauce eindickt. Pilze zufügen, 2 Minuten garen, dann Enoki- und eingeweichte Shiitake-Pilze unterheben.

4 Nudeln zufügen und 3 Minuten unterrühren, bis sie heiß sind. Mit Schnittlauch bestreut sofort servieren.

GESCHMORTER PAK-CHOI

Vorbereitungszeit: 10 Minuten
Kochzeit: 5 Minuten
Für 4 Personen (als Beilage)

☆

2 EL Erdnussöl
1 Knoblauchzehe, durchgepresst
1 EL fein geschnittener frischer Ingwer
500 g Pak-Choi, Blätter einzeln, in 8 cm lange Stücke geschnitten
1 TL Zucker
je 1 Prise Salz und Pfeffer
1 TL Sesamöl
1 EL Austernsauce

1 Wok bei hoher Temperatur erhitzen, Öl zugeben und schwenken. Knoblauch und Ingwer zufügen, 1–2 Minuten anbraten, Pak-Choi zugeben. 1 Minute braten. Zucker, Salz und Pfeffer und 60 ml Wasser zugeben. Zum Kochen bringen, Hitze reduzieren, zugedeckt 3 Minuten köcheln lassen, bis das Gemüse zart, aber noch bissfest ist.

2 Sesamöl und Austernsauce unterrühren und sofort servieren.

MARINIERTER TOFU

Vorbereitungszeit: 10 Minuten
+ 1 Nacht Marinierzeit
Kochzeit: 15 Minuten
Für 4 Personen (als Beilage)

☆☆

125 ml Erdnussöl
2 Knoblauchzehen, durchgepresst
1 TL geriebener frischer Ingwer
2 Stängel Zitronengras, weiße Teile, fein gehackt
1 kleine frische rote Chilischote, fein gehackt
2 EL Fischsauce
2 EL Limettensaft
1 EL brauner Zucker
500 g frittierte Tofuwürfel, schräg halbiert

1 Zutaten in einer Schale (nicht aus Metall) mischen. Tofu unterheben und zugedeckt über Nacht im Kühlschrank ziehen lassen.

2 Einen leicht eingeölten Wok bei hoher Temperatur erhitzen, Tofu portionsweise 1–2 Minuten goldbraun braten. Heiß servieren.

OBEN: *Nudeln auf buddhistisch-vegetarische Art*

NUDELN AUF BUDDHISTISCH-VEGETARISCHE ART

Vorbereitungszeit: 25 Minuten + 20 Minuten Einweichzeit
Kochzeit: 15 Minuten
Für 4 Personen

☆☆

15 g getrocknete Shiitake-Pilze
400 g frische breite Eiernudeln
2–3 EL Erdnuss- oder Sonnenblumenöl
1 kleine Karotte, in feine Streifen geschnitten
150 g frischer Babymais, längs geviertelt
227 g Bambussprossen aus der Dose, abgetropft, in feine Streifen geschnitten
150 g Zuckererbsen, in feine Streifen geschnitten
1/2 kleine rote Paprika, in feine Streifen geschnitten
1 kleine grüne Paprika, in feine Streifen geschnitten
90 g Bohnensprossen, geputzt
40 g Chinakohl, fein geschnitten
1 EL in feine Streifen geschnittener frischer Ingwer
2 EL vegetarische Austernsauce
1 EL Pilz-Sojasauce
1 EL helle Sojasauce
1 EL chinesischer Reiswein
1 TL Sesamöl
gemahlener weißer Pfeffer, nach Belieben
frische Korianderblätter, zum Garnieren

1 Pilze mit kochendem Wasser übergießen und 20 Minuten ziehen lassen. Abgießen. Holzige Stiele entfernen, Köpfe in dünne Streifen schneiden.
2 Nudeln in einem großen Topf 1 Minute in kochendem Wasser ziehen lassen, umrühren, vorsichtig voneinander lösen. Abgießen. Unter kaltem Wasser abschrecken, erneut abgießen.
3 Wok bei hoher Temperatur erhitzen, 1 EL Öl zugeben und schwenken. Karotte und Mais unter Rühren 1 Minute anbraten, Bambussprossen zufügen, 1–2 Minuten braten, bis sie gerade gar, aber noch bissfest sind. Gemüse aus dem Wok nehmen.
4 Wok erneut erhitzen (gegebenenfalls 2 TL Öl zugeben), Zuckererbsen und Paprika zufügen. 1–2 Minuten unter Rühren braten, bis sie gerade gar sind. Zur Karotten-Mais-Mischung geben. Wok wieder erhitzen (gegebenenfalls 2 weitere TL Öl zugeben), dann Bohnensprossen, Chinakohl und Pilze zufügen, 30 Sekunden garen. Ingwer zugeben, weitere 1–2 Minuten braten. Aus dem Wok nehmen und zum übrigen Gemüse geben.
5 Restliches Öl im Wok erhitzen. Nudeln kurz 1–2 Minuten anbraten, bis sie warm sind. Vorsicht, dass sie nicht zerbrechen. Austernsauce, Sojasaucen und Reiswein unterrühren. Gemüse wieder in den Wok geben, alles vorsichtig 1–2 Minuten umrühren. Mit Sesamöl beträufeln, mit weißem Pfeffer abschmecken und mit Koriander garnieren. Sofort servieren.
Hinweis: Knoblauch, Frühlingszwiebeln und Chillies werden nicht verwendet, da traditionsbewusste chinesische Vegetarier sie nicht essen.

PFANNENGERÜHRTER TOFU MIT PAK-CHOI

Vorbereitungszeit: 20 Minuten
+ 10 Minuten Marinierzeit
Kochzeit: 10 Minuten
Für 4 Personen

☆

600 g schnittfester Tofu, gewürfelt
1 EL fein gehackter frischer Ingwer
2 EL Sojasauce
2 EL Erdnussöl
1 rote Zwiebel, in dünne Scheiben geschnitten
4 Knoblauchzehen, durchgepresst
500 g Baby-Pak-Choi, längs in Streifen geschnitten
2 TL Sesamöl
2 EL Ketjap Manis
60 ml süße Chilisauce
1 EL geröstete Sesamsamen

1 Tofu und Ingwer in eine Schüssel geben. Sojasauce darübergießen und 10 Minuten marinieren. Abgießen.
2 Wok bei hoher Temperatur erhitzen, Hälfte des Öls zugeben, schwenken. Zwiebel zufügen, 3 Minuten anbraten. Tofu und Knoblauch zufügen, 3 Minuten braten. Aus dem Wok nehmen.
3 Wok erneut sehr stark erhitzen, restliches Öl und Pak-Choi zugeben und 2 Minuten braten, bis er gar ist. Tofu-Mischung gut unterrühren.
4 Sesamöl, Ketjap Manis und Chilisauce unterheben. Mit Sesamsamen bestreuen. Servieren.

IN TAMARI GERÖSTETE MANDELN MIT BOHNEN

Vorbereitungszeit: 10 Minuten
Kochzeit: 5 Minuten
Für 4–6 Personen

☆

2 EL Sesamöl
1 große frische rote Chilischote, entkernt und fein gehackt
1 Stück frischer Ingwer, etwa 2 cm groß, gerieben
2 Knoblauchzehen, durchgepresst
375 g grüne Bohnen, in 5 cm lange Stücke geschnitten
125 ml Hoisin-Sauce
1 EL brauner Zucker
2 EL Mirin
250 g in Tamari geröstete Mandeln, grob gehackt (siehe Hinweis)

1 Wok bei hoher Temperatur erhitzen, Öl zugeben, schwenken. Chilli, Ingwer und Knoblauch zufügen, 1 Minuten goldgelb braten. Bohnen, Hoisin-Sauce und Zucker zugeben, 2 Minuten braten. Mirin zugeben, 1 Minute kochen, bis die Bohnen zart, aber noch bissfest sind.
2 Vom Herd nehmen und Mandeln kurz vor dem Servieren unterheben. Auf Reis anrichten.
Hinweis: In Tamari geröstete Mandeln sind in Reformhäusern erhältlich. Tamari ist eine fermentierte, dickflüssige japanische Sojasauce.

UNTEN: In Tamari geröstete Mandeln mit Bohnen

CHINAKOHL
Der heute während des gesamten Jahres angebaute Chinakohl ist ursprünglich ein Wintergemüse. Er ist sehr vielseitig verwendbar: In Pfannengerichten, Schmortöpfen, Suppen und Salaten. Chinakohl ist ein wertvoller Lieferant von Folsäure, Vitamin A und Kalium. Frischer Chinakohl zeichnet sich durch feste, dichte, am oberen Rand grünlich gezeichnete Blätter aus. Zur Zubereitung wird die Wurzel abgetrennt, dann der Kohl längs halbiert und der feste Kern keilförmig herausgeschnitten und entfernt.

OBEN: Pfannengemüse

PFANNENGEMÜSE
(Pad pak ruam)

Vorbereitungszeit: 20 Minuten
Kochzeit: 5 Minuten
Für 6 Personen

☆

2 EL Sojasauce
1 TL Fischsauce
1 EL Austernsauce
60 ml Brühe
1/2 TL geriebener Palmzucker
2 EL Pflanzenöl
4 Frühlingszwiebeln, in 3-cm-Stücke geschnitten
3 Knoblauchzehen, durchgepresst
1 frische rote Chilischote, entkernt, in feine Ringe geschnitten
75 g Champignons, geviertelt
100 g Chinakohl, grob gehackt
150 g Zuckererbsen
150 g Blumenkohl, in kleine Röschen zerteilt
150 g Brokkoli, in kleine Röschen zerteilt
einige frische Korianderblätter, gehackt

1 Soja-, Fisch- und Austernsauce mit der Brühe und dem Palmzucker in einer Schüssel mischen.
2 Wok bei hoher Temperatur erhitzen, Öl zugeben und schwenken. Frühlingszwiebeln, Knoblauch und Chilischote zufügen. 20 Sekunden braten. Pilze und Chinakohl zugeben, 1 Minute braten. Sauce und restliches Gemüse unterheben. 2 Minuten garen. Mit Koriander garnieren.

AUBERGINE MIT ROTER BOHNENPASTE

Vorbereitungszeit: 20 Minuten
Kochzeit: 15 Minuten
Für 4–6 Personen

☆

125 ml Gemüsebrühe
60 ml chinesischer Reiswein
2 EL Reisessig
1 EL Tomatenmark
2 TL brauner Zucker
2 EL Sojasauce
60 ml Erdnussöl
800 g Auberginen, in 2 cm große Würfel geschnitten
4 Frühlingszwiebeln, gehackt
3 Knoblauchzehen, durchgepresst
1 EL fein gehackter frischer Ingwer
1 EL rote Bohnenpaste
1 TL Maismehl, mit 1 EL Wasser zu einer Paste vermischt

1 Brühe, Reiswein, Reisessig, Tomatenmark, Zucker und Sojasauce in einer Schüssel mischen.
2 Wok bei hoher Temperatur erhitzen, die Hälfte des Öls zugeben und schwenken. Auberginen portionsweise 3 Minuten goldbraun braten. Aus dem Wok nehmen.
3 Restliches Öl im Wok erhitzen. Frühlingszwiebeln, Knoblauch, Ingwer und Bohnenpaste 30 Sekunden anbraten. Sauce zugießen, 1 Minute braten. Maismehlpaste zugeben, zum Kochen bringen. Auberginen zufügen, 2–3 Minuten braten, bis sie heiß sind.

SÜSSKARTOFFEL-SPINAT-PFANNE MIT WASSER-KASTANIEN

Vorbereitungszeit: 15 Minuten
Kochzeit: 20 Minuten
Für 4 Personen

☆

500 g rote Süßkartoffeln, geschält und in 1,5 cm große Würfel geschnitten
1 EL Pflanzenöl
2 Knoblauchzehen, durchgepresst
2 TL Sambal Oelek
227 g Wasserkastanien aus der Dose, in Scheiben geschnitten
2 TL geriebener Palmzucker
390 g Spinat, ohne Stängel
2 EL Sojasauce
2 EL Gemüsebrühe

1 Süßkartoffeln 15 Minuten in kochendem Wasser garen. Abgießen.
2 Wok bei hoher Temperatur erhitzen, Öl zugeben und schwenken. Knoblauch und Sambal Oelek 1 Minute anbraten, bis sich das Aroma entfaltet. Süßkartoffeln und Wasserkastanien zufügen, bei mittlerer bis kräftiger Hitze unter Rühren 2 Minuten braten. Hitze auf mittlere Stufe reduzieren, Palmzucker zugeben und weitere 2 Minuten kochen, bis er sich aufgelöst hat. Spinat, Sojasauce und Brühe unterrühren, bis der Spinat gar ist. Mit Reis servieren.

PFANNENGERÜHRTE ERDNÜSSE MIT CHILI

Wok bei hoher Temperatur erhitzen, 2 TL Erdnussöl und einige Tropfen Sesamöl zugeben und schwenken. 240 g naturbelassene Erdnüsse zufügen und 3–4 Minuten goldbraun anbraten. 1 sehr fein gehackte frische rote Chilischote, 2 durchgepresste Knoblauchzehen und 1 1/2 TL Salz zugeben und weitere 1–2 Minuten unter Rühren braten. Vorsicht, dass die Erdnüsse nicht anbrennen! Mit 1 1/2 TL Zucker bestreuen, gut umrühren. Aus dem Wok nehmen und vor dem Servieren abkühlen lassen. Als Snack servieren. Ergibt 1 1/2 Tassen.

LINKS: Süßkartoffel-Spinat-Pfanne mit Wasserkastanien

TEMPEH

Tempeh ist ein pflanzliches proteinhaltiges Nahrungsmittel. Zur Herstellung werden geschälte und halbierte gekochte Sojabohnen mit einem Schimmelpilz versetzt, wodurch die Masse fermentiert und ein fester Kuchen entsteht. Im Gegensatz zum Tofu sind beim Tempeh die Sojabohnen noch erkennbar, was ihm ein nussiges Aroma verleiht. Tempeh wird gekocht, sautiert oder frittiert in Schmortöpfen oder Salaten verzehrt. Es ist vakuumverpackt in Blöcken, häufig bereits mariniert, erhältlich und sollte kühl und gut verschlossen aufbewahrt werden, um Schimmelbildung zu verhindern. Vor allem in Indonesien wird es gern als preiswertere Alternative zu Fleisch verwendet.

OBEN: Auberginen mit Tempeh

AUBERGINEN MIT TEMPEH

(Makua pad tempeh)

Vorbereitungszeit: 20 Minuten
+ 20 Minuten Einweichzeit
Kochzeit: 10 Minuten
Für 6 Personen

☆

2 kleine getrocknete rote Chillies
8 schwarze Pfefferkörner
2 Knoblauchzehen
2 EL gehackte frische Korianderstängel und -blätter
80 ml Pflanzenöl
100 g Tempeh, in dünne Scheiben geschnitten
250 g japanische Auberginen, in 2 cm große Stücke geschnitten
1 EL Sojasauce
1 EL Fischsauce
1 TL geriebener Palmzucker
1 EL Limettensaft

1 Chillies in einer Schüssel mit kochendem Wasser übergießen und 20 Minuten einweichen. Abgießen, entkernen und fein hacken.

2 Pfefferkörner, Knoblauch und Koriander im Mixer zu einer glatten Paste vermischen, gegebenenfalls etwas Wasser zugeben.

3 Wok bei hoher Temperatur erhitzen, Öl zugeben und schwenken. Paste und Chillies zufügen und unter Rühren 10 Sekunden anbraten. Tempeh zugeben und unter Rühren weitere 2 Minuten goldbraun braten. Tempeh aus dem Wok nehmen.

4 Auberginen in den Wok geben und 6 Minuten goldbraun braten. Saucen, Palmzucker, Limettensaft und Tempeh zufügen, unter Rühren 30 Sekunden kochen. Sofort mit Reis servieren.

TOFU-NUDEL-PFANNE IN ERDNUSSSAUCE

Vorbereitungszeit: 15 Minuten
Kochzeit: 5 Minuten
Für 4 Personen

☆

250 schnittfester Tofu, in 1,5 cm große Würfel geschnitten
2 Knoblauchzehen, durchgepresst
1 TL geriebener frischer Ingwer
80 ml Ketjap Manis
90 g Erdnussbutter
2 EL Erdnuss- oder Pflanzenöl

500 g Hokkien-Nudeln
1 Zwiebel, gehackt
1 rote Paprika, gehackt
125 g Brokkoli, in kleine Röschen zerteilt

1 Tofu mit Knoblauch, Ingwer und der Hälfte des Ketjap Manis in einer kleinen Schüssel mischen. Erdnussbutter, 125 g Wasser und das restliche Ketjap Manis in einer anderen Schüssel gut verrühren.
2 Wok bei hoher Temperatur erhitzen, Öl zugeben und schwenken. Tofu abtropfen lassen und Marinade beiseite stellen. Tofu in zwei Portionen im heißen Öl gut bräunen. Aus dem Wok nehmen.
3 Nudeln in einer hitzebeständigen Schüssel 1 Minute in kochendem Wasser ziehen lassen. Abgießen und vorsichtig auflockern.
4 Gemüse in den Wok geben (gegebenenfalls noch etwas Öl zugeben) und unter Rühren braten, bis es gerade gar ist. Tofu, Marinade und Nudeln unterheben. Erdnussbutter-Mischung zufügen und unter Rühren gut erwärmen.
Hinweis: Ketjap Manis ist eine indonesische süße Sojasauce. Ersatzweise kann man auch Sojasauce, mit etwas braunem Zucker gesüßt, verwenden.

FLAMBIERTER THAI-WASSERSPINAT
(Pahk boong fai daeng)

Vorbereitungszeit: 10 Minuten
Kochzeit: 2 Minuten
Für 4 Personen

☆

4 Knoblauchzehen, durchgepresst
2 frische grüne Chillies, in Ringe geschnitten
1 EL schwarze Bohnensauce
2 EL Fischsauce
2 TL Zucker
2 EL Pflanzenöl
500 g Wasserspinat, in 3 cm lange Stücke geschnitten

1 Knoblauch, Chillies, Bohnensauce, Fischsauce und Zucker in einer Schüssel mischen.
2 Wok bei hoher Temperatur erhitzen, Öl zugeben und schwenken. Spinat zufügen, 1 Minute braten, bis er gar ist. Sauce zugießen und 30 Sekunden unter Rühren braten, bis die Spinatblätter gut mit Sauce bedeckt sind. Sofort servieren.

FLAMBIERTER THAI-WASSERSPINAT
Der Name des Gerichtes ist angelehnt an die von erfahrenen Köchen praktizierte Zubereitungsmethode. Öl wird dabei in einen Wok geträufelt, die Hitze steigt nun an den Seiten langsam hoch. Dann wird der Wasserspinat regelrecht in das Öl geworfen. Dabei spritzt das Öl über den Wokrand hinaus und fängt Feuer. Die gewöhnlich bis in den Wok hinein züngelnden Flammen verleihen dem Gericht ein leicht rauchiges Aroma. Doch diese Methode überlässt man am besten den Profiköchen; sie wird deshalb in dem nebenstehendem Rezept auch nicht angewandt.

LINKS: Flambierter Thai-Wasserspinat

NORI

Aus getrocknetem Seetang gewonnen, werden Noriblätter in der japanischen Küche in der Regel bei der Zubereitung von Sushi oder Onigiri (pikante Reisbällchen) verwendet. Sie sind reich an Vitaminen, Kalzium, Protein und Eisen. Nori ist in Asienläden oder gut sortierten Supermärkten erhältlich, entweder roh (vor der weiteren Verwendung muss es zunächst noch geröstet werden) oder geröstet, auch als Yakinori bekannt.

NORI-OMELETTE MIT PFANNENGEMÜSE

Vorbereitungszeit: 15 Minuten
Kochzeit: 20 Minuten
Für 4 Personen

☆

8 Eier
1 Noriblatt, 10 cm x 18 cm groß
Salz und grob gemahlener schwarzer Pfeffer
60 ml Pflanzenöl
1 Knoblauchzehe, durchgepresst
3 TL fein geriebener frischer Ingwer
1 Karotte, in Stifte geschnitten
2 Zucchini, längs halbiert, schräg geschnitten
200 g Pilzmischung aus Egerlingen, Enoki- und Austernpilzen, größere Stücke zerkleinert
1 EL japanische Sojasauce
1 EL Mirin
2 TL gelbe Misopaste

1 Eier leicht verquirlen. Nori fest zusammenrollen und mit der Schere in feine Streifen schneiden. Zu den Eiern geben und mit Salz und Pfeffer abschmecken.
2 Wok bei hoher Temperatur erhitzen, 2 TL Öl zugeben und schwenken. 80 ml der Eimasse zugießen und durch Schwenken gleichmäßig verteilen. 2 Minuten stocken lassen, dann wenden und 1 Minute garen. Aus dem Wok nehmen und warm halten. Mit den restlichen 3 Omelettes ebenso verfahren, dabei jeweils immer 2 TL Öl in den Wok geben.
3 Restliches Öl im Wok erhitzen, Knoblauch und Ingwer zufügen und 1 Minute braten. Karotte, Zucchini und Pilze in zwei Portionen unter Rühren je 3 Minuten braten. Das gesamte Gemüse mit der Sojasauce, Mirin und Misopaste im Wok verrühren und 1 Minute köcheln lassen. Gemüse auf die Omelettes verteilen; diese zusammenrollen und sofort mit Reis als Beilage servieren.

UDON-NUDELPFANNE

Vorbereitungszeit: 15 Minuten
Kochzeit: 10 Minuten
Für 4 Personen

☆

500 g frische Udon-Nudeln
2 EL japanische Sojasauce
2 EL Mirin
2 EL Ketjap Manis
1 EL Pflanzenöl
6 Frühlingszwiebeln, in 5 cm lange Stücke geschnitten
3 Knoblauchzehen, durchgepresst
1 EL geriebener frischer Ingwer
2 Karotten, in 5 cm lange Stifte geschnitten

RECHTS: Nori-Omelette mit Pfannengemüse

150 g Zuckererbsen, schräg halbiert
100 g Bohnensprossen, geputzt
500 g Choisum, in 5 cm lange Stücke geschnitten
2 geröstete Noriblätter, in dünne Streifen geschnitten

1 Wasser in einem Topf zum Kochen bringen, Nudeln zugeben und 1–2 Minuten ziehen lassen, bis sie weich und locker sind. Abgießen und unter heißem Wasser abspülen.
2 Sojasauce, Mirin und Ketjap Manis in einer kleinen Schüssel mischen.
3 Einen verschließbaren Wok bei hoher Temperatur erhitzen, Öl zugeben und schwenkend darin verteilen. Frühlingszwiebeln, Knoblauch und Ingwer zufügen. 1–2 Minuten unter Rühren braten. Karotten, Zuckererbsen und 1 EL Wasser zugeben, alles gut vermischen, zugedeckt 1–2 Minuten garen. Nudeln, Bohnensprosssen und Choisum zufügen, Sauce darübergießen. Gut verrühren, bis der Choisum gar und mit der Sauce bedeckt ist. Nori kurz vor dem Servieren zugeben.

TOFU IN SCHWARZER BOHNENSAUCE

Vorbereitungszeit: 20 Minuten
Kochzeit: 15 Minuten
Für 4 Personen

☆

80 ml Gemüsebrühe
2 TL Maismehl
2 TL chinesischer Reiswein
1 TL Sesamöl
1 EL Sojasauce
je 1/2 TL Salz und frisch gemahlener schwarzer Pfeffer
2 EL Erdnussöl
450 g schnittfester Tofu, in 2 cm große Würfel geschnitten
2 Knoblauchzehen, sehr fein gehackt
2 TL fein gehackter frischer Ingwer
3 EL schwarze Bohnen, abgespült und fein gehackt
4 Frühlingszwiebeln, schräg in Ringe geschnitten
1 rote Paprika, in 2 cm große Stücke geschnitten
300 g Baby-Pak-Choi, kreuzweise in 2 cm große Stücke geschnitten

1 Gemüsebrühe, Maismehl, Reiswein, Sesamöl, Sojasauce, Salz und Pfeffer in einer Schüssel mischen.
2 Wok bei mittlerer Temperatur erhitzen, Erdnussöl zugeben und schwenken. Tofu zufügen und in zwei Portionen je 3 Minuten goldgelb anbraten. Mit einem Schaumlöffel aus dem Wok nehmen und auf Küchenkrepp abtropfen lassen. Tofurückstände bzw. Öl aus dem Wok entfernen.
3 Knoblauch und Ingwer zugeben und 30 Sekunden braten. Bohnen und Frühlingszwiebeln zufügen und 30 Sekunden unter ständigem Rühren braten. Paprika zugeben und 1 Minute braten. Pak-Choi zufügen und weitere 2 Minuten braten. Tofu vorsichtig unterheben. Sauce zugießen und 2–3 Minuten unter Rühren leicht einkochen lassen. Sofort mit Reis als Beilage servieren.

OBEN: Tofu in schwarzer Bohnensauce

SESAMÖL
Das in der chinesischen Küche ausgiebig verwendete Sesamöl verleiht den Speisen ein unverwechselbares Aroma. Da es sehr intensiv schmeckt, wird es nur in kleinen Mengen benutzt. Sesamöl wird aus gepressten gerösteten Sesamsamen gewonnen, was ihm die charakteristische goldgelbe Farbe verleiht. Eine dagegen etwas blassere und bei weitem auch nicht so aromatisch-nussige Sorte stammt aus der Pressung naturbelassener Sesamsamen.

OBEN: Pfannengerührtes Tempeh

PFANNENGERÜHRTES TEMPEH

Vorbereitungszeit: 15 Minuten
Kochzeit: 15 Minuten
Für 4 Personen

☆

1 TL Sesamöl
1 EL Erdnussöl
2 Knoblauchzehen, durchgepresst
1 EL geriebener frischer Ingwer
1 frische rote Chilischote, in Ringe geschnitten
4 Frühlingszwiebeln, schräg in Ringe geschnitten
300 g Tempeh, in 2 cm große Würfel geschnitten
500 g Baby-Pak-Choiblätter
800 g chinesischer Brokkoli, gehackt
125 ml vegetarische Austernsauce
2 EL Reisessig
2 EL frische Korianderblätter
40 g geröstete Cashewnüsse

1 Wok bei hoher Temperatur erhitzen, Öle darin schwenken. Knoblauch, Ingwer, Chilischote und Frühlingszwiebeln zufügen, 1–2 Minuten garen. Tempeh zugeben und 5 Minuten goldbraun braten. Aus dem Wok nehmen.
2 Die Hälfte vom Gemüse und 1 EL Wasser zugeben und zugedeckt 3–4 Minuten kochen. Aus dem Wok nehmen und mit dem restlichen Gemüse ebenso verfahren.
3 Gemüse und Tempeh wieder in den Wok geben, Austernsauce und Essig zugießen und gut erwärmen. Mit Koriander und Nüssen garnieren. Mit Reis servieren.

ASIATISCHE PILZ-PFANNE

Vorbereitungszeit: 10 Minuten
Kochzeit: 5 Minuten
Für 4 Personen

☆

1 TL Maismehl
1/4 TL Fünf-Gewürze-Pulver
2 1/2 EL chinesischer Reiswein
1 EL Austernsauce
2 EL Erdnussöl
1 TL Sesamöl
20 g in Ringe geschnittene Frühlingszwiebeln
2 Knoblauchzehen, fein gehackt
1 EL in feine Streifen geschnittener frischer Ingwer
200 g frische Shiitake-Pilze, halbiert
100 g Champignons, halbiert
100 g Austernpilze
100 g Enoki-Pilze, geputzt
1 EL Sesamsamen, geröstet

1 Maismehl und Fünf-Gewürze-Pulver in einer Schüssel nach und nach mit Reiswein und Austernsauce mischen.
2 Wok bei mittlerer Temperatur erhitzen, Sesam- und Erdnussöl zugeben und schwenken. Frühlingszwiebeln, Knoblauch und Ingwer zufügen und bei mittlerer Hitze 2 Minuten braten. Temperatur erhöhen, Shiitake-Pilze und Champignons zufügen und braten, bis die Pilze fast gar und zart sind. Austern- und Enoki-Pilze zugeben und braten, bis sie zart sind.
3 Fünf-Gewürze-Mischung zugießen und 30 Sekunden unterrühren, bis die Pilze glasig sind. Mit Sesamsamen bestreuen.

GESCHMORTES GEMÜSE MIT CASHEWNÜSSEN

Vorbereitungszeit: 15 Minuten
Kochzeit: 10 Minuten
Für 4 Personen

☆

1 EL Erdnussöl
2 Knoblauchzehen, durchgepresst
2 TL geriebener frischer Ingwer
300 g Choisum, in 10 cm lange Stücke geschnitten
150 g Babymais, schräg halbiert
185 ml Hühner- oder Gemüsebrühe
200 g in Streifen geschnittene Bambussprossen
150 g Austernpilze, halbiert
2 TL Maismehl
2 EL Austernsauce
2 TL Sesamöl
90 g Bohnensprossen, geputzt
75 g geröstete ungesalzene Cashewnüsse

1 Wok bei mittlerer Temperatur erhitzen, Öl zugeben und schwenken. Knoblauch und Ingwer zufügen und 1 Minute braten. Hitze erhöhen, Choisum und Babymais zugeben und unter Rühren 1 weitere Minute braten.
2 Brühe zugeben und 3–4 Minuten kochen, bis der Choisum gerade gar ist. Bambussprossen und Pilze zufügen, 1 weitere Minute kochen lassen.
3 Maismehl und 1 EL Wasser in einer Schüssel zu einer Paste vermischen und mit der Austernsauce unter das Gemüse rühren. Ca. 1–2 Minuten köcheln lassen, bis die Sauce leicht eindickt. Sesamöl und Bohnensprossen zugeben, auf einer Schicht Reis anrichten und mit Cashewnüssen bestreuen.

BABYMAIS
Beim Babymais handelt es sich um junge kleine (bis zu 10 cm lange) Maiskolben. Insbesondere wegen ihrer Bissfestigkeit und ihres süßen Geschmacks geschätzt, werden sie als ganze Kolben verzehrt. Pfannengerichten verleihen sie durch ihre hellgelbe Farbe und knusprige Konsistenz eine besondere Note. Vor allem in der chinesischen und thailändischen Küche sind sie eine beliebte Zutat.

LINKS: Geschmortes Gemüse mit Cashewnüssen

CHILI-SPARGELBOHNEN MIT NUDELN

Vorbereitungszeit: 15 Minuten
Kochzeit: 10 Minuten
Für 4 Personen

☆

250 g frische breite Eiernudeln
5 Knoblauchzehen, geschält
3 rote asiatische Schalotten, gehackt
1 kleine frische rote Chilli, entkernt und gehackt
3 frische Korianderwurzeln, gehackt
2 1/2 EL Erdnussöl
500 g Spargelbohnen
2 1/2 EL Fischsauce
1 1/2 EL geriebener Palmzucker
1 EL Ketjap Manis
1 EL Limettensaft
1 EL Röstzwiebeln
1 kleine frische rote Chilischote, zusätzlich, in dünne Ringe geschnitten
Limettenspalten, zum Servieren

1 Nudeln in einem Topf mit kochendem Wasser 1 Minute kochen, bis sie weich sind. Abgießen.
2 Knoblauch, Schalotten, Chilischote und Korianderwurzel in einem Mörser oder mit dem Mixer zu einer glatten Paste verarbeiten, gegebenenfalls etwas Wasser zugeben.
3 Wok bei hoher Temperatur erhitzen, Öl zugeben und schwenken. Paste zufügen und 1 Minute kochen, bis sich das Aroma entfaltet. Bohnen zugeben, unter Rühren 2 Minuten braten, dann Hitze auf niedrige Stufe stellen, zugedeckt weitere 2 Minuten garen. Hitze wieder erhöhen, Fischsauce, Palmzucker und Ketjap Manis zugeben und unter Rühren 1 Minute braten. Nudeln 1 Minute unterrühren, bis sie heiß sind. Mit Limettensaft beträufeln. Auf vier Schalen verteilen, mit Zwiebeln und Chilli garnieren und mit Limettenspalten servieren.

KÜRBIS MIT CHILI

Vorbereitungszeit: 15 Minuten
Kochzeit: 15 Minuten
Für 4 Personen

☆

800 g Kürbis
2 EL Pflanzenöl
2 Knoblauchzehen, durchgepresst
1 TL geriebener frischer Ingwer
2 frische Bird's-eye-Chillies, fein gehackt
185 ml Hühner- oder Gemüsebrühe
1 1/2 EL helle Sojasauce
1 EL Fischsauce
1 TL fein geriebene Limettenschale
1 EL Limettensaft
1 TL geraspelter Palmzucker
25 g frische Korianderblätter, gehackt

UNTEN: Chili-Spargelbohnen mit Nudeln

1 Kürbis schälen und die Kerne ausschaben, sodass 600 g Fruchtfleisch zur Verfügung stehen. In 1,5 cm große Würfel schneiden.
2 Einen Wok bei mittlerer bis hoher Temperatur erhitzen, Öl zugeben und schwenken. Knoblauch, Ingwer und Chillies zufügen und unter Rühren 1 Minute braten. Kürbis, Brühe, Sojasauce, Fischsauce, Limettenschale, Limettensaft und Palmzucker zugeben, zugedeckt 10 Minuten garen, bis der Kürbis zart ist.
3 Deckel entfernen und vorsichtig 3–4 Minuten umrühren, bis die Flüssigkeit soweit verdampft ist, dass der Kürbis gerade noch bedeckt ist. Koriander vorsichtig unterheben und sofort servieren.

PILZPFANNE MIT WASSERKASTANIEN

Vorbereitungszeit: 15 Minuten
Kochzeit: 10 Minuten
Für 4 Personen

☆

60 ml Pflanzenöl
2 Knoblauchzehen, in feine Streifen geschnitten
80 g Pinienkerne
750 g gemischte frische Pilze (z. B. Egerlinge, Austern- oder Shiitake-Pilze), in Streifen geschnitten
100 g Zuckererbsen, halbiert
230 g in Scheiben geschnittene Wasserkastanien aus der Dose, abgetropft
150 g Bohnensprossen, geputzt
80 ml Austernsauce
2 TL Sesamöl

1 Wok bei hoher Temperatur erhitzen, 2 EL Öl zugeben und schwenken. Knoblauch und Pinienkerne zufügen, 1 Minute unter Rühren braten, bis die Pinienkerne goldbraun werden.
2 Pilze zugeben und bei hoher Temperatur unter Rühren 3 Minuten braten. Zuckererbsen zufügen und weitere 3 Minuten garen, bis sie gerade zart sind; gegebenenfalls restliches Öl zugießen.
3 Wasserkastanien, Bohnensprossen und Sesamöl zugeben und weitere 30 Sekunden kochen. Mit Reis servieren.

KOREANISCH EINGELEGTE BOHNENSPROSSEN (Namul)

300 g Bohnensprossen in kochendem Wasser 1–2 Minuten blanchieren, bis sie weich, aber noch ein bisschen knackig sind. Abgießen, unter kaltem Wasser abschrecken und erneut abgießen. 2 EL Sojasauce, 2 EL Reisessig, 1 1/2 TL Sesamöl, 1/2 TL Zucker, 1 Prise Salz, etwas fein gemahlenen schwarzen Pfeffer, 20 g in dünne Ringe geschnittene Frühlingszwiebeln und 1 EL geröstete Sesamsamen verrühren, über die Bohnensprossen gießen und unterheben. Vor dem Servieren 2 Stunden kühlen. Wenn man es etwas schärfer mag, 1/2 TL Chiliflocken in die Marinade geben.
Als Beilage für 4 Personen.

OBEN: Pilzpfanne mit Wasserkastanien

OBEN: *Tofu süß-sauer*

TOFU SÜSS-SAUER

Vorbereitungszeit: 15 Minuten
Kochzeit: 20 Minuten
Für 4 Personen

☆

80 ml Reisessig
2 EL helle Sojasauce
1 1/2 EL Zucker
2 EL Tomatensauce
375 ml Hühner- oder Gemüsebrühe
600 g schnittfester Tofu
3–4 EL Pflanzenöl
1 große Karotte, in feine (Julienne-)Streifen geschnitten
180 g Bohnensprossen oder Sojabohnensprossen, geputzt
95 g in Streifen geschnittene Champignons
6–8 Frühlingszwiebeln, schräg in Ringe geschnitten
100 g Zuckererbsen, schräg halbiert
1 EL Maismehl, aufgelöst in 2 EL Wasser

1 Essig, Sojasauce, Zucker, Tomatensauce und Brühe in einer Schüssel mischen.
2 Tofu horizontal halbieren, dann in 16 Dreiecke teilen. Wok bei hoher Temperatur erhitzen, 2 EL Öl zugeben und schwenken. Tofu portionsweise zufügen und bei mittlerer Hitze ca. 2 Minuten auf jeder Seite knusprig und goldbraun anbraten. Auf Küchenkrepp abtropfen lassen. Beiseite stellen. Warm halten.
3 Wok sauber auswischen, dann erneut bei hoher Temperatur erhitzen. Restliches Öl zugeben und schwenken. Karotte, Bohnensprossen, Champignons, Frühlingszwiebeln und Erbsen zufügen und 1 Minute unter Rühren braten. Sauce zugießen und 1 weitere Minute umrühren. Maismehlpaste zugeben und kochen, bis sie eindickt. Tofu auf vier Servierschalen verteilen und mit Sauce beträufeln. Mit Reis servieren.

JAPANISCHE AUBERGINEN

Vorbereitungszeit: 5 Minuten
Kochzeit: 15 Minuten
Für 4 Personen

☆☆

8 japanische Auberginen
80 ml Erdnussöl
2 TL fein geriebener frischer Ingwer
1/2 TL Instant-Dashi, aufgelöst in 125 ml Wasser
1 EL japanische Sojasauce
1 EL Mirin
1 TL Zucker
2 TL rote Misopaste
2 Frühlingszwiebeln, in dünne Ringe geschnitten

1 Auberginen in 2,5 cm große Stücke schneiden. Wok bei hoher Temperatur erhitzen, Öl

zugeben und schwenken. Auberginen portionsweise unter Rühren je 3–4 Minuten goldbraun anbraten. Alle Auberginenstücke wieder zurück in den Wok geben.
2 Ingwer zufügen und 1 Minute kochen. Dashi, Sojasauce, Mirin und Zucker zufügen und 2 Minuten köcheln lassen. Wok vom Herd nehmen und Misopaste einrühren. Auberginen auf Servietellern mit Frühlingszwiebeln anrichten. Mit frittiertem Fisch, Reis und japanischen Pickles servieren.
Hinweis: Die Misopaste ist recht mild. Durch Zugabe von 1 EL Paste wird das Gericht würziger.

VEGETARISCHES PHAD THAI

Vorbereitungszeit: 20 Minuten
+ 20 Minuten Einweichzeit
Kochzeit: 5 Minuten
Für 4 Personen

☆

400 g breite Reisnudeln
60 ml Sojasauce
2 EL Limettensaft
1 EL brauner Zucker
2 TL Sambal Oelek
2 EL Erdnussöl
2 Eier, leicht verquirlt
1 Zwiebel, in dünne Spalten geschnitten
2 Knoblauchzehen, durchgepresst
1 kleine rote Paprika, in dünne Streifen geschnitten
6 Frühlingszwiebeln, schräg in dünne Ringe geschnitten
100 g frittierte Tofuwürfel, in 5 mm breite Streifen geschnitten
25 g frische Korianderblätter, gehackt
90 g Bohnensprossen, geputzt
40 g geröstete ungesalzene Erdnüsse, gehackt

1 Nudeln in warmem Wasser 15–20 Minuten ziehen lassen, bis sie weich sind. Abgießen. Beiseite stellen.
2 Für die Bratensauce Sojasauce, Limettensaft, Zucker und Sambal Oelek in einer Schüssel mischen.
3 Wok bei hoher Temperatur erhitzen und mit ausreichend Erdnussöl einölen. Eier zugießen, Masse durch Schwenken gut verteilen und 30 Sekunden stocken lassen. Omelette aus dem Wok nehmen, zusammenrollen und in dünne Streifen schneiden.
4 Restliches Öl im Wok erhitzen. Zwiebel, Knoblauch und Paprika zugeben und bei hoher Temperatur 2–3 Minuten braten, bis die Zwiebel weich ist. Nudeln zufügen und gut umrühren. Omelette-Streifen, Frühlingszwiebeln, Tofu und die Hälfte vom Koriander zugeben. Bratensauce zugießen und gut mit den Nudeln vermischen. Mit Bohnensprossen, Erdnüssen und Koriander bestreuen. Sofort servieren.

UNTEN: Vegetarisches Phad Thai

ASIATISCHE PILZE

In Asien sind viele verschiedene Pilzarten beheimatet, darunter zahlreiche essbare. Der wohl bekannteste ist der schwarze chinesische Pilz (in Japan Shiitake genannt). Vor geraumer Zeit wurde erkannt, dass sich sein Aroma verbessert, wenn er zuvor getrocknet wird. Nicht zuletzt erklärt das auch, weshalb er in der Regel in getrocknetem Zustand erhältlich ist. Vor der Verwendung muss er gut gewässert werden; die Flüssigkeit wird häufig bei der weiteren Zubereitung der Gerichte verwendet, was ihnen zusätzlich Aroma verleiht. Austernpilze haben einen feinen, an Meeresfrüchte erinnernden Geschmack und sind eine beliebte Zutat für Pfannengerichte. Mu-err-Pilze, auch Wolkenohren genannt, werden aufgrund ihres feinen, delikaten Aromas und ihrer leicht knusprigen Konsistenz geschätzt.

OBEN: Zuckererbsen-Pilzpfanne mit Tofu

ZUCKERERBSEN-PILZ-PFANNE MIT TOFU

Vorbereitungszeit: 10 Minuten
Kochzeit: 15 Minuten
Für 4 Personen

☆

60 ml Erdnussöl
600 g schnittfester Tofu, abgetropft, in 2 cm große Würfel geschnitten
2 TL Sambal Oelek oder Chilipaste
2 Knoblauchzehen, fein gehackt
300 g Zuckererbsen, geputzt
400 g frische asiatische Pilze (z. B. Shiitake-, Austern- oder Mu-err-Pilze), in Streifen geschnitten
60 ml Ketjap Manis

1 Wok bei hoher Temperatur erhitzen, 2 EL Erdnussöl zugeben und schwenken. Tofu in zwei Portionen jeweils 2–3 Minuten leicht anbraten, dann auf einen Teller legen.
2 Restliches Öl im Wok erhitzen, Sambal Oelek, Knoblauch, Erbsen, Pilze und 1 EL Wasser zufügen und 1–2 Minuten unter Rühren braten, bis das Gemüse gerade gar, aber noch bissfest ist.
3 Tofu wieder in den Wok geben, Ketjap Manis zugießen und 1 Minute unterrühren, bis alles gut erwärmt ist. Sofort mit Jasminreis servieren.

PFANNENGERÜHRTER CHINAKOHL MIT AUSTERNSAUCE

Vorbereitungszeit: 10 Minuten
Kochzeit: 5 Minuten
Für 4 Personen

☆

1 Chinakohl, fein gehackt
1 EL Erdnussöl
1 TL Sesamöl
2 Knoblauchzehen, durchgepresst
2 TL geriebener frischer Ingwer
2 kleine frische rote Chillies, entkernt, gehackt
4 Frühlingszwiebeln, schräg in 3 cm lange Stücke geschnitten
2 EL Austernsauce
1 EL Reisessig
2 EL Sesamsamen, geröstet
Salz und frisch gemahlener schwarzer Pfeffer

1 Chinakohl waschen und sehr gut abtropfen lassen – am besten in der Salatschleuder trocknen.
2 Wok bei hoher Temperatur erhitzen, Erdnuss- und Sesamöl zugeben und schwenken. Knoblauch, Ingwer und Chillies zufügen und 30 Sekunden unter Rühren anbraten. Chinakohl und Frühlingszwiebeln zugeben und 2 Minuten unter Rühren garen. Austernsauce und Reisessig zugießen, kräftig verrühren und 1 Minute kochen lassen. Sesamsamen unterheben. Mit Salz und Pfeffer abschmecken. Mit einem Schaumlöffel aus dem Wok nehmen. Sofort servieren.

TOFU MIT CHILIPASTE UND CASHEWNÜSSEN

Vorbereitungszeit: 20 Minuten
Kochzeit: 30 Minuten
Für 4 Personen

☆☆

80 ml Erdnussöl
12 rote asiatische Schalotten, gehackt
8 Knoblauchzehen, gehackt
8 frische große rote Chillies, gehackt
2 rote Paprika, gehackt
1 EL Tamarindenpüree
1 EL Sojasauce
100 g Palmzucker, gerieben
2 EL Ketjap Manis
1 EL Erdnussöl
6 Frühlingszwiebeln, in 3 cm große Stücke geschnitten
750 g schnittfester Seidentofu, in 3 cm große Würfel geschnitten
25 g frisches Thai-Basilikum
100 g geröstete, gesalzene Cashewnüsse

1 Für die Chilipaste die Hälfte des Öls in einer Bratpfanne erhitzen. Schalotten und Knoblauch zugeben und bei mittlerer Hitze 2 Minuten garen. In eine Küchenmaschine geben, Chillies und Paprika zufügen und alles glatt pürieren. Restliches Öl in der Pfanne erhitzen, Schalottenmischung darin 2 Minuten bei mittlerer Hitze garen. Tamarindenpüree, Sojasauce und Zucker zugeben und alles 20 Minuten kochen.
2 Für die pfannengerührte Sauce 2–3 EL der Chilipaste mit Ketjap Manis in einer kleinen Schüssel mischen.
3 Öl in einem antihaftbeschichteten Wok bei hoher Temperatur erhitzen und schwenken. Frühlingszwiebeln zugeben und 30 Sekunden garen. Aus dem Wok nehmen. Tofu zugeben, unter Rühren 1 Minute braten, dann die pfannengerührte Sauce zugießen. 3 Minuten kochen, bis der Tofu mit Sauce bedeckt und heiß ist. Frühlingszwiebeln, Thai-Basilikum und Cashewnüsse zufügen und kochen, bis das Basilikum gar ist.
Hinweis: In einem sterilisierten Marmeladenglas kann die restliche Chilipaste bis zu 6 Monate aufbewahrt werden. Siehe Seite 86 (zur Methode der Sterilisierung).

LINKS: Tofu mit Chilipaste und Cashewnüssen

CHINESISCHER BROKKOLI
Der chinesische Brokkoli (Gai Lam) ist ursprünglich ein Wintergemüse und – auch wenn er bei uns in Asienläden das ganze Jahr über erhältlich ist – besonders günstig in der kalten Jahreszeit zu bekommen. Beim Kauf sollte man darauf achten, dass seine Stiele dünn und fest und seine Blätter saftiggrün sind. Gemüse mit dicken Stielen, gelben Blättern oder geöffneten Blüten sollte man nicht kaufen, da es nicht mehr frisch ist.

OBEN: Chinesischer Brokkoli mit Ingwer, Limetten und Erdnüssen

CHINESISCHER BROKKOLI MIT INGWER, LIMETTEN UND ERDNÜSSEN

Vorbereitungszeit: 5 Minuten
Kochzeit: 5 Minuten
Für 4 Personen

☆

40 g Tamarindenmark
1 EL Erdnussöl
600 g chinesischer Brokkoli, geputzt und quer halbiert
1 kleine frische rote Chilischote, entkernt, gehackt
2 Knoblauchzehen, fein gehackt
3 TL fein geriebener frischer Ingwer
1 EL Zucker
1 EL Limettensaft
1 TL Sesamöl
1 EL geröstete, ungesalzene Erdnüsse, gehackt

1 Tamarinde in 60 ml kochendem Wasser 5 Minuten einweichen, dann zerdrücken. Fasern und Kerne aus der Flüssigkeit entfernen.
2 Einen antihaftbeschichteten Wok bei hoher Temperatur erhitzen, Erdnussöl zugeben und schwenken. Brokkoli zufügen, 2–3 Minuten braten. Chilli, Knoblauch und Ingwer zugeben, 1 Minute kochen. Zucker, Limettensaft und 1 EL Tamarindenflüssigkeit unterrühren, 1 Minute köcheln lassen. Auf einer Platte, mit Sesamöl beträufelt und Erdnüssen bestreut, servieren.

WÜRZIGER BLUMENKOHL MIT ERBSEN

Vorbereitungszeit: 15 Minuten
Kochzeit: 10 Minuten
Für 4–6 Personen

☆

2 EL Pflanzenöl
1 kleine Zwiebel, fein gehackt
2 TL gelbe Senfkörner
3 Knoblauchzehen, durchgepresst
1 EL fein gehackter frischer Ingwer
1 EL gemahlener Kreuzkümmel
2 TL gemahlener Koriander
2 TL gemahlene Kurkuma
1 TL Salz
1 kleiner Blumenkohl, in Röschen zerteilt
155 g TK-Erbsen
3 EL frische Korianderblätter, gehackt

1 Wok bei hoher Temperatur erhitzen, Öl zugeben und schwenken. Zwiebel und Senfkörner zufügen, 2 Minuten braten, bis die Senfkörner aufplatzen.
2 Knoblauch und übrige Gewürze zufügen, alles 1 Minute anbraten. Blumenkohl gut unterheben.
3 250 ml Wasser zugießen, zugedeckt 4 Minuten kochen. Erbsen zugeben und 2–3 Minuten braten, bis sie gar sind und der Blumenkohl zart, aber noch bissfest ist. Vom Herd nehmen und Koriander unterheben.

ASIATISCHES GEMÜSE MIT TERIYAKI-TOFU-DRESSING

Vorbereitungszeit: 15 Minuten
Kochzeit: 20 Minuten
Für 6 Personen

☆

650 g Baby-Pak-Choi
500 g Choisum
440 g Spargelbohnen, geputzt
60 ml Pflanzenöl
1 Zwiebel, in dünne Scheiben geschnitten
60 g brauner Zucker
1/2 TL Chilipulver
2 EL geriebener frischer Ingwer
250 ml Teriyaki-Sauce
1 EL Sesamöl
600 g schnittfester Seidentofu, abgetropft
Röstzwiebeln, zum Garnieren

1 Baby-Pak-Choi und Choisum quer dritteln. Bohnen in 10 cm lange Stücke schneiden.
2 Wok bei hoher Temperatur erhitzen, 1 EL Öl zugeben und schwenken. Zwiebel 3–5 Minuten knusprig anbraten. Mit einem Schaumlöffel aus dem Wok nehmen und auf Küchenkrepp abtropfen lassen.
3 Wok erneut bei hoher Temperatur erhitzen, 1 EL Öl zugeben. Die Hälfte vom Gemüse zufügen und 2–3 Minuten braten, bis es gar ist. Aus dem Wok nehmen. Mit dem restlichen Öl und Gemüse ebenso verfahren. Noch übrig gebliebene Flüssigkeit aus dem Wok gießen.
4 Zucker, Chilipulver, Ingwer und Teriyaki-Sauce in den Wok geben. Aufkochen, dann 1 Minute köcheln lassen. Sesamöl und Tofu zufügen und 2 Minuten köcheln lassen, dabei gelegentlich umrühren. Gemüse auf die Servierteller verteilen. Mit Dressing beträufeln und mit Röstzwiebeln bestreuen.

LINKS: Asiatisches Gemüse mit Teriyaki-Tofu-Dressing

FRITTIEREN

Das Frittieren ist für sehr viel mehr als Doughnuts und Pommes Frites geeignet. Z. B. können Sie eine Unzahl asiatischer Köstlichkeiten in kurzer Zeit in sehr heißem Öl garen, sodass sie außen knusprig, innen zart und weich werden. Vor allem die chinesische Küche kennt eine große Auswahl an Klößchen, die typischerweise als yum cha serviert werden. Frittieren spricht die Sinne an, das Zischen der ersten ins Öl getauchten Häppchen ebenso wie die Art, in der sie goldbraun und knusprig werden, während Sie zuschauen. Die meisten Rezepte in diesem Kapitel ergeben kleine, mundgerechte Portionen für das Büffet oder eine Party; vielleicht gönnen Sie sich auch schon während der Arbeit am Herd einen Happen.

SO WIRD FRITTIERT

Auch wenn Sie es nicht jeden Tag üben, ist Frittieren einfacher als Sie glauben, und die ideale Garmethode für yum cha oder die Speisen für eine Party.

Frittieren wird in der asiatischen Küche als Garmethode geschätzt, da frittierte Lebensmittel eine knusprige Hülle mit saftigem Inneren bilden. Bei uns hat Frittieren seit Jahren einen eher schlechten Ruf, der jedoch nicht gerechtfertigt ist. Zwar wird viel Öl verwendet, aber richtig frittiert nimmt das Essen nur wenig Fett auf.

FRITTIEREN MIT DEM WOK

Durch ihre halbrunde Form und die große Oberfläche eignen sich Woks hervorragend zum Frittieren. Außerdem lassen sich im Wok auch große Mengen problemlos garen.

Zum Frittieren findet der gleiche 30–35 cm große Wok Verwendung wie für Kurzgebratenes, Schmor- und Dämpfgerichte oder Suppen. Da die Standfestigkeit beim Frittieren jedoch sehr wichtig ist, eignet sich ein Wok mit zwei Griffen besser als ein einstieliges Gerät. Für den Elektroherd sollte der Wok aus Sicherheitsgründen einen abgeflachten Boden haben, auf dem Gasherd sollte nur ein Wok mit Standring verwendet werden.

ANDERE FRITTIERWERKZEUGE

Ein Schaumlöffel aus Maschendraht (erhältlich in Asienläden) gehört in Asien zur Grundausstattung eines Wok. Ein rundes Abtropfsieb aus Edelstahlmaschen ist an einem langen Bambusstiel befestigt. Damit wird das Gargut aus dem heißen Fett geholt, das gut abtropfen kann.

Mit hölzernen Stäbchen wendet man das Gargut – sie sind lang genug, um die Hände vor spritzendem Öl zu schützen. Stäbchen aus Kunststoff sind nicht so gut geeignet.

Manche Köche verwenden ein Abtropfgitter, das an den Rand des Wok eingehängt wird. Fertig gegarte Stücke können darauf warm gehalten werden, bis der Rest frittiert ist.

Ebenfalls sinnvoll ist ein spezielles Frittier-Thermometer, um die Temperatur des Öls zu messen. Es wird an der Seite des Wok befestigt, sodass der Fühler in die kochende Flüssigkeit ragt. Das Thermometer ist in gut sortierten Haushaltswarengeschäften erhältlich.

DAS FRITTIERÖL

Mehr noch als beim Pfannenrühren ist beim Frittieren die Wahl des Öls entscheidend. Jedes Öl flockt ab einer bestimmten „Rauchpunkt" genannten Temperatur aus, aber einige Öle erreichen diesen Punkt früher als andere. Zeichen für die baldige Ausflockung sind rauchende Dämpfe, dunkler oder fleckig werdendes Öl. Butter oder tierische Fette haben einen niedrigeren Rauchpunkt (etwa 190 °C), deshalb verbrennen sie schnell, wenn sie zu heiß werden. Der Rauchpunkt pflanzlicher Öle liegt höher, etwa bei 230 °C. Zum Frittieren verwendet man am besten ein Öl mit hohem Rauchpunkt, damit es nicht raucht und das Essen verbrennt. Erdnuss-, Pflanzen- oder Canolaöl (Rapsöl) eignen sich zum Frittieren. Beim Erdnussöl sollte das überwiegend erhältliche raffinierte Öl genommen werden; kaltgepresstes Erdnussöl kann nicht hoch erhitzt werden.

ÖL WIEDER VERWENDEN?

Das ist möglich, aber man nimmt besser frischesÖl. Denn Öl absorbiert nicht nur den Geschmack der Lebensmittel, die darin gegart wurden (besonders solche mit kräftigem Geschmack wie Meeresfrüchte), es wird nach dem Erhitzen auch leicht ranzig (vor allem mit Krümeln darin) und ändert seine Struktur. Frisches Öl garantiert, dass der Geschmack des Gargutes vorherrscht, nicht der des Öls. Wird Öl wieder verwendet, sollte es abgeseiht sein und nicht zu stark erhitzt werden.

DIE RICHTIGE TEMPERATUR

Nicht nur die Wahl des Öls, auch seine Temperatur ist ein kritischer Punkt. Da das Gargut außen knusprig und innen weich sein soll, darf das Öl nicht zu kalt sein (das Essen gart zu lange, nimmt eine Menge Öl auf und wird schmierig) und nicht zu heiß (das Essen verbrennt außen und ist innen nicht durch). Unsere Rezepte geben die empfohlene Temperatur an. Zur Überprüfung sollte ein Frittier-Thermometer verwendet werden.

Falls kein Thermometer zur Hand ist, hilft der Brottest. Das Öl erhitzen, dann einen Brotwürfel hineingeben. An der Zeit, die das Brot zum Braunwerden braucht, lässt sich die Temperatur ablesen.

5 Sekunden	200 °C
10 Sekunden	190 °C
15 Sekunden	180 °C
20 Sekunden	170 °C
30–35 Sekunden	160 °C

Kommt das Gargut ins Öl, sinkt dessen Temperatur; das Öl sollte vor Zugabe der nächsten Portion erneut erhitzt werden.

HINWEISE UND TIPPS

- Um Verbrennungen durch heißes Öl beim Frittieren zu vermeiden, muss der Wok sicher auf dem Herd stehen. Dazu am besten einen Wok mit abgeflachtem Boden, einen Wok mit zwei Griffen oder einen Standring verwenden.
- Den Wok nicht zu hoch mit Öl füllen – zwischen einem und zwei Drittel hoch ist ausreichend. So bleibt beim Zugeben des Gargutes genug Platz für Spritzer und blubberndes Öl.
- Damit das Öl nicht spritzt, sollte das Gargut so trocken wie möglich sein. Wird es im Teigmantel frittiert, überschüssigen Teig abtupfen. Mariniertes Gargut zum Abtropfen mit einem Schaumlöffel aus der Marinade nehmen.
- Einzelstücke wie Frühlingsrollen oder Krapfen mithilfe eines hitzebeständigen Schaumlöffels oder an den Seiten des Wok ins Öl gleiten lassen oder zum Frittieren in einem langstieligen Abtropfkörbchen aus Maschendraht platzieren. Das minimiert die Spritzgefahr.
- Das Gargut sollte Zimmertemperatur haben. Dann kühlt das Öl nicht so stark ab und spritzt weniger.
- Das Öl auf die erforderliche Temperatur erhitzen und diese während des Frittierens beibehalten.
- Die Zutaten in kleinen Portionen zum Öl geben, damit es nicht überläuft.

SCHRITT FÜR SCHRITT FRITTIERT

Zuerst muss das Öl auf die richtige Temperatur erhitzt werden. Falls kein Frittier-Thermometer zur Hand ist, den Brottest machen (siehe linke Textspalte).

Ein oder zwei Stücke gleichzeitig ins heiße Öl geben; Vorsicht vor Spritzern. So läuft das Öl nicht über, behält eine gleich bleibende Temperatur und das Gargut bräunt gleichmäßig.

Das Gargut in kleinen Portionen goldbraun frittieren, dann herausnehmen (ein Abtropfkörbchen aus Maschendraht ist dafür ideal).

Die frittierten Stücke auf zerknülltem Küchenkrepp abtropfen lassen, während der Rest gegart wird.

- Einen Teller mit Küchenkrepp bereitstellen und die frittierten Stücke darauf abtropfen lassen.
- Bei einer größeren Menge Gargut den Ofen auf 160 °C (Umluft 140 °C, Gas Stufe 1) aufheizen, die fertigen Stücke darin warm halten.
- Das Gargut nach dem Frittieren salzen (oder bei süßen Stücken mit Zucker bestreuen), damit es weniger Öl aufnimmt.
- Den Aufbewahrungsort von Feuerlöscher und Branddecke kennen – auch wenn diese Utensilien wahrscheinlich nicht gebraucht werden, ist es gut, sie im Notfall schnell zur Hand zu haben.

OBEN: Gewürzte Garnelen

GEWÜRZTE GARNELEN

Vorbereitungszeit 20 Minuten
+ 30 Minuten Kühlzeit
Kochzeit: 5 Minuten
Für 4–6 Personen

☆☆

1 Eiweiß
2 Knoblauchzehen, durchgepresst
1 kg rohe mittelgroße Garnelen, küchenfertig, aber mit Schwanzflosse
1 EL Erdnussöl
1 lange frische rote Chilischote, schräg in Ringe geschnitten
90 g Reismehl
1 EL gemahlene Sichuan-Pfefferkörner
1 TL weißer Pfeffer aus der Mühle
2 TL Meersalz, gemahlen
1 TL Puderzucker
Erdnussöl zum Frittieren

1 Eiweiß und Knoblauch in einer Schüssel mischen, Garnelen zufügen und gut unterheben. Mit Plastikfolie bedeckt 30 Minuten kalt stellen.
2 Inzwischen das Öl in einer kleinen Pfanne erhitzen, Chilli zugeben und unter Rühren 1 Minute anbraten. Aus der Pfanne nehmen und auf Küchenkrepp abtropfen lassen. Reismehl, Pfeffer, Salz und Zucker in einer Schüssel gut mischen.
3 Den Wok zu einem Drittel mit Öl füllen und auf 180 °C erhitzen (ein Brotwürfel sollte in 15 Sekunden braun sein). Jede Garnele im Mehl wenden, abschütteln und die Garnelen portionsweise etwa 1 Minute leicht goldbraun frittieren. Auf zerknülltem Küchenkrepp abtropfen lassen, mit Salz und Pfeffer abschmecken und servieren.

SCHWEINEFLEISCH SÜSS-SAUER

Vorbereitungszeit: 20 Minuten
+ 30 MInuten Marinierzeit
+ 30 Minuten Kühlzeit
Kochzeit: 30 Minuten
Für 4–6 Personen

☆☆

1 EL helle Sojasauce
3 TL chinesischer Reiswein
1 Prise weißer Pfeffer
500 g mageres Schweinefleisch, in 1,5 cm große Würfel geschnitten
60 g Mehl
60 g Stärkemehl
1 TL Natron
Öl zum Frittieren

SAUCE

2 TL Pflanzenöl
1 TL frischer Ingwer, sehr fein gehackt
1 Knoblauchzehe, durchgepresst
1 kleine Zwiebel, in dünne Spalten geschnitten
1 kleine Möhre, schräg in dünne Scheiben geschnitten
1 kleine grüne Paprika, in dünne, etwa 5 cm lange Streifen geschnitten
100 g Ananasstücke aus der Dose, gut abgetropft (80 ml Saft beiseite stellen)
60 g Bambussprossen, klein geschnitten
60 ml Tomatensauce
1 1/2 EL Reisessig
1 1/2 EL Zucker
1 EL helle Sojasauce
2 TL Stärkemehl, vermischt mit 125 ml Wasser

1 Sojasauce, Reiswein und Pfeffer in einer nicht-metallischen Schüssel vermischen, Fleisch zugeben und 30 Minuten marinieren.
2 Mehl, Stärkemehl, Natron und 1 Teelöffel Salz mischen, nach und nach 145 ml kaltes Wasser zugeben und zu einem dicken, klebrigen Teig verarbeiten. Fleisch zugeben und mit den Händen sorgfältig unterheben.
3 Den Wok zu einem Drittel mit Öl füllen und auf 180 °C erhitzen (ein Brotwürfel sollte in 15 Sekunden bräunen). Die mit Teig ummantelten Fleischstückchen einzeln ins Öl geben, in kleinen Portionen etwa 1 1/2 Minuten goldbraun frittieren – eventuell müssen die Stücke nach etwa 1 Minute vorsichtig vom Boden des Wok gelöst werden, dann sollten sie an der Oberfläche schwimmen. Nebeneinander auf zerknülltem Küchenkrepp abtropfen und auf Raumtemperatur abkühlen lassen. Den Wok vom Herd nehmen, das Öl darin belassen.
4 Für die Sauce einen zweiten Wok stark erhitzen, das Öl zugeben und durch Schwenken verteilen. Ingwer, Knoblauch und Zwiebel zufügen und 1 Minute unter Rühren anbraten. Möhre zugeben, weitere 2 Minuten rühren und braten, dann Paprika zufügen und das Gemüse etwa 1 Minute bissfest garen. Ananasstücke und Bambussprossen zugeben, etwa 1 Minute heiß werden lassen. Alles aus dem Wok nehmen. Tomatensauce, Reisessig, Zucker, Sojasauce, Stärkemehlmischung und Ananassaft vermischen, in den Wok gießen. Bei starker Hitze 2–3 Minuten garen, bis die Sauce eindickt, dann Gemüse zugeben. Gut verrühren, vom Herd nehmen.
5 Das Frittieröl wieder auf 180 °C erhitzen. Das Fleisch in zwei Portionen 1–2 Minuten erneut frittieren. Auf Küchenkrepp abtropfen lassen, schnell mit der Sauce mischen. Sofort mit Reis oder als Teil eines Büffets servieren – das Gericht wird matschig, wenn es zu lange steht.

SCHWEINEFLEISCH SÜSS-SAUER

Dieses Gericht vereinigt zwei gegensätzliche Geschmacksrichtungen. Es handelt sich um die Adaptation eines klassischen kantonesischen Gerichts, das während der Qing-Dynastie (1644–1911) entstand. Die Verwendung von Ananas und Tomatensauce stammt jedoch aus der westlichen Küche.

LINKS: Schweinefleisch süß-sauer

THAILÄNDISCHE FISCHTÖRTCHEN

Thailändische Fischtörtchen sind inzwischen ein beliebtes Gericht auf den Speisekarten thailändischer Restaurants, wo sie meist als Vorspeise serviert werden. In Thailand selbst haben Vorspeisen vor dem Hauptgang noch keine sehr lange Tradition; man findet sie meist nur in den großen Städten. Häufiger werden die Törtchen als Snack verspeist oder sind Teil eines größeren Büffets.

OBEN: Thailändische Fischtörtchen mit Dip

THAILÄNDISCHE FISCHTÖRTCHEN MIT DIP-SAUCE

(Tod man pla)

Vorbereitungszeit: 25 Minuten
Kochzeit: 15 Minuten
Für 6 Personen

☆☆

Dip

125 g Zucker
60 ml Weißweinessig
1 EL Fischsauce
1 kleine frische rote Chilischote, gehackt
1/4 einer kleinen Möhre, fein gehackt
1/4 Salatgurke, geschält, entkernt, fein gehackt
1 EL geröstete Erdnüsse, gehackt

500 g Fischfilets ohne Haut
1 1/2 EL rote Currypaste (siehe Seite 56)
60 g Zucker
60 ml Fischsauce
1 Ei
200 g Langbohnen, klein geschnitten
10 frische Kaffir-Limettenblätter, fein gehackt
Öl zum Frittieren

1 Für die Dip Zucker, Essig, Fischsauce, Chili und 125 ml Wasser in einen Topf geben und etwa 5 Minuten köcheln, bis die Sauce leicht eindickt. Abkühlen lassen. Die restlichen Zutaten unterrühren und einstweilen beiseite stellen.

2 Fisch im Mixer glatt pürieren. Currypaste, Zucker, Fischsauce und Ei zugeben und weitere 10 Sekunden mixen. Bohnen und Limettenblätter unterrühren. Die Masse zu golfballgroßen Bällchen formen, zu Küchlein abflachen.

3 Den Wok zu einem Drittel mit Öl füllen und auf 180 °C erhitzen (ein Brotwürfel sollte in 15 Sekunden bräunen). Die Törtchen portionsweise darin 3–5 Minuten frittieren, gelegentlich wenden. Auf zerknülltem Küchenkrepp abtropfen lassen. Mit dem Dip servieren.

HÄHNCHEN KARAAGE

Vorbereitungszeit: 15 Minuten
+ Marinierzeit: über Nacht
Kochzeit: 30 Minuten
Ergibt 20 Stück

☆☆☆

1,5 kg Hähnchen
125 ml japanische Sojasauce
60 ml Mirin
2 EL Sake
1 EL frischer Ingwer, fein gehackt
4 Knoblauchzehen, durchgepresst
Öl zum Frittieren
etwas Stärkemehl als Panade

1 Mit einer Geflügelschere die Hähnchenflügel abtrennen und quer durch das Gelenk schneiden. Das Hähnchen in 16 gleich große Stücke schneiden: in der Mitte halbieren, jede Hälfte wieder quer halbieren, und jedes Viertel in vier Stücke schneiden, dabei möglichst an jedem Stück etwas Haut belassen.
2 Sojasauce, Mirin, Sake, Ingwer und Knoblauch in einer großen, nicht-metallischen Schüssel mischen. Hähnchenstücke zugeben und gut in der Marinade wenden. Zugedeckt über Nacht kalt stellen, gelegentlich wenden.
3 Den Ofen auf 150 °C (Umluft 130 °C, Gas Stufe 1) vorheizen. DenWok zu einem Drittel mit Öl füllen und auf 160 °C erhitzen (ein Brotwürfel sollte in 30–35 Sekunden bräunen). Während das Öl sich erhitzt, die Hähnchenstücke trockentupfen und sorgfältig im gut gewürzten Stärkemehl wenden, leicht abschütteln. Jeweils 4–5 Stücke auf einmal etwa 4–5 Minuten knusprig und goldbraun frittieren. Gut auf zerknülltem Küchenkrepp abtropfen lassen. Die fertigen Stücke im Ofen warm halten, bis alle frittiert sind. Heiß mit Zitronenspalten garniert servieren.

FRITTIERTER FISCH MIT TAMARINDE-SAUCE

Vorbereitungszeit: 25 Minuten
Kochzeit: 10 Minuten
Für 4 Personen

☆☆☆

2 EL Tamarinden-Fruchtfleisch
2 EL Erdnussöl
3 Knoblauchzehen, durchgepresst
2 EL frischer Galgant, gerieben
2 EL Palmzucker, zerstoßen
2 EL Fischsauce
2 EL Limettensaft
1 Brasse (etwa 750 g), gesäubert und geschuppt
etwas Stärkemehl zum Bestäuben
Öl zum Frittieren
1 EL frittierte Schalotten (oder Röstzwiebeln)
2 kleine frische rote Chillis, entkernt und fein zerkleinert
2 EL frisches Koriandergrün

1 Das Tamarinde-Fruchtfleisch mit 80 ml kochendem Wasser in eine Schüssel geben und abkühlen lassen. Das Fruchtfleisch mit den Fingerspitzen zerdrücken, bis es sich aufgelöst hat, dann abseihen; Flüssigkeit beiseite stellen, restliches Fruchtfleisch wegwerfen.
2 Das Öl in einem Topf erhitzen. Knoblauch und Galgant zugeben, 1 Minute garen. Palmzucker, Tamarinde-Flüssigkeit, Fischsauce und Limettensaft zufügen, bei mäßiger Hitze rühren, bis sich der Zucker aufgelöst hat. 1–2 Minuten kochen, bis die Sauce leicht eindickt. Zugedeckt warm halten.
3 Den Fisch auf beiden Seiten kreuzweise 2 cm breit und 5 mm tief einschneiden. Mit Küchenkrepp trockentupfen. Leicht mit Stärkemehl bestäuben.
4 Den Wok zu einem Drittel mit Öl füllen und auf 180 °C erhitzen (ein Brotwürfel sollte in 15 Sekunden bräunen). Den Fisch 6–7 Minuten goldbraun frittieren; ihn dabei eventuell nach der Hälfte der Zeit wenden. Auf zerknülltem Küchenkrepp abtropfen lassen, mit Salz und schwarzem Pfeffer aus der Mühle abschmecken.
5 Den Fisch auf eine Servierplatte legen und mit der Sauce übergießen. Mit Schalotten, Chilli und Koriandergrün bestreut servieren.

UNTEN: Frittierter Fisch mit Tamarinde-Sauce

SCHWIEGERSOHN-EIER

(Kai leuk koey)

Vorbereitungszeit: 15 Minuten
Kochzeit: 15 Minuten
Für 6 Personen

☆☆

6 Eier
Öl zum Frittieren
2 EL Pflanzenöl, extra
2 Knoblauchzehen, dünn geschnitten
6 rote Schalotten, längs in dünne Scheiben geschnitten
80 ml Fischsauce
150 g Palmzucker, zerstoßen
1 TL Tamarindenmus
1 TL Sambal Oelek
3 EL frisches Koriandergrün, gehackt

1 Die Eier 4 Minuten kochen. Unter kaltem Wasser abschrecken und pellen.
2 Den Wok zu einem Drittel mit Öl füllen, auf 170 °C erhitzen (ein Brotwürfel sollte in 20 Sekunden bräunen). Eier mit dem Schaumlöffel ins Öl geben, 2–3 Minuten leicht goldbraun frittieren, dabei behutsam wenden. Warm halten.

UNTEN: Schwiegersohn-Eier

3 Das Extraöl in einer kleinen Pfanne erhitzen. Knoblauch und Schalotten zugeben und goldbraun braten. Auf zerknülltem Küchenkrepp abtropfen lassen. Fischsauce, Palmzucker, Tamarindenmus, Sambal Oelek und 60 ml Wasser in den Topf geben und bei kleiner Hitze garen, dabei rühren, bis sich der Zucker aufgelöst hat. Weiter garen bis die Mischung leicht eindickt, dann gebratenen Knoblauch und Schalotten zufügen.
4 Eier halbieren, auf einer Platte anrichten. Die Sauce darüber gießen, mit Koriander garnieren.
Hinweis: Das Gericht wird in Thailand oft auf Hochzeiten serviert, daher der seltsame Name.

KARTOFFELKRAPFEN

Vorbereitungszeit: 15 Minuten
+ 10 Minuten Ruhezeit
Kochzeit: 20 Minuten
Ergibt 12 Stück

☆☆

DIP-SAUCE

2 Frühlingszwiebeln, fein gehackt
1 kleine Knoblauchzehe, fein gehackt
1 1/2 EL japanische Sojasauce
1 EL Mirin
2 TL Sesamsaat, geröstet und gemahlen
1 TL Zucker
einige Tropfen Sesamöl
1/4 TL Chiliflocken (nach Wunsch)

KARTOFFELKRAPFEN

500 g überwiegend festkochende Kartoffeln
5 Frühlingszwiebeln, zerkleinert
2 Eier, leicht verquirlt
2 EL Stärkemehl
Erdnussöl zum Frittieren

1 Für den Dip alle Zutaten in einer kleinen, nicht-metallischen Schüssel vermischen.
2 Kartoffeln schälen, in eine große, nicht-metallische Schüssel grob reiben. Mit kaltem Wasser bedecken, damit sie nicht braun werden; 10 Minuten beiseite stellen. Abgießen, restliche Flüssigkeit mit den Händen ausdrücken. Die Masse mit Frühlingszwiebeln mischen. Eier und Stärkemehl in einer kleinen Schüssel verrühren und mit Pfeffer würzen. Über die Kartoffelmischung gießen und gut mischen.
3 Den Wok zu einem Drittel mit Öl füllen und auf 180 °C erhitzen (ein Brotwürfel sollte in 15 Sekunden bräunen). Jeweils eine Hand voll

Teig zwischen den Händen zu etwa 5 cm großen Krapfen formen. Je vier Krapfen auf einmal vorsichtig ins Öl gleiten lassen (mit dem Schaumlöffel), etwa 5 Minuten goldbraun frittieren, dabei einmal wenden. Herausnehmen und auf zerknülltem Küchenkrepp abtropfen lassen. Sofort mit dem Dip servieren.

KNUSPRIGE NUDELN

(Mee grob)

Vorbereitungszeit: 30 Minuten
+ 20 Minuten Einweichzeit
Kochzeit: 15 Minuten
Für 4–6 Personen

☆☆

4 getrocknete Shiitake-Pilze
Öl zum Frittieren
100 g feine Reisnudeln (Reis-Vermicelli)
100 g frittierte Tofu-Würfel, in schmale Streifen geschnitten
4 Knoblauchzehen, durchgepresst
1 Zwiebel, gehackt
1 Hähnchenbrustfilet, dünn geschnitten
8 grüne Bohnen, schräg in Stücke geschnitten
6 Frühlingszwiebeln, schräg in dünne Ringe geschnitten
8 rohe mittelgroße Garnelen, küchenfertig, aber mit Schwanzflossen
30 g Sojabohnensprossen, geputzt
frisches Koriandergrün zum Garnieren

SAUCE
60 ml weißer Essig
60 ml Fischsauce
5 EL Zucker
1 EL Sojasauce
1 EL süße Chilisauce

1 Pilze mit kochendem Wasser bedecken und 20 Minuten einweichen. Ausdrücken, Stiele entfernen, Hüte in dünne Scheiben schneiden.
2 Den Wok zu einem Drittel mit Öl füllen, auf 180 °C erhitzen (ein Brotwürfel sollte in 15 Sekunden bräunen). Die Nudeln in kleinen Portionen etwa 5 Sekunden knusprig frittieren. Gut auf Küchenkrepp abtropfen lassen.
3 Tofu portionsweise etwa 1 Minute knusprig frittieren. Abtropfen lassen. Vorsichtig das Öl bis auf 2 EL entfernen.
4 Den Wok sehr heiß werden lassen. Knoblauch und Zwiebel 1 Minute unter Rühren anbraten. Hähnchen, Pilze, Bohnen und die Hälfte der Frühlingszwiebeln zufügen, etwa 2 Minuten unter Rühren braten. Garnelen zugeben, weitere 2 Minuten pfannenrühren, bis sie rosa werden.
5 Die Saucenzutaten in einer Schüssel mischen, dann in den Wok geben. Etwa 2 Minuten unter Rühren braten, bis die Sauce zu Sirup eingedickt ist.
6 Vom Herd nehmen und Nudeln, Tofu und Bohnensprossen unterrühren. Mit Koriander und den restlichen Frühlingszwiebeln garnieren.

MEE GROB
Mee grob wurde vom Küchenchef eines Restaurants nahe des königlichen Palastes in Bangkok kreiert. Eines Tages kehrte der König von einer Reise zurück und bemerkte eine Menschenmenge neben dem Palast. Als er sich nach dem Grund für den Auflauf erkundigte, erfuhr er, dass die Menschen alle ein neues Nudelgericht namens mee grob ausprobieren wollten. Und so wurde auch der König ein großer Fan dieser knusprig gebratenen Nudeln. Heute wird mee grob in ganz Thailand als Snack oder Beilage zu Currys serviert. Es ist ein Beispiel für die Kunst der thailändischen Köche, fremde Küchen zu integrieren, da hier traditionelle chinesische Garmethoden mit thailändischen Aromen und Zutaten vermengt werden.

OBEN: Knusprige Nudeln

OBEN: *Chili-Tintenfisch mit Glasnudelsalat*

CHILI-TINTENFISCH MIT GLASNUDELSALAT

Vorbereitungszeit: 30 Minuten
+ 10 Minuten Einweichzeit
+ 15 Minuten Marinierzeit
Kochzeit: 10 Minuten
Für 4 Personen

☆☆☆

1 EL getrocknete Shrimps
2 EL chinesischer Reiswein
2 EL helle Sojasauce
1 EL dunkler chinesischer Essig
2 TL frischer Ingwer, fein gehackt
2 Frühlingszwiebeln, dünn geschnitten
1 TL Chili-Knoblauch-Sauce
1 TL Sesamöl

SALAT
600 g Tintenfischmäntel, gesäubert
125 ml Zitronensaft
250 g Glasnudeln
1 kleine Salatgurke, entkernt und in Stäbchen geschnitten
90 g Sojabohnensprossen, geputzt
2 EL frisches Koriandergrün, gehackt
1 EL Sichuan-Pfefferkörner, trocken geröstet
2 TL Meersalz
1 TL weißer Pfeffer aus der Mühle
1 TL schwarzer Pfeffer aus der Mühle
1/4 TL Chiliflocken
60 g Mehl
45 g Reismehl
Erdnussöl zum Frittieren
2 Eiweiß, leicht verquirlt
etwas frisches Koriandergrün zum Garnieren

1 Die Shrimps in einer kleinen hitzebeständigen Schüssel mit kochendem Wasser bedecken und 10 Minuten einweichen. Abtropfen lassen, fein hacken. Shrimps zurück in die Schüssel geben, mit dem Reiswein bedeckt beiseite stellen.
2 Für das Dressing Sojasauce, dunklen Essig, Ingwer, Frühlingszwiebeln, Chili-Knoblauch-Sauce und Sesamöl in einer kleinen Schüssel gut vermengen und beiseite stellen.
3 Die Tintenfischmäntel öffnen, auswaschen und sorgfältig mit Küchenkrepp trockentupfen. Die nach oben gerichtete weiche Innenseite an der Oberfläche rautenförmig einschneiden. Die Tintenfische in 2,5 x 4 cm große Stücke schneiden. Die Stücke auf einen flachen Teller legen und mit Zitronensaft beträufeln. Mit Frischhaltefolie bedeckt 15 Minuten im Kühlschrank marinieren.
4 Inzwischen die Glasnudeln in einer hitzebeständigen Schüssel mit kochendem Wasser bedecken und 3–4 Minuten einweichen. Abgießen und unter fließendem kaltem Wasser abspülen. Abtropfen lassen, in eine Servierschüssel geben. Salatgurke, Bohnensprossen und Koriandergrün zufügen.
5 Sichuan-Pfefferkörner, Meersalz, weißen und schwarzen Pfeffer und Chiliflocken mit Mörser und Stößel oder in der Gewürzmühle zu einem feinen Pulver vermahlen. Mit Mehl und Reismehl in einer Schüssel gut vermischen. Tintenfische abtropfen lassen und mit Küchenkrepp trockentupfen.
6 Den Wok zu einem Drittel mit Öl füllen und auf 180 °C erhitzen (ein Brotwürfel sollte in 15 Sekunden bräunen). Die Tintenfischstücke in

das Eiweiß tauchen und gut in der Mehlmischung wenden. Immer fünf oder sechs Stücke auf einmal etwa 1 Minute goldbraun frittieren – den Wok nicht überfüllen. Auf zerknülltem Küchenkrepp abtropfen lassen und mit etwas Salz bestreuen – das hilft, überschüssiges Öl aufzusaugen.

7 Vor dem Servieren Dressing und Shrimpmischung behutsam unter die Glasnudeln heben. Tintenfische auf die Nudeln geben, das Gericht mit Koriandergrün garnieren und sofort anrichten.

GEFÜLLTE HÄHNCHEN-FLÜGEL AUS THAILAND

(Peek gai yud sai)

Vorbereitungszeit: 30 Minuten
+ Zeit zum Abkühlen
Kochzeit: 20 Minuten
Ergibt 12 Stück

☆☆☆

12 große Hähnchenflügel
20 g feine Reisnudeln (Reis-Vermicelli)
1 EL Palmzucker, zerstoßen
2 EL Fischsauce
200 g Hackfleisch vom Schwein
2 Frühlingszwiebeln, gehackt
3 Knoblauchzehen, gehackt
1 kleine frische rote Chilli, gehackt
3 EL frisches Koriandergrün, gehackt
Erdnussöl zum Frittieren
Reismehl, gut gewürzt, als Panade
Süße Chilisauce zum Servieren

1 Mit einer Geflügelschere jeden Hähnchenflügel am Knochen entlang bis zum Gelenk aufschneiden. Den Knochen heraus ziehen, dabei die Haut nicht durchstoßen. Den Knochen wegwerfen.

2 Die Vermicelli in einer Schüssel mit kochendem Wasser 6–7 Minuten einweichen, gut abtropfen lassen. Mit einer Schere in 2 cm große Stücke schneiden und beiseite stellen. Palmzucker und Fischsauce in einer kleinen Schüssel verrühren, bis sich der Zucker aufgelöst hat.

3 Hackfleisch, Frühlingszwiebeln, Knoblauch, Chilli und Fischsauce-Mischung in der Küchenmaschine gut mixen. In eine Schüssel geben, Koriander und Nudeln einrühren.

4 Die Hackfleischmischung in 12 Portionen teilen. Jeden entbeinten Hähnchenflügel mit einer Portion füllen und die Öffnung mit einem Zahnstocher fest verschließen.

5 Die Hähnchenflügel in einem Dämpfkorb in einen Wok mit köchelndem Wasser setzen – der Dämpfkorb darf das Wasser nicht berühren. Wok mit einem Deckel schließen und 8 Minuten dämpfen. Die Flügel aus dem Dämpfkorb nehmen und zum Abkühlen beiseite stellen.

6 Einen trockenen sauberen Wok zu einem Drittel mit Öl füllen und auf 200 °C erhitzen (ein Brotwürfel sollte in 5 Sekunden bräunen). Die Flügel in dem gewürzten Mehl wenden. In kleinen Portionen je 3 Minuten frittieren. Die goldbraunen Flügel auf zerknülltem Küchenkrepp abtropfen lassen. Die Zahnstocher entfernen und die Flügel mit der süßen Chilisauce servieren.

GEFÜLLTE HÄHNCHEN-FLÜGEL AUS THAILAND

Mit einer Geflügelschere oder einem scharfen Messer Fleisch vom Knochen zum Gelenk zerteilen.

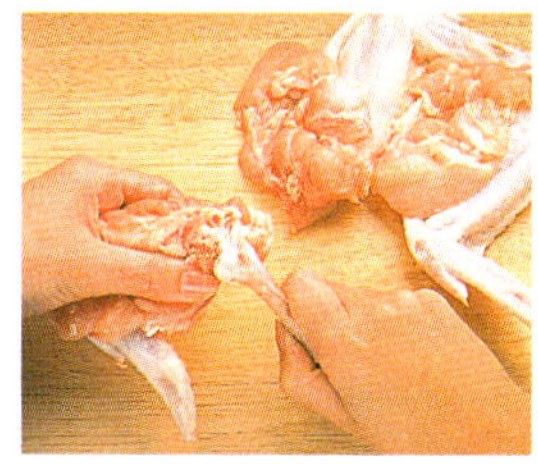

Den Knochen aus dem Gelenk ziehen.

UNTEN: Gefüllte Hähnchenflügel aus Thailand

INDONESISCHE FRÜHLINGSROLLEN

Mit den Fingerspitzen die Ränder der Teigblätter mit Stärkemehlpaste betupfen.

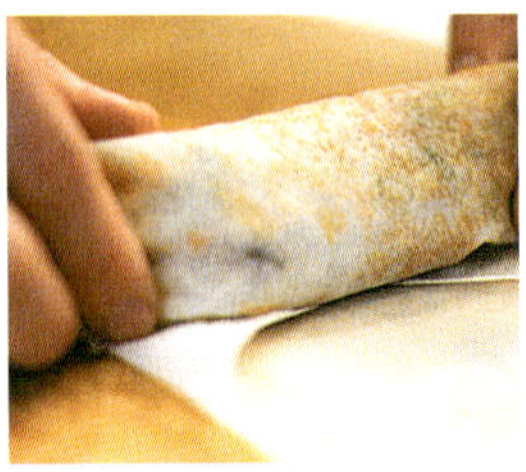

Die Frühlingsrolle aufrollen, dabei die Seiten einstecken, dann mit der Stärkemehlpaste verschließen.

INDONESISCHE FRÜHLINGSROLLEN

Vorbereitungszeit: 30 Minuten
+ 20 Minuten Einweichzeit
Kochzeit: 25 Minuten
Ergibt 20 Stück

☆☆

4 getrocknete Shiitake-Pilze
80 g feine Reisnudeln (Reis-Vermicelli)
1 EL Erdnussöl
2 Knoblauchzehen, gehackt
2 TL frischer Ingwer, gerieben
250 g Hackfleisch vom Schwein
250 g rohe mittelgroße, küchenfertige Garnelen, gehackt
1 EL helle Sojasauce + Sauce zum Servieren
1 EL Austernsauce
1 EL chinesischer Reiswein
1 Möhre, gerieben
8 Wasserkastanien, fein gehackt
4 Frühlingszwiebeln, dünn geschnitten
200 g Chinakohl, fein zerkleinert
1 EL süße Chilisauce
2 TL Stärkemehl
20 große Teighüllen für Frühlingsrollen
Öl zum Frittieren

1 Pilze mit kochendem Wasser bedecken und 20 Minuten einweichen lassen. Gut ausdrücken. Die holzigen Stiele wegwerfen, die Hüte dünn schneiden. Inzwischen die Nudeln in kochendem Wasser 6–7 Minuten einweichen. Abtropfen lassen, in 5 cm lange Stücke schneiden.
2 Einen Wok stark erhitzen, das Öl zugeben und verteilen. Knoblauch und Ingwer zufügen, 1 Minute braten. Hackfleisch zugeben, weitere 3 Minuten braten, dabei gut zerteilen. Garnelen zufügen, etwa 1 Minute mitbraten, bis sie sich rosa färben. Die restlichen Zutaten außer Stärkemehl und Hüllen zugeben und noch 2 Minuten braten. Mit Salz und Pfeffer abschmecken.
3 Stärkemehl in einer kleinen Schüssel mit 2 EL Wasser zu einer weichen Paste verrühren.
4 Teighüllen unter einem feuchten Tuch stapeln. Eine Hülle mit einer Ecke nach vorn auf die Arbeitsplatte legen. 2 EL der Füllung in die Mitte geben. Ecken mit der Stärkemehlpaste betupfen und Hülle fest aufrollen, dabei Seiten einstecken, und am Ende mit etwas Paste verschließen. Mit den weiteren Hüllen ebenso verfahren, dabei fertige Rollen mit einem feuchten Tuch bedecken, damit sie nicht austrocknen.
5 Den Wok zu einem Drittel mit Öl füllen und auf 180 °C erhitzen (ein Brotwürfel sollte in 15 Sekunden bräunen). Immer 2–3 Rollen auf einmal frittieren, etwa 2 Minuten lang, zwischendurch behutsam wenden. Die goldbraunen Rollen auf zerknülltem Küchenkrepp abtropfen lassen. Mit heller Sojasauce oder einem Dip nach Wunsch servieren.

RECHTS: Indonesische Frühlingsrollen

TOFUWÜRFEL MIT SALZ UND PFEFFER

Vorbereitungszeit: 15 Minuten
Kochzeit: 10 Minuten
Für 4–6 Personen

☆☆

125 ml süße Chilisauce
2 EL Zitronensaft
250 g Stärkemehl
2 EL Salz
1 EL weißer Pfeffer aus der Mühle
2 TL Puderzucker
380 g frittierte Tofuwürfel, halbiert und trockengetupft
4 Eiweiß, leicht verquirlt
Erdnussöl zum Frittieren
einige Zitronenspalten zum Servieren

1 Süße Chilisauce mit Zitronensaft vermischen und beiseite stellen.
2 Stärkemehl, Salz, Pfeffer und Puderzucker in einer großen Schüssel gut vermischen.
3 Tofustücke in das Eiweiß tunken, dann in der Stärkemehlmischung wenden, abschütteln.
4 Den Wok zu einem Drittel mit Öl füllen und auf 180 °C erhitzen (ein Brotwürfel sollte in 15 Sekunden bräunen). Tofu portionsweise etwa 1–2 Minuten knusprig frittieren. Auf Küchenkrepp abtropfen lassen. Mit Chilisauce-Mischung und Zitronenspalten servieren.

JAPANISCH PANIERTE GARNELEN MIT PONZU

Vorbereitungszeit: 15 Minuten
Kochzeit: 10 Minuten
Ergibt 18 Stück

☆☆

18 rohe große Garnelen
2 EL Stärkemehl
3 Eier
120 g Panko („japanische Semmelbrösel")
Erdnussöl zum Frittieren
80 ml Ponzu-Sauce (siehe Hinweis)

1 Garnelen schälen, Darm entfernen, Schwanzflossen belassen. Die Rückseite jeder Garnele einschneiden, sodass eine Schmetterlingsform entsteht, dann die Garnelen zwischen zwei Lagen Frischhaltefolie legen und behutsam zu einem Schnitzel formen.
2 Stärkemehl, Eier und Panko in verschiedene Schüsseln geben. Die Eier leicht verquirlen. Jede Garnele in Stärkemehl, dann in Ei tauchen, schließlich in den Bröseln gut wenden.
3 Den Wok zu einem Drittel mit Öl füllen und auf 180 °C erhitzen (ein Brotwürfel sollte in 15 Sekunden bräunen). Sechs Garnelenschnitzel auf einmal etwa 1 Minute je Seite frittieren – die Garnelen sollten nicht zu braun werden. Sofort mit der Ponzu-Sauce servieren.
Hinweis: Ist keine Ponzu-Sauce erhältlich, 60 ml Sojasauce mit 1 EL Zitronensaft vermischen.

OBEN: Japanisch panierte Garnelen mit Ponzu

BLÄTTERTEIG-STÜCKCHEN MIT CURRY

Vorbereitungszeit: 20 Minuten
+ 30 Minuten Zeit zum Abkühlen
+ 30 Minuten Kaltstellen
Kochzeit: 1 1/2 Std.
Ergibt 24 Stück

☆☆☆

1 große getrocknete rote Chilli, gehackt
1 1/2 TL Korianderkörner
1/2 TL Fenchelsaat
250 g Kartoffeln, geschält
60 ml Erdnussöl
1 Möhre, fein gewürfelt
115 g TK-Erbsen, aufgetaut
1 kleine Zwiebel, fein gehackt
2 Knoblauchzehen, durchgepresst
2 EL malaiisches Currypulver
150 g Hackfleisch vom Rind
60 ml Fleischbrühe
6 Blatt TK-Blätterteig
2 Eigelb, leicht verquirlt
Erdnussöl zum Frittieren
Raita zum Servieren (siehe S. 86)

1 Chilli, Koriander und Fenchelsaat miteinander fein vermahlen, beiseite stellen.
2 Die Kartoffeln in 15 Minuten nicht ganz durchgaren. Leicht abkühlen lassen, würfeln.
3 DenWok stark erhitzen, 1 EL Öl zugeben und verteilen. Bei mäßiger Hitze die Möhre etwa 4–5 Minuten unter Rühren braten. Erbsen zufügen und 3 Minuten garen. Alles in eine große, nicht-metallische, hitzebeständige Schüssel geben. 1 EL Öl in den Wok geben, die Kartoffeln etwa 3–4 Minuten pfannenrührend bräunen. In die Schüssel zu den Erbsen geben.
4 Restliches Öl stark erhitzen. Zwiebel und Knoblauch 1 Minute anbraten. Gemahlene Gewürze und Currypulver etwa 30 Sekunden unterrühren. Hackfleisch einrühren, braun braten, dabei fein zerteilen. Hitze stark reduzieren, Brühe zugießen und 10 Minuten köcheln lassen. Alles in die Schüssel zum Gemüse geben, gut verrühren. 30 Minuten abkühlen lassen.
5 Inzwischen Blätterteighüllen voneinander lösen, auf einem Gitterrost auftauen lassen.
6 24 runde Teigstücke mit 10 cm Durchmesser ausstechen. 1 1/2–2 TL der Füllung auf die Hälfte eines Stücks geben, dann zu einem Halbkreis falten. Kanten verbinden, wenn nötig mit etwas Wasser, und mit einer Gabel verschließen. Mit restlichen Teigstücken ebenso verfahren. Eine Seite leicht mit Eigelb bestreichen, auf einem Blech 30 Minuten in den Kühlschrank stellen.
7 Den Wok zu einem Drittel mit Öl füllen und auf 180 °C erhitzen (ein Brotwürfel sollte in 15 Sekunden bräunen). Immer 4 Teigstücke auf einmal etwa 4–5 Minuten braun frittieren. Mit Raita oder Naturjoghurt servieren.

SAMOSAS

Vorbereitungszeit: 30 Minuten
Kochzeit: 25 Minuten
Ergibt 24 Stück

☆☆☆

1 EL Pflanzenöl
1 Zwiebel, gehackt
1 TL frischer Ingwer, gerieben
1 Knoblauchzehe, durchgepresst
2 TL Korianderkörner, gemahlen
2 TL Kreuzkümmel, gemahlen
2 TL Garam Masala
1 1/2 TL Chilipulver
1/4 TL Kurkuma, gemahlen
300 g gekochte Kartoffeln. 1 cm groß gewürfelt
40 g TK-Erbsen
2 EL frische Korianderblätter, gehackt
1 TL Zitronensaft
6 Blätter fertiger Blätterteig
Öl zum Frittieren
Raita zum Servieren (siehe S. 86)

1 Einen Wok mäßig erhitzen, Öl zugeben und durch Schwenken verteilen. Zwiebel, Ingwer und Knoblauch zufügen, 2 Minuten anbraten. Gewürze, Kartoffeln, Erbsen und 2 EL Wasser zugeben, weiter braten bis die Flüssigkeit verdunstet ist. Vom Herd nehmen, Koriandergrün und Zitronensaft einrühren.
2 Aus dem Blätterteig 12 runde Teigstücke mit 12,5 cm Durchmesser schneiden, jedes Stück halbieren. Jeden Halbkreis zu einer Waffeltüte formen, Kanten anfeuchten und seitliche Naht verschließen. In die Öffnung 3 TL Füllung geben, verschließen. Mit allen 24 Teigstücken so verfahren.
3 Den Wok zu einem Drittel mit Öl füllen und auf 180 °C erhitzen (ein Brotwürfel sollte in 15 Sekunden bräunen). Die Samosas portionsweise 1–2 Minuten goldbraun frittieren. Auf zerknülltem Küchenkrepp abtropfen lassen und würzen. Mit Raita oder Naturjoghurt servieren.

GARAM MASALA
Obgleich es eine Vielzahl von Varianten der indischen Gewürzmischung Garam („scharf") Masala („Gewürzmischung") gibt, enthalten sie alle schwarzen Pfeffer, Zimt, Gewürznelken, Chilli, Kardamom, Kreuzkümmel und Korianderkörner, Kurkuma und Muskatnuss. Um es selbst herzustellen, siehe S. 75.

GEGENÜBERLIEGENDE SEITE, VON OBEN: Blätterteigstückchen mit Curry, Samosas

TEMPURA-GARNELEN

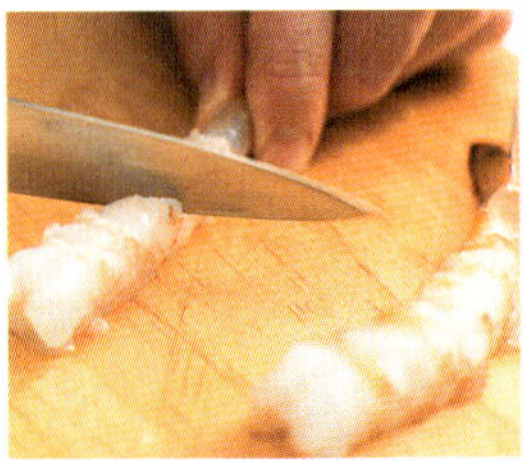

Unterseite der Garnelen einige Male einschneiden.

Das Mehl mit Kochstäbchen in den Teig mischen, bis er klumpig ist.

Die Garnelen mit etwas restlichem Teig beträufeln, dabei auf spritzendes Öl achten.

OBEN: Tempura-Garnelen

TEMPURA-GARNELEN

Vorbereitungszeit: 25 Minuten
Kochzeit: 10 Minuten
Für 4 Personen

☆☆

12 rohe große Garnelen
Öl zum Frittieren
1 Ei
250 ml Eiswasser
125 g Tempura-Mehl, gesiebt
2 Eiswürfel
1 Nori-Blatt, geröstet, zerkleinert

1 Garnelen schälen, Darm entfernen, Schwänze dabei intakt lassen. Mit einem scharfen Messer die Unterseite jeder Garnele drei bis vier Mal schräg bis zu einem Drittel einschneiden. Die Garnelen mit Küchenkrepp trockentupfen.
2 Den Wok zu einem Drittel mit Öl füllen und auf 180 °C erhitzen (ein Brotwürfel sollte in 15 Sekunden bräunen). Während das Öl erhitzt wird, das Ei in einer großen Schüssel mit Kochstäbchen oder einer Gabel aufschlagen. Eiswasser mit Kochstäbchen gut untermischen. Mehl zugeben, mit Stäbchen unterheben, dann die Eiswürfel zufügen – die Mischung sollte klumpig sein. Die Garnelen in den Teig tunken, in Viererportionen frittieren, bis sie knusprig sind, dabei für ein stachliges Aussehen mit etwas Teig beträufeln.
3 Auf zerknülltem Küchenkrepp abtropfen lassen, mit Nori bestreuen und sofort servieren.

AGEDASHI TOFU

Vorbereitungszeit: 15 Minuten
+ 1 Stunde Einweichzeit
Kochzeit: 15 Minuten
Für 4 Personen

☆☆

40 g Konbu (Seetang)
1–2 EL Sojasauce
2–3 TL Zucker
2 Päckchen schnittfester Seidentofu (à 300 g)
Öl zum Frittieren
etwas Kartoffelmehl zum Bestäuben
4 Frühlingszwiebeln, schräg in dünne Ringe geschnitten
20 g Daikon-Rettich, gerieben
1 TL frischer Ingwer, gerieben

1 Konbu mit einem feuchten Tuch säubern (nicht waschen). In einer großen Schüssel mit 1 l Wasser bedeckt 1 Stunde stehen lassen. Alles in einen Topf geben, zum Kochen bringen, kurz vor dem Siedepunkt vom Herd nehmen. Konbu

entfernen. Sojasauce und Zucker einrühren, zudecken und heiß halten.
2 Tofu 3 cm groß würfeln und abtropfen lassen.
3 Den Wok zu einem Drittel mit Öl füllen und auf 190 °C erhitzen (ein Brotwürfel sollte in 10 Sekunden bräunen). Mehl über den Tofu stäuben, Überschuss abschütteln. Die Würfel in drei Portionen je 2–3 Minuten frittieren, falls nötig, nach der halben Zeit wenden. Auf zerknülltem Küchenkrepp abtropfen lassen und großzügig mit Salz bestreuen.
4 In jede Suppenschüssel 125 ml der Brühe löffeln, Tofu dazugeben. Mit Frühlingszwiebeln, Rettich und Ingwer bestreuen.

GEMÜSEPASTETCHEN

Vorbereitungszeit: 25 Minuten
Kochzeit: 15 Minuten
Für 4 Personen

☆☆

Wasabi-Mayonnaise

125 g Mayonnaise
2 TL Wasabipaste
1 TL japanische Sojasauce
1 TL Sake

1 kleine Zucchini, gerieben
1 kleine Kartoffel, in schmale Streifen geschnitten
1/2 Möhre, in schmale Streifen geschnitten
1/2 Zwiebel, in dünne Ringe geschnitten
100 g Süßkartoffeln, gerieben
4 Frühlingszwiebeln mit grünen Teilen, in 2 cm lange Stücke geschnitten
4 Nori-Blätter, zerkleinert
250 g Tempura-Mehl, gesiebt
500 ml kühles Sodawasser
Öl zum Frittieren
2 EL eingelegter Ingwer, zerkleinert

1 Für die Wasabi-Mayonnaise alle Zutaten in einer kleinen Schüssel vermengen und beiseite stellen.
2 Für die Pastetchen Zucchini, Kartoffel, Möhre, Zwiebel, Süßkartoffel, Frühlingszwiebeln und Nori-Blätter in einer Schüssel vermischen.
3 Mehl in eine große Schüssel sieben und eine Delle in die Mitte drücken. Sodawasser zufügen und mit Stäbchen oder einer Gabel locker vermischen – der Teig sollte noch klumpig sein. Gemüse zugeben und schnell unterziehen.
4 Den Wok zu einem Drittel mit Öl füllen und auf 180 °C erhitzen (ein Brotwürfel sollte in 15 Sekunden bräunen). Behutsam 60 ml der Gemüsemischung ins Öl geben – die Pastete darf nicht zu fest sein – und 1–2 Minuten goldbraun und knusprig frittieren. Das Pastetchen auf zerknülltem Küchenkrepp abtropfen lassen und mit Meersalz würzen. Mit der restlichen Gemüsemischung 11 weitere Pastetchen frittieren. Sofort servieren, dabei jeweils einen Klecks Mayonnaise und etwas Ingwer obenauf geben.

WASABI
Die essbare Wurzel von *wasabia japonica* aus Japan schmeckt geschält feurig-scharf wie Meerrettich, daher auch die Bezeichnung „japanischer Meerrettich". Frischer Wasabi wird gerieben oder zu einer Paste verarbeitet, aber das getrocknete Pulver oder die fertige Paste sind bei uns leichter erhältlich. Hinter der glühenden Schärfe des Wasabi kommt eine erfrischende, reinigende Geschmacksnote zum Vorschein, die jedes Gericht verfeinert.

LINKS: Gemüsepastetchen

YUM CHA

Aus der chinesischen Tradition des yum cha oder dim sum ist, nicht nur im Ursprungsland Südchina, sondern auch in Chinatowns rund um den Globus, ein Wochenend-Freizeitvergnügen geworden. Die angebotenen kleinen Happen sind in ihrer Vielzahl ein Fest für Augen und Gaumen, das man ohne ein klassisches Menü genießt.

Im Kantonesischen bedeutet yum cha „Tee trinken"; es verbindet mit dem Teetrinken und dem Speisen zwei bedeutende chinesische Traditionen. Die Ursprünge des yum cha gründen in der Sung Dynastie (960–1279 n. Ch.), wo sich die Männer in Teehäusern trafen, um Geschäfte zu machen, sich zu erholen oder Neuigkeiten auszutauschen. Die Köche dort kreierten leckere Snacks, die zum Tee gereicht und als dim sum bekannt wurden. Seit dieser Zeit verfeinerten die Kantonesen yum cha zu einer Kunstform. Allmählich wurden auch Spezialitäten aus anderen Landesteilen wie die Suppenklößchen aus Shanghai (S. 276) in das yum-cha-Repertoire aufgenommen.

Tee passt perfekt zum yum cha. Er unterstützt nicht nur die Verdauung, sondern reinigt auch den Gaumen und hilft den Ölgehalt frittierter Gerichte zu neutralisieren. Der Tee ist so wichtig, dass in vielen traditionellen yum-cha-Restaurants die Wahl des Tees vor dem Blick in die Speisekarte rangiert.

DIE AUSWAHL

Unzählige Formen, Aromen, Farben und Strukturen sorgen für die Vielseitigkeit der dim sums. Yum chas bestehen meist aus irgendeiner Art von Klößchen, Brötchen oder Rolle in einer Teighülle aus weißem Mehl (meist aus Weizen, Reis oder Tapioka). Weil die Bandbreite der Möglichkeiten so groß ist, spielt bei yum chas auch die Ästhetik eine große Rolle – denn die einzelnen Kreationen konkurrieren miteinander, und bekanntermaßen isst das Auge mit. Das erfahrene yum cha-Auge kann zudem von den unterschiedlichen Hüllen, Formen und Größen auf die Füllung schließen. Yum chas lassen sich in vier Gruppen unterteilen.

Die erste und wichtigste Gruppe sind gedämpfte dim sums. Rezepte der beliebtesten finden sich im Kapitel Dämpfen, darunter Gedämpfte Schweinefleischbrötchen (S. 270), Garnelen gow gees (S. 290) und Klassische gedämpfte Schweinefleisch- und Garnelenklößchen (S. 282).

Frittierte Gerichte bilden die zweite Gruppe, einige berühmte Rezepte finden sich im Kapitel Frittieren, wie die Chinesischen Frühlingsrollen und Gow gees (S. 252).

Die dritte Gruppe stellen die fantasievollen Süßigkeiten wie Puddingtörtchen und Mangopudding oder gedämpfter Löffelbiskuit-Kuchen und Kokosgelee. Vieles davon ist im gut sortierten Asienladen erhältlich.

In der vierten Gruppe finden sich alle Snacks, die in keine der anderen Kategorien passen.

YUM CHA ZUHAUSE

Die folgenden Rezepte stehen für typische yum-cha-Wahlmöglichkeiten. Wie im Restaurant liegt die Wahl bei Ihnen – entscheiden Sie je nach Zeit und Appetit.

GEDÄMPFT

- Gemüseklößchen, S. 266
- Reistaschen mit Schweinefleisch, S.268
- Gedämpfte Schweinefleischbrötchen, S. 270
- Suppenklößchen, S. 276
- Gedämpfte Reispäckchen mit Hähnchen, S. 277
- Gedämpfte Schweinerippchen in schwarzer Sojabohnensauce, S. 282
- Klassische gedämpfte Schweinefleisch- und Garnelenklößchen, S. 282
- Perlenbällchen, S. 288
- Garnelen gow gees, S. 290
- Schweinefleischklößchen mit Schnittlauch, S. 287
- Reisnudelrollen mit Garnelen, S. 292
- Gedämpfte Schweinefleischklößchen mit Wasserkastanien, S. 293
- Gedämpfte Gemüserollen, S. 294

FRITTIERT

- Hähnchen mit Pilzen im Reispapier, S. 242
- Chinesische Frühlingsrollen, S. 252
- Gow gees, S. 252
- Knuspriges Gemüse im Tofublatt, S. 254
- Garnelentoasts, S. 258
- Gefüllte Paprikastückchen, S. 259

IM UHRZEIGERSINN, VON LINKS OBEN: Gedämpftes gai lam; Gefüllte Paprikastückchen; Gedämpfte Schweinefleischbrötchen; Klassische gedämpfte Schweinefleisch- und Garnelenklößchen; Chinesische Frühlingsrollen.

MAISPFANNKUCHEN

(Tod man kaopot)

Vorbereitungszeit: 15 Minuten
+ 1 Stunde Kühlzeit
Kochzeit: 25 Minuten
Ergibt 12 Stück

☆

6 frische Maiskolben oder 325 g Maiskörner aus der Dose, abgetropft
4 Frühlingszwiebeln, fein gehackt
1 Knoblauchzehe, durchgepresst
1 TL Currypulver
2 EL Mehl, mit 1 Msp Backpulver vermischt
1 TL Sojasauce
1 Ei
Öl zum Frittieren
süße Chilisauce zum Servieren (nach Wunsch)

1 Maiskörner mit einem scharfen Messer von den Kolben abstreifen. Mais, Frühlingszwiebeln, Knoblauch, Currypulver, Mehl, Sojasauce und Ei vermischen, leicht zerstampfen. Mit Frischhaltefolie bedeckt 1 Stunde kalt stellen.

2 Den Wok zu einem Drittel mit Öl füllen und auf 180 °C erhitzen (ein Brotwürfel sollte in 15 Sekunden bräunen). Maismischung esslöffelweise ins Öl geben, den Wok nicht überfüllen. Je Seite 2–3 Minuten frittieren – vorsichtig wenden, damit die Pfannkuchen nicht zerbrechen. Aus dem Wok nehmen und auf zerknülltem Küchenkrepp abtropfen lassen. Nach Belieben mit süßer Chilisauce servieren.

UNTEN: Maispfannkuchen

REGENBOGEN-RINDFLEISCH

Vorbereitungszeit: 25 Minuten
+ 40 Minuten Gefrierzeit
+ 2 Stunden Marinierzeit
+ 15 Minuten Ruhezeit
Kochzeit: 20 Minuten
Für 4 Personen

☆☆☆

500 g Rumpsteak
1 EL chinesischer Reiswein
1 TL Natron
1/2 TL Zucker
1/8 TL Sichuan-Pfefferkörner, gemahlen
1/4 TL Salz
2 EL Stärkemehl
1 Eiweiß, leicht geschlagen
Erdnussöl zum Frittieren
1 Möhre, in 5 cm lange feine Streifen geschnitten
2 Frühlingszwiebeln, in 5 cm lange feine Streifen geschnitten

SAUCE

1 EL Knoblauch, sehr fein gehackt
2 TL frischer Ingwer, sehr fein gehackt
2 EL japanischer Reisessig
1 1/2 EL dunkle Sojasauce
1 1/2 EL chinesischer Reiswein
1–1 1/2 TL Chili-Sojabohnenpaste
60 g Zucker
2–3 Tropfen Sesamöl

1 Das Fleisch in Frischhaltefolie gewickelt etwa 40 Minuten in den Gefrierschrank legen (so lässt es sich leichter schneiden). Aus der Folie nehmen, entlang der Faser gleichmäßig in sehr dünne, 5 cm lange Scheiben schneiden. Jede Scheibe in feinste Streifen schneiden. Reiswein, Natron, Zucker, Pfeffer und Salz mischen, Fleisch darin wenden und zugedeckt 2 Stunden kalt stellen.

2 Stärkemehl erst mit Eiweiß mischen, dann unter das Fleisch heben; 15 Minuten ruhen lassen.
3 Inzwischen den Wok zu einem Drittel mit Erdnussöl füllen und auf 190 °C erhitzen (ein Brotwürfel sollte in 10 Sekunden bräunen). Die Möhre darin 1–2 Minuten frittieren, bis sie an den Ecken braun und knusprig wird, dann auf Küchenkrepp abtropfen lassen. Frühlingszwiebel zufügen, für die Garnitur etwas davon zurückbehalten. 1 Minute frittieren, gut abtropfen lassen und zur Möhre geben.
4 Fleisch in kleine Portionen teilen und ins Öl geben, die Streifen dabei mit Stäbchen voneinander trennen. In je etwa 1–2 Minuten goldbraun frittieren. Gut auf Küchenkrepp abtropfen und auf Raumtemperatur abkühlen lassen. Dann die Streifen ein zweites Mal etwa 1 Minute bei gleicher Temperatur wie zuvor frittieren, bis sie dunkelbraun und knusprig sind; abtropfen lassen.
5 Für die Sauce einen sauberen Wok sehr stark erhitzen, einen Spritzer Frittieröl zufügen und verteilen. Knoblauch und Ingwer einige Sekunden braten bis sie duften, dann Essig, Sojasauce, Reiswein, Chili-Sojabohnenpaste, Zucker, Sesamöl und 80 ml Wasser zugeben und aufkochen. Etwa 1 Minute garen, bis die Sauce karamellisiert und glänzt.
6 Fleischstreifen, Möhre und Frühlingszwiebeln in den Wok geben und gut untermischen. Mit den zurückbehaltenen Frühlingszwiebeln bestreuen und mit Reis oder als Teil eines asiatischen Büffets servieren.

GELDTÄSCHCHEN
(Toong ngern young)

Vorbereitungszeit: 30 Minuten + Kühlzeit
Kochzeit: 15 Minuten
Ergibt 30 Stück

☆☆☆

1 EL Erdnussöl
4 rote Schalotten, fein gehackt
2 Knoblauchzehen, durchgepresst
1 EL frischer Ingwer, gerieben
300 g gemischtes Hackfleisch
2 TL helle Sojasauce
40 g geröstete Erdnüsse, gehackt
2 TL Palmzucker, gerieben
2 TL Limettensaft
3 TL Fischsauce
3 EL frisches Koriandergrün, fein gehackt
30 Wan-tan-Hüllen
Öl zum Frittieren
Schnittknoblauch zum Binden

1 Einen Wok mäßig heiß werden lassen, Öl zugeben und durch Schwenken verteilen. Schalotten, Knoblauch und Ingwer zufügen und 1–2 Minuten braten. Hackfleisch zugeben und 4 Minuten braten, dabei zerteilen.
2 Sojasauce, Erdnüsse, Palmzucker, Limettensaft, Fischsauce und Koriander untermischen. Unter ständigem Rühren 1–2 Minuten braten. Abkühlen lassen.
3 Jeweils 2 TL der Füllung in die Mitte der Wan-tan-Hüllen setzen – die Kanten leicht mit Wasser bestreichen. Die Seiten hochziehen und über der Füllung zusammendrücken, dabei einen Beutel formen. Überstehenden Teig abschneiden.
4 Den Wok zu einem Drittel mit Öl füllen und auf 190 °C erhitzen (ein Brotwürfel sollte in 10 Sekunden bräunen). Die Beutel portionsweise 30–60 Sekunden goldbraun und knusprig frittieren. Abtropfen lassen. Mit den Schnittknoblauchhalmen zubinden.

OBEN: Geldtäschchen

FRÜHLINGSROLLEN

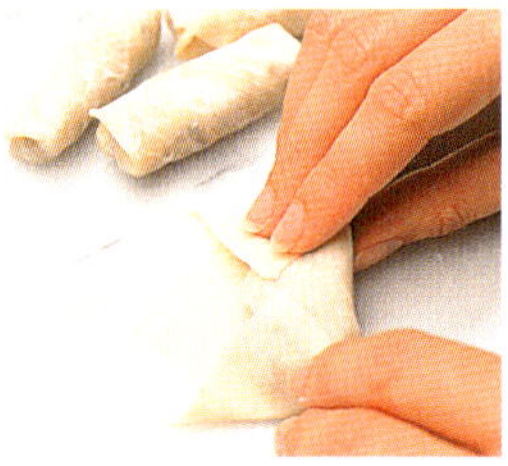

Erst das untere Ende und beide Seiten der Hülle einschlagen, dann aufrollen.

GEGENÜBERLIEGENDE SEITE, VON LINKS: Frühlingsrollen, Gow gees

FRÜHLINGSROLLEN

Vorbereitungszeit: 45 Minuten
+ 20 Minuten Einweichzeit
+ 15 Minuten Ruhezeit
Kochzeit: 20 Minuten
Ergibt 30 Stück

☆☆

2 getrocknete Shiitake-Pilze
250 g Hackfleisch vom Schwein
1 1/2 EL dunkle Sojasauce
2 TL trockener Sherry
1/2 TL Fünf-Gewürze-Pulver
2 EL Stärkemehl, + 1 1/2 TL extra
80 ml Erdnussöl
1/2 Stängel Stangensellerie, fein gehackt
2 Frühlingszwiebeln, in dünne Ringe geschnitten
30 g Bambussprossen, in schmale Streifen geschnitten
40 g Chinakohl, zerkleinert
etwas Salz
2 Knoblauchzehen, durchgepresst
2 TL frischer Ingwer, fein gehackt
1/4 TL Zucker
1/4 TL Sesamöl
1 Päckchen quadratische Hüllen für Frühlingsrollen (250 g)
Öl zum Frittieren

DIP
2 EL Sojasauce
1 EL Hoisin-Sauce
1 EL Pflaumensauce
1 EL süße Chilisauce

1 Pilze in warmem Wasser 20 Minuten einweichen. Fest ausdrücken, Stiele entfernen und Hüte in dünne Scheiben schneiden.
2 Hackfleisch mit dunkler Sojasauce, Sherry, Fünf-Gewürze-Pulver und 1 EL Stärkemehl in einer Schüssel mischen. 15 Minuten ruhen lassen.
3 In einem Wok 2 EL Erdnussöl stark erhitzen, bis es fast raucht. Sellerie, Frühlingszwiebeln, Bambussprossen und Chinakohl unter Rühren 3–4 Minuten braten. Salzen, aus dem Wok nehmen.
4 Restliches Erdnussöl erhitzen, Knoblauch und Ingwer 30 Sekunden anbraten. Fleischmischung zufügen, 2–3 Minuten unter Rühren braten. 1 1/2 TL Stärkemehl mit 60 ml Wasser mischen. Gegartes Gemüse wieder in den Wok geben, Pilze einrühren. Zucker, Sesamöl und Stärkemehlmischung zugeben und 2 Minuten rühren. Vom Herd nehmen, abkühlen lassen.
5 Alle Zutaten für den Dip mit 80 ml Wasser in einer Schüssel mischen.
6 Mit dem restlichen Stärkemehl und 2–3 TL kaltem Wasser eine Paste anrühren. Eine Teighülle mit einer Ecke nach vorn auf die Arbeitsplatte legen. 2 TL Füllung in die Mitte geben, Kanten mit etwas Stärkemehlpaste bestreichen. Hülle aufrollen, Seiten dabei einstecken. Mit restlichen Hüllen ebenso verfahren.
7 Den Wok zu einem Drittel mit Öl füllen und auf 180 °C erhitzen (ein Brotwürfel sollte in 15 Sekunden bräunen). Rollen portionsweise goldbraun frittieren, auf Küchenkrepp abtropfen lassen. Heiß mit dem Dip servieren.

GOW GEES

Vorbereitungszeit: 25 Minuten
Einweichzeit: 20 Minuten
Kochzeit: 15 Minuten
Ergibt 20 Stück

☆☆

4 getrocknete Shiitake-Pilze
220 g Hackfleisch vom Schwein
100 g Lauch (nur weiße Teile), fein gehackt
50 g eingelegter Daikon-Rettich, gehackt
2 TL helle Sojasauce
2 TL Sesamöl
2 TL Stärkemehl
1/2 TL frischer Ingwer, gerieben
1/2 TL Salz
20 runde Gow-gee-Hüllen
Öl zum Frittieren
Chinesischer schwarzer Essig und helle Sojasauce, zum Servieren

1 Pilze in heißem Wasser 20 Minuten einweichen. Fest ausdrücken, Stiele entfernen, Hüte fein hacken. Mit Hackfleisch, Lauch, Daikon, Sojasauce, Sesamöl, Stärkemehl, Ingwer und Salz in einer Schüssel vermischen.
2 In die Mitte einer Hülle 2 TL Füllung geben. Kanten mit Wasser bestreichen, Hülle zu einem Halbmond falten. Ränder zusammendrücken.
3 Den Wok zu einem Drittel mit Öl füllen und auf 180 °C erhitzen (ein Brotwürfel sollte in 15 Sekunden bräunen). Gow gees portionsweise 2–3 Minuten goldbraun frittieren. Auf Küchenkrepp abtropfen lassen. Mit schwarzem Essig und heller Sojasauce als Dip servieren.

KNUSPRIGES GEMÜSE IM TOFUBLATT

Vorbereitungszeit: 15 Minuten
+ 30 Minuten Einweich- und Abkühlzeit
+ 30 Minuten Kühlzeit
Kochzeit: 10 Minuten
Ergibt 6 Stück

☆☆

4 große getrocknete Shiitake-Pilze
2 EL Erdnussöl
1 TL frischer Ingwer, gerieben
2 Frühlingszwiebeln, in dünne Ringe geschnitten
1 kleine Möhre, in schmale Streifen geschnitten
100 g Bambussprossen, in schmale Streifen geschnitten
50 g fester Tofu, fein gehackt
1 EL helle Sojasauce
1/2 TL Zucker
1/2 TL Salz
2 TL Stärkemehl
6 Tofublätter à 20 x 25 cm
extra Erdnussöl zum Frittieren

1 Pilze in heißem Wasser 20 Minuten einweichen. Fest ausdrücken, Stiele entfernen und Hüte fein hacken.
2 Den Wok stark erhitzen, Öl zugeben und verteilen. Pilze, Ingwer, Frühlingszwiebeln, Möhre, Bambussprossen und Tofu zufügen und bei mäßiger bis starker Hitze 1 Minute unter Rühren braten. Sojasauce, Zucker und Salz zugeben und 1 weitere Minute braten, alle Zutaten gut vermengen. In einem Sieb über einer Schüssel abtropfen und abkühlen lassen.
3 Stärkemehl mit 1 EL Wasser zu einer Paste verrühren. Tofublätter 10–15 Sekunden in lauwarmem Wasser weich werden lassen, gut abtropfen lassen und mit Küchenkrepp trockentupfen. Ein Blatt auf die Arbeitsfläche legen und die Ränder mit der Stärkemehlpaste bestreichen. Dann 2 EL Füllung auf ein Ende des Blatts geben, die Ecken zur Mitte hin einschlagen und das Ganze zu einem rechteckigen Päckchen aufrollen. Auf diese Weise 6 große Rollen formen. Mindestens 30 Minuten kalt stellen.
4 Den Wok zu einem Drittel mit Öl füllen und auf 180 °C erhitzen (ein Brotwürfel sollte in 15 Sekunden bräunen). Die Rollen portionsweise 2–3 Minuten goldbraun und knusprig braten. Auf zerknülltem Küchenkrepp abtropfen lassen und sofort servieren.

TOFUBLÄTTER
Wenn man die dünne Haut von der Oberfläche kochender Sojamilch trocknet, erhält man getrocknete Tofublätter. Die runzligen, flachen Blätter sind in großen Beuteln in Asienläden erhältlich und müssen vor der Verwendung kurz in warmem Wasser eingeweicht werden, damit sie formbar werden. Sie erfordern eine vorsichtige Behandlung, da sie sehr spröde sind und leicht zerbrechen. In der vegetarischen Ernährung der Buddhisten liefern Tofublätter wichtige Proteine und werden hauptsächlich zum Einwickeln verschiedener Zutaten zum Dämpfen oder Frittieren genommen. Sie bringen auch Eiweiß und Substanz in Suppen, Schmor- und pfannengerührte Gerichte.

RECHTS: Knuspriges Gemüse im Tofublatt

GARNELEN-PAKORAS

Vorbereitungszeit: 20 Minuten
Kochzeit: 10 Minuten
Ergibt 16 Stück

☆☆

85 g Besan (Kichererbsenmehl)
1/2 TL Backpulver
1/4 TL Kurkuma, gemahlen
1 TL Korianderkörner, gemahlen
1/2 TL Kreuzkümmel, gemahlen
1/2 TL Chilipulver
etwas Salz
Öl zum Frittieren
1 EL Eiweiß
16 rohe mittelgroße Garnelen, küchenfertig, aber mit Schwanzflossen

DIP
250 g Naturjoghurt
3 EL frisches Koriandergrün, gehackt
1 TL Kreuzkümmel, gemahlen
etwas Garam masala zum Bestreuen

1 Besan, Backpulver und Gewürze in eine große Schüssel sieben und leicht salzen. Eine Mulde in die Mitte drücken, nach und nach 250 ml Wasser zugeben und behutsam verrühren.
2 Den Wok zu einem Drittel mit Öl füllen, auf 160 °C erhitzen (ein Brotwürfel sollte in 30–35 Sekunden bräunen). Eiweiß steif schlagen, unter den Teig heben. Garnelen am Schwanz halten, in den Teig tunken, behutsam ins Öl gleiten lassen.
3 Etwa 2 Minuten leicht goldbraun garen. Nicht mehr als vier Garnelen gleichzeitig frittieren. Auf Küchenkrepp abtropfen lassen.
4 Für den Dip Joghurt, Koriander und Kreuzkümmel vermischen, mit Garam masala bestreuen. Mit den Garnelen servieren.

WASSERNIXEN-LOCKEN

Blätter von 350 g Paksoi oder Choisum sehr fein zerkleinern und mit Küchenkrepp trockentupfen. Den Wok zu einem Drittel mit Erdnussöl füllen und auf 180 °C erhitzen (ein Brotwürfel bräunt in 15 Sekunden). Blätter in handlichen Portionen etwa 20 Sekunden frittieren, bis sie nicht mehr brutzeln und braun werden – Vorsicht, sie verbrennen leicht. Auf Küchenkrepp abtropfen lassen. Mit Puderzucker und Salz bestreuen.
Hinweis: Ein beliebter Snack in China, kann aber auch als Garnierung verwendet werden.

PAKORAS
Diese frittierten Teilchen sind in Indien sehr beliebt. Verschiedene Zutaten wie Meeresfrüchte, Gemüse oder Fleisch werden in einen Teig getunkt, der aus Kichererbsenmehl (Besan) hergestellt wird. Die knusprigen Happen werden gewöhnlich als Snack oder kleine Appetitanreger verspeist.

OBEN: Garnelen-Pakoras

SESAMSAAT
Die tropische oder subtropische Pflanze produziert Samenkapseln, die aufplatzen, wenn sie getrocknet werden und durch Schütteln hunderte von kleinen Samenkörnchen freisetzen. Die Sesamsaat ist normalerweise cremefarben, kann aber je nach Art auch gelb, rötlich oder schwarz sein. Man kann sie roh verwenden, aber geröstet erhält sie ein nussiges, leicht süßliches Aroma. Sesamsaat enthält etwa 50 Prozent Öl und wird deshalb schnell ranzig. Man sollte sie deshalb nur in kleinen Menge kaufen und im Kühlschrank aufbewahren, allerdings maximal drei Monate. Sesamsaat wird auf der ganzen Welt verwendet, in China und Japan auch zur Herstellung von Sesamöl.

OBEN: Honiggarnelen

HONIGGARNELEN

Vorbereitungszeit: 20 Minuten
Kochzeit: 15 Minuten
Für 4 Personen

☆☆

16 rohe große Garnelen
etwas Stärkemehl zum Bestäuben
Öl zum Frittieren
3 Eiweiß, leicht verquirlt
2 EL Stärkemehl extra
etwas Salz
2 EL Pflanzenöl extra
90 g Honig
2 EL Sesamsaat, geröstet

1 Garnelen schälen, Darm entfernen, Schwänze ungeschält lassen. Trockentupfen und leicht mit Stärkemehl bestäuben, Überschuss abschütteln. Den Wok zu einem Drittel mit Öl füllen und auf 180 °C erhitzen (ein Brotwürfel sollte in 15 Sekunden bräunen).
2 Eiweiß steif schlagen. Extra Stärkemehl und Salz zufügen und behutsam zu einem glatten Teig verrühren. Die Garnelen am Schwanz halten und in den Teig tunken, dann langsam ins Öl geben. Portionsweise etwa 3–4 Minuten goldbraun und knusprig frittieren. Mit einem Schaumlöffel herausholen, auf zerknülltem Küchenkrepp abtropfen lassen und warm halten.
3 Extra Öl und Honig bei mäßiger Hitze in einem Topf 2–3 Minuten erwärmen, bis es blubbert. Garnelen auf einer Servierplatte anrichten und die Honigsauce darüber gießen. Mit Sesamsaat bestreuen und sofort mit gedämpftem Reis servieren.

BLUMENKOHL-KOFTA

Vorbereitungszeit: 10 Minuten
Kochzeit: 15 Minuten
Ergibt 16 Stück

☆☆

300 g Blumenkohlröschen
100 g Kohl, klein geschnitten
10 g frisches Koriandergrün
1 große grüne Chilli, gehackt
2 Knoblauchzehen, gehackt
55 g Besan (Kichererbsenmehl)
1/2 TL Kreuzkümmel, gemahlen
1/2 TL Korianderkörner, gemahlen
1/2 TL Garam masala
1/2 TL Salz
Öl zum Frittieren
Raita zum Servieren (siehe S. 86)

1 Blumenkohl, Kohl, Koriandergrün, Chilli und Knoblauch im Mixer gut pürieren.

2 Die Mischung in eine Schüssel geben und Besan, Kreuzkümmel, Koriander, Garam masala und Salz unterrühren. Die Mischung esslöffelweise zu Bällen formen.
3 Den Wok zu einem Drittel mit Öl füllen und auf 170 °C erhitzen (ein Brotwürfel sollte in 20 Sekunden bräunen). Die Kofta-Bällchen portionsweise 3–4 Minuten goldbraun frittieren. Mit Raita servieren.

FRITTIERTE HACKFLEISCH-BÄLLCHEN

Vorbereitungszeit: 20 Minuten
+ 30 Minuten Kühlzeit
Kochzeit: 15 Minuten
Ergibt 30 Stück

☆☆

50 g feine Reisnudeln (Reis-Vermicelli)
500 g gemischtes Hackfleisch
3 Knoblauchzehen, fein gehackt
1 EL frischer Ingwer, gehackt
1 frische rote Chilli, entkernt und fein gehackt
1 Ei, leicht verquirlt
2 Frühlingszwiebeln, in feine Ringe geschnitten
4 EL frisches Koriandergrün, gehackt
40 g Mehl
60 g Wasserkastanien, fein gehackt
Öl zum Frittieren

DIP
125 ml süße Chilisauce
125 ml Sojasauce
1 EL chinesischer Reiswein

1 Vermicelli in einer hitzebeständigen Schüssel mit kochendem Wasser bedecken und 6–7 Minuten einweichen. Abtropfen lassen, in kurze Stücke schneiden, am besten mit einer Schere .
2 Hackfleisch, Knoblauch, Ingwer, Chili, Ei, Frühlingszwiebeln, Koriandergrün, Mehl und Wasserkastanien in einer großen Schüssel vermischen. Nudeln untermischen, leicht salzen. Mit Frischhaltefolie bedeckt 20 Minuten kalt stellen. Gehäufte Esslöffel der Mischung zu Bällen formen.
3 Den Wok zu einem Drittel mit Öl füllen und auf 180 °C erhitzen (ein Brotwürfel sollte in 15 Sekunden bräunen). Die Bällchen portionsweise in 2 Minuten goldbraun frittieren, dann auf zerknülltem Küchenkrepp abtropfen lassen.
4 Die Zutaten für den Dip vermischen. Mit den heißen Hackfleischbällchen servieren. Holz- oder Cocktailspießchen zum Aufspießen bereitlegen.

SÜSSE CHILISAUCE
Diese klebrige, süße Würze ist vor allem in Thailand und Malaysia beliebt. Sie wird gewöhnlich als Dip oder in pfannengerührten Nudelgerichten verwendet. Die malaiische Variante ist weniger süß und hat einen schärferen Chiligeschmack.

LINKS: Frittierte Hackfleisch-Bällchen

GARNELENTOASTS

Vorbereitungszeit: 20 Minuten
Kochzeit: 15 Minuten
Ergibt 36 Stück

☆☆

DIP-SAUCE
125 ml Tomatensauce
2 Knoblauchzehen, durchgepresst
2 kleine frische rote Chillis, entkernt und fein gehackt
2 EL Hoisin-Sauce
2 TL Worcestersauce

350 g rohe mittelgroße Garnelen
1 Knoblauchzehe
75 g Wasserkastanien aus der Dose, abgetropft
1 EL frisches Koriandergrün, gehackt
1 Stück frischer Ingwer, 2 x 2 cm, groß, grob gehackt
2 Eier, getrennt
1/4 TL weißer Pfeffer aus der Mühle
1/4 TL Salz
12 Scheiben Weißbrot ohne Rinde
150 g Sesamsaat
Öl zum Frittieren

1 Alle Zutaten für den Dip in einer Schüssel vermischen und beiseite stellen.
2 Garnelen schälen und behutsam den schwarzen Darmfaden entfernen, am Kopfende beginnen. Garnelen mit Knoblauch, Wasserkastanien, Koriandergrün, Ingwer, Eiweiß, Pfeffer und Salz in der Küchenmaschine 20–30 Sekunden glatt pürieren.
3 Jede Brotscheibe auf einer Seite mit dem leicht verquirlten Eigelb bestreichen, dann gleichmäßig die Garnelenmischung darauf streichen. Großzügig mit Sesamsaat bestreuen. Jede Brotscheibe in drei gleichgroße Streifen schneiden.
4 Einen großen Wok zu einem Drittel mit Öl füllen und auf 180 °C erhitzen (ein Brotwürfel sollte in 15 Sekunden bräunen). Den Toast in kleinen Portionen 10–15 Sekunden goldbraun und knusprig frittieren, die Streifen dabei zuerst mit der Garnelenseite nach unten ins Öl geben, nach der halben Zeit wenden. Die Toasts mit einer Zange oder dem Schaumlöffel aus dem Wok holen und auf zerknülltem Küchenkrepp abtropfen lassen. Mit dem Dip servieren.

UNTEN: Garnelentoasts

KANDIERTE WALNÜSSE

125 g Walnüsse in einem Topf mit Wasser bedecken. Aufkochen und 2 Minuten sprudelnd kochen lassen. Abgießen und mit 125 g Zucker und 125 ml Wasser erneut in den Topf geben und 10 Minuten garen. Abtropfen lassen. Die Nüsse in Honig wenden. Den Wok zu einem Drittel mit Öl füllen und auf 180 °C erhitzen (ein Brotwürfel sollte in 15 Sekunden bräunen). Die Walnüsse in 5–8 Minuten goldbraun frittieren. Auf zerknülltem Küchenkrepp abtropfen lassen, mit Sesamsaat bestreuen. Als Snack servieren. Ergibt 150 g.

GEFÜLLTE PAPRIKASTÜCKE

Vorbereitungszeit: 10 Minuten
+ 30 Minuten Kühlzeit
Kochzeit: 30 Minuten
Ergibt 24 Stück

☆☆

2 grüne Paprikaschoten
etwas Stärkemehl zum Bestäuben
400 g Hackfleisch vom Schwein
3 Frühlingszwiebeln, gehackt
2 Knoblauchzehen, durchgepresst
1 EL helle Sojasauce
2 TL frischer Ingwer, gehackt
2 TL Austernsauce
2 TL chinesischer Reiswein
1 TL Stärkemehl
1 Ei, leicht verquirlt
1/2 TL Puderzucker
1/4 TL Salz
Öl zum Frittieren
Frisches Koriandergrün zum Garnieren

SAUCE
375 ml Hühnerbrühe
2 EL schwarze Sojabohnen, unter kaltem Wasser abgespült und mit einer Gabel zerdrückt
1 EL helle Sojasauce
3 TL Stärkemehl, mit 80 ml Wasser vermischt
2 TL Austernsauce

1 Paprika längs halbieren, Kerne und Häutchen entfernen. Jede Hälfte in drei breite Streifen schneiden, diese halbieren. Die 24 Stücke mit Stärkemehl bestäuben.
2 Hackfleisch mit Frühlingszwiebeln, Knoblauch, Sojasauce, Ingwer, Austernsauce, Reiswein, Stärkemehl, Ei und Puderzucker in den Mixer füllen. Salzen und alles stoßweise im Mixer vermengen.
3 Etwa 2 EL der Mischung auf der Innenseite jedes Paprikastücks platzieren, gut andrücken. Zugedeckt 30 Minuten kalt stellen.
4 Den Wok zu einem Drittel mit Öl füllen und auf 170 °C erhitzen (ein Brotwürfel sollte in 20 Sekunden bräunen). Paprikastücke mit der Füllung nach oben ins Öl geben und immer vier Stück auf einmal 3–4 Minuten goldbraun frittieren. Mit dem Schaumlöffel herausholen und auf zerknülltem Küchenkrepp abtropfen lassen.
5 Das Öl bis auf 1 EL aus dem Wok entfernen. Brühe, schwarze Sojabohnen und Sojasauce zufügen und aufkochen. Die Stärkemehlmischung langsam in die kochende Brühe gießen und etwa 1 Minute rühren, bis die Sauce eindickt. Die Sauce weitere 1–2 Minuten leicht reduzieren, dann vom Herd nehmen und die Austernsauce einrühren. Die gefüllten Paprikastücke auf einer Servierplatte anrichten, mit der Sauce beträufeln, mit Koriander bestreuen und sofort servieren.

OBEN: Gefüllte Paprikastücke

FÜNF-GEWÜRZE-PULVER
Diese chinesische Würzmischung besteht meist aus Sternanis, Cassis (manchmal Zimt), Sichuanpfeffer, Fenchelsamen und Knoblauch, was einen ausgeglichen süßen, scharfen und aromatischen Geschmack ergibt. Fünf-Gewürze-Pulver kann auch Kardamom, Koriander, getrocknete Orangenschalen und Ingwer enthalten. Die Gewürze sind miteinander vermahlen als Pulver im Handel oder werden im Ganzen in ein Musselinsäckchen verpackt angeboten.

OBEN: Knuspriges Hähnchen mit Fünf-Gewürze-Pulver

KNUSPRIGES HÄHNCHEN MIT FÜNF-GEWÜRZE-PULVER

Vorbereitungszeit: 10 Minuten
Ruhezeit: 5 1/4 Std.
Kochzeit: 50 Minuten
Für 4–6 Personen

☆☆☆

1,6 kg Hähnchen
3 Sternanisfrüchte
2 Zimtstangen
1 Stück getrocknete Mandarinenschale
1 Stück frischer Ingwer, 1 x 2 cm, leicht zerdrückt
125 ml dunkle Sojasauce
60 ml helle Sojasauce
80 ml chinesischer Reiswein
60 g Zucker
2 l Öl zum Frittieren
Korianderzweige zum Garnieren

GLASUR
90 g Honig
2 EL dunkle Sojasauce
2 EL chinesischer schwarzer Essig

DIP-SALZ
1 EL feines Salz
1 TL Fünf-Gewürze-Pulver
1/2 TL Sichuan-Pfefferkörner
1 TL Zucker (nach Belieben)

1 Das Hähnchen unter fließendem Wasser kalt abspülen, mit Küchenkrepp trockentupfen und überschüssiges Fett aus der Bauchhöhle entfernen. Sternanis, Zimtstangen, Mandarinenschale, Ingwer, Sojasaucen, Reiswein und Zucker mit 2 l Wasser in einen Topf geben, der gerade groß genug für das Hähnchen ist. Aufkochen und köcheln lassen.

2 Das Hähnchen behutsam in die köchelnde Flüssigkeit legen und, falls notwendig, Wasser zufügen, um es zu bedecken. 30 Minuten garen, dann Topf vom Herd nehmen und das Hähnchen weitere 10 Minuten in der Flüssigkeit ruhen lassen. Fleisch herausnehmen, ohne die Haut zu beschädigen; auf einem Gitterrost über einer Schale 3 Stunden in den Kühlschrank stellen – nicht zudecken, sonst trocknet die Haut nicht richtig. Nach 3 Stunden sollte die Haut sehr trocken sein und sich wie Pergament anfühlen.

3 Alle Zutaten für die Glasur mit 185 ml Wasser in einem kleinen Topf aufkochen und die Mi-

schung mit einem Teigpinsel sorgfältig auf dem Hähnchen verteilen. Das Fleisch weitere 2 Stunden auf dem Rost im Kühlschrank trocknen lassen.

4 Inzwischen das Dip-Salz zubereiten. Einen kleinen Topf mäßig erhitzen, Salz, Fünf-Gewürze-Pulver, Pfefferkörner und Zucker (falls gewünscht) zufügen und 3–4 Minuten trocken anbraten, bis die Pfefferkörner schwarz werden und duften. Die Pfefferkörner aus der Mischung fischen und wegwerfen. Das Dip-Salz auf zwei kleine Servierteller verteilen.

5 Einen großen Wok zu einem Drittel mit Öl füllen und auf 180 °C erhitzen (ein Brotwürfel sollte in 15 Sekunden bräunen). Das Hähnchen behutsam ins Öl gleiten lassen und auf einer Seite frittieren, bis es eine glänzend dunkelbraune Farbe angenommen hat und sehr knusprig ist. Dann sehr vorsichtig wenden (das Hähnchen ist schwer und unhandlich) und die andere Seite frittieren. Das Fleisch behutsam mithilfe eines großen Siebs aus dem Wok nehmen und gut auf zerknülltem Küchenkrepp abtropfen lassen. Die Haut mit etwas Dip-Salz bestreuen und das Hähnchen 5 Minuten ruhen lassen.

6 Vor dem Servieren das Hähnchen mit einem Küchenbeil oder einem großen Küchenmesser längs halbieren, dann in Stücke schneiden, die mit Stäbchen aufgenommen werden können. Die Stücke auf einer Platte anrichten, mit Korianderzweigen garnieren und sofort mit dem Dip-Salz servieren.

BONDAS

Vorbereitungszeit 30 Minuten
Kochzeit: 25 Minuten
Ergibt 24 Stück

☆☆

2 TL Pflanzenöl
1 TL braune Senfkörner
1 Zwiebel, fein gehackt
2 TL frischer Ingwer, gerieben
4 Curryblätter
3 kleine grüne Chillies, fein gehackt
1,2 kg gekochte Kartoffeln, gewürfelt
1 Prise Kurkuma, gemahlen
2 EL Zitronensaft
20 g frisches Koriandergrün, gehackt
Öl zum Frittieren
etwas Salz

TEIG
110 g Besan (Kichererbsenmehl)
30 g Mehl + 1 Msp Backpulver
45 g Reismehl
1/4 TL Salz
1/4 TL Kurkuma, gemahlen
1 TL Chilipulver

1 Einen Wok mäßig erhitzen, Öl zugeben, verteilen. Senfkörner darin 30 Sekunden rührend braten bis sie duften. Zwiebel, Ingwer, Curryblätter und Chillies zufügen und 2 Minuten braten. Kartoffeln, Kurkuma und 2 TL Wasser zugeben, etwa 2 Minuten rühren, bis die Mischung trocken ist. Vom Herd nehmen und abkühlen lassen. Zitronensaft und Koriandergrün einrühren, abschmecken. Aus gehäuften Esslöffeln der Mischung 24 Bällchen formen.

2 Für den Teig Mehlsorten, Kurkuma, Chilipulver und Salz in eine Schüssel sieben. Eine Mulde in die Mitte drücken, allmählich 350 ml Wasser einarbeiten, bis ein glatter Teig entsteht.

3 Einen sauberen Wok zu einem Drittel mit Öl füllen und auf 180 °C erhitzen (ein Brotwürfel sollte in 15 Sekunden bräunen). Die Bällchen in den Teig tunken und im heißen Öl portionsweise in 1–2 Minuten goldbraun frittieren. Auf zerknülltem Küchenkrepp abtropfen lassen, salzen. Heiß servieren.

UNTEN: Bondas

DÄMPFEN

Wenn Sie den Geschmack der Zutaten möglichst authentisch genießen möchten, dann sind gedämpfte Speisen das Richtige für Sie. Denn der behutsame Garprozess bewahrt die wertvollen Inhaltsstoffe und lässt das Essen zum Genuss werden. Gegenüber dem Pfannenrühren ist das Dämpfen ein noch harmonischerer Prozess; die Chinesen sprechen dieser Garmethode sogar heilende Wirkung zu. Es gibt eine wunderbare Bandbreite an gedämpften Gerichten, vom Hähnchen zu den vom yum cha bekannten Klößchen. Beim Dämpfen kann man seine kulinarische Kunstfertigkeit beweisen. Sorgfältig präparierte Wan-tans werden kunstvoll im Bambusdämpfkorb arrangiert und nach dem Garen direkt serviert.

SO WIRD GEDÄMPFT

Mit einem Wok und einem Dämpfkorb kann das Dämpfen beginnen, ob es sich um einen ganzen Fisch, schmackhafte Klößchen oder Morcheln im Bananenblatt handelt

DIE VORTEILE DES DÄMPFENS

Dämpfen ist eine der sanftesten Garmethoden. Gedämpfte Speisen behalten Struktur, Form und Geschmack. Trockenen oder harten Zutaten kann dadurch auch Feuchtigkeit zugesetzt werden.

Es gibt zwei Dämpfmethoden. Üblicherweise werden Zutaten über kochender Flüssigkeit im geschlossenen Topf gegart. Bei der zweiten Methode kommt wenig Wasser in Topf oder Wok, gefolgt von den Zutaten. Den verschlossenen Topf stellt man auf den Herd; die verdampfende Flüssigkeit gart die Speisen.

Dämpfen ist gesund, denn die Zutaten werden in feuchter Hitze statt in Öl oder Fett gegart.

DÄMPFEN AUF ASIATISCHE ART

In der asiatischen Küche hat Dämpfen einen deutlich höheren Stellenwert als im Westen. Bei uns gelten gedämpfte Speisen häufig als geschmacksarm und werden der Diätküche zugeordnet. Asiatische Köche dagegen schätzen die Wert erhaltende Qualität des Dämpfens ebenso wie die leichte Handhabung und das appetitliche Aussehen der Speisen. Sie wählen gedämpfte Speisen gern als Ausgleich zu den kräftigeren Aromen von Currys, frittierten oder pfannengerührten Gerichten.

Sehr viele asiatische Gerichte profitieren von den Vorteilen des Dämpfens. Viele der vom yum cha bekannten Klößchen werden gedämpft, etwa die beliebten Fleisch-Brötchen (S. 270). Außerdem werden viele Snacks, die aus der Hand gegessen werden, in Hüllen aus Lotus-, Bananen- oder Bambusblätter gewickelt wie die Reispäckchen mit Hähnchen (S. 277). Ein ganzer gedämpfter Fisch steht – als Zeichen für Reichtum – häufig im Mittelpunkt chinesischer Büffets, besonders zu Neujahrsfeiern.

DÄMPFEN IM WOK

Durch die breiten Seiten und die konkave Form des Wok kann viel Dampf entstehen, und er hat viel Platz zu zirkulieren. Der Wok muss fest auf dem Herd stehen, damit kein kochendes Wasser herausspritzen kann. Am besten verwendet man zum Dämpfen einen Wok mit zwei Griffen, einen mit abgeflachtem Bo-den, einen Standring oder einen elektrischen Wok.

Chinesische Köche verwenden häufig verschiedene Woks zum Dämpfen und Braten, weil das heiße Wasser die gewünschten würzigen Rückstände auflöst, die beim Braten im Wok entstehen.

WEITERE DÄMPFUTENSILIEN

Neben dem Wok (und seinem Deckel) wird nur noch ein Gitter oder Dämpfeinsatz für die Speisen benötigt.

Asiatische Bambuseinsätze sind hervorragend geeignet – sie sind billig, ef-fektiv und können auch zum Servieren verwendet werden. Für die meisten Rezepte haben wir Bambuseinsätze verwendet, doch gibt es noch weitere Möglichkeiten.

Dämpfeinsätze aus Edelstahl oder Aluminium können ebenso verwendet werden wie spezielle chinesische Dämpfeinsätze. Metallene Einsätze sind leichter zu

reinigen und zu handhaben als solche aus Bambus, sie sind aber auch teurer und sehen nicht so schön aus wie Bambuskörbchen.

Schließlich kann man auch ein hitzebeständiges Geschirr verwenden – etwa eine gläserne Kuchenplatte oder eine asiatische Suppenschüssel. Diese müssen auf ein in den Wok passendes Gitter gestellt werden, damit sie nicht im Wasser stehen.

DER BAMBUSKORB

Dämpfeinsätze aus Bambus gibt es in verschiedenen Größen. Für einen Standard-Wok sollten die Körbchen etwa 25–32 cm Durchmesser haben. Kaufen Sie mindestens zwei Körbe und einen Deckel, um sie stapeln und größere Portionen auf einmal garen zu können.

Vor der ersten Verwendung sollten die Körbe 15 Minuten ins Wasser gestellt werden, damit sie den starken Bambusgeruch verlieren.

Damit die Zutaten auf dem Boden des Einsatzes nicht anhängen, muss dieser geölt oder ausgelegt werden. Auslegen hat den Vorteil, dass die Speisen den Bambusgeruch nicht annehmen. Backpapier wie Bananenblätter sind gut geeignet – letztere sind optisch ansprechender.

Wenn der Korb ausgelegt und die Zutaten hineingelegt sind, kommt der Deckel auf den Korb (der Wok-Deckel wird nicht benötigt). Der Korb wird in den Wok mit köchelndem Wasser gestellt. Bei mehreren übereinander gestapelten Körben und einer längeren Garzeit sollten die Körbe nach der Hälfte der Zeit vertauscht werden.

Obgleich Bambuseinsätze leicht zu handhaben sind, müssen sie nach jedem Gebrauch ausgewaschen werden und sorgfältig trocknen, besonders wenn Speisen mit strengem Aroma wie Fisch darin gedämpft wurden. Werden sie noch feucht gelagert, können sie schimmeln.

TEMPERIEREN

Wird Porzellan- oder Keramikgeschirr zum Dämpfen verwendet, sollte es an die Temperatur angepasst werden, damit es beim Dämpfen nicht zerbricht. Dafür einen Gitterrost in den Wok legen, das Geschirr darauf stellen. Genug Wasser einfüllen um das Gefäß zu bedecken. Den Wok mit einem Deckel verschließen, Wasser aufkochen und 10 Minuten kochen lassen. Hitze abdrehen und den Wok auf Zimmertemperatur abkühlen lassen. Jetzt kann mit dem Geschirr gedämpft werden. Der Vorgang muss nie mehr wiederholt werden.

HINWEISE UND TIPPS

- Den Wok zu einem Drittel mit kochendem Wasser füllen oder kaltes Wasser darin zum Kochen bringen. Zu viel Wasser sprudelt in den Dämpfkorb und verwässert die Speisen, bei zu wenig trocknet das Gericht aus.
- Der Boden des Dämpfeinsatzes darf das Wasser nicht berühren, es verdirbt sonst die Zutaten.
- Das Wasser immer am Köcheln halten.
- Keramikgeschirr braucht Platz an den Seiten, damit es leicht herausgehoben werden kann.
- Beträgt die Garzeit mehr als 10 Minuten, kochendes Wasser zum Nachfüllen bereit halten.
- Vor dem Herausnehmen des Gerichts die Hitze abdrehen.
- Den Deckel so abnehmen, dass der Dampf seitlich oder nach hinten entweichen kann.
- Das Gericht wird noch kurze Zeit weiter garen, nachdem es vom Herd genommen wurde.

SCHRITTE ZUM DÄMPFEN

Bambuseinsätze sind billig, attraktiv und leicht zu benutzen. Den Boden mit Backpapier auslegen, um ein Ansetzen der Speisen zu verhindern.

Garzutaten vorbereiten und in den Dämpfeinsatz legen, falls nötig, mehrere verwenden.

Den Wok zu einem Drittel mit Wasser füllen, aufkochen. Einen Vorrat an kochendem Wasser bereit halten, falls zu viel Wasser verdampft.

Den Dämpfeinsatz in den Wok stellen, so dass er das Wasser nicht berührt. Entweder den Dämpfkorb oder den Wok verschließen.

Vorsicht vor Verbrennungen durch den heißen Dampf beim Herausnehmen des Dämpfkorbs!

OBEN: *Gedämpfte Hähnchenbrüste mit Pak-Choi und Soja-Pilz-Sauce*

GEDÄMPFTE HÄHNCHEN-BRÜSTE MIT PAK-CHOI UND SOJA-PILZ-SAUCE

Vorbereitungszeit: 10 Minuten
+ 20 Minuten Einweichzeit
+ 1 Stunde Marinierzeit
Kochzeit: 20 Minuten
Für 4 Personen

☆☆

10 g getrocknete Shiitake-Pilze
2 EL helle Sojasauce
2 EL chinesischer Reiswein
1/2 TL Sesamöl
1 EL frischer Ingwer in dünnen Scheiben
4 Hähnchenbrustfilets à 200 g, küchenfertig
450 g Pak-choi ohne Enden, längs geviertelt
125 ml Hühnerbrühe
1 EL Stärkemehl

1 Die Pilze mit kochendem Wasser übergießen und 20 Minuten einweichen. Abgießen, Einweichflüssigkeit auffangen. Stiele entfernen, Hüte in dünne Scheiben schneiden.
2 Sojasauce, Reiswein, Sesamöl und Ingwer in einer nichtmetallischen Schüssel mischen. Die Hähnchenbrustfilets darin wenden. Zugedeckt 1 Stunde kalt stellen.
3 Bambuseinsatz mit Backpapier auslegen. Hähnchen hineinlegen, Marinade aufbewahren. Zugedeckt im Wok über köchelndem Wasser 6 Minuten dämpfen. Fleisch wenden, nochmals 6 Minuten dämpfen. Pak-choi auf dem Fleisch verteilen und weitere 2–3 Minuten dämpfen.
4 Inzwischen Marinade, Pilze und Einweichflüssigkeit in einem kleinen Topf aufkochen. Stärkemehl mit etwas Brühe zu einer glatten Paste verrühren. Paste und restliche Brühe in den Topf gießen und bei mäßiger Hitze etwa 2 Minuten unter Rühren garen bis die Sauce eindickt.
5 Etwas Pak-choi und ein Hähnchenbrustfilet auf jeden Teller legen, etwas Sauce darüber gießen. Mit Reis servieren.

GEFÜLLTE LOTUSBLÄTTER

Vorbereitungszeit: 15 Minuten
+ 1 Stunde Einweichzeit +
30 Minuten Marinierzeit
Kochzeit: 45 Minuten
Ergibt 8 Stück

☆☆☆

600 g Klebreis
4 große Lotusblätter
4 getrocknete Shiitake-Pilze
2 EL getrocknete Shrimps
350 g mageres Schweinefleisch, 2 cm groß gewürfelt
2 TL frischer Ingwer, in dünne Scheiben geschnitten
1 1/2 EL Sojasauce
1 1/2 EL Stärkemehl
1 EL Austernsauce
2 TL Zucker
1 TL Sesamöl
2 EL Pflanzenöl
1 Knoblauchzehe, fein gehackt
2 Lap-choong-Würstchen, in dünne Scheiben geschnitten
2 Frühlingszwiebeln, in schmale Ringe geschnitten

1 Den Reis in kaltem Wasser waschen, gut abtropfen lassen und mit 600 ml Wasser in einem Topf bei starker Hitze aufkochen. Den Topf fest verschließen und den Reis auf kleinster Stufe 20 Minuten garen. Bis zum Servieren abkühlen lassen.
2 Lotusblätter halbieren, in einer großen Schüssel mit kochendem Wasser bedeckt 1 Stunde einweichen. Die Blätter mit Küchenkrepp trocken tupfen. Während die Lotusblätter einweichen, die Pilze und die Shrimps in zwei Schüsseln mit kochendem Wasser übergießen und 20 Minuten einweichen. Gut abtropfen lassen. Stiele der Pilze entfernen, Hüte fein hacken.
3 Inzwischen das Schweinefleisch im Mixer grob pürieren. In einer Schüssel mit Ingwer, 1 EL Sojasauce und 2 TL Stärkemehl gut vermischen; 20–30 Minuten marinieren.
4 Austernsauce, Zucker, Sesamöl und die restliche Sojasauce in einer Schüssel gut mischen.
5 Einen Wok stark erhitzen und das Öl darin schwenken. Wenn es heiß ist, die Fleischmischung 2–3 Minuten darin unter Rühren braten. Pilze, Shrimps, Knoblauch, Würstchen und Frühlingszwiebeln zufügen und alles 2 Minuten unter Rühren braten. Die Soja-Austernsauce-Mischung gut unterrühren. Das restliche Stärkemehl mit 220 ml Wasser verrühren und nach und nach in den Wok geben, etwa 1 Minute rühren bis die Mischung eindickt.
6 Mit nassen Händen den gegarten Reis zu 16 Bällchen formen. Ein Lotusblatt diagonal waffelförmig falten. Sicher in einer Hand halten und ein Reisbällchen hineingeben. Eine Delle in den Reis drücken und ein Achtel der Fleischmischung hinein löffeln, ein zweites Reisbällchen darauf setzen. Mit dem anderen Ende des Blatts die Füllung verschließen, mit einem Holzspießchen sichern. Fest mit Küchengarn umwickeln. Die Päckchen sollten dreieckig werden. Mit den restlichen Lotusblättern, Reisbällchen und der Fleischmischung ebenso verfahren.
7 Reispäckchen nebeneinander in zwei Bambus-Einsätze legen, diese stapeln. Deckel auflegen und im Wok über köchelndem Wasser 15 Minuten dämpfen. Einsätze vertauschen und nochmals 15 Minuten dämpfen. Heißes Wasser nachgießen, falls nötig. Sofort servieren.

GEFÜLLTE LOTUSBLÄTTER

Ein Reisbällchen in das zu einer Waffeltüte geformte Lotusblatt geben, eine Delle hineindrücken.

Ein weiteres Reisbällchen in die Waffeltüte auf die Fleischfüllung legen.

Mit dem anderen Ende des Blatts die Füllung einschließen.

Das dreieckige Päckchen fest mit Küchengarn umwickeln.

LINKS: Gefüllte Lotusblätter

FLEISCHBRÖTCHEN

Die Ränder des Teigstücks in die mit Backpulver bestreute Mitte falten.

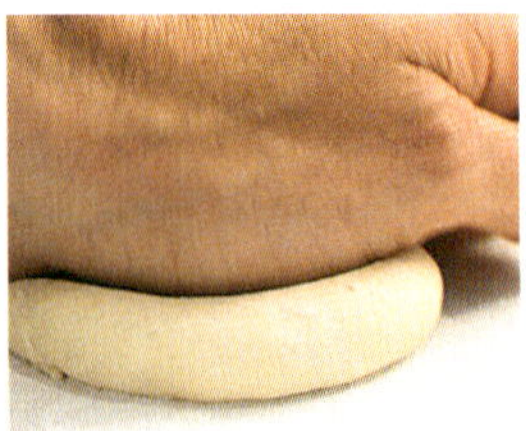

Jedes der zwölf Teigstücke zu einem flachen Kreis mit 12 cm Durchmesser auseinander drücken.

Die Ränder des Teigs um die Füllung schließen.

RECHTS: Fleischbrötchen

FLEISCHBRÖTCHEN

(Char siu bau)

Vorbereitungszeit: 40 Minuten
+ 10 Minuten Ruhezeit
+ 3 Stunden zum Gehenlassen
Kochzeit: 20 Minuten
Ergibt 12 Stück

☆☆☆

Teig

2 EL Zucker
1 1/2 TL Trockenhefe
310 g Mehl
1 EL Pflanzenöl
1/2 TL Sesamöl
1 1/2 TL Backpulver

Füllung

1 TL Pflanzenöl
250 g chinesisches gegrilltes Schweinefilet, fein gehackt (siehe S. 47)
2 EL Austernsauce
2 TL Zucker
2 TL Reiswein
1 TL Sesamöl
1 TL Sojasauce
12 Backpapier-Quadrate mit etwa 5 cm Kantenlänge

1 Für den Teig den Zucker in einer kleinen Schüssel in 250 ml warmem Wasser auflösen, dann die Hefe zufügen. Die Schüssel zugedeckt 10 Minuten stehen lassen.

2 Das Mehl in eine Schüssel sieben, in die Mitte eine Mulde drücken und die Hefemischung mit dem Öl hineingießen. Alles gut vermischen und auf eine leicht bemehlte Fläche geben. Etwa 8 Minuten glatt und elastisch kneten. Eine große Schüssel mit Sesamöl auspinseln, den Teig in die Schüssel legen und einige Male darin wenden. Zugedeckt mindestens 3 Stunden gehen lassen.

3 Den Teig auf eine leicht bemehlte Fläche legen und die Luft herausdrücken; dann zu einem großen Kreis abflachen. Das Backpulver in die Mitte streuen, die Ränder zur Mitte hin falten, dann fest zusammenpressen. Den Teig weitere 5 Minuten kneten, dann in 12 gleiche Bällchen teilen. Alle mit einem feuchten Tuch bedecken, damit sie nicht austrocknen.

4 Für die Füllung einen Wok stark erhitzen und das Öl darin schwenken. Das Schweinefleisch 30 Sekunden unter Rühren darin anbraten. Austernsauce, Zucker, Reiswein, Sesamöl und Sojasauce zufügen und alles 1–2 Minuten unter Rühren braten. Die Masse in einer Schüssel abkühlen lassen.

5 Jedes Teigbällchen auf einer leicht bemehlten Fläche zu einem Kreis mit 12 cm Durchmesser abflachen. Je einen gehäuften EL der Füllung in der Mitte platzieren, dann die Ränder um die Füllung hochziehen und fest zusammendrücken.

Jedes Brötchen auf ein Stück Backpapier setzen. Jeweils sechs Brötchen nebeneinander in einen Bambuseinsatz legen. Den Doppeleinsatz zugedeckt im Wok über köchelndem Wasser 15 Minuten dämpfen.

INGWERFISCH MIT KORIANDERBUTTER

Vorbereitungszeit: 15 Minuten + 30 Minuten Kühlzeit
Kochzeit: 10 Minuten
Für 4 Personen

☆☆

60 g Butter, zimmerwarm
1 EL frisches Koriandergrün, fein gehackt
2 EL Limettensaft
1 EL Pflanzenöl
1 EL Palmzucker, gerieben
4 frische lange rote Chillies, entkernt und gehackt
2 Stängel Zitronengras, geputzt
4 feste weiße Fischfilets à 200 g (z. B. Seebarsch oder Heilbutt)
1 Limette, in dünne Scheiben geschnitten
1 EL frischer Ingwer, fein zerkleinert

1 Die Butter und das Koriandergrün gründlich vermischen und zu einer Rolle formen. In Frischhaltefolie wickeln und bis zum Servieren mindestens 30 Minuten in den Kühlschrank legen.
2 Limettensaft, Öl, Palmzucker und Chillies in einer kleinen nichtmetallischen Schüssel mischen und verrühren bis sich der Zucker aufgelöst hat. Zitronengras halbieren.
3 Ein Stück Zitronengras in die Mitte eines Stücks Alufolie legen, das groß genug ist, um ein Fischfilet darin einzuwickeln. Ein Filet auf das Zitronengras legen, mit der Limettensaftmischung bestreichen. Einige Limettenscheiben und Ingwerstückchen obenauf legen und fest verschließen. Auf diese Weise weitere drei Päckchen formen.
4 Einen Bambuseinsatz mit Backpapier auslegen, die Fischpäckchen darauf legen. Zugedeckt im Wok über köchelndem Wasser 8–10 Minuten dämpfen. Der Fisch soll sich leicht zerteilen lassen.
5 Zum Servieren die Päckchen auf die Teller verteilen, die Alufolie öffnen und Korianderbutter in Scheiben, gedämpften Reis und gedämpftes grünes Gemüse dazu reichen.

KORIANDER
Koriander, auch chinesische Petersilie genannt, kam vor über 2000 Jahren von Zentralasien nach China. Koriander ist so weit verbreitet, dass in manchen chinesischen Dialekten Petersilie mit „ausländischer Koriander" übersetzt wird. Beim Kauf sollte man auf unbeschädigte, frische Blätter achten, die nicht welk aussehen.

OBEN: Ingwerfisch mit Korianderbutter

MUSCHELN MIT ZITRONENGRAS UND INGWER

Vorbereitungszeit: 15 Minuten
Kochzeit: 10 Minuten
Für 4 Personen

☆

2 kg Miesmuscheln
1 EL Fischsauce
2 Knoblauchzehen, durchgepresst
4 kleine rote Schalotten in dünnen Ringen
1 EL frischer Ingwer, fein zerkleinert
2 Bird's eye-Chillies, entkernt, in feinen Ringen
2 Stängel Zitronengras, nur weiße Teile, in 5 cm lange Stücke geschnitten
4 frische Kaffir-Limettenblätter
1 EL Limettensaft
etwas Salz und Pfeffer
1 Limette in Schnitzen (nach Belieben)

1 Die Muscheln mit einer harten Bürste säubern und entbarten. Zerbrochene Exemplare und offene, die sich beim Antippen nicht schließen, wegwerfen. Gut abspülen.
2 Fischsauce mit 125 ml Wasser im Wok aufkochen. Die Hälfte der Muscheln zufügen, mit der Hälfte von Knoblauch, Schalotten, Ingwer, Zitronengras, Chillies und Kaffirblättern bestreuen. Zugedeckt bei starker Hitze 2–3 Minuten dämpfen, den Wok dabei häufig schütteln, bis die Muscheln sich öffnen. Muscheln mit dem Schaumlöffel herausnehmen, alle geschlossenen wegwerfen. Mit der zweiten Hälfte ebenso verfahren. Fertige Muscheln in eine große Servierschüssel geben, die Kochflüssigkeit im Wok belassen.
3 Den Limettensaft dazu geben, alles mit Salz und Pfeffer abschmecken. Flüssigkeit mitsamt Aromagebern über die Muscheln gießen und mit den Limettenschnitzen servieren.

ASIATISCHE AUSTERN

Vorbereitungszeit: 15 Minuten
Kochzeit: 5 Minuten
Für 4 Personen

☆

12 Austern in der Schale
2 Knoblauchzehen, fein gehackt
1 Stück frischer Ingwer, 2 x 2 cm groß, in feine Streifen geschnitten
2 Frühlingszwiebeln, in dünne Ringe geschnitten
60 ml japanische Sojasauce
60 ml Erdnussöl
etwas frisches Koriandergrün, zum Garnieren

1 Einen großen Bambuseinsatz mit Backpapier auslegen. Austern nebeneinander darauf legen.
2 Knoblauch, Ingwer und Frühlingszwiebeln in einer Schüssel gut vermischen, dann über die Austern streuen. Über jede Auster 1 TL Sojasauce löffeln. Zugedeckt im Wok über köchelndem Wasser 2 Minuten dämpfen.
3 Öl in einem kleinen Topf erhitzen. Wenn es raucht, behutsam über jede Auster träufeln. Mit Koriandergrün garnieren und sofort servieren.

JAKOBSMUSCHELN MIT INGWER UND FRÜHLINGSZWIEBELN

Vorbereitungszeit: 5 Minuten
+ 10 Minuten Marinierzeit
Kochzeit: 15 Minuten
Für 4–6 Personen

☆

24 Jakobsmuscheln in der Schale
3 TL helle Sojasauce
3 TL chinesischer Reiswein
1 EL Hühnerbrühe oder Wasser
3 Frühlingszwiebeln, zerkleinert
1 1/2 EL frischer Ingwer in feinen Streifen
1/2–1 EL helle Sojasauce
1/2 TL Zucker (nachBelieben)

1 Rogen und alle Adern, Membranen oder harte weiße Muskeln aus den Muscheln entfernen. Das Muschelfleisch aus der Schale lösen. Die Schalen abspülen, trocknen und beiseite stellen.
2 Sojasauce und Reiswein in einer nichtmetallischen Schüssel mit dem Muschelfleisch vermischen und 10 Minuten marinieren.
3 Einen Bambuseinsatz mit Backpapier auslegen. Sechs Schalen nebeneinander legen, darauf je eine Muschel. Die Marinade mit der Hühnerbrühe mischen, das Muschelfleisch damit beträufeln. Mit etwas Frühlingszwiebeln und Ingwer bestreuen. Alles zugedeckt im Wok über köchelndem Wasser 2–3 Minuten dämpfen. Mit den restlichen Muscheln ebenso verfahren.
4 Etwas Sojasauce (Zucker, falls gewünscht, vorher darin auflösen) über die Muscheln träufeln und servieren, die restliche Sojasauce als Dip dazu reichen.

MUSCHELN MIT ZITRONENGRAS UND INGWER

Die Muscheln mit einer harten Bürste säubern.

Die Bärte herausziehen.

GEGENÜBERLIEGENDE SEITE, VON OBEN: Muscheln mit Zitronengras und Ingwer; Jakobsmuscheln mit Ingwer und Frühlingszwiebeln

OBEN: Gefüllte Pilze

GEFÜLLTE PILZE

Vorbereitungszeit: 30 Minuten
Kochzeit: 20 Minuten
Für 4–6 Personen

☆☆

300 g rohe mittelgroße Garnelen
150 g Geflügelhackfleisch
50 g weißer Speck, sehr fein gehackt
30 g gekochter Schinken, fein gehackt
1 Frühlingszwiebel, fein gehackt
2 große Knoblauchzehen, durchgepresst
1 1/2 EL Wasserkastanien, fein gehackt
1 1/2 EL Bambussprossen, fein gehackt
1 1/2 TL geriebener frischer Ingwer
1 EL chinesischer Reiswein
1 EL Austernsauce, etwas Sauce extra zum Beträufeln
1 EL helle Sojasauce
2–3 Tropfen Sesamöl
1 Eiweiß, schaumig geschlagen
1/4 TL Zucker
1 Prise Fünf-Gewürze-Pulver
etwas weißer Pfeffer aus der Mühle
300 g frische Shiitake-Pilze (siehe Hinweis)
1 l Hühnerbrühe
1 Sternanisfrucht
etwas geröstete Sesamsaat, zum Garnieren

1 Die Garnelen schälen und den Darmfaden entfernen. Das Garnelenfleisch fein hacken und mit Hackfleisch, Speck, Schinken, Frühlingszwiebel, Knoblauch, Wasserkastanien, Bambussprossen, Ingwer, Reiswein, Austern- und Sojasauce, Sesamöl, Eiweiß, Zucker, Fünf-Gewürze-Pulver und Pfeffer in einer Schüssel sehr gut vermischen.

2 Die Stiele von den Pilzen entfernen und beiseite legen. Jeden Hut großzügig mit der Mischung füllen, die Spitze der Füllmasse leicht abrunden. Von der Größe der Hüte hängt ab, wie viel Füllung benötigt wird – eventuell bleibt etwas davon übrig.

3 Die Brühe und 500 ml Wasser mit der Sternanisfrucht und den Pilzstielen in den Wok geben. Bei starker Hitze aufkochen, dann nur noch köcheln lassen.

4 Einen großen Bambuseinsatz mit Backpapier auslegen, die Pilze mit der Füllung nach oben nebeneinander hineinlegen. Alles zugedeckt im Wok etwa 15 Minuten dämpfen. Auf einer Servierplatte anrichten und mit etwas Brühe beträufeln. Das Gericht nach Belieben mit etwas Austernsauce und gerösteter Sesamsaat besprenkeln. Als Teil eines asiatischen Büffets oder als leichte Vorspeise zu einem asiatischen Menü servieren.

Hinweis: Beim Kauf der Pilze auf fleischige Exemplare mit festen Hüten achten. Pilze mit geschrumpften, ausgetrockneten Hüten sind nicht mehr frisch. Wegen der Kochzeit auf gleich große Exemplare achten.

GARNELEN IM BANANENBLATT

Vorbereitungszeit: 25 Minuten
+ 2 Stunden Marinierzeit
Kochzeit: 10 Minuten
Für 4 Personen

☆☆

1 Stück frischer Ingwer, etwa 1 x 2,5 cm groß, gerieben
2 kleine frische rote Chillies, fein gehackt
4 Frühlingszwiebeln, fein gehackt
2 Stängel Zitronengras (nur weiße Teile), fein gehackt
2 TL brauner Zucker
1 EL Fischsauce
2 EL Limettensaft
1 EL Sesamsaat, geröstet
2 EL frisches Koriandergrün, gehackt
1 kg rohe Garnelen, küchenfertig
8 kleine Bananenblätter

1 Ingwer, Chillies, Frühlingszwiebeln und Zitronengras im Mixer zu einer Paste pürieren. Die Paste in einer Schüssel mit Zucker, Fischsauce, Limettensaft, Sesamsaat und Koriander gut vermischen. Die Garnelen in der Mischung wenden. Alles zugedeckt 2 Stunden in den Kühlschrank stellen.
2 Inzwischen die Bananenblätter in einer großen hitzebeständigen Schüssel mit kochendem Wasser übergießen und 3 Minuten einweichen. Abtropfen und trocken tupfen. Aus den Blättern 18 cm große Quadrate schneiden.
3 Die Garnelenmischung in acht Portionen teilen, eine Portion auf jedes Blatt löffeln. Das Blatt jeweils um die Füllung falten und mit Holzspießchen feststecken.
4 Die Päckchen im Bambuseinsatz im Wok über köchelndem Wasser 8–10 Minuten dämpfen.

BANANENBLÄTTER

Bananenblätter werden in Asien verwendet, um Lebensmittel darin zu dämpfen oder zu backen – aufgrund ihrer Biegsamkeit sind sie dafür ideal. Vor Gebrauch sollten die Blätter sorgfältig abgespült, in kochendem Wasser eingeweicht und die zentrale Rippe entfernt werden. Die Blätter sind in Asienläden und manchen Feinkostgeschäften erhältlich. Oder vielleicht haben Freunde eine Bananenstaude im Wintergarten stehen …

LINKS: Garnelen im Bananenblatt

SUPPENKLÖSSCHEN

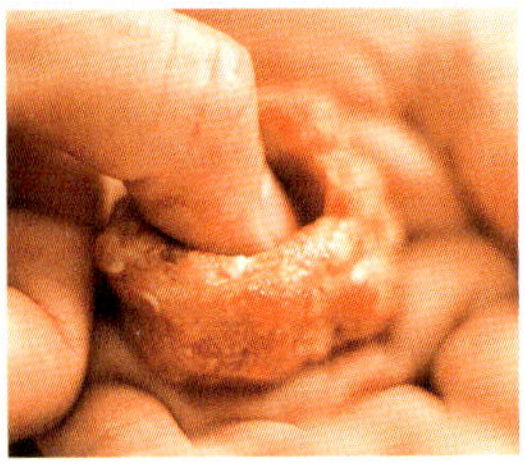

Mit feuchten Fingern eine tiefe Mulde in jedes Bällchen drücken.

Je einen Gelatinewürfel in die Mulden legen, die Sie erzeugt haben.

Jedes Bällchen in die Mitte einer Hülle legen, Ränder anfeuchten und jeweils zwei Ecken zusammendrücken

Klößchen an den Nähten zusammendrücken und rundum verschließen.

RECHTS: Suppenklößchen

SUPPENKLÖSSCHEN

(Gun tong gau)

Vorbereitungszeit: 40 Minuten
+ 4 Stunden Kaltstellen +
1 Stunde Ruhezeit
Kochzeit: 10 Minuten
Ergibt 24 Stück

☆☆☆

Klösschen

200 g Hackfleisch vom Schwein
100 g rohe Garnelen, küchenfertig
2 TL geriebener frischer Ingwer
2 Knoblauchzehen, durchgepresst
1 Frühlingszwiebel, fein gehackt
3 TL chinesischer Reiswein
2 TL Sojasauce
1/2 TL Sesamöl
1 Prise weißer Pfeffer aus der Mühle
3 EL Eiweiß, verquirlt
3 TL Stärkemehl
185 ml Hühnerbrühe
1 1/2 TL Gelatinepulver
24 Won-tan-Hüllen

Dip

1 EL dunkle Sojasauce
3 TL dunkler chinesischer Essig
1 TL Zucker
2 1/2 EL frischer Ingwer, fein zerkleinert

1 Hackfleisch, Garnelenfleisch, Ingwer, Knoblauch, Frühlingszwiebel, Reiswein, Sojasauce, Sesamöl und Pfeffer im Mixer vermengen. In eine kleine Schüssel geben, Eiweiß und Stärkemehl unterheben. 4 Stunden oder, wenn möglich, über Nacht kalt stellen.
2 Inzwischen die Brühe in einem kleinen Topf bei starker Hitze zugedeckt aufkochen. Vom Herd nehmen und die Gelatine unter Rühren darin auflösen. In ein 8 x 25 cm großes Gefäß füllen und 1–2 Stunden kalt stellen, bis die Masse fest ist. In 1,5 cm große Würfel schneiden.
3 Für den Dip Sojasauce, Essig, Zucker und 125 ml Wasser mischen und rühren, bis sich der Zucker auflöst. Ingwer zugeben und 1 Stunde ruhen lassen, damit sich das Aroma entfaltet.
4 Mit feuchten Händen 3 TL Füllung zu einer Kugel formen, eine tiefe Mulde hinein drücken. Einen Gelatinewürfel hineinlegen, die Füllung darum schließen. Das Bällchen auf die Mitte einer Teighülle legen, die Ränder leicht mit Wasser anfeuchten und jeweils die zwei gegenüberliegenden Ecken zusammenführen und verschließen. Auch die Nahtstellen verschließen. Auf diese Weise noch 23 Klößchen herstellen.
5 Zwei Bambuseinsätze mit Backpapier auslegen, Klößchen nebeneinander hineinlegen. Zugedeckt im Wok über köchelndem Wasser 6 Minuten dämpfen. Mit dem Dip servieren.

REISPÄCKCHEN MIT HÄHNCHEN

Vorbereitungszeit: 20 Minuten
+ 2 Stunden Einweichzeit
+ 10 Minuten Ruhezeit
Kochzeit: 30 Minuten
Für 4 Personen

☆☆☆

2 Lotusblätter
6 getrocknete Shiitake-Pilze
275 g Rundkornreis
1 EL Erdnussöl
250 g Hähnchenbrustfilets, 1,5 cm groß gewürfelt
2 Knoblauchzehen, gehackt
3 TL geriebener frischer Ingwer
50 g Wasserkastanien, gehackt
60 ml helle Sojasauce
1 EL chinesischer Reiswein
1 TL Stärkemehl

1 Die Lotusblätter 2 Stunden in warmem Wasser einweichen, dann halbieren.

2 Die Pilze mit kochendem Wasser übergießen und 20 Minuten einweichen. Abtropfen lassen, die Einweichflüssigkeit aufbewahren. Die Pilze ausdrücken. Die Stiele entfernen und die Hüte fein schneiden.

3 Den Reis abspülen und mit 375 ml Wasser in einem Topf aufkochen. Bei schwacher Hitze zugedeckt 10 Minuten garen; weitere 10 Minuten ruhen lassen.

4 Einen Wok stark erhitzen, das Öl hineingeben und schwenken. Das Hähnchenfleisch zufügen und etwa 3 Minuten braun braten. Knoblauch, Ingwer, Wasserkastanien und Pilze zugeben und weitere 30 Sekunden braten. 2 EL Sojasauce, Reiswein und 60 ml Pilzflüssigkeit zufügen. Das Stärkemehl mit 1 EL Wasser verrühren, in den Wok geben und braten, bis die Mischung eindickt. Den Reis und die restliche Sojasauce zufügen.

5 Die Lotusblätter mit der braunen Seite nach unten auf die Arbeitsfläche legen. Jeweils ein Viertel der Mischung auf etwa 6 bis 8 cm Fläche in die Mitte eines Blatts häufen. Die kurzen Seiten einschlagen, dann längs zu je einem Päckchen rollen. Die Päckchen mit der Naht nach oben in einen großen, mit Backpapier ausgekleideten Bambuseinsatz legen. Im Wok über köchelndem Wasser 20 Minuten dämpfen, falls nötig, Wasser nachfüllen. Servieren. Die Päckchen zum Essen öffnen – die Blätter nicht mitessen!

LOTUSBLÄTTER
Lotusblätter sind die Blätter einer Wasserlilienart, deren Samen und Wurzeln in der asiatischen Küche ebenfalls Verwendung finden. Die Blätter sind groß und fest und deshalb zum Einwickeln gut geeignet. Sie werden nicht mitgegessen, verleihen dem Inhalt aber ein rauchiges, deutlich erdiges Aroma. Wenn sie als Hüllen verwendet werden, sollte die Füllung auf die glänzende Seite gelegt werden.

OBEN: Reispäckchen mit Hähnchen

GEDÄMPFTER FISCH
MIT INGWER

Der Fisch ist gar, wenn er beim Gabeltest leicht zerfällt.

Den fertigen Fisch auf Tellern anrichten und ein wenig heißes Öl über jeden Fisch träufeln.

OBEN: Gedämpfter Fisch mit Ingwer

GEDÄMPFTER FISCH MIT INGWER

Vorbereitungszeit: 10 Minuten
Kochzeit: 15 Minuten
Für 4 Personen

☆

4 ganze Brassen à 350 g, geschuppt und gesäubert (siehe Hinweis)
2 EL frischer Ingwer in feinen Streifen
60 ml Erdnussöl
2–3 EL Sojasauce
6 Frühlingszwiebeln, schräg in Ringe geschnitten
45 g frische Korianderzweige

1 Die Fische an der dicksten Stelle auf beiden Seiten zweimal schräg einschneiden und in einen (oder falls nötig zwei) mit Backpapier ausgelegten Bambuseinsatz legen. Zugedeckt im Wok über köchelndem Wasser 10 Minuten dämpfen; der Fisch zerfällt beim Gabeltest.
2 Jeden Fisch auf einem Teller anrichten und mit etwas Ingwer bestreuen.
3 Das Erdnussöl in einem kleinen Topf bei mäßiger Hitze heiß werden lassen, bis es raucht. Etwas davon über jeden Fisch gießen. Das Öl wird spritzen, also Vorsicht! (Es muss sehr heiß sein, sonst wird der Fisch nicht knusprig, sondern fettig.) Die Sojasauce über den Fisch träufeln, mit Frühlingszwiebeln und Korianderzweigen garnieren. Mit gedämpftem Reis und asiatischem Gemüse servieren.
Hinweis: Anstelle der Brasse kann auch Barsch oder Flunder genommen werden.

KRISTALLGARNELEN

Vorbereitungszeit: 15 Minuten
+ 1 Stunde Marinierzeit
Kochzeit: 10 Minuten
Für 4 Personen (als Vorspeise)

☆

12 große rohe Garnelen
2 EL chinesischer Reiswein
2 EL helle Sojasauce
1/2 TL Zucker
2 Knoblauchzehen, durchgepresst
1 EL Frühlingszwiebeln, fein gehackt
2 TL frischer Ingwer, fein gehackt
1/4 TL Salz
1 Frühlingszwiebel, schräg in dünne Ringe geschnitten
1/4 TL Sesamöl

1 Die Garnelen schälen, die Schwanzflosse jedoch belassen, und den Darmfaden entfernen. Reiswein, Sojasauce, Zucker, Knoblauch, gehackte Frühlingszwiebel, Ingwer und Salz in eine große Auflaufform aus Keramik geben, die in einen großen Dämpfeinsatz passt. Solange rühren, bis sich Zucker und Salz aufgelöst haben. Die Garnelen in der Marinade wenden. Zugedeckt 1 Stunde kalt stellen.
2 Die Form in den Dämpfkorb setzen und alles zugedeckt im Wok über köchelndem Wasser 10 Minuten dämpfen. Die Kristallgarnelen mit Frühlingszwiebel bestreut und mit Sesamöl beträufelt heiß servieren.

INGWERHÄHNCHEN MIT GEMÜSE

Vorbereitungszeit: 25 Minuten
Kochzeit: 25 Minuten
Für 4 Personen

☆

4 Hähnchenbrustfilets à 200 g
2 Stängel Zitronengras
1 Stück frischer Ingwer, etwa 1 x 5 cm groß, in feine Streifen geschnitten
1 Limette, in dünne Scheiben geschnitten
500 ml Hühnerbrühe
350 g Choisum, in 10 cm lange Stücke geschnitten
800 g chinesischer Brokkoli, in 10 cm lange Stücke zerteilt
200 g frische Eiernudeln
60 ml Ketjap Manis
60 ml Sojasauce
1 TL Sesamöl
etwas Sesamsaat, geröstet, zum Garnieren

1 Jedes Hähnchenbrustfilet waagrecht durchschneiden, damit acht flache Filetstücke entstehen.
2 Das Zitronengras in Stücke schneiden, die etwa 5 cm länger als die Filets sind, dann längs halbieren. Ein Stück Zitronengras auf eine Hälfte eines Filetstücks legen, etwas Ingwer und Limettenscheiben darauf legen, mit der zweiten Filethälfte abschließen.
3 Die Brühe in den Wok gießen und köcheln lassen. Zwei Bambuseinsätze mit Backpapier auslegen. Je zwei Hähnchenfilets nebeneinander in jeden Einsatz legen. Zugedeckt über der Brühe 12–15 Minuten dämpfen; nach der Hälfte der Garzeit die Einsätze vertauschen.
4 Das Gemüse auf die gleiche Art etwa 3 Minuten dämpfen. Die Brühe im Wok aufkochen.
5 Die frischen Nudeln in einem Topf mit kochendem Wasser 1 Minute garen, abtropfen lassen und warm halten.
6 Ketjap Manis, Sojasauce und Sesamöl in einer Schüssel gut vermischen.
7 Die Nudeln auf vier Teller verteilen, etwas kochende Brühe darüber löffeln. Ein Häufchen Gemüse darauf platzieren, ein Hähnchenfilet daneben legen und jede Portion großzügig mit der Sauce beträufeln. Mit Sesamsaat bestreut servieren.
Hinweis: Die Zitronengrasstücke werden nicht mitgegessen. Wenn man sie nicht vor dem Servieren entfernt, sollte man Gäste, die mit Zitronengras nicht vertraut sind, darauf hinweisen.

UNTEN: Ingwerhähnchen mit Gemüse

KLÖSSCHEN MIT KICHERERBSENSPROSSEN UND MUSCHELN

In die Mitte jeder Gow-gee-Teighülle 2 TL Füllung geben.

Die Ränder der Teighülle anfeuchten und um die Füllung hochziehen, dann fest verschließen.

Klößchen mit der Naht nach unten in einen mit Backpapier ausgelegten Bambuseinsatz legen.

KLÖSSCHEN MIT KICHERERBSENSPROSSEN UND MUSCHELN

Vorbereitungszeit: 30 Minuten
+ 4 Stunden Kühlzeit
Kochzeit: 10 Minuten
Ergibt 24 Stück

☆☆

- 1/2 TL Backpulver
- 250 g Kichererbsensprossen, gewaschen, abgetropft, in 1 cm großen Stückchen
- 250 g Jakobsmuschelfleisch, nur weiße Teile
- 1 TL frischer Ingwer, fein gerieben
- 1 1/2 EL Austernsauce
- 1 TL helle Sojasauce
- 1 TL chinesischer Reiswein
- 1/2 TL Sesamöl
- 1 1/2 TL Zucker
- 1 TL Stärkemehl
- 1 Eiweiß
- 1/4 TL Salz
- 24 Gow-gee-Teighüllen

1 In einem Topf Salzwasser aufkochen, Backpulver und Kichererbsensprossen zufügen und 10 Sekunden blanchieren. Abgießen, unter kaltem Wasser abschrecken und sehr gut abtropfen lassen.

2 Das Muschelfleisch mit Ingwer, Austern- und Sojasauce, Reiswein, Sesamöl, Zucker, Stärkemehl, Eiweiß und Salz im Mixer glatt pürieren. In einer Schüssel zugedeckt 4 Stunden kalt stellen. Dann gut mit den Kichererbsensprossen vermischen.

3 In die Mitte jeder Gow-gee-Hülle 2 TL Füllung geben, die Ränder der Hüllen anfeuchten und um die Füllung hochziehen. Fest verschließen, dabei runde Klößchen formen. Überstehenden Teig entfernen. Zwei Bambuseinsätze mit Backpapier auslegen. Die Klößchen mit der Naht nach unten nebeneinander hineinlegen. Zugedeckt im Wok über köchelndem Wasser 8 Minuten dämpfen.

GEFÜLLTER TINTENFISCH

Vorbereitungszeit: 10 Minuten
+ 1 Stunde Kühlzeit
+ 10 Minuten Ruhezeit
Kochzeit: 10 Minuten
Für 6 Personen

☆☆

- 400 g Red-Snapper-Filets (oder Rotbarsch), in Stücke geschnitten
- 400 g rohe mittelgroße Garnelen, küchenfertig, gehackt
- 250 g gekochtes Muschelfleisch, gehackt
- 15 g Koriandergrün mit Stielen, gehackt
- 80 ml Kokoscreme

RECHTS: Klößchen mit Kichererbsensprossen und Muscheln

60 ml Fischsauce
6 frische Kaffir-Limettenblätter, fein zerkleinert
2 Eier
2 EL rote Currypaste
3 TL Chilisauce
1 TL Zucker
10 kleine Kalmarmäntel, 12–14 cm lang
Thai-Fischsauce mit Chili (Nam pla prik) zum Servieren (S. 295)

1 Für die Füllung den Fisch im Mixer etwa 30 Sekunden pürieren, bis die Masse eine Kugel formt. In eine große nichtmetallische Schüssel geben. Garnelen und Muschelfleisch 10 Sekunden pürieren, zum Fisch in die Schüssel geben.
2 Die restlichen Zutaten außer den Kalmarmänteln und der Sauce im Mixer 3 Minuten pürieren. Ebenfalls zum Fisch geben und alles mit einem Holzlöffel gut vermischen. Mit Frischhaltefolie bedeckt 1 Stunde kalt stellen.
3 Die Füllung in die Kalmarmäntel löffeln, an jedem Ende 1 cm Rand lassen – die Mäntel nicht überfüllen. Die Mäntel mit Holzspießchen fest verschließen. Einen Bambuseinsatz mit Backpapier auslegen, die Mäntel nebeneinander hineinlegen. Zugedeckt im Wok über köchelndem Wasser 10 Minuten dämpfen. Von der Hitze nehmen und noch 10 Minuten im Wok stehen lassen. Jeden Kalmarmantel dreiteilen und mit der Thai-Fischsauce servieren.

GEDÄMPFTER SOJA-TOFU

Vorbereitungszeit: 15 Minuten
+ 30 Minuten Marinierzeit
Kochzeit: 10 Minuten
Für 4 Personen

☆

2 EL Sojasauce
2 EL Ketjap Manis
1 TL Sesamöl
500 g schnittfester Tofu, abgetropft
1 1/2 TL frischer Ingwer, in feine Streifen geschnitten
3 Frühlingszwiebeln, schräg in dünne Ringe geschnitten
50 g frisches Koriandergrün, gehackt
1–2 EL frittierte Schalotten

1 Sojasauce, Ketjap Manis und Öl in einer Schüssel vermischen. Tofu der Breite nach halbieren, in Dreiecke schneiden. Auf einen hitzebeständigen Teller legen und die Sauce darüber gießen. 30 Minuten marinieren, Tofu zwischendurch einmal wenden.
2 Tofu mit Ingwer bestreuen. Teller auf einen Gitterrost in den Wok über köchelndes Wasser stellen. Zugedeckt 3–4 Minuten dämpfen. Mit Frühlingszwiebeln und Koriander bestreuen, zugedeckt noch 3 Minuten dämpfen. Mit frittierten Schalotten bestreuen.

FRITTIERTE SCHALOTTEN

Knusprig frittierte Schalotten gibt es fertig zu kaufen. In feine Ringe geschnittene rote Schalotten werden schnell frittiert bis sie knusprig sind. In der indonesischen Küche sind sie sehr beliebt und werden zur Garnierung, aber auch als Geschmacksverstärker und bissfeste Zutat verwendet. Sie verleihen Gerichten einen ausgeprägteren Zwiebelgeschmack. Knusprig frittierte Knoblauchstückchen sind ebenfalls erhältlich und werden auf die gleiche Art verwendet. Beides erhält man abgepackt im Asienladen.

OBEN: Gedämpfter Soja-Tofu

SCHWEINEFLEISCH-GARNELEN-KLÖSSCHEN

Ränder des Klößchens in Falten legen um die Füllung zu umschließen; oben offen lassen.

OBEN: Schweinefleisch-Garnelen-Klößchen

SCHWEINEFLEISCH-GARNELEN-KLÖSSCHEN

(Shu mai)

Vorbereitungszeit: 25 Minuten
Kochzeit: 5 Minuten
Ergibt 24 Stück

☆☆

300 g Hackfleisch vom Schwein
300 g Garnelenfleisch, durch den Fleischwolf gedreht
3 Frühlingszwiebeln in dünnen Scheiben
60 g Wasserkastanien, gehackt
1 1/2 TL frischer Ingwer, fein gehackt
1 EL helle Sojasauce
1 TL Puderzucker
24 Won-tan-Hüllen
Chili- und helle Sojasauce zum Servieren

1 Für die Füllung Schweine- und Garnelenfleisch, Frühlingszwiebeln, Wasserkastanien, Ingwer, Sojasauce und Zucker in einer großen nichtmetallischen Schüssel gut vermengen.
2 Einen gehäuften EL der Mischung in die Mitte einer Won-tan-Hülle füllen. Die Ränder an den Seiten hochziehen, dabei in Falten legen und so die Füllung umschließen – die Hülle wird auf diese Weise zu einem oben offenen Säckchen geformt. Mit einem feuchten Tuch bedecken; mit den restlichen Hüllen und der Füllung ebenso verfahren.
3 Zwei große Bambuseinsätze mit Backpapier auslegen und die Klößchen mit etwas Abstand nebeneinander hineinlegen. Zugedeckt im Wok über köchelndem Wasser etwa 5 Minuten dämpfen. Die Klößchen mit Soja- und Chilisauce zum Dippen servieren.
Hinweis: Die Klößchen schmecken auch sehr gut, wenn man sie nur mit Schweinehackfleisch zubereitet.Dazu einfach die Fleischmenge verdoppeln.

SPARERIBS IN SCHWARZER BOHNENSAUCE

Vorbereitungszeit: 15 Minuten
Kochzeit: 1 1/4 Stunden
Für 6–8 Personen

☆☆

2 1/2 EL schwarze Bohnen (nicht aus der Dose), abgespült und mit einer Gabel zermust.
2 TL Puderzucker
60 ml helle Sojasauce
2 1/2 EL chinesischer Reiswein
1 TL Sesamöl
1,2 kg Spareribs in 5 cm langen Stücken
1 EL Erdnussöl

1 EL frischer Ingwer, in feine Streifen geschnitten
3 Knoblauchzehen, durchgepresst
1 frische rote Chilli, fein gehackt
250 ml Hühnerbrühe
2 Frühlingszwiebeln, schräg in Ringe geschnitten

1 Bohnen, Zucker, Sojasauce, Reiswein und Sesamöl in einer kleinen Schüssel mischen.
2 Einen großen Bambuseinsatz mit Backpapier auslegen, die Spareribs nebeneinander hineinlegen. Zugedeckt im Wok über köchelndem Wasser 45 Minuten dämpfen, falls nötig Wasser nachfüllen.
3 Das Wasser abgießen und den Wok sauber wischen. Dann den Wok stark erhitzen, das Öl hineingeben und schwenken. Ingwer, Knoblauch und Chilli zufügen und 30 Sekunden unter Rühren braten. Spareribs, Bohnenmischung und Brühe zugeben, alles aufkochen lassen, dann auf niedrigster Stufe etwa 30 Minuten garen. Ab und zu umrühren, bis die Flüssigkeit eingedickt ist. Mit Frühlingszwiebeln bestreut servieren.

GYOZA

Vorbereitungszeit: 50 Minuten
+ 30 Minuten Ruhezeit
Kochzeit: 25 Minuten
Ergibt 40 Stück

☆☆☆

150 g Chinakohl, sehr fein zerkleinert
1/2 TL Salz
225 g Schweinehackfleisch
2 Knoblauchzehen, fein gehackt
2 TL frischer Ingwer, fein gehackt
2 Frühlingszwiebeln, fein gehackt
2 TL Stärkemehl
1 EL helle Sojasauce
2 TL chinesischer Reiswein
2 TL Sesamöl
40 runde Teighüllen (aus Mehl und Wasser)
2 EL Pflanzenöl
125 ml Hühnerbrühe

1 Den Chinakohl mit dem Salz in einem Durchschlag vermengen, diesen in eine große Schüssel setzen. 30 Minuten abtropfen lassen, gelegentlich wenden. Das Salz zieht Flüssigkeit aus dem Kohl, sodass die Füllung später nicht matschig wird.
2 Hackfleisch, Knoblauch, Ingwer, Frühlingszwiebeln, Stärkemehl, Sojasauce, Reiswein und Sesamöl in einer Schüssel vermengen.
3 Den Chinakohl unter kaltem Wasser abspülen. Zwischen Lagen aus Küchenkrepp trocknen. Gut mit der Fleischmischung vermengen.
4 Jeweils einen TL der Füllung in die Mitte einer Hülle setzen. Den Rand mit etwas Wasser bestreichen und die Hülle zu einem Halbkreis formen. Mit Daumen und Zeigefinger eine Falte in den Rand drücken und dabei fest verschließen; den Gyoza behutsam auf die Arbeitsfläche tippen, um einen flachen Boden zu erhalten. Mit allen Hüllen so verfahren.
5 Ein Viertel des Öls im Wok bei mäßiger Hitze heiß werden lassen. Zehn Gyozas 2 Minuten mit der flachen Seite nach unten darin braten. Hitze reduzieren und ein Viertel der Brühe zufügen, Den Wok schütteln, um die Gyozas zu lösen. Zugedeckt etwa 4 Minuten dämpfen, bis die Brühe verdampft ist. Herausnehmen und warm halten. Mit den restlichen Portionen ebenso verfahren. Nach Belieben mit Sojasauce oder dunklem Essig servieren.

UNTEN: Gyoza

FISCH IM BANANENBLATT

Die eingeschnittenen Ränder der Bananenblatt-Quadrate nach innen falten, dann klammern und/oder mit einem Faden sichern.

Jeden Korb fast bis zum Rand mit Fischmischung füllen, Platz für den Kohl lassen.

Zerkleinerten Kohl mit etwas Fischsauce über jeden Korb streuen.

FISCH IM BANANENBLATT

Vorbereitungszeit: 45 Minuten
Kochzeit: 10 Minuten
Ergibt 10 Stück

☆

2 große Bananenblätter
350 g feste weiße Fischfilets, in dünne Streifen geschnitten
1–2 EL rote Currypaste (siehe Hinweise)
125 ml Kokoscreme
75 g Kohl, fein zerkleinert
2 EL Fischsauce
2 EL Limettensaft
1–2 EL süße Chilisauce
1 frische rote Chilli, gehackt (nach Belieben)

1 Bananenblätter in 10 cm große Quadrate schneiden; jede Ecke zur Mitte hin 3 cm tief einschneiden. Die Ränder nach innen falten und klammern und/oder mit einem Faden umwickeln, um einen Korb zu formen. Ränder angleichen falls notwendig.
2 Fisch mit Currypaste und Kokoscreme in einer Schüssel behutsam vermischen. Die Mischung löffelweise in die Bananenblattkörbe geben.
3 Einen großen Bambuseinsatz mit weiteren Bananenblättern oder Kohlblättern auslegen, die Körbchen hineinsetzen. Jeden Korb mit dem Kohl und etwas Fischsauce bestreuen. Zugedeckt im Wok über köchelndem Wasser etwa 7 Minuten dämpfen. Limettensaft und süße Chilisauce darüber träufeln und mit Chilli bestreut sofort servieren.

Hinweise: Die Currypaste am besten selbst zubereiten (siehe S. 56) oder fertig kaufen.

Den Fisch kann man statt in Bananenblättern auch in Körbchen aus Alufolie dämpfen.

JASMINTEE-FISCH

Vorbereitungszeit: 10 Minuten
Kochzeit: 15 Minuten
Für 4 Personen

☆

JASMINTEE-FISCH
200 g Jasminteeblätter
100 g frischer Ingwer in dünnen Scheiben
4 Frühlingszwiebeln in 5 cm langen Stücken
4 Portionen weißer Fisch (Snapper, Heilbutt, Kabeljau) à 200 g

INGWER-FRÜHLINGSZWIEBEL-SAUCE
125 ml Fischbrühe
60 ml helle Sojasauce
3 Frühlingszwiebeln, fein geschnitten
1 EL frischer Ingwer, fein zerkleinert
2 TL Zucker
1 große frische rote Chilli in Ringen

RECHTS: Fisch im Bananenblatt

1 Zwei Bambuseinsätze mit Backpapier auslegen. Tee, Ingwer und Frühlingszwiebeln in den unteren Dämpfkorb legen. Alles zugedeckt im Wok über köchelndem Wasser etwa 10 Minuten dämpfen, bis der Tee feucht ist und duftet.
2 Die Fischstücke nebeneinander in den oberen Dämpfkorb legen und je nach Dicke der Filets 5–10 Minuten dämpfen (ein Holzspießchen sollte ohne Widerstand durch den dicksten Teil der Filets hindurch gehen).
3 Alle Saucenzutaten in einem kleinen Topf mit 125 ml Wasser verrühren. Bei schwacher Hitze etwa 5 Minuten erwärmen, bis sich der Zucker aufgelöst hat. Den Fisch mit der Sauce beträufeln und mit gedämpftem Choisum und Reis servieren.

ZUCKERROHRGARNELEN

Vorbereitungszeit: 30 Minuten
+ 15 Minuten Kühlzeit
Kochzeit: 10 Minuten
Ergibt 10 Stück

☆☆

- 1 kg rohe mittelgroße Garnelen, küchenfertig und grob gehackt
- 2 EL frisches Koriandergrün, gehackt
- 2 EL frische Minze, gehackt
- 1 Stängel Zitronengras, fein gehackt
- 1 kleine frische rote Chilli, entkernt und fein gehackt
- 1 Knoblauchzehe, durchgepresst
- 1 1/2 EL Fischsauce
- 2 TL Limettensaft
- 1/2 TL Zucker
- 1/4 TL Salz
- 10 Stück Zuckerrohr, jedes 10 cm lang und 5 mm breit
- Limettenschnitze zum Servieren

1 Die Garnelen mit allen Zutaten außer dem Zuckerrohr und den Limettenschnitzen im Mixer glatt pürieren.
2 Mit nassen Händen je 2 EL der Mischung zu einem Bällchen rollen, die Bällchenmasse dann um die Mitte eines Zuckerrohr-Spießchens formen; fest andrücken, damit es hält. Die zehn Spieße 15 Minuten kalt stellen.
3 Einen Bambuseinsatz mit Backpapier auslegen. Die Spieße nebeneinander hineinlegen. Zugedeckt im Wok über köchelndem Wasser 7–8 Minuten dämpfen.

4 Die Spieße mit Limettenschnitzen servieren. Man kann dazu auch einen Dip aus süßer Chilisauce, die mit etwas Fischsauce gemischt wurde, reichen.

KLASSISCHER VIETNAMESISCHER DIP
(Nuoc mam cham)

185 ml Fischsauce, 60 ml Limettensaft, 2 EL geriebenen Palmzucker, 2 entkernte und sehr fein gehackte frische Bird's-eye-Chillies, 1–2 durchgepresste Knoblauchzehen und 125 ml Wasser in einer kleinen Schüssel gut vermengen. Solange rühren, bis sich der Zucker vollständig aufgelöst hat. Ergibt 375 ml.
Hinweis: In Vietnam wird diese Sauce zu jedem Essen gereicht; sie schmeckt besonders gut zu gedämpften Klößchen.

OBEN: Zuckerrohrgarnelen

LIMETTEN IN DER THAI-KÜCHE

Ein Kennzeichen der Thai-Küche ist die Vorliebe für saure Geschmacksrichtungen. Eine Quelle des säuerlichen Aromas ist Limettensaft. Neben seinen aromatischen Vorzügen eignet sich der Saft auch ausgezeichnet, um Fleisch oder Fisch mürbe zu machen. Die Thais haben daraus eine einfache Methode entwickelt, um eine im Hals stecken gebliebene Fischgräte zu entfernen. Sie saugen an einem Limettenschnitz und schlucken den Saft langsam hinunter oder gurgeln mit Limettensaft. Nach kurzer Zeit ist die Gräte weich und kann mit einem Schluck Wasser ausgespült werden.

OBEN: Fisch mit Knoblauch, Chili und Limettensaft

FISCH MIT KNOBLAUCH, CHILI UND LIMETTENSAFT

(Pla noong mahao)

Vorbereitungszeit: 20 Minuten
Kochzeit: 25 Minuten
Für 4–6 Personen

☆☆

FISCH

1 ganzer Snapper (oder Barsch), 1–1,5 kg, gesäubert
1 Limette in Scheiben
einige frische rote Chillies, gehackt, zum Garnieren
etwas frisches Koriandergrün zum Garnieren
einige Limettenschnitze zum Garnieren

SAUCE

2 TL Tamarindenpüree
5 lange frische rote Chillies, entkernt und gehackt
6 große Knoblauchzehen, grob gehackt
6 frische Korianderwurzeln und Stiele
8 rote Schalotten, gehackt
1 1/2 EL Pflanzenöl
2 1/2 EL Limettensaft
130 g Palmzucker, frisch geschabt
60 ml Fischsauce

1 Den Fisch abspülen und mit Küchenkrepp gut trocken tupfen. An der dicksten Stelle beide Seiten zweimal schräg einschneiden. Limettenscheiben in die Bauchhöhle drücken, mit Frischhaltefolie bedeckt bis zum Dämpfen kalt stellen.
2 Für die Sauce das Tamarindenpüree mit 60 ml Wasser verrühren. Chillies, Knoblauch, Koriander und Schalotten im Mixer fein pürieren – falls nötig etwas Wasser zugeben.
3 Das Öl in einem Topf erhitzen. Die Tamarindenpaste bei mäßiger Hitze darin etwa 5 Minuten garen, bis sie duftet. Anschließend Limettensaft und Palmzucker einrühren. Bei geringer Hitze etwa 10 Minuten eindicken lassen. Dann die Fischsauce einrühren.
4 Einen Bambuseinsatz mit Backpapier auslegen und den Fisch hineinlegen. Zugedeckt im Wok über köchelndem Wasser pro Kilo 6 Minuten dämpfen. Das Fleisch soll beim Gabeltest leicht auseinander fallen.
5 Sauce über den Fisch gießen, mit Chillies, Koriander und Limettenschnitzen garnieren. Mit gedämpftem Reis servieren.

FLEISCHKLÖSSCHEN MIT SCHNITTKNOBLAUCH

Vorbereitungszeit: 45 Minuten
+ 3 Stunden Marinierzeit
Kochzeit: 15 Minuten
Ergibt 24 Stück

☆☆

1 TL Pflanzenöl
2 Knoblauchzehen, durchgepresst
2 TL frischer Ingwer, fein gerieben
250 g Schnittknoblauch in 1 cm langen Stücken
200 g Hackfleisch vom Schwein
2 EL Austernsauce
3 TL chinesischer Reiswein
2 TL helle Sojasauce
1/2 TL Sesamöl
1 TL Stärkemehl
24 runde Gow-gee-Hüllen

1 Einen Wok stark erhitzen und das Pflanzenöl darin schwenken. Knoblauch, Ingwer und Schnittknoblauch zufügen, alles etwa 1 Minute unter Rühren braten, bis es duftet und der Schnittknoblauch zusammenfällt. Vom Herd nehmen und abkühlen lassen.

2 Inzwischen Hackfleisch, Austernsauce, Reiswein, Sojasauce, Sesamöl und Stärkemehl in einer nichtmetallischen Schüssel gut vermischen. Zugedeckt 3 Stunden kalt stellen. Die Gemüsemischung, sobald sie abgekühlt ist, unter die Hackfleischmischung heben und für die restliche Kühlzeit wieder in den Kühlschrank stellen.

3 Je 2 TL der Mischung in die Mitte einer Teighülle setzen. Die Ränder mit Wasser anfeuchten und die Hülle zu einem Halbkreis falten. Die Kante in 5-mm-Abständen zu einem Kräuselrand zusammenpressen. So 24 Klößchen formen. Zwei Bambuseinsätze mit Backpapier auslegen, je 12 Klößchen nebeneinander in einen Korb setzen. Zugedeckt im Wok über köchelndem Wasser etwa 12 Minuten dämpfen.

FLEISCHKLÖSSCHEN MIT SCHNITTKNOBLAUCH

2 TL der Füllung in die Mitte einer Teighülle setzen.

Hülle zu einem Halbkreis falten.

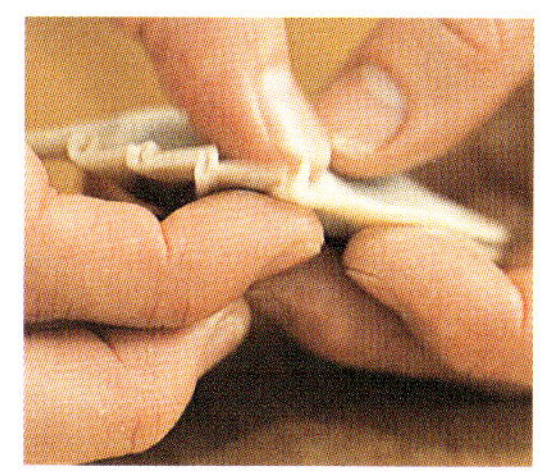

Kante der runden Seite in Abständen zusammenpressen, um einen Kräuselrand zu erhalten.

LINKS: Fleischklößchen mit Schnittknoblauch

PERLENBÄLLCHEN

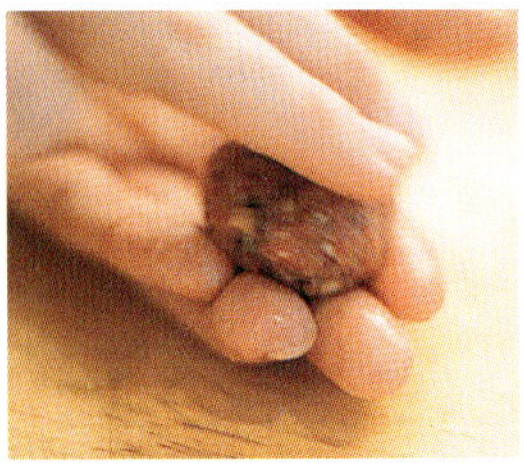

Fleischmischung mit den Händen zu Bällchen formen.

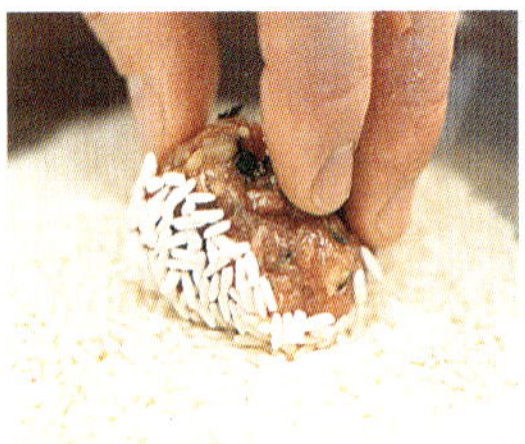

Jedes Bällchen gleichmäßig im Reis wenden.

GEGENÜBERLIEGENDE SEITE, VON OBEN: Kambodschanischer Fisch, Perlenbällchen

KAMBODSCHANISCHER FISCH

(Amok trei)

Vorbereitungszeit: 15 Minuten + 30 Minuten Kühlzeit + Ruhezeit
Kochzeit: 30 Minuten
Für 4 Personen

☆☆

GEWÜRZPASTE

1 Stängel Zitronengras, nur weiße Teile, gehackt
1 Korianderwurzel, gewaschen
2 frische Kaffir-Limettenblätter, fein zerkleinert
3 Knoblauchzehen, durchgepresst
4 rote Schalotten, gehackt
2 TL Fischsauce

FISCH

550 g weiße Fischfilets ohne Gräten (z. B. Leng oder Seeteufel)
400 ml Kokosmilch aus der Dose (nicht schütteln)
1 1/2–2 EL rote Currypaste
3 TL Fischsauce
1 TL Palmzucker, gerieben
4 frische Kaffir-Limettenblätter, fein zerkleinert
4 große Blätter chinesischer Brokkoli oder Spinat, gewaschen, in 5 cm lange Streifen geschnitten
1 frische rote Chilli, fein zerkleinert

1 Alle Zutaten für die Gewürzpaste im Mixer fein pürieren und die Paste beiseite stellen.
2 Fischfilets in 2 cm breite Streifen schneiden, die Hälfte davon im Mixer grob hacken.
3 Die dicke Kokoscreme von der Kokosmilch abschöpfen – sie sollte 125 ml ergeben – und beiseite stellen. 185 ml der restlichen Kokosmilch mit Gewürzpaste, Currypaste, Fischsauce, Palmzucker und der Hälfte der Kaffir-Limettenblätter in einer großen nichtmetallischen Schüssel vermischen, dabei nur in einer Richtung rühren. Gehackten Fisch und Fischstreifen zufügen, mit einem Holzlöffel nur in eine Richtung 1–2 Minuten unterrühren – nicht zu sehr vermischen, sonst fällt die Mischung beim Dämpfen auseinander. Mischung 30 Minuten kalt stellen.
4 Den Wok zu einem Drittel mit Wasser füllen und aufkochen, dann nur noch köcheln lassen. Eine 1,25 l fassende hitzebeständige Schüssel mit den Pflanzenblättern auslegen und die Fischmischung darauf löffeln. Mit der Kokoscreme bedecken und das Ganze mit Chilli und restlichen Kaffir-Limettenblättern bestreuen. Die Schüssel in einen Bambuseinsatz stellen, Deckel auflegen und im Wok 30 Minuten dämpfen. Der Fisch ist gar, wenn ein sauberes Spießchen an der dicksten Stelle glatt durchsticht. Den Einsatz vom Herd nehmen und 5–10 Minuten ruhen lassen. Nach Belieben mit Koriander garnieren und in der Schüssel servieren.

PERLENBÄLLCHEN

Vorbereitungszeit: 20 Minuten + 20 Minuten Einweichzeit
Kochzeit: 1 1/4 Stunden
Ergibt 15–18 Bällchen

☆☆

1 kleinen getrockneten Shiitake-Pilz
300 g Hackfleisch vom Schwein
150 g rohe mittelgroße Garnelen, küchenfertig und grob gehackt
1 EL Frühlingszwiebeln, gehackt
2 TL frischer Ingwer, fein gehackt
2 TL Zitronengras, nur weiße Teile, fein gehackt
1 Kaffir-Limettenblatt, fein zerkleinert
1 Knoblauchzehe, fein gehackt
1 TL Fischsauce
1 Ei
1 EL frisches Koriandergrün, gehackt
200 g Klebreis
süße Chilisauce zum Servieren

1 Den Pilz in heißem Wasser 20 Minuten einweichen. Den Stiel entfernen und den Hut fein hacken.
2 Hackfleisch, Garnelen, Frühlingszwiebeln, Ingwer, Zitronengras, Limettenblatt, Knoblauch, Fischsauce und Ei im Mixer etwa 10–15 Sekunden zu einer glatten Masse verarbeiten. Die Masse in eine Schüssel geben, Pilz und Koriander einrühren.
3 Den Reis in eine Schüssel füllen. Die Fleischmischung mit nassen Händen zu 2,5–3 cm großen Bällchen formen. Jedes Bällchen behutsam im Reis wenden.
4 Die Bällchen auf Abstand in zwei mit Backpapier ausgelegte doppelte Bambuseinsätze legen. Im Wok über köchelndem Wasser 1–1 1/4 Stunden dämpfen, bei Bedarf Wasser nachfüllen. Mit süßer Chilisauce servieren.

GARNELEN-GOW-GEES

Die Gow-gee-Teighülle von der Mitte aus in Falten legen.

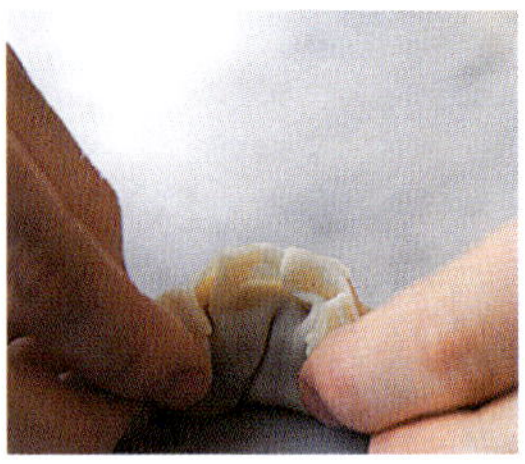

Mit den Fingern die Teighülle behutsam zu einem Halbmond formen.

GARNELEN-GOW-GEES

(Har gau)

Vorbereitungszeit: 40 Minuten
+ 1 Stunde Kühlzeit
Kochzeit: 15 Minuten
Ergibt 24 Stück

☆☆

Gow gees

- 300 g rohe mittelgroße Garnelen, küchenfertig und fein gehackt
- 100 g Hackfleisch vom Schwein
- 4 Frühlingszwiebeln, nur weiße Teile, fein gehackt
- 25 g Bambussprossen, fein gehackt
- 1 Eiweiß
- 1 TL frischer Ingwer, fein gehackt
- 1 TL Sesamöl
- 1/4 TL weißer Pfeffer aus der Mühle
- 1 TL Salz
- 24 runde Gow-gee-Hüllen

Dip

- 60 ml Sojasauce
- 1 EL chinesischer roter Essig
- 1/4 TL Sesamöl

1 Alle Zutaten für die Füllung außer den Teighüllen in einer Schüssel gut vermengen. Die Masse mit Frischhaltefolie bedeckt 1 Stunde kalt stellen.

2 Eine Teighülle auf die Arbeitsfläche legen und 2 gestrichene TL Füllung in die Mitte geben – dabei kein Häufchen, eher ein Rechteck formen. Die Ränder der Hülle leicht mit Wasser befeuchten. Die Hülle aufnehmen und zu einem Halbkreis falten. Mit Daumen und Zeigefinger den äußeren Rand in Falten legen und fest zusammendrücken. Die Ecken zum Verschließen nach unten drücken und die Hülle zu einem Halbmond formen. Die Teighülle muss dicht verschlossen sein, sonst läuft die Füllung beim Dämpfen aus. Auf die gleiche Art 23 weitere Gow gees formen.

3 Einen 28 cm durchmessenden Bambuseinsatz mit Backpapier auslegen und die Gow gees auf Abstand hineinlegen – entweder in zwei Portionen garen oder zwei Bambuseinsätze gleichzeitig verwenden. Zugedeckt im Wok über köchelndem Wasser etwa 8 Minuten dämpfen.

4 Inzwischen die Zutaten für den Dip vermengen. Den Dip zu den Gow gees servieren.

RECHTS: Garnelen-Gow-gees

SHIITAKE-PILZE

Shiitake war ursprünglich der japanische Name einer Waldpilzart, die auf morschem Holz wächst. Der Name wurde in der ganzen Welt bekannt (obwohl sie in China chinesische schwarze Pilze heißen). Der Name ist wörtlich zu nehmen: take bedeutet Pilz und shii ist der Name eines der morschen Bäume, die dem Pilz als Wirt dienen (tatsächlich bevorzugen sie jedoch andere Laubbäume). Die Pilze haben ein starkes Aroma und werden nur sparsam verwendet. Man erhält sie frisch und getrocknet, wobei sie getrocknet über ein viel stärker konzentriertes Aroma verfügen. In dieser Form sind sie in einem luftdicht verschlossenen Gefäß unbegrenzt haltbar. Vor der Verwendung müssen die getrockneten Pilze in heißem Wasser eingeweicht werden.

HÄHNCHEN MIT PILZEN

Vorbereitungszeit: 15 Minuten
+ 30 Minuten Marinierzeit
+ 20 Minuten Einweichzeit
+ 10 Minuten Kühlzeit
Kochzeit: 25 Minuten
Für 4–6 Personen

☆

750 g Hähnchenbrustfilets in mundgerechten Stücken
3 Frühlingszwiebeln, 1 fein gehackt, 2 in 2 cm langen Stücken
1 EL frischer Ingwer, sehr fein gehackt
1 EL Knoblauch, fein gehackt
1 1/2 EL helle Sojasauce
1 EL Austernsauce
1 EL chinesischer Reiswein
2 TL Stärkemehl
1/4 TL Zucker
2–3 Tropfen Sesamöl
1 Prise weißer Pfeffer aus der Mühle
5 getrocknete Shiitake-Pilze
40 g Wasserkastanien in dünnen Scheiben
etwas Frühlingszwiebelgrün, schräg in dünne Ringe geschnitten, zum Garnieren

1 Hähnchen, fein gehackte Frühlingszwiebel, Ingwer, Knoblauch, Sojasauce, Austernsauce, Reiswein, Stärkemehl, Zucker, Sesamöl und Pfeffer in eine Schüssel geben und mit den Händen gut vermischen. 30 Minuten kalt stellen.

2 Inzwischen die Pilze in heißem Wasser 20 Minuten einweichen. Fest ausdrücken, die Stiele entfernen und die Hüte vierteln.

3 Pilze, Wasserkastanien und Frühlingszwiebelstücke gut mit der Hähnchenmischung vermengen und in eine 1 l fassende Keramikschüssel füllen, die in einen großen Dämpfeinsatz passt. Mit Alufolie oder Backpapier zudecken. Die Schüssel in den Dämpfkorb stellen, zugedeckt im Wok über köchelndem Wasser 20–25 Minuten dämpfen. Die Mischung kann nach der halben Zeit einmal umgerührt werden, damit das Fleisch gleichmäßig gart.

4 Die Schüssel aus dem Dämpfkorb nehmen und alles 10 Minuten abkühlen lassen. Einen großen Teller über die Schüssel legen und Teller samt Schüssel umdrehen; die Schüssel dann vorsichtig abheben. Mit den Frühlingszwiebelringen garnieren und sofort mit gegartem Reis oder als Teil einer Mahlzeit servieren.

OBEN: Hähnchen mit Pilzen

CHINESISCHE SESAMPASTE

Aus Chinas westlicher Provinz Sichuan kommt diese Sesampaste, eine Schlüsselzutat der unverwechselbaren Sichuan-Küche. Anders als ihr Gegenstück Tahini aus dem Nahen Osten wird die chinesische Variante aus gerösteter statt roher Sesamsaat gemahlen, was der Paste ein reichhaltigeres Aroma und einen kräftigeren Geschmack verleiht. Insofern ist Tahini kein wirklicher Ersatz, obgleich es einige Kochbücher unter Zugabe einiger Tropfen Sesamöl empfehlen, wenn keine andere Alternative erhältlich ist.

OBEN: Reisnudelrollen mit Garnelen

REISNUDELROLLEN MIT GARNELEN

Vorbereitungszeit: 30 Minuten
+ Zeit zum Abkühlen
Kochzeit: 20 Minuten
Für 4 Personen

☆

SAUCE

140 g Sesampaste
80 ml helle Sojasauce
60 ml Limettensaft
45 g Palmzucker, gerieben
1 EL Sesamöl

FÜLLUNG

2 EL Erdnussöl
1 TL Sesamöl
4 Knoblauchzehen, fein gehackt
5 Frühlingszwiebeln, in dünne Ringe geschnitten
160 g Schnittknoblauch, in 2 cm lange Stücke geschnitten
160 g Wasserkastanien in dünnen Scheiben
40 g Sesamsaat, leicht geröstet
500 g frische Reisnudeln in Platten
800 g rohe kleine Garnelen, küchenfertig
50 g ungesalzene Erdnüsse, zerkleinert

1 Alle Saucenzutaten in einer Schüssel verrühren, bis sich der Zucker aufgelöst hat und die Sauce glatt ist. Einen EL Wasser zufügen, falls sie zu dick wird.

2 Erdnuss- und Sesamöl in einer Pfanne erhitzen, den Knoblauch 1 Minute darin anbraten. Frühlingszwiebeln und Schnittknoblauch zufügen, etwa 2 Minuten braten. Wasserkastanien und Sesamsaat zugeben. Vom Herd nehmen und abkühlen lassen.

3 Die Nudelteigplatten entrollen und in acht 15 x 17 cm große Stücke schneiden. 1 TL der Schnittknoblauchmischung auf der Längsseite eines Stücks verteilen. Vier Garnelen aufgerollt nebeneinander darauf legen, dann die Nudelplatte fest zusammenrollen und behutsam auf einen in den Dämpfeinsatz passenden Teller legen. Den Vorgang mit den restlichen Platten wiederholen. Die Rollen in zwei Schichten nebeneinander legen, mit einer Lage Backpapier zwischen den Schichten, damit die Rollen nicht aneinander kleben.

4 Den Teller in den Einsatz stellen und zugedeckt im Wok über köchelndem Wasser etwa 10 Minuten dämpfen, bis die Garnelen durchsichtig werden.

5 Den Teller behutsam mit einem Geschirrtuch aus dem Einsatz heben, auf und neben die Rollen etwas Sauce träufeln und alles mit Erdnüssen bestreuen. Mit der Sauce servieren.

FLEISCHKLÖSSCHEN MIT WASSERKASTANIEN

Vorbereitungszeit: 25 Minuten
+ 30 Minuten Ruhezeit
Kochzeit: 10 Minuten
Ergibt 24 Stück

☆☆

TEIG
125 g Mehl
60 g Tapioka-Mehl
30 g Schweineschmalz

FÜLLUNG
250 g Schweinehackfleisch
50 g Wasserkastanien, gehackt
2 Frühlingszwiebeln, gehackt
1 TL frischer Ingwer, gehackt
2 TL Sojasauce
1 TL Reiswein
1/2 TL Zucker
1/2 TL Stärkemehl
1 Ei
1/4 TL Sesamöl
1/2 TL Salz

1 Für den Teig die Mehlsorten und das Schmalz in der Küchenmaschine einige Sekunden vermengen. Bei laufender Maschine langsam 185 ml kochendes Wasser zufügen, bis ein klebriger dicker Teig entsteht. Den Teig auf einer leicht bemehlten Arbeitsfläche einige Minuten kneten. Zu einer Kugel rollen, in Klarsichtfolie wickeln und 30 Minuten beiseite stellen.
2 Die Zutaten für die Füllung einige Sekunden im Mixer zu einer gleichmäßigen Masse verarbeiten. In eine Schüssel geben.
3 Den Teig vierteln, jedes Stück zu einer 10 cm langen und 2 cm durchmessenden Rolle formen. Jede Rolle in sechs etwa 1,5 cm lange Stücke teilen. Die Stücke mit einem feuchten Tuch bedecken.
4 Jedes Teigstück auf einer leicht geölten Fläche mit der eingeölten flachen Seite des Küchenbeils zu einer sehr dünnen kleinen Scheibe mit 10–12 cm Durchmesser abflachen.
5 In die Mitte jeder Scheibe 2 TL Füllung geben. Die Ränder überlappend darüber falten, fest zusammendrücken und leicht nach oben ziehen. Den Teig dabei in eine Richtung drehen und so überschüssigen Teig entfernen, damit das Klößchen oben nicht zu dick ist.
6 Einen großen Bambuseinsatz mit Backpapier auslegen und die Klößchen nebeneinander hineinlegen. Zugedeckt im Wok über köchelndem Wasser etwa 6 Minuten dämpfen und heiß servieren.

FLEISCHKLÖSSCHEN MIT WASSERKASTANIEN

Den Teig vierteln und jedes Stück zu einer etwa 10 cm langen Rolle formen.

Jede Kugel zu einer Scheibe abflachen.

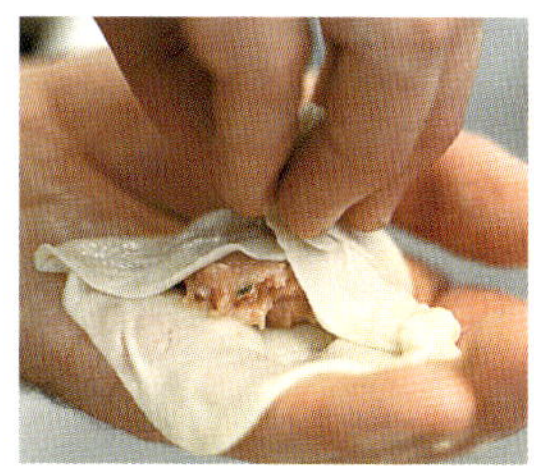

Jeweils 2 TL Füllung in die Mitte einer Teigscheibe geben. Die Ränder überlappend darüber schlagen.

Die Ränder dann fest zusammendrücken und nach oben ziehen, überschüssigen Teig vom Klößchen abdrehen.

LINKS: Fleischklößchen mit Wasserkastanien

GEDÄMPFTE GEMÜSEROLLEN

Vorbereitungszeit: 20 Minuten
+ 25 Minuten Einweichzeit
Kochzeit: 20 Minuten
Für 4–6 Personen

☆

DIP
60 ml scharfe Chilisauce
2 EL Hoisin-Sauce
1 EL helle Sojasauce
1 EL ungesalzene Erdnüsse, zerkleinert

FÜLLUNG
20 g getrocknete Shiitake-Pilze
250 g Chinakohl, zerkleinert
1 große Möhre, gerieben
4 Frühlingszwiebeln in Scheiben
60 g Bambussprossen in feinen Streifen
2 Knoblauchzehen, durchgepresst
2 EL Wasserkastanien, fein gehackt
2 EL frisches Koriandergrün, gehackt
1 1/2 EL Fischsauce
1 EL Sojasauce
1 TL geriebener frischer Ingwer
2 Tofublätter

1 Alle Zutaten für den Dip in einer Schüssel vermischen und den Dip beiseite stellen.
2 Die Pilze in heißem Wasser 20 Minuten einweichen und abtropfen lassen. Anschließend gut ausdrücken. Die Stiele entfernen und die Hüte fein zerkleinern. Die Pilze mit den restlichen Zutaten für die Füllung – außer den Tofublättern – vermischen.
3 Große Tofublätter halbieren und in warmem Wasser 30 Sekunden einweichen. Die Blätter nacheinander herausnehmen und ausdrücken.
4 Ein Tofublatt auf die Arbeitsfläche legen. Die Füllung entsprechend der Anzahl der Tofublätter aufteilen und zu je 27 cm langen Rollen formen. Eine Rolle auf die Längsseite des Blatts legen und behutsam, aber fest aufrollen, die Seiten dabei einschlagen. Alle Rollen so zubereiten.
5 Einen Bambuseinsatz mit Backpapier auslegen und die Rollen mit der Naht nach unten nebeneinander hineinlegen. Zugedeckt im Wok über köchelndem Wasser 20 Minuten dämpfen, dann herausnehmen und abkühlen lassen. Die fest gewordenen Rollen in 1,5 cm große Stücke schneiden und mit dem Dip servieren.

UNTEN: Gedämpfte Gemüserollen

FISCHTÖRTCHEN

Vorbereitungszeit: 15 Minuten
Kochzeit: 15 Minuten
Ergibt 24 Stück

☆☆

600 g feste weiße Fischfilets (z. B. Leng oder Goldbrasse)
5 Frühlingszwiebeln, fein gehackt
1 Stängel Zitronengras, nur weiße Teile, fein gehackt
3 EL frisches Koriandergrün mit Stielen, gehackt
2 Knoblauchzehen, durchgepresst
3 frische Kaffir-Limettenblätter, sehr fein gehackt
2 kleine frische rote Chillies, entkernt und fein gehackt
60 ml Kokosmilch
1 1/2 EL Fischsauce
3 TL Limettensaft
1 Ei, leicht verquirlt
24 frische Basilikumblätter
etwas frisches Koriandergrün zum Garnieren
etwas süße Chilisauce zum Servieren (nach Belieben)

1 Einen Bambuseinsatz mit Backpapier auslegen. Fisch, Frühlingszwiebeln, Zitronengras, Koriander, Knoblauch, Kaffir-Limettenblätter, Chillies, Kokosmilch, Fischsauce, Limettensaft und Ei im Mixer glatt pürieren. Die Mischung esslöffelweise zu 24 je 4 cm durchmessenden Törtchen formen.
2 Jedes Törtchen auf ein Basilikumblatt und dann auf Abstand in den Einsatz setzen (falls nötig einen zweiten Einsatz verwenden). Zugedeckt im Wok über köchelndem Wasser 10–12 Minuten dämpfen. Jedes Fischtörtchen mit einem Korianderblatt garnieren und sofort auf dem Basilikumblatt servieren, nach Belieben süße Chilisauce dazu reichen.

FISCH IN SCHWARZER SOJABOHNENSAUCE

Vorbereitungszeit: 20 Minuten
Kochzeit: 10 Minuten
Für 4 Personen

☆☆

1 EL schwarze Sojabohnen
2 EL chinesischer Reiswein
1 EL Austernsauce
2 TL helle Sojasauce
1 TL geriebener frischer Ingwer
1/2 TL Zucker
4 Red-Snapper-Filets (oder Rotbarsch), á 120 g
2 Frühlingszwiebeln, schräg in dünne Ringe geschnitten
1 kg Baby-Pak-choi, geputzt und geviertelt
etwas Austernsauce extra zum Beträufeln
1/2 TL Sesamöl
1 Frühlingszwiebel in Ringen extra, zum Garnieren

1 Die Bohnen gut mit kaltem Wasser abspülen, abtropfen lassen; in einer Schüssel mit der Gabel zermusen. Reiswein, Austern- und Sojasauce, Ingwer und Zucker zufügen, gut verrühren.
2 Mit einer Pinzette alle Gräten aus den Filets entfernen. Jedes Filet in die Bohnenmischung tunken, dann nebeneinander in ein leicht eingeöltes Geschirr legen (eine Auflaufform ist ideal). Die restliche Sauce darüber löffeln und mit Frühlingszwiebeln bestreuen. Geschirr im Bambuseinsatz in den Wok stellen und zugedeckt über köchelndem Wasser 5–7 Minuten dämpfen, bis der Fisch beim Gabeltest auseinanderfällt. Geschirr entfernen, Fisch zugedeckt warm halten.

3 Pak-choi im Dämpfeinsatz zugedeckt im Wok etwa 2 Minuten dämpfen bis er weich ist. Auf einem Teller anrichten, mit Austernsauce und Sesamöl beträufeln und die Fischfilets obenauf legen. Mit extra Frühlingszwiebeln garnieren und sofort servieren.

THAI-FISCH-SAUCE MIT CHILLI (Nam pla prik)

125 g Zucker, 60 ml weißer Essig, 1 EL Fischsauce, 1 gehackte kleine frische rote Chilli und 125 ml Wasser in einem Topf etwa 5 Minuten köcheln, bis die Sauce leicht eindickt. Abkühlen lassen, dann ein Viertel einer kleinen fein gehackten Möhre, ein Viertel einer kleinen geschälten, entkernten und fein gehackten Gurke und 1 EL gehackte geröstete Erdnüsse unterrühren. Ergibt ein schmackhaftes Gewürz als Beilage für Thai-Menüs oder Snacks. Für 4 Personen.

OBEN: Fisch in schwarzer Sojabohnensauce

REGISTER

Kursive Seitenzahlen beziehen sich auf Fotografien, **fett** gedruckte Seitenzahlen auf Anmerkungen in der Randspalte.

Danksagung

ARBEITSVORBEREITUNG: Alison Adams, Michelle Lawton, Valli Little, Ben Masters, Liz Nolan, Kim Passenger, Justine Poole, Christine Sheppard, Angela Tregonning.

FOTOGRAFIE: Cris Cordeiro, Craig Cranko, Joe Filshie, Roberto Jean Francois, Ian Hofstetter, Andre Martin, Luis Martin, Rob Reichenfeld, Brett Stevens.

FOODSTYLING: Marie-Hélène Clauzon, Sarah de Nardi, Georgina Dolling, Carolyn Fienberg, Mary Harris, Cherise Koch, Michelle Noerianto.

REZEPTENTWICKLUNG: Alison Adams, Ruth Armstrong, Roslyn Anderson, Rekha Arnott, Julie Ballard, Vanessa Broadfoot, Rebecca Clancy, Judy Clarke, Ross Dobson, Michelle Earl, Sue Forster Wright, Kathleen Gandy, Sonia Greig, Jane Griffiths, Saskia Hay, Katy Holder, Malini Jayaganesh, Caroline Jones, Eva Katz, Kathy Knudsen, Jane Lawson, Valli Little, Barbara Lowery, Tracey Meharg, Kerrie Mullins, Kate Murdoch, Christine Osmond, Maria Papadopoulos, Sally Parker, Kim Passenger, Sarah Randell, John Skinner, Melita Smilovic, Margot Smithyman, Shauna Stockwell, Barbara Sweeney, Angela Tregonning, Jody Vassallo, Lovoni Welch.

Der Verlag dankt den folgenden Firmen in New South Wales für ihre Hilfe bezüglich der in diesem Buch verwendeten Fotografien: AEG Kitchen Appliances; Artiques & Country; Art of Tiles; Bay Swiss; Bertolli Olive Oil; Breville Holdings Pty Ltd; Chief Australia; Country Road; Exclusive Tiles; Global Treasures; Home Utopia; Kitchen Aid; Les Olivades; Liebherr Refrigeration and Wine Cellars; Made in Japan; MEC-Kambrook Pty Ltd; No Chintz; Pacific East India Company; Papaya Studio; Regeneration Tiles; Renditions Tiles; R.M.S. Marble & Granite; Sheldon & Hammond; Southcorp Appliances; Sunbeam Corporation Ltd; Tree of Life.